मृत्यु-कथा

नक्सल देश की मरीचिका

मृत्यु-कथा

नक्सल देश की मरीचिका

आशुतोष भारद्वाज

वाणी प्रकाशन

वाणी प्रकाशन

4695, 21-ए, दरियागंज, नयी दिल्ली 110 002

फ़ोन : +91 11 23273167 फ़ैक्स : +91 11 23275710

शाखाएँ

अशोक राजपथ, पटना 800 004, बिहार

कॉफ़ी हाउस कैम्पस, महात्मा गांधी मार्ग, इलाहाबाद 211 001, उत्तर प्रदेश

महात्मा गांधी अन्तरराष्ट्रीय हिन्दी विश्वविद्यालय, वर्धा 442 001, महाराष्ट्र

www.vaniprakashan.com
marketing@vaniprakashan.in
sales@vaniprakashan.in

Mrityu-Katha
by Ashutosh Bhardwaj

ISBN : 978-93-5518-145-9
Non-Fiction

प्रथम संस्करण 2022

मूल्य : ₹ 295

थॉमसन प्रेस (इंडिया) लि. में मुद्रित

वाणी प्रकाशन का लोगो मक़बूल फ़िदा हुसेन की कूची से

कटकर गिरे हुए मस्तक, बाँह और अन्य अंगों के ढेर पृथ्वी पर जमा हैं। बाँहों, जाँघों और पैरों को जोड़ती हुई ये स्त्रियाँ बारम्बार मूर्च्छित हो जाती हैं। वे एक मस्तक को किसी धड़ के साथ जोड़ कर देखती हैं और जब वह उससे नहीं जुड़ता तो दुःखी होकर कहती हैं कि 'यह तो उनका सिर नहीं है'।

—महाभारत

मैं यह सब कैसे कह पाऊँगा? इस कथा को कोई ईश्वर सुना पायेगा।

—द इलियड

इस किताब में उल्लिखित जगहों का मानचित्र

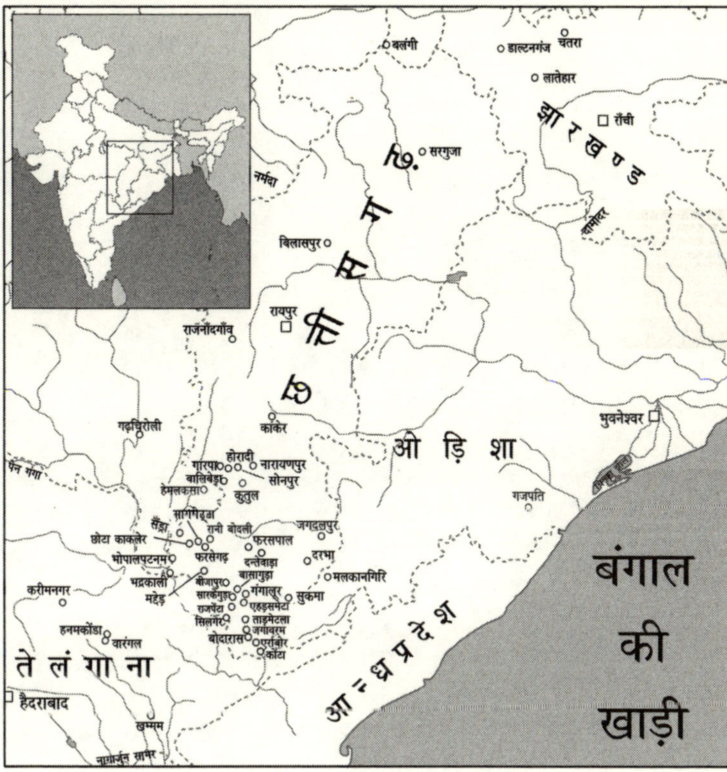

अनुक्रम

तीन

चार

पाँच

छह

सात

पश्चात्

पूर्व-कथा

अरसे बाद तुम्हें बोध होगा कि तुम वहाँ किसी तलाश में आये होगे, युद्ध में बहे बेहिसाब लहू से सना वह बीहड़ तुम्हारी असम्भव आकांक्षाओं को पूरा करने का माध्यम होगा।

कोई गुरिल्ला लड़ाका था, कोई वर्दीधारी सिपाही, कोई ख़बरनवीस, कोई कथाकार। जंगल के बुलावे पर दूर देश से आये तुम सभी यहाँ आने से पहले अपना अतीत बुझा आये थे, मनुष्य को बाँधते सभी धागे तोड़ आये थे। बेध्यानी में चले आये कुछ नादान भी जल्द समझ गये थे कि अपने तिलिस्म में दाख़िला देने से पहले यह जंगल तुम्हारा अतीत गिरवी रख लेता है।

विचित्र था दण्डकारण्य का यह जंगल और इसकी अनेक ज़िन्दगानियाँ। कई राज्यों तलक पसरा यह जंगल पिछले चालीस वर्षों में किसी क़ब्रगाह में तब्दील होता गया था। इसकी पगडण्डियों के नीचे और झाड़ियों के पीछे बारूद सोया हुआ था। इसी बारूद की कोख में तुम्हारे कुँआरे सपने धड़कते थे—क्रान्ति, बाग़ियों का सफ़ाया, अख़बारी ख़बर या कोई कथा। कोई भी चीज़ जो तुम्हारे दरकते जीवन को कोई अर्थ दे जाये, तुम्हें जीने की कोई कमज़ोर सही लेकिन वजह दे जाये।

ख़ुद को कथाकार मानते आये तुम सभी अपने जीवन की अन्तिम कथा की तलाश में यहाँ आये थे। लेकिन कथा कब, कहाँ, किसकी हुई है। गोली से ध्वस्त हुए किसी मुर्दे की आँख में तुम अपनी साँसों का अर्थ खोज रहे थे—क्या इससे भीषण आत्म-छलावा हो सकता था? किसी बच्ची की फ़र्ज़ी पोस्टमार्टम रिपोर्ट हथिया लेना तुम अपनी उपलब्धि मान चुके थे—क्या इससे भीषण फ़रेब हो सकता था?

दरअसल, कथाकार होने के गुमान में जीते आये तुम इस मृत्यु-कथा के किरदार थे। कथाकार होने के अहंकार में तुमने भुला दिया था कि तुम्हारे यहाँ आने से पहले, इतिहास के जन्म से भी पहले यह जंगल अपने निवासियों के

उन्माद तले मचलता था। इस जंगल के वे आदिनिवासी तुम्हारी यात्रा के साथी न बन पाये थे, लेकिन मौन साक्षी ज़रूर थे। तुम्हारे फ़रेब की कथाएँ इस जंगल के आदिम रूपक महुए की शाख पर दर्ज होने वाली थीं, किसी असाध्य वेताल की तरह सदा तुम्हारे ऊपर सवार रहने वाली थीं।

एक

एक

महुआ

मेरी मैडम।

मैं उसके साथ बच्चा करना चाहता था। मैं अब मारा जा चुका हूँ। पता नहीं अब उसके साथ बच्चा कौन करेगा। कोरसा जोगा नाम था मेरा, अभी भी है। मरने के बाद नाम थोड़े बदल जायेगा। पुलिस रजिस्टर कहता है : *कोरसा जोगाराम उर्फ़ रंजीत मड़काम उर्फ़ शिवाजी। कुख्यात नक्सली, उमर पैंतीस, गोंड आदिवासी।*

चौदह दिन पहले मेरी हत्या हुई। साल दो हज़ार पन्द्रह का पहला दिन। ज़िला बीजापुर। फिर पुलिसवाले मेरा पोस्टमार्टम कराये। काग़ज़ पर लिखे मैं कैसे मारा गया। चाकू के ज़ख़्म कहाँ और कितने लगे। मैं ग्यारह बरस पार्टी में रहा। एके-47 चलाया, पूरे बस्तर में घूमा। पुलिस के ऊपर इतने ऐम्बूश किये, इतने पुलिसवाले मारे। मेरे को कभी कुछ नहीं हुआ। लेकिन पुलिस में भर्ती के डेढ़ साल बाद मेरे पुराने कॉमरेड मेरे को मार दिये। मैं गंगालूर के पास अपने गाँव जा रहा था जब वो मेरे ऊपर हमला किये। एक तो वो लड़का था जिसे मैं तीन साल पहले पार्टी में भर्ती किया था। मेरे गाँव के नज़दीक रहता था, मैं ही उसको नक्सली बनाया था। उसी ने पहला चाकू मारा। मेरे को मार कर सड़क पर फेंक दिये।

मुझे मालूम था मेरे को मारने वाले हैं। एडिशनल साहब (बीजापुर एडिशनल एसपी) बोले थे बच कर रहना मैं नक्सली की हिट-लिस्ट में हूँ। यह भी बोले थे मैं पुलिस लाइन में रहूँ। सरेंडर नक्सली पुलिस लाइन में रहते हैं, सुरक्षित रहते हैं। लेकिन मेरे को लगा था मैं उन लोगों से निबट लूँगा। मैं अपने गाँव रहना चाहता था। अपनी मैडम के साथ। अगर बाहर आने के बाद भी पुलिस लाइन में रहना पड़े, फ़ोर्स और हथियार के साथ, तो बाहर क्यों आते। अपने गाँव में हम दोनों के लिए घर बनवा रहा था। घर देखने जा रहा था जब मेरे ऊपर हमला हुआ।

साहब लोग मुझे बहुत बुलाते थे, जंगल और ऑपरेशन की जानकारी के लिए। साहब ने मुझे नाम दिया था—गोपनीय सैनिक। मैंने साहब लोगों को पार्टी के बारे में बहुत बताया था। मैंने कौन-सा ऐम्बूश किया, यह भी बताया। एक बार हमने मुरकीनार में यात्री बस रोक लिया, बस में हम सब बैठे और पुलिस चौकी पर ऐम्बूश किया। 9 फ़रवरी 2006 को बैलाडीला के एनएमडीसी गोदाम से बारूद लूटा था। उन्नीस टन बारूद, चौदह एसएलआर रायफ़ल और 2430 कारतूस। इतना बारूद हम माओवादियों ने पहले कभी नहीं लूटा था। हमने पूरे दण्डकारण्य में ज़मीन के नीचे लैंडमाइन बिछाना शुरू कर दिया।

यह बारूद हल्के दबाव, मोटरसाइकिल के पहिये से भी फूट जाता था। अब हम पुलिस की एंटी-लैंडमाइन गाड़ी भी फोड़ कर बिखरा सकते थे। डरी हुई फ़ोर्स ने बाहर निकलना बन्द कर दिया। पूरा इलाक़ा हमारा हो गया।

मैं पार्टी में आया था 2002 में। बीजापुर के सिलगेर में रहता था। गंगालूर का पूरब। वही सिलगेर जिसके पास सारकेगुड़ा गाँव में फ़ोर्स वाले जून 2012 में सत्रह आदिवासी मार दिये थे। लेकिन मेरे को वो साल किसी और वजह से याद है। मैं उन दिनों माओवादियों की दक्षिण बस्तर डिवीज़नल कमेटी का मेम्बर था। एके-47 लेकर चलता था। एक बार मैं अपने दस्ते के साथ पेंकराम गाँव में रुका। वो वहाँ एक सरकारी स्कूल में गुरुजी थी। मैंने उसे देखा... और मेरे को लगा...।

अगले दिन हम पेंकराम से आगे चल दिये। मैं लौटना चाहता था। लेकिन मैं बड़ा कमांडर था, अकेला वापस कैसे जाता। मैंने दिमाग़ लगाया। कमांडर लोग सरपंच, गुरुजी, स्वास्थ्य कर्मचारियों की मीटिंग बुलाते हैं। मैंने उस इलाक़े के गुरुजी लोगों की मीटिंग करना शुरू किया। वो आया करती थी...और फिर...

इससे आगे मेरे को बताने को नहीं होगा।

मरा हुआ आदमी को चुप रहना चाहिए। वो मेरे को बोली थी कि हमें मैसूर में रह जाना चाहिए। वापस नहीं लौटना चाहिए। लेकिन मेरे को उसकी बात समझ नहीं आयी थी। अगर हम मैसूर में रहते, मैं धीरे-धीरे शहर का तरीक़ा सीख लेता, मारा नहीं जाता। मेरे को उसको बात मान लेनी थी। वो मेरी गुरुजी थी।

मेरी मैडम।

एक

मरीचिका

जो मैं अब कहने जा रहा हूँ, कभी किसी से नहीं कहा। यह हमारे विभाग की खुफ़िया फ़ाइलों में भी दर्ज नहीं हुआ।

हाँ, मैं बस्तर में कई सारे सरेंडर करवाता हूँ। सरेंडर नक्सलियों को पुलिस में भर्ती भी कर लेता हूँ। कइयों को सिर्फ़ गोपनीय सैनिक यानी मुख़बिर बनाये रखता हूँ, कुछ को अपने साथ ऑपरेशन पर जंगल भी ले जाता हूँ। नक्सली को सरेंडर करने के तुरन्त बाद काग़ज़ पर दर्ज कर रायपुर पीएचक्यू (पुलिस हैडक्वार्टर) में बताना होता है, फिर वे लोग दिल्ली गृह मन्त्रालय को रिपोर्ट भेजते हैं।

लेकिन मैं इन नियमों का पालन नहीं करता। दरअसल, मैं ऐसा कर ही नहीं सकता। जो लोग बोलते हैं मैं क़ानून तोड़ता हूँ, वे क़ानून को नहीं समझते। ये दन्तेवाड़ा है जनाब, आपकी दिल्ली नहीं। क़ानून कहता है कि किसी को गिरफ़्तार करने के चौबीस घण्टे के भीतर मजिस्ट्रेट के सामने पेश किया जाये। बस्तर में यह असम्भव है। मेरी फ़ोर्स जंगल में किसी नक्सली को पकड़ती है तो उसे बाहर लाने में दो दिन लग जायेंगे। पहले मैं उससे पूछताछ करूँगा, सारी चीज़ें निकलवाऊँगा या किसी ठुल्ले मजिस्ट्रेट को सौंप दूँगा?

कल अगर माओवादी मुखिया गणपति या उनका पोलितब्यूरो सदस्य भूपति मेरे हत्थे चढ़ते हैं तो क्या मैं उन्हें तुरन्त अदालत ले जाऊँगा या उन्हें किसी खुफ़िया जगह पर कई महीने रख उनसे उनकी पूरी हिस्ट्री निकलवाऊँगा? अगर कोई डीवीसी (माओवादियों की डिवीज़नल कमेटी) मेम्बर भी हाथ आयेगा, किसी को भनक नहीं लगने दूँगा। उससे हफ़्तों तलक पूछताछ करूँगा, जब उसे पूरा निचोड़ लूँगा, वह किसी काम का नहीं रह जायेगा, तब जाकर उसे अदालत और मीडिया के सामने ले जाऊँगा।

सरेंडर नक्सली के साथ भी यही है। जिस दिन नक्सली मेरे पास आया उसका सरेंडर कैसे दिखा सकता हूँ? मैं हफ़्तों, कई बार महीनों तक उसे अपने पास रखता हूँ, उसे कस कर रगड़ता हूँ, जब वह पूरा ख़ाली हो जाता है, तब जाकर उसका सरेंडर दिखाता हूँ।

मुझे यह भी मालूम है कि अनेक लोग, जिनको मैं नक्सली कह सरेंडर करवाता हूँ, दरअसल आम ग्रामीण हैं। लेकिन इससे किसी को क्या दिक़्क़त है? क्या मैं किसी को मार रहा हूँ? थाने में बन्द कर रहा हूँ? मैं सिर्फ़ कुछ आदिवासियों को बुला मीडियावालों से उनकी फ़ोटो खिंचवा उन्हें सरेंडर के दो हज़ार रुपये और दारू की बोतल देकर वापस भेज देता हूँ। इस तरह सम्भावना बनती है कि गाँववाले मुझे याद रखेंगे, नक्सलियों की सूचना मुझे देंगे और नहीं तो नक्सली उन्हें शक से देखेंगे कि पुलिस के पास गये थे, पैसे और दारू लेकर लौट आये। इस तरह मैं गाँववालों और नक्सलियों में फूट डलवाता हूँ।

युद्ध मैदान में नहीं लड़ा जाता जनाब। शतरंज की बिसात आपके भीतर बिछी रहती है। अगर मुझे छूट दी जाये, मैं बस्तर से एक-एक नक्सली ख़त्म कर दूँगा।

कुछ लोग पूछते हैं कि मैं सरेंडर नक्सलियों को पुलिस में भर्ती कर ऑपरेशन पर क्यों भेजता हूँ? अगर किसी ने मुझे धोखा देने के लिए सरेंडर किया हो और जंगल में अचानक पलट जाये, तो मेरी पार्टी साफ़ हो जायेगी। कई बार सरेंडर नक्सली पुलिस की एके-47 लेकर भाग जाते हैं। कई सारे ऐम्बुश में, जिनमें मेरी बहुत सारी फ़ोर्स मारी गयी, बतलाते हैं कि हमारे साथ ऑपरेशन पर गये सरेंडर नक्सली बीच जंगल में धोखा दे गये।

ख़तरा तो है, लेकिन मेरे पास कोई विकल्प नहीं है। मुझे सरेंडर नक्सली को ऑपरेशन पर भेजना ही होगा। मुझे मालूम है कि यह पुनर्वास नीति के ख़िलाफ़ है, उसे रायफ़ल देकर जंगल में भेजना पाप है। उसे पुलिस लाइन में रखने के बजाय सुरक्षित जगह घर दिलवा बाग़बानी, हथकरघा, बढ़ई, बिजली मिस्त्री जैसे काम सिखाने चाहिए।

मुझे यह भी मालूम है कि नक्सली सिर्फ़ उन सरेंडर कैडर को मारते हैं जो पुलिस में भर्ती हो जाते हैं। जो सरेंडर के बाद अपने गाँव लौट जाते हैं या खेती-किसानी करने लगते हैं, उन्हें नक्सली कुछ नहीं कहते।

लेकिन शायद आपको नहीं पता कि बस्तर में ज़िन्दगी बहुत सस्ती है। यह संविधान की किताब से नहीं चलती, बन्दूक़ की गोली पर टिकी रहती है। एक कारतूस भी अगर ठीक जगह छुए इन्सान को, उसे चुप लाश बनाता है। कारतूस कभी क्रूर या अन्यायी नहीं होता। बन्दूक़ के घोड़े को दबाती उँगली भूलवश बेरहम मान ली जाती है, वह महज़ अपने ऊपर मँडराते भय पर मन्तर फूँक रही होती है।

काले जंगल की रात में फँसा सिपाही एक सेकिंड में दस कारतूस उगल देने

वाली अपनी रायफ़ल जब बेतहाशा घुमाता है, सत्रह, चौदह, तेरह, उन्नीस और बाईस साल की निर्दोष काया को लाश में तब्दील करता है, वह सिर्फ़ ख़ुद को लाश बनने से बचा रहा है। क़त्ल उस क्षण दर्ज होता है जब वह लाश की छाती अपनी छुरी से चीर, छुरी पर चमकती लाल बूँदें लाश के लिबास से पोंछता है।

बस्तर में इन्सान और लाश का फ़र्क़ फ़क़त संयोग है। बस्तर में शिकार इन्सान नहीं, लाश का होता है। मेरी फ़ोर्स लाश का शिकार कम ही करती है। लेकिन वह दूसरी कहानी है। फिर कभी।

सरेंडर नक्सली को जंगल के सारे ख़ुफ़िया रास्ते और भेद मालूम हैं। उसे मालूम है कौन-सा कमांडर कहाँ मिलेगा, किसको कैसे घेर कर मारा जाये। वह नक्सली के ख़िलाफ़ लड़ाई में मेरा सबसे बड़ा सिपाही है। हाँ, मुझे डर है कि वह बीच जंगल में पाला न बदल ले। लेकिन बस्तर में किसकी जान उलटी हथेली पर नहीं है। वह तो दसेक साल से इसी तरह जीता आया है, कभी भी मारा जा सकता था। मेरे साथ तो उसे ख़तरा कम है। अगर अपने पुराने दोस्तों की गोली से घायल हुआ, इलाज करवाऊँगा। मर गया तो उसकी औरत को पैसा भी मिलेगा।

मुझे जोख़िम लेना ही होगा–बस्तर की मुक्ति के लिए, भारतीय संविधान की रक्षा के लिए। लेकिन मैं सँभल कर चाल चलता हूँ। उसे सरेंडर के तुरन्त बाद ऑपरेशन पर नहीं भेजता। महीनों उस पर निगाह रखता हूँ–कहाँ जाता है, किससे मिलता है। उसे मुर्ग़ा और बकरा खिलाता हूँ, पेट भर दारू पिलाता हूँ जिससे कि जंगल में रह सख़्त हुआ उसका जिस्म और इन्द्रियाँ हल्की पड़ जायें। उसे मोबाइल फ़ोन देता हूँ लेकिन नम्बर निग़रानी पर रहता है।

ऑपरेशन पर भेजते वक़्त उसे सबसे आगे रखता हूँ, मेरी रायफ़ल हमेशा उसकी पीठ पर। उसे यह भी मालूम है कि जब तक वह लौट नहीं आयेगा उसकी औरत पुलिस की निगरानी में रहेगी (वैसे वह हमेशा मेरी निगाह के नीचे रहती है)। हम एक-दूसरे पर शक करते हैं, यही शक हमें बचाये रखता है।

मुझे एक घटना याद आती है। एक बार मैं छुट्टी में घर गया था। किसी शाम अपने कॉलेज के दोस्त से मिलने गया। उसके बेडरूम में बैठे हम चाय पी रहे थे लेकिन मेरी निगाह कुछ टटोल रही थी।

क्या हुआ? दोस्त ने पूछा।

यहाँ कितने दरवाज़े हैं, मैंने पूछा।

ये है तो सही सामने।

सिर्फ़ यही है?

बेडरूम में और कितने दरवाज़े होंगे?

लेकिन अगर हमला हुआ, हमलावर इस दरवाज़े से घुस आये तो निकल भागने के लिए कोई चोर दरवाज़ा नहीं है?

मेरा दोस्त मुझे भौचक देखता रहा। यहाँ कौन हमला करने आ रहा है?

हमला तो कोई कहीं भी कर सकता है।

जितनी देर मैं उसके साथ बैठा था, मेरी निगाह दरवाज़े पर, कान किसी अनजानी आहट पर और उँगलियाँ ट्राउजर में दबे रिवॉल्वर पर टिकी रहीं।

मेरे आईपीएस बैचमेट दोस्त दूसरे राज्यों में हैं। वे सिनेमा हॉल में फ़िल्म देखने जाते हैं, मॉल में शॉपिंग करते हैं। मैं लेकिन जब बस्तर से रायपुर आता हूँ और अपनी पत्नी और बच्ची—जिन्हें मैं ख़तरे की वजह से बस्तर नहीं ले जाता—के साथ मल्टीप्लेक्स में फ़िल्म देखने जाता हूँ, एके-47 लिए मेरे कमांडो शो ख़त्म होने तक गेट पर पहरा देते हैं।

एक

मृत्यु

मुझसे मिलने के दो साल के भीतर उसका क़त्ल हो गया। क्या मैं उसे बचा सकता था? क्या मैं इस अनूठी प्रेम-कथा को त्रासद अन्त से बचा सकता था?

मार्च 2013, छत्तीसगढ़ पुलिस के खुफ़िया विभाग के किसी दफ़्तर में बेवजह भटकते हुए मेरी निगाह उन दोनों पर अटक गयी। वे एक कमरे के बाहर बेंच पर बैठे थे। छोटे और घुँघराले बाल वाला वह आदमी पैंट-कमीज़ और लाल-से रंग का आधी बाँह का स्वेटर पहने था। बग़ल में बैठी औरत क़रीने से बँधी साड़ी पहने थी। मैं उनके सामने से दो-तीन बार गुज़रा, उन पर पर्याप्त निगाह करने और उनका ध्यान खींचने के लिए, लेकिन उनका इस अजनबी पर क़तई ख़याल नहीं गया।

वे दोनों चुपचाप बैठे थे। गुज़रते पुलिसवालों से भी बेख़बर। उनकी निगाह सामने उठती, कभी नीचे झुक जाती। साहचर्य का भाव उनके बीच ठहरे मौन में बसा हुआ था। तनावग्रस्त या कसमसाता मौन नहीं, उज्ज्वल, गुनगुने पानी में डूबा मौन।

अक्सर अनजान लोग हमारी निगाह खींचते हैं, लेकिन वह क्षण तुरन्त गुज़र जाता है और उसके बाद हमारा उनके साथ सम्बन्ध कल्पना में रचा जाता है। कन्धे के ऊपर बारीक़ कॉलर बोन। किसी परिधान का पारदर्शी रंग। पार्क में अकेला कोई वृद्ध।

एक बार दिल्ली की आईटीओ क्रॉसिंग पर मैं ऑटो में था। लाल बत्ती पर गाड़ियाँ रुकी हुई थीं। तभी मेरे बग़ल वाली कार का शीशा नीचे सरका, एक हाथ बाहर निकल रियर-व्यू मिरर पर आ ठहर गया। किसी पुरुष का हाथ। उसकी उँगलियों में सिगरेट फँसी हुई थी। सिगरेट से धुआँ उठ रहा था। तभी उसने हाथ अन्दर खींचा, शायद कश लेने के लिए, और आईने पर बग़ल में बैठी लड़की का चेहरा पल भर को कौंध गया, हथेली आईने पर फिर आ ठहर गयी।

लेकिन इस बार उँगलियों के बीच उस लड़की के अक्स के लिए आईने पर थोड़ी जगह बन गयी थी—आईना, सिगरेट और लड़की का अक्स।

लाल बत्ती खुल गयी, कार तेज़ी से आगे बढ़ वाहनों के दरिया में खो गयी।

लेकिन पुलिस दफ़्तर में बैठे उन दोनों की कथा दूर तक जानी थी। वहाँ पाँच-छह चक्कर लगाने के बाद भी जब मैंने पाया कि वे बेंच पर एकटक बैठे हुए हैं, मेरे भीतर का ख़बरनवीस कुलबुलाने लगा।

"आप यहाँ किसी का इन्तज़ार कर रहे हैं?"

वह आदमी झट लगभग सावधान की मुद्रा में खड़ा हो गया—"साहब बोले हैं यहाँ बैठने को।"

उसकी आवाज़ की लड़खड़ाहट से मैं तुरन्त समझ गया वे कौन थे।

"कहाँ रहते हो?"

"यहीं, साहब के पास।"

उसका अर्थ था कि वह इसी दफ़्तर की किसी बैरक में रहता है। मैं नहीं चाहता था कि गुज़रता हुआ कोई पुलिसवाला मुझे उनसे बात करता हुआ देख ले।

"फ़ोन है?"

उसने जेब से पुराना-सा चीनी फ़ोन निकाला, निहायत मासूमियत से बोला—"साहब दिये हैं, लेकिन अभी चालू नहीं है।" उसने मेरी तरफ़ फ़ोन बढ़ा दिया मानो मैं उसे ठीक कर दूँगा।

"यहाँ से कब निकलोगे?"

उसने सिर हिला दिया।

मैंने उसे डेढ़ घण्टे बाद नज़दीक एक जगह मिलने को कहा। "घड़ी है?"

उसने अपनी कमीज़ की बाजू ऊपर सरका दी—पुरानी एचएमटी घड़ी का डायल।

इस तरह कोरसा जोगा से मेरी मुलाक़ातें शुरू हुईं। वह और वरलक्ष्मी। उसकी मैडम। वह गोंड आदिवासी था, वरलक्ष्मी हल्बी। एक दुर्लभ प्रेम-कथा मेरे सामने वसन्त के गुलाब की पंखुरियों की तरह खुलने लगी। कुछ महीने पहले तक जोगा बस्तर में नक्सली वर्दी पहन एके-47 उठाये अकड़ कर चलता था। इन महीनों में उसने वरलक्ष्मी के साथ चुपके से गोदावरी पार की, हैदराबाद, बंगलोर, मैसूर जैसे शहरों में रह लिया, और एक दिन अचानक उसने खुद को बस्तर जाती पुलिस गाड़ी में पाया।

उसने पहली बार वरलक्ष्मी को साल भर पहले देखा था जब वह अपने प्लाटून के साथ बीजापुर ज़िले के एक गाँव से गुज़र रहा था। वह एक सरकारी स्कूल में पढ़ाती थी। "मैंने उसे देखा...और लगा, हाँ।"

जल्द ही जोगा ने वरलक्ष्मी से मिलने के बहाने खोजने शुरू कर दिये। वह अक्सर उस इलाक़े के शिक्षकों को मीटिंग के बहाने बुलाने लगा। दोनों जंगल के बीच अपने लिए जगह खोजते फिरते। दण्डकारण्य का बीहड़ समूची कायनात अपने अन्दर समेट सकता है, लेकिन जोगा के सामने दो समस्याएँ थीं। वह शादीशुदा था, उसकी पत्नी सविता मड़काम भी वर्दीधारी नक्सली थी। दूसरा, जोगा के बॉस लोगों को उसका सरकारी अध्यापिका से मिलना क़तई पसन्द नहीं था।

माओवादियों के नियमानुसार संगठन से बाहर शादी करने के लिए उस इन्सान को पार्टी का सदस्य बन दो-एक साल काम करना पड़ेगा, तब शादी की स्वीकृति मिलेगी। वैवाहिक जीवन भी 'क्रान्ति की ज़रूरतों' के अनुकूल होना चाहिए, यानी जोड़े को 'कॉमरेड' की तरह जीना है। पति-पत्नी अमूमन एक दस्ते तो क्या एक एरिया कमेटी में भी साथ नहीं रहते।

जोगा विवाहित था, बड़ा कमांडर भी। उसे दूसरी शादी की स्वीकृति नहीं मिल सकती थी। वह 'कॉमरेड' वाली शादी चाहता भी नहीं था।

पार्टी की निगाह में उसका प्रेम क्रान्ति-विरोधी था, घनघोर अनुशासनहीनता। कुछ ही महीनों में जोगा ने उस पार्टी को छोड़ने का निर्णय ले लिया जिसकी छाया में उसने अपना यौवन बिताया था, दस बरस तक लड़ाई लड़ी थी। सशस्त्र क्रान्ति का आदर्श दरकिनार कर वह अपनी मैडम के साथ किसी दूर शहर में जीवन का ख़्वाब देखने लगा।

"इतनी जल्दी तय कर लिया?"

"हाँ...मुझे लगा हो गया बस," वह बोला।

वरलक्ष्मी तैयार नहीं थी, लेकिन जोगा ने उसे राज़ी कर लिया। बतौर नक्सली कमांडर जोगा ठेकेदारों से वसूली किया करता था, पार्टी कोष में जमा करता था। उसने पार्टी से छुपा ठेकेदारों से क़रीब दस लाख इकट्ठा किया और 1 फ़रवरी 2013 की रात, वसन्त के महीने में वरलक्ष्मी के साथ बस्तर, अपनी वर्दी, अपनी रायफ़ल—समूचे अतीत को पीछे छोड़ दक्षिण की ओर चल दिया।

"पूरे दस लाख थे हमारे पास। हमें लगा था हम नयी ज़िन्दगी शुरू कर सकेंगे। घर ख़रीद लेंगे...एकदम पागल थे हम," वह हँसने लगा।

वह अपने जीवन में दण्डकारण्य के बाहर कभी नहीं गया था। बस कभी चोरी-छुपे महाराष्ट्र के गढ़चिरोली, तेलंगाना के खम्मम और वारंगल ज़िले तक

हो आया था। वह सिर्फ़ गोंडी जानता था, थोड़ी हिन्दी और तेलुगु। वरलक्ष्मी को बाहरी जीवन का थोड़ा अधिक अनुभव था लेकिन शहर उसके लिए भी अजनबी देश था। दोनों आन्ध्र प्रदेश पार करते हुए बंगलोर पहुँचे, फिर मैसूर। 1200 किलोमीटर की इस यात्रा में अनेक होटल बदलते हुए। "हम दक्षिण में घर बसाना चाहते थे, लेकिन शहरी ज़िन्दगी हमें समझ नहीं आ रही थी। हमको वहाँ का बोलना भी नहीं आता था।" जोगा अभी भी हँस रहा था—पहाड़ी झरने-सी हँसी।

मुहब्बत में इस क़दर डूबे वे दोनों वापस बस्तर कैसे आ पहुँचे? वह भी पुलिस की गाड़ी में? जुनूनी मुहब्बत का अन्त इस तरह कैसे हुआ?

उनके पैसे तेज़ी से ख़र्च हो रहे थे। बंगलोर या मैसूर में कोई नौकरी या काम भी नहीं मिला था। काम मिलता भी कहाँ उन दोनों को। मज़दूरी के सिवाय दो आदिवासियों को इस विराट देश के किसी महानगर में क्या मिलेगा। अपने सपने बिखरते देख जोगा ने सुझाया कि आन्ध्र प्रदेश चला जाये। वह बस्तर के सीमावर्ती खम्मम और भद्राचलम में कुछ लोगों को जानता था। वहाँ बस्तर के कुछ गोंड परिवार भी रहते थे, उनके बीच बस जाना आसान होगा। हालाँकि यह जोख़िम भरा था। उसे मालूम था कि आन्ध्र पुलिस की फ़ाइल में उसका नाम हो सकता है, लेकिन उसने खुद को दिलासा दिया कि इतने दिन हो गये पुलिस भूल गयी होगी उसे अब।

उसे नहीं मालूम कब, क्या ग़लत हुआ। उसने हैदराबाद आकर किसी परिचित को फ़ोन किया और कुछ ही देर बाद पुलिसवाले उसके सामने थे। पता नहीं उस परिचित का फ़ोन टेप हो रहा था या उसने पुलिस को सूचना दे दी या उन दोनों को हैदराबाद बस स्टैंड पर भटकता देख वहाँ तैनात आन्ध्र की खुफ़िया पुलिस के किसी अधिकारी को शक हो गया। जो भी हुआ हो या न हुआ हो, वह धर लिया गया और छत्तीसगढ़ ले जाया गया। पुलिस चूँकि जानती थी कि वह पार्टी छोड़ चुका था, इसलिए उसकी औपचारिक गिरफ़्तारी, अदालत में पेशी वग़ैरा नहीं हुई। उसे प्रस्ताव दिया गया कि वह खुद को सरेंडर दिखला दे, गोपनीय सैनिक बन जाये।

इतने सालों से हथियार उठा जंगल में भटकते हुए कोरसा थक चुका था। शहर में भी उसके लिए कोई जगह न थी। "मुझे लगा पुलिस लोगों के साथ काम करके देख लिया जाये।"

बहुत जल्द वह वापस बीजापुर में था। उसी जंगल में जहाँ से वह अपने प्रेम को जीने के लिए बचकर निकल आया था। सिर्फ़ तीन महीने में उसका मोर्चा बदल गया था—अब वह अपने भूतपूर्व कॉमरेड साथियों की हिट-लिस्ट में था जिनके साथ उसने क्रान्ति का सपना दस बरस तक साझा किया था।

किसी नक्सली में यह अकस्मात परिवर्तन कैसे आता है? पार्टी छोड़ने और नया जीवन शुरू करने की हसरत समझी जा सकती है, लेकिन कोई गुरिल्ला सहसा अपनी विचारधारा त्याग अपने पुराने दोस्तों के ख़िलाफ़ हथियार ले कैसे खड़ा हो जाता है? कैसे उनके खुफ़िया राज़ दुश्मन को बता देता है? इन्सान अपने अतीत से दूर चला जायेगा, लेकिन क्या वह अपने अतीत को इस क़दर ख़ारिज कर देगा, उन आदर्शों से निर्मित हुआ अतीत जिनके लिए उसने खुद को इतने बरस क़ुर्बान किया था?

क्या नक्सली पुलिस के सामने टूट जाते हैं? नहीं। कई नक्सलियों से मिला हूँ जो लम्बे समय तक जेल में रहे, पुलिस को कुछ नहीं बताया, बाहर आ फिर हथियार उठा लिए। रजनू मण्डावी अबुझमाड़ में इंसास लेकर चलता है। कुछ साल जगदलपुर जेल में रहा। "पुलिसवाले मुझे मारे, ख़ूब सारा मारे। मैं कुछ नहीं बोला।"

सरेंडर करने वाला नक्सली जानता है कि पुलिस उससे पार्टी के राज़ निकलवा कर छोड़ेगी। वह पाला बदलने से पहले खुद को तैयार कर लेता है। लेकिन जोगा ने सरेंडर नहीं किया था। उसने घर बसाने के लिए जंगल छोड़ा था, लेकिन बाध्य होकर पुलिस में भर्ती होना पड़ा। छत्तीसगढ़ के इतिहास में 'सरेंडर' करने वाला वह सबसे बड़ा माओवादी कैडर था। केन्द्र और राज्य सरकार की पुनर्वास नीति के तहत उसे तमाम सुविधाएँ, घर, नौकरी, बीस-पच्चीस लाख रुपया नकद मिलना चाहिए था। भारत सरकार ने उसे शान्ति, सुरक्षा और समृद्धि का वचन दिया था, उसे लेकिन उसी जंगल में पुलिस मुख़बिर बना भेज दिया गया।

मेरे पास सिर्फ़ एक तस्वीर रह गयी है। जोगा और वरलक्ष्मी ने किसी फ़ोटो स्टूडियो में खिंचवायी थी। वरलक्ष्मी क़ुर्सी पर बैठी है, वह पीछे उसके कन्धे पर आश्वस्ति भरा हाथ रखे खड़ा है। जोगा की उँगली में अँगूठी चमक रही है, शायद सोने की परत है। वरलक्ष्मी बैंगनी साड़ी पहने है। क़रीने से निकली उसकी माँग में सिन्दूर है, गले में लम्बा-सा मंगल-सूत्र साड़ी के पल्लू के ऊपर आ ठहरा है।

उसकी मुहब्बत को जानकर मैंने सुझाया था कि उसे बीजापुर नहीं जाना चाहिए। पुलिस का ही काम करना है तो रायपुर ठीक रहेगा। उसे मालूम था कि वह

अपने भूतपूर्व दोस्तों के निशाने पर है, लेकिन वह अपने गाँव में रहना चाहता था। पुलिस उस पर मँडराते ख़तरे को जानती थी, लेकिन वह पुलिस के लिए दुर्लभ मोहरा था। पुलिस उसे ऐसी जगह रखना चाहती थी जहाँ नक्सलियों के विरुद्ध लड़ाई में उसका सर्वाधिक इस्तेमाल हो सके।

उसकी हत्या के कुछ देर बाद सड़क पर पड़ी लहू में डूबी उसकी लाश की तस्वीर मेरे पास व्हाट्सएप से पहुँच गयी। उसकी हत्या के कुछ देर बाद मेरे भीतर का मनुष्य जो प्रेम करता है, प्रेम की आकांक्षा लिए जीता है, कहीं भीतर उस मनुष्य की भी हत्या हो गयी।

वरलक्ष्मी फिर से स्कूल में पढ़ाने लगी। इन दिनों बीजापुर के किसी सुदूर गाँव में रहती है।

एक

मृत्यु-कथा

मैं मरने के लिए कोई शान्त जगह तलाश रहा था। किसी ने सुझाया ब्रुकलिन, और अगली सुबह मैं वेस्टचेस्टर से इस भूगोल को टटोलने चला आया।

बग़ैर कोई आहट या पूर्वसूचना दिये कुछ उपन्यास विस्मृत पूर्वजों की पुकार की तरह उस निर्णायक क्षण तुम्हारी ज़िन्दगी में प्रवेश करते हैं जब तुम शायद उनकी ही प्रतीक्षा में थे। नयी रोशनियाँ और रास्ते दिखलाते ये उपन्यास तुम्हारा जीवन इस तरह रचते हैं कि तुम, एक निरीह पाठक, अचम्भित रह जाते हो कि क्या यह किताब वाक़ई कई समन्दर पार रहते ऐसे इन्सान ने लिखी थी जिसका तुमसे कोई वास्ता न था?

वे कौन से कारक थे जिन्होंने तुम्हें डेथ रिपोर्टर उर्फ़ मृत्यु कथाकार बनाया? कोई मृत्यु कथाकार कब बनता है? यह मृत्यु-कथा कब शुरू हुई? पन्द्रह अगस्त दो हज़ार ग्यारह की घनघोर बरसती सुबह जब तुम दिल्ली से इस जंगल के लिए निकले थे, या सत्रह अगस्त की दुपहर जब तुम मध्य भारत से गुज़र ढाई दिन कार चला रायपुर पहुँचे थे? या उन्नीस अगस्त की शाम जब तुम होटल में थे, सामान कार में, रायपुर में घर मिलना बाक़ी था, तुम्हें भद्रकाली के नक्सली हमले में दस पुलिसवालों के मरने की सूचना मिली थी? मृत्यु ने अपने देश में पधारे नये नागरिक का स्वागत किया था और तुम अठारह घण्टा दूर जंगल को चल दिये थे।

इस *मृत्यु-कथा* का पहला अध्याय शायद उससे बहुत पहले लिखा जा चुका था। फ़रवरी 2011 में तुमने नेहरू प्लेस में पुरानी किताबों की दुकान से एक उपन्यास ख़रीदा था जिसे तुम कई महीनों तक पढ़ नहीं पाये थे, दिल्ली से रायपुर के लिए निकलते समय अपनी बग़ल की सीट पर रख लिया था—उस लम्बी यात्रा में तुम्हारा एकमात्र सहयात्री, और झाँसी से पहले किसी ढाबे पर खाना खाते समय पढ़ना शुरू किया तो पहले ही वाक्य ने तुम्हें झिंझोड़ दिया था।

यह अपनी ज़िन्दगी से बेज़ार हो चुके इन्सान की कथा थी। वह ख़ुद से नफ़रत करने लगा था। मृत्यु का साया उस पर मँडरा रहा था। वह कहीं दूर भाग जाना चाहता था। तुम हैरान रह गये कि तुम्हारे जीवन में यह किताब कहाँ से चली आयी।

यह 2021 का अगस्त है। ठीक दस साल हुए जब तुमने उस वाक्य को पहली मर्तबा पढ़ा था। तुम अक्सर अपने जंगल के दिन कुरेदते-टटोलते रहे हो, ख़ुद से पूछते आये हो कि आख़िर उस जंगल का बुलावा तुम्हारे पास कैसे आया, मृत्यु की बेशुमार कथाओं के गवाह क्यों बने, ख़ुद को बीहड़ ख़तरे में क्यों झोंकते रहे...हरेक मर्तबा वही जवाब आता है जो द *ब्रुकलीन फॉलीज़* के पहले वाक्य में दर्ज है।

दो

महुआ

कुछ दिन पहले बीजापुर पुलिस ने दो लड़कियों और एक 'वर्दीधारी नक्सली' को स्थानीय मीडिया के सामने पेश करते हुए दावा किया कि उन्होंने 'नक्सलियों को कम उम्र की लड़कियाँ सप्लाई' करने वाले रैकेट का पर्दाफ़ाश कर दिया है। गुज्जा नामक यह 'कुख्यात नक्सली' मुख्य अभियुक्त था। मैं इस ख़बर को रायपुर में टीवी पर देख रहा था। मुझे यह चेहरा पहचाना-सा लगा। कुछ महीने पहले गुज्जा से बीजापुर के फरसपल्ली गाँव में मुलाक़ात हुई थी। उसके पास पतला-सा धनुष था, लोहे की नोक वाले तीन बाण। यह इन्सान 'लड़कियों का सप्लायर' क्यों होगा? मैं तुरन्त बीजापुर के लिए निकल पड़ा और महज़ दो दिन की तफ़्तीश से पुलिस के दावे की पोल खुल गयी।

बीजापुर की यह यात्रा लेकिन किसी अन्य वजह से याद रहेगी। जंगल में भटकते वक़्त एक मास्टरजी से मुलाक़ात हुई। नाम उनका सत्यनारायण। बीजापुर के रहने वाले नहीं थे, यहाँ सरकारी स्कूल में पढ़ा रहे थे।

वह मद्देड़ गाँव में अपने घर ले गये। उनके घर में बड़े मुँह वाला एक कुआँ था जिसके भीतर कई कछुए अलसाते ऊँघ रहे थे। इस कुएँ से कोई कुछ दिन पहले एक कछुआ चुरा कर ले गया था। वह दुखी थे, हैरान भी कि कोई कैसे उनके घर घुसा, कुएँ में उतरा, कछुआ चुरा ले गया। वह भी सिर्फ़ एक। कछुआ ख़ुद तो ऊपर उछल कर चोर के पास आ नहीं जायेगा। कुआँ ठीक-ठाक गहरा था, कई महाकाय कछुए उस ताज़ी दुपहर की बासी नींद ले रहे थे।

मास्टरजी कछुए चोरी की रिपोर्ट पुलिस में लिखवाना और कछुए को सलामत लाने वाले के लिए इनाम की घोषणा करना चाहते थे, लेकिन जब थाने गये तो सिपाही उन पर हँसने लगे।

अब वह चाहते थे कि मैं कछुए-चोर पर अपने अख़बार में ख़बर लिखूँ। मैंने बताया कि मैं नक्सल मसले पर पुलिस को झुठलाती ख़बर लिखकर आ रहा हूँ,

अमूमन इसी तरह की ख़बरनवीसी करता हूँ। वह तुरन्त बोले कि कछुए की चोरी भी तफ़्तीश का मसला है। "पुलिस साथ नहीं दे रही है, आप तो दीजिए।"

"मेरा दिल्ली का अख़बार है, पूरे छत्तीसगढ़ में सिर्फ़ रायपुर में हवाई जहाज़ से आता है। बीजापुर भी नहीं पहुँच पाता, आपके गाँव तो बहुत दूर की बात है। किसी स्थानीय अख़बार में ख़बर छपेगी तो शायद कुछ असर पड़ेगा।"

"दिल्ली में बात फैलेगी तो अच्छा होगा न। यहाँ की पुलिस पर डण्डा पड़ेगा।" वह अड़े हुए थे, मुझसे ज़िद की कि सबूत बतौर मैं कुएँ की तस्वीरें लूँ जिसमें चोरी हुए प्राणी के भाई-बन्धु तैर रहे थे।

कुएँ को कैमरे की आँख से देखते हुए मुझे याद आया कि इस बरसात में, अगस्त या जुलाई शायद, एक मेढक मेरे रायपुर के घर में न जाने कहाँ से आ गया था, कई दिन बाद बिना बताये ग़ायब हो गया।

एक शाम मैंने घर पहुँच ताला खोला, वह हॉल के बीच बैठा टकटका रहा था। हॉल में रखे टीवी की स्क्रीन पर उसका प्रतिबिम्ब टुमक रहा था। हम दोनों एक-दूसरे को स्क्रीन पर देर तक देखते रहे। मुझे लगा मैं पहली बार किसी मेंढक को देख रहा हूँ—वह भी मेढक की निगाह से। मुझे लगा वह मेरा चचेरा भाई है।

मेरे घर की देहरी ठीक-ठाक ऊँची है, उसके लिए छलाँग लगाकर घर के अन्दर आना आसान नहीं रहा होगा। घर में बड़ा-सा लॉन भी है। मेढक के लिए मिट्टी, केंचुओं और कीड़ों के बीच रहना मज़ेदार होता। वह अन्दर कूदकर आने की मेहनत क्यों करेगा? मुझे समझ नहीं आया।

मेरे घर में तीन कमरे थे। कुर्सी, मेज़ और बुक शेल्फ़ के अलावा कोई फ़र्नीचर नहीं। मैं ज़मीन पर गद्दा बिछा सोता था, हर कमरे की बारी पन्द्रह दिन बाद आती थी। मैंने एक कमरा नये मेहमान को दे दिया। कभी ब्रेड के टुकड़े उसे डाल देता, थाली में लॉन की मिट्टी उसके लिए रख देता कि उसे कीड़े और केंचुए का पौष्टिक आहार मिल जायेगा। एक कटोरी में पानी भी रख दिया। घर से बाहर जाते वक़्त उसका कमरा बन्द कर देता कि महाशय फुदक कर भाग न जायें। मैंने उसे नाम भी दे दिया—टूटूजी।

टूटूजी से दोस्ती हो गयी। हम दोनों एक-दूसरे को देर तक देखते रहते, कौन पहले पलक झपकायेगा का खेल खेलते। मैं हर बार हार जाता।

कभी टूटूजी मुझे उनके गले के नीचे लटकते गुलगुले मांस को सहलाने भी देते।

बचपन में पढ़ी मेढक और राजकुमारी की कहानी याद आती। यह भी दुख होता कि स्कूल में टूटूजी के किसी पुरखे को बाक़ायदा मेज़ पर लिटाकर, हाथ-पैर कील से ठोंक कर उसकी हत्या की थी।

कुछ दिन बाद टूटूजी ग़ायब हो गये। एक दिन लौटकर मैंने दरवाज़ा खोला, वह कहीं दिखाई नहीं दिये। क्या खिड़की से बाहर कूद गये? लेकिन खिड़की बन्द थी, ज़मीन से बहुत ऊँची भी। इतनी ऊँची कूद तो वह नहीं लगा पायेंगे। बिल्ली भी अन्दर नहीं आ सकती थी। दरवाज़ा फ़र्श से एकदम छूता हुआ था, उसके नीचे से निकल भागना सम्भव नहीं था। क्या टूटूजी ने अपने शरीर को इस क़दर सिकोड़ लिया कि वह मिलीमीटर बराबर उस झिरी से निकल लिए? लेकिन यही करना था तो पहले दिन ही कर सकते थे?

टूटूजी की गुमशुदगी अभी तलक रहस्य बनी हुई है।

कुएँ की फ़ोटो खींचने के बाद, टूटूजी को याद करते हुए, मैंने मास्टरजी से कहा कि हो सकता है उनका कछुआ ख़ुद ही कुएँ से बाहर चला गया हो, किसी ने चुराया न हो। "कैसी बात कर रहे हैं आप? इतना गहरा कुआँ है, बाहर कैसे कूदेगा?...आप इस पर ख़बर करिए न?"

रायपुर लौटते वक़्त और उसके कई दिन बाद तक मैं सोचता रहा कि बस्तर के किसी गाँव में किसी शिक्षक के कुएँ से कछुए चोरी की ख़बर को कैसे राष्ट्रीय आयाम दे दिल्ली के लायक़ बनाया जा सकता है। हफ़्ते भर बाद मुझे सपना आया कि मास्टरजी के कछुए पर मेरी ख़बर, तस्वीर समेत, मेरे अख़बार के पहले पन्ने पर छपी है। मुझे फ़ोटो क्रेडिट भी दिया गया है।

(दीपावली, 13 नवम्बर 2012, बीजापुर का राजस्थानी भोजनालय)

दो

मृत्यु-कथा

एक सभ्यता शायद उस सम्बन्ध में प्रतिबिम्बित होती है जो वह अपने मृतकों के साथ बनाती है।

क्या ये मृतक बुझ चुके हैं, हमेशा के लिए? या कभी किसी शाम हम जीवित इन्सानों से मिलने चले आते हैं? या वे हमारे सनातन सहयात्री हैं, अमर प्रेमी?

वे 2014 की गर्मियाँ थीं। प्रधानमन्त्री पद के दो दावेदार अपने राज्यों को छोड़ काशी की धरती पर चुनाव लड़ने आ गये थे। उस विकट द्वन्द्व पर रिपोर्टिंग करने मैं बनारस आया था। गर्म रातों में गंगा के घाट पर भटकते वक़्त मैंने सहसा ख़ुद को उन मृतकों की गिरफ़्त में महसूस किया जिन पर मैंने बतौर पत्रकार कभी लिखा था। उनकी परछाइयाँ अरसे से मेरा पीछा कर रही थीं, लेकिन मैं शायद ही उनसे मुख़ातिब हुआ था। मैं उन्हें हमेशा नकारता आया था, शायद इस भय से कि अगर उन्हें रत्ती भर जगह मिली तो वे मेरी पत्रकारिता और बतौर पत्रकार मेरी ज़िन्दगी पर सवाल करेंगी, उसे ख़ारिज कर देंगी। इसलिए मैंने एक आसान और कायर रास्ता चुन उनके अस्तित्व से मुँह मोड़ लिया था।

पिछले तीन वर्षों से मध्य भारत के जंगलों में भटकता मैं अनजान मृतकों की ज़िन्दगानियाँ लिख रहा था। अपने ऊपर मँडराती मृत्यु से दूर भाग जाने के लिए दण्डकारण्य पीछे छोड़ ख़ुद को चुनाव रिपोर्टिंग की भट्‌ठी में स्वाहा करने चला आया था।

लेकिन मैंने सहसा ख़ुद को मृत्यु की राजधानी में पाया—मणिकर्णिका। वह सनातन श्मशान जिसकी लपट कभी शान्त नहीं होती थी, जिसके दरवाज़े पर असंख्य मृतक मुक्ति पाने आते थे। मृतक के लिए लकड़ियाँ कम पड़ जाती थीं, घी पिघल जाता था, उपले बुझ जाते थे, लेकिन विकट-क्षुधा मृतक शान्त नहीं होता था। काशी उसके इस भोज का उत्सव मनाती थी।

मैं दशाश्वमेध घाट पर एक छोटी-सी लॉज में ठहरा था। सृष्टि के जनक ब्रह्मा ने मृत्यु-देवता शिव का आह्वान करते हुए यहाँ दस घोड़ों की बलि दी थी।

उसी लॉज में जूडिथ मेई भी ठहरी थी। वह फ़िनलैंड से आयी थी। विभिन्न संस्कृतियों में मृत्यु के अर्थ पर वृत्त-चित्र बना रही थी। "यूरोप में मृत्यु को अक्सर पर्दे के पीछे धकेल दिया जाता है। मृत्यु अस्पताल और ओल्ड एज होम में दर्ज होती है। मृतक को काले ताबूत में बन्द कर लगभग चुपचाप दफ़न कर दिया जाता है," वह बोली। वह हैरान थी, "तुम भारतीयों को मृत्यु से डर नहीं लगता, तुम इसका सार्वजनिक उत्सव मनाते हो।"

मणिकर्णिका की भूखी लपट ने छलाँग लगाई, स्याह हवा को अपनी चाकू-सी धार से काट दिया। क्या यह आग गंगा को लील जाना चाहती थी? मुझे लगा कि मणिकर्णिका की दुर्निवार लपटों पर सवार वे मुर्दे मेरी तरफ़ आ रहे थे।

जिस प्रश्न ने मुझे दण्डकारण्य में महुए के बीच घेर लिया था, वह गंगा के सामने नये रूप में आ खड़ा था। मैं अपने मृतक किस तरह अपनी काया पर लिए जी रहा हूँ? मेरी देह के किस पिंजरे में उन्होंने अपना स्थायी निवास बनाया है? क्या मैं कभी गिन पाऊँगा कि कितने शव मेरी साँस के क़तरों से प्राणवायु हासिल करते हैं?

इस यक्ष प्रश्न की गूँज चुनाव-प्रचार में रत्ती भर सुनायी नहीं देती थी। देश की राजनीति उन धधकती चिताओं से अनजान थी जिन्होंने काशी को रचा था।*

तुमने पिछले तीन वर्षों में तमाम क़िस्म के मृतक इकट्ठे किये हैं। अपनी फ़ाइल के पन्नों में उन्हें सँभाल-सहेज कर रखा है। पिछली सदी का एक उपन्यासकार तितलियाँ पकड़ने के लिए लम्बी यात्राओं पर निकल पड़ता था। अनेक प्रजाति

* यह तीन शहरों का शहर है—काशी, वाराणसी, बनारस। कई महानगर अपने भीतर अनेक नगर लिए जीते हैं। दिल्ली के सात शहर हैं, लेकिन उनकी सीमाएँ निर्धारित हैं। गंगा के किनारे वाराणसी, बनारस और काशी एक साझा भूगोल में सिमट जाते हैं, लेकिन उनका अपना विशिष्ट अस्तित्व बना रहता है। काशी आलोक और ज्ञान की नगरी है, वाराणसी में आ पाप मिट जाते हैं, जबकि बनारस जो संस्कृत शब्द वाराणसी का प्राकृत है, 'रस' अर्थात् माधुर्य और उल्लास का रूपक है। वाराणसी के भीतर एक शहर और है—सारनाथ। इसने काशी को दार्शनिक द्वन्द्व के लिए ललकार कर उसकी सत्ता को सबसे पहली और शायद सबसे विराट चुनौती दी थी। गौतम बुद्ध को ज्ञान बोधगया में हुआ था, लेकिन वे ढाई सौ किलोमीटर दूर काशी की दहलीज़ पर अपना पहला उपदेश देने चले आये थे। बुद्ध कल्पना भी नहीं कर सकते थे कि उन्हें विष्णु का नवाँ अवतार घोषित कर दिया जायेगा और गंगा उन्हें अपने पानियों में समाहित कर लेगी।

लेकिन काशी विराट अन्तर्विरोधों और अन्तर्विरोधाभासों का नगर है, और शायद इससे विकट और कुछ नहीं—जिस मस्जिद को औरंगज़ेब ने गंगा किनारे काशी विश्वनाथ मन्दिर की दहलीज़ पर बनवाया था, जो साम्प्रदायिक तनाव का केन्द्र बनी हुई है, उसे ज्ञानवापी मस्जिद कहते हैं। ज्ञान का कुआँ। संस्कृत की संज्ञा लिए दुनिया की शायद एकमात्र मस्जिद।

और रंगों की तितलियाँ उसके रचनात्मक संसार को सींचती थीं। उसका एक प्रसिद्ध उपन्यास ऐसी ही यात्रा से जन्मा था।

तितली की जगह मृतक ने ले ली है। You are diagnosed to be diseased with the deceased. तुम्हारे अभिन्न सहयात्री, गुप्तचर, हमज़ाद–वे तुम्हारे अस्तित्व की अर्जनाएँ हैं, आशंकाएँ भी। कई राज्यों और क़रीब नब्बे हज़ार वर्ग किलोमीटर में पसरे दण्डकारण्य से तुम अब तक लगभग दो सौ मृत्यु दर्ज कर चुके हो। बच्चियाँ, गर्भवती स्त्रियाँ, ख़ाकीधारी, क्रान्तिकारी प्रेमी, टाँगों के बीच लगी गोली से ख़त्म हुई लड़की। ख़बरनवीसी के लिए तुम्हें मिली तमाम ट्रॉफ़ियों पर उनके निशान दर्ज हैं। दुनिया सोचती है कि वे तुम्हारे विषय हैं, सिर्फ़ तुम जानते हो कि दरअसल तुम उनके विषय हो। वे तुमसे ख़ुद को लिखवाते हैं। तुम महज़ उनके आख्यायक हो।

तुम उनकी श्रद्धांजलि लिखते हो, उनके परिजन उन्हें अग्नि देते हैं, लेकिन वे बुझने से इनकार कर देते हैं। किसी अनजाने प्रदेश में एक ठिठुरती रात जब डेथ रिपोर्टर निहत्था और वध्य होगा, वे उससे मिलने आयेंगे। कोई लड़की सिर पर लगी उस गोली को दिखायेगी जिस पर तुम्हारा ध्यान नहीं गया था। कोई बुआ शिकायत करेगी कि तुमने यह तो लिखा कि उसका पन्द्रह साल का भतीजा नक्सली नहीं था, लेकिन यह नहीं देख पाये कि उसकी देह पर ख़ंजर के एक नहीं दो निशान थे।

तुम घिर चुके होगे, बच कर निकल भागना चाहोगे, लेकिन वे गिरेबान पकड़ तुम्हें ज़मीन पर पटक देंगे, उस जर्मन लेखक के बारे में याद दिलाते हुए जिसने लिखा था–"किसी विषय में नपुंसकता का अनुभव किये बग़ैर कोई इन्सान उस पर महारत हासिल नहीं कर सकता...यह नपुंसकता उस विषय के आरम्भ में प्रकट होती है न उससे जूझने से पहले–वह उस संघर्ष की बीच धार में जन्म लेती है।"

30 जून 2012 की दुपहर। बस्तर के गर्भ में एक सुदूर गाँव सारकेगुड़ा। पन्द्रह लाश तुम्हें घूर रही होंगी। फूल कर सूज, स्याह और सख़्त पड़ गयीं लाशें किसी भूसा भरे हुए जीव का गुमान करा रही होंगी। छत्तीस घण्टे पहले पुलिस के हथियारों ने उन्हें ख़त्म किया होगा। सत्ता के अनुसार छत्तीसगढ़ की सबसे बड़ी माओवादी मुठभेड़।

तुम उन्हें जलाये जाने से पहले उनके गाँव पहुँच जाओगे। तुम्हारी निगाह ने पहली बार एक से अधिक मृतक दर्ज किये होंगे। कई शवों पर ख़ंजर के साफ़ निशाँ होंगे, यानी उन्हें दूर से आती गोलियों ने नहीं बल्कि एकदम क़रीब से

ख़ंजरों ने गोदा होगा। उनके रिश्तेदार कफ़न उघाड़ नंगी देह दिखायेंगे, चीख़कर तुमसे कहेंगे कि तुम सबूत बतौर तस्वीरें लो कि वे मुठभेड़ में नहीं मारे गये थे बल्कि आख़िरी साँस तक तड़पाये गये थे। तुम उन स्याह शरीरों की तस्वीर नहीं खींच पाओगे, लेकिन लगातार ख़बर लिखोगे कि मृतक निर्दोष आदिवासी थे, केन्द्रीय गृह मन्त्री जिसे 'कुख्यात नक्सली' बता रहे थे, दरअसल, वह एक पन्द्रह साल का बच्चा था।

सत्ता तुम्हारी ख़बर झुठला देगी, दावा करेगी कि उसने सारे शवों का पोस्टमार्टम करवाया था। उस पोस्टमार्टम की वीडियोग्राफ़ी भी हुई थी जिसमें किसी भी शरीर पर ख़ंजर का कोई निशान नहीं था। सभी लोग गोली से मरे थे। तुम उस पोस्टमार्टम का वीडियो हासिल कर लोगे। देश के सबसे बड़े अर्धसैनिक बल का सेनापति साफ़ झूठ बोला था, कई लाशों पर चाकू के निशान थे।

तुम्हारी ख़बरों के बाद इस मामले की तफ़्तीश के लिए रिटायर्ड हाई कोर्ट जज की अध्यक्षता में एक आयोग गठित होगा। दो साल बाद, जुलाई 2014, तुम उस आयोग के सामने अपने हलफ़िया बयान में तस्वीर न ले पाने की वजह बतलाओगे—"इतनी सारी लाश देख मैं घबरा गया था। मुझे यह अमानवीय लगा कि मैं उन मृत बच्चों की (एक बारह साल की बच्ची भी थी) नंगी तस्वीरें अपने कैमरे और लैपटॉप में क़ैद कर सिर्फ़ इसलिए रख लूँ कि मुझे सबूत मिल जायेगा, मेरी ख़बर कहीं अधिक प्रामाणिक हो जायेगी।"

वह पहला वाक़या होगा। उसके बाद ऐसा संशय तुम्हें कभी नहीं सतायेगा। तुम बेधड़क मृत शरीरों की तस्वीरें लेते जाओगे। उस उपन्यास के नायक की तरह जो शुरुआत में तो बूढ़े और बीमार कुत्तों की जान लेते वक़्त हिचकता है, लेकिन धीरे-धीरे मौत का आदी होता जाता है। निर्लिप्त भाव से उनकी निर्जीव देह पोटली में बाँध सुपुर्दे-ख़ाक करने ले जाता है।

दिन भर की रिपोर्टिंग के बाद सिगरा चौक पर एक होटल में खाने बैठा हूँ। वह मुझसे एक मेज़ दूर है। कुछ देर बाद मेरे सामने आ बैठ जाती है। मैं बनारस पहली बार आया हूँ, जो छवि इस शहर की मेरे भीतर है (हो सकता है एकदम ग़लत हो) वह मुझे यह कल्पना तक करने की इजाज़त नहीं देती कि कोई लड़की रात पौने दस पर खुद किसी अजनबी लड़के के सामने आ बैठ जायेगी। मेरा खाना आ चुका है। उसने कुछ पार्सल ऑर्डर किया है, यानी यहाँ सिर्फ़ खाना लेने आयी है। मैं उसे समझ पाने में नाकाम हूँ। वह शायद मेरी नाकामी पढ़ रही है, धीरे-से कहती है—कुछ ख़ास नहीं, बस यूँ ही।

वह नज़दीक रहती है, अकेली। आज खाना बनाने का मन नहीं था। वेटर उसका पार्सल ले आया है। मेरा खाना ख़त्म नहीं हुआ। मेज़ पर रखी मेरी नोटबुक और कैमरे से उसे पता चल गया है कि मैं बाहर से आया हूँ। वह चण्डीगढ़ से है, गोदौलिया में किसी बैंक में काम करती है। प्रोबेशनेरी अफ़सर की परीक्षा के बाद दो-तीन महीने पहले यहाँ नौकरी लगी है। उसका बेटा चण्डीगढ़ में अपने नाना-नानी के पास रहता है। बेटे का पिता हिमाचल में किसी बैंक में काम करता है।

कितना बड़ा है आपका बेटा?

यह पूछो कितना छोटा है। वह पहले हँसती है, फिर दुख छुपाये बग़ैर कहती है—सिर्फ़ छह महीने का है। यहाँ रख नहीं सकती...कौन ख़याल रखेगा।

आप पत्रकार हैं...किसी को जानते हैं जो मेरा ट्रांसफ़र करवा सकेगा?

हाल ही नौकरी लगी है, इतनी जल्दी थोड़े होगा ट्रांसफ़र।

बच्चे के साथ रहने के आधार पर माँ का ट्रांसफ़र नहीं हो सकता?

वह मोबाइल में अपने बच्चे की तस्वीर दिखाती है, उसके हँसने-रोने की आवाज़ भी सुनवाती है। मैं कभी बच्चे को देखता हूँ, कभी उसे जो अचानक से इस रात अपना जीवन एक अजनबी के सामने उघाड़े जा रही है। सवा दस क़रीब हम बाहर निकलते हैं। उसे बनारस से नफ़रत है। धूल और गर्मी के सिवाय कुछ नहीं दिखता उसे। वह दशाश्वमेध कभी नहीं गयी। हम रिक्शे से दशाश्वमेध पहुँचते हैं। नावें लंगर डाल गंगा में ठहरी हैं। चुनावी माहौल है, ढेर सारे पुलिसवाले गश्त पर हैं। कई लोग सीढ़ियों पर सोये हैं। उन्हें देख कभी मुझे लगता है कि वे गंगा-यात्री हैं। कभी ख़याल आता है कि शायद ये काशी के निवासी हैं, रात गंगा किनारे बिताने और सोने आ गये हैं। मैं यह भी महसूस करता हूँ कि मैं हरेक मर्तबा गंगा को इसकी संज्ञा से पुकारना और लिखना चाहता हूँ। एक वाक्य में दस बार आयेगी तो भी गंगा लिखूँगा, इसे नदी नहीं कहूँगा।

हम घूमते रहते हैं। उसका ससुराल लखनऊ है, लेकिन बच्चा ननिहाल में है। दादा-दादी के पास रहेगा तो बरबाद हो जायेगा। बहुत बैकवर्ड लोग हैं। लव मैरिज थी। अभी तीन साल ही हुए हैं, लेकिन उसे ऊब होने लगी है। "मुझसे झूठ बोला गया था," वह कहती है। रात में खिलती गंगा को देख वह अचम्भित होती है। उसे नहीं मालूम था बनारस में ऐसा घाट होगा जहाँ लड़के इस वक़्त भी क्रिकेट खेल रहे होंगे। पौने बारह क़रीब हम रिक्शे से वापस लौट लेते हैं। मैं उसे सिगरा छोड़ता हूँ, अस्सी पर अपनी लॉज की ओर मुड़ जाता हूँ। आज सात मई है,

बुधवार। कल और परसों बड़ी चुनावी रैली है यहाँ। मैं बेइन्तहा व्यस्त रहूँगा। दस को सेकिंड सैटरडे, उसकी छुट्‌टी। वह दस की सुबह चण्डीगढ़ निकल जायेगी। ग्यारह इतवार, बारह मतदान की छुट्‌टी। पूरा हफ़्ता बिता कर आयेगी, तब तक मैं यहाँ से जा चुका हूँगा।

बनारस में मुझे अक्सर एक दुकान दिखलाई देती थी—"मुर्दों को जलाने का सामान यहाँ मिलता है।" उपले, लकड़ियाँ, गाय का शुद्ध घी। मुझे सन्देह होता था कि यह शायद गाय का नहीं होगा, थोड़ी मिलावट होगी। मुर्दा तो नहीं समझ पायेगा कि यह असली है या नहीं। जान भी जाये तो शायद किसी को बता नहीं पायेगा। ऐसा तो नहीं होगा कि कोई अपने मृत पिता की देह घी से भिगोने से पहले इसे चखेगा कि गाय का है या नहीं। शायद कोई सच्चा पितृ-भक्त ऐसा करता भी होगा।

मेरी अक्सर इच्छा होती थी कि दुकानदार से पूछूँ उसके ग्राहक सामान कैसे माँगते हैं। क्या कोई मानक निर्धारित है? मसलन, प्रति मृतक पन्द्रह किलो लकड़ी, चार किलो घी, पाँच किलो उपले? या यह मुर्दे की कायानुसार बदलता है? किसी मोटे व्यक्ति के रिश्तेदार शायद पच्चीस या तीस किलो लकड़ी माँगते होंगे। कैसे माँगते होंगे? चालीस किलो लकड़ी कहते वक़्त उनके चेहरे पर थोड़ी शर्मिन्दगी आ जाती होगी कि उनके मुर्दे पर इतनी चर्बी चढ़ी थी। किसी मरियल औरत का आठ-दस किलो लकड़ी में हो जाता होगा। उसके रिश्तेदारों को शायद अधिक ग्लानि होती होगी। दुकानदार भी घूर कर देखता होगा कि इन बेदर्द लोगों ने बूढ़ी माँ को भूखे मरने छोड़ दिया।

अनेक लोग हर साल एक अर्जनीय मृत्यु की तलाश में काशी आते हैं। मुक्ति की अनगिनत कथाएँ गंगा अपने भीतर लिए बह रही है। गंगा को समर्पित सबसे पवित्र प्रार्थना, *गंगा लहरी*, शाहजहाँ के दरबारी कवि जगन्नाथ ने रची थी, जिन्हें ब्राह्मण समुदाय ने एक मुस्लिम लड़की से प्रेम करने की वजह से बहिष्कृत कर दिया था। कहते हैं जगन्नाथ काशी आये, अपनी प्रेमिका के साथ पंचगंगा घाट की बावनवीं सीढ़ी पर जा बैठ गये। उन्होंने गंगा के लिए कुल बावन प्रार्थनाएँ लिखीं, हरेक प्रार्थना पर गंगा एक-एक सीढ़ी ऊपर उठती गयी, उसके पानियों ने दोनों प्रेमियों के पैर छुए और गंगा उन्हें अपने भीतर समाये ले गयी।

लेकिन उस इन्सान के लिए शायद कोई मुक्ति नहीं जो शब्द में अपना एकमात्र घर खोजता है। बस्तर के प्रश्न का जवाब काशी ने दिया था।

मृत्यु कथाकार अपने मृतक कभी दफ़ना नहीं पायेगा, उन्हें गंगा में भी विसर्जित नहीं कर पायेगा, अपने फ़ाउंटेन पैन की निब पर लिए भटकता रहेगा।

गंगा किनारे एक महीना रहने के बाद नक्सल देस वापस लौटते वक़्त रेल की बर्थ पर मैंने ख़ुद से पूछा था—"मैं वाराणसी से लौट रहा हूँ या काशी से? मैंने ये गर्मियाँ बनारस में बितायी थीं या काशी में? क्या कोई ऐसा यात्री भी है जो वाराणसी आता है, लेकिन काशी से लौटता है? जो दिन बनारस में बिताता है, लेकिन रात काशी में?"

तब मुझे बोध हुआ कि बस्तर से बनारस का रास्ता मणिकर्णिका से गुज़रता है।

आज मुझे याद आता है कि कोई ऐसा भी था जिसने काशी को ठुकरा दिया था, जिसने मणिकर्णिका के बजाय मगहर, मुक्ति के बजाय नरक को चुना था।

वह एक कवि था।

अस्सी और दशाश्वमेध गंगा के दो घाट हैं, महज़ कुछ सौ क़दमों के फ़ासले पर ठहरे हैं, लेकिन दोनों में शायद कहीं फ़र्क़ है। दशाश्वमेध की बयार उचटी हुई कसक लिए बहती है, चिटखती उदासी जो अन्तरंगता, अपनापन जगाती है, लेकिन उँगलियों से छिटक जाती है। मैं देर तक ऊपर जाती चकराती हुई सीढ़ियाँ देखता हूँ, किसी चिह्न की उम्मीद में लेकिन कुछ नहीं सुझाई देता। दशाश्वमेध से अस्सी की ओर आते में हवा परायी-सी होने लगती है, उसके अपनत्व के क़तरे झरने लगते हैं और आख़िर में बस उतना अपनापन बचा रहता है कि अब तुम बनारस के आख़िरी छोर पर हो। एक क़दम और, यह शहर पीछे छूट जायेगा।

और दशाश्वमेध से मणिकर्णिका का रास्ता? यह शायद पृथ्वी पर मृत्यु का स्थायी मकान है। ख़ासकर रात में जब घाट पर जलते स्ट्रीट लैम्प की नारंगी रोशनी मणिकर्णिका की बेसुध और बेख़ौफ़ पीली लपटों में समा जाती है, जीवित और मृत का भेद मिटने लगता है, मुझे सहसा मृत्यु के साथ शतरंज खेलने जा रहा वह इन्सान याद आता है, एक ऐसी बाज़ी जहाँ मात पहले ही तय है।

ये मई की रातें हैं। गंगा के पानी में चिताएँ सुलग रही हैं। आग की भूखी परछाइयों पर सवार मेरे गुनाह लौट कर आते हैं, ख़ासकर प्रेम में किये गुनाह। जीवन प्रायश्चित्त का अवसर नहीं देगा, अगर दिया भी तो पाप स्वीकारने का साहस नहीं होगा। मुँह छुपाये चुपचाप मृत्यु की ओर बढ़ जाना होगा।

दो

एक

मृगया

अगले अनुच्छेद में दर्ज वाक़या मैंने 2011 अगस्त के अन्तिम दिनों में अपनी डायरी में लिखा था। इसका एक ड्राफ्ट 30 अक्टूबर 2011 को *जनसत्ता* में मेरे कॉलम 'नक्सल डायरी' में छपा था। इसे लिखते वक़्त मुझे इस राज्य में आये सिर्फ़ हफ़्ता भर हुआ था, यह मेरी पहली जंगल यात्रा थी। आज कई बरस बाद पुराने नोट्स से गुज़रते हुए बस्तर-कथा का आख़िरी ड्राफ़्ट तैयार कर रहा हूँ। हैरान हूँ अपनी पहली बस्तर-यात्रा, बस्तर के पहले इन्सान की आँखों में मुझे इस जंगल का विकराल सत्य कैसे दिखलाई दे गया। क्या बस्तर का जंगल मेरे ऊपर इलहाम की मानिन्द बरसा था?

23 अगस्त 2011, गाँव भद्रकाली, बीजापुर ज़िला

रायपुर से भोपालपटनम तक कार, फिर बाइक और आख़िर में नाव से चिन्तावागू नदी पार कर आन्ध्र प्रदेश की सीमा छूते इस जंगल तक पहुँचा जहाँ उन्नीस अगस्त को नक्सली हमले में पुलिस के दस जवान और एक ग्रामीण की मौत। लाशें अठारह घण्टे कीचड़ और बरसात में पड़ी रहीं क्योंकि दुबारा हमले के डर से पुलिस अपने साथियों को उठाने नहीं गयी। आख़िर में जिस बूढ़े का बेटा मारा गया था वह अगली सुबह आया, बेटे और बाक़ी सबकी लाश बैलगाड़ी में लाद कर ले गया।

लेकिन यह उस इन्सान की कथा है जिसकी भोपालपटनम में छोटी-सी दुकान है। पचास करीब का वह मुझसे बतौर पुलिस मुख़बिर मिला। मुझे थाने ले गया। सिपाहियों से मेरा परिचय कराया। अगले दिन उसके चश्मे के पीछे लकीरें बदलने लगीं। आवाज़ की रंगत भी। नफ़रत की सरहद पर टिका ख़ाकी के प्रति उसका अविश्वास बाहर आया। इस मर्तबा वह मुझे पुलिस द्वारा प्रताड़ित, ज़बरन मुख़बिर बनाया गया कोई स्थानीय लगा।

लेकिन नहीं। उसकी आवाज़ उसकी निगाह की तरह दुधारी और दोरंगी थी। वह थानेदार के सामने उसका ख़ास आदमी था, 'विकास विरोधी' नक्सलियों

से नफ़रत करता था। लेकिन मुझे किसी ख़ुफ़िया रास्ते से जंगल ले जाते वक़्त उसका हृदय 'भाई नक्सलियों' के लिए कसक रहा था। अब वह नक्सली मुख़बिर लग रहा था।

वह इस प्रजाति का अकेला निवासी नहीं था। किसी मुख़बिर या जासूस के दोनों कैम्प में सम्पर्क-सम्बन्ध होते हैं। दोनों गुटों में गहरे तक पगा-धँसा वह उनसे दाना-पानी लेता है, लेकिन उसका वैचारिक-भावनात्मक जुड़ाव निश्चित है। किसी एक दल का मूल नागरिक वह पहले की गुप्त सूचनाएँ दूसरे को देता है। बस्तर में लेकिन एक विचित्र प्रजाति जन्म ले चुकी है जो दोनों की सौतेली है, दोनों को डंक मारती है। इन्सान एक, चेहरे और ज़ुबान दो। पुलिस का नक्सलियों को दबोच पाना या नक्सलियों का पुलिस पर छापामार हमला अक्सर इसकी गुप्त सूचना का परिणाम है। फ़रेब की नुकीली डोर पर सरकता यह मुख़बिर जिस रात जिधर पीठ दिखा लेटता है, वहाँ कुछ साँसें कम हो जाती हैं।

ख़तरा इसलिए दोहरा है इसके लिए। दोनों गुटों से याराना रखता यह इन्सान ख़ंजर की धार पर चहकता-चमकता है। जिस दिन इसकी पहचान खुली, दोनों तरफ़ की गोलियाँ इसे कतर डालेंगी। इसके बावजूद यह हथेली पर मृत्यु साधे घूम रहा है। क्या यह लालची है? मक्कार? दगाबाज़? या बेफ़िक्र जाँबाज़?

यह आदिवासी जानता है कि इस लड़ाई का एकमात्र शिकार वही है। पुलिस और नक्सली दोनों इससे ज़बरदस्ती सूचना लेते हैं। उसे हुक्म-ए-हाकिम की तामील करनी पड़ेगी। यही तामील-ए-हुक्म उसे दुधारी फ़रेब की तरफ़ धकेलता है।

ख़ाकी और लाल सेनापति स्वीकार नहीं करना चाहते कि उनकी सेना और ख़ुद उनका जीवन किस हद तक इस आदिवासी पर टिका है। बहुत कम लोगों को भान है कि बस्तर का सांस्कृतिक संविधान किस तरह नष्ट हो रहा है। फ़रेब आदिवासी की जैविकीय ज़रूरत बनता जा रहा है।*

---

* मेरी डायरी में अगली पंक्तियाँ यह थीं–

> 26 अगस्त 2011 : माओवादी हमले की रिपोर्टिंग के बाद परसों बीजापुर से लौटते वक़्त मैंने कार में बर्गमेन की *द मैज़िक फ्लूट* देखी। किरदार मोत्ज़ार्ट का ओपेरा मंच पर अभिनीत कर रहे हैं। शुरू के दस मिनट स्क्रीन पर सिर्फ़ दर्शकों के चेहरे और बदलते भाव। अज्ञेय की कविता *असाध्य वीणा* का बिम्ब कौंध गया।

कुछ साल बाद माइकल स्टीन की दुनिया के महान ओपेरा पर किताब पढ़ते वक़्त मैं दंग रह गया कि बस्तर की लड़ाई के दोहरे चरित्र से रूबरू होने के बाद मैंने जो ओपेरा देखा था, उसके मध्य में किरदारों का चरित्र सहसा बदल जाता है। कथा के पूर्वार्द्ध में सरास्त्रो शैतान का पर्याय नज़र आता है जिसके चंगुल से रानी अपनी बेटी को बचाना चाहती है। उत्तरार्द्ध में सरास्त्रो शुभ का प्रतीक हो जाता है, रानी शैतानी शक्तियों की स्वामिनी।

तीन

महुआ

सरगुजा ज़िले के किसी कोटर में अटके बलंगी गाँव की एक बरसती सुबह। किसी झोंपड़ी में सोने की परत वाली घड़ी पहने एक लड़की सिल-बट्टे पर मसाले पीस रही है।

यहाँ आना तय नहीं था। परसों रात सवा सौ किलोमीटर दूर बलरामपुर थाने में पुरानी फ़ाइल पलटते वक़्त एक जगह अटक गया—*लूट की रक़म के बँटवारे पर नक्सली कमांडर की उसके साथियों द्वारा हत्या।*

नक्सलियों में क़त्ले-आम, वह भी लूट की रक़म!

बलरामपुर पुलिस ने आश्वस्त किया कि सरगुजा के नक्सलियों में ऐसे झगड़े आम हैं। बलंगी के निवासियों ने बतलाया कि नक्सली कमांडर रेंघा यादव हफ़्ता वसूली का रैकिट चला रहा था। पैंतीस साल का रेंघा झारखण्ड से बीस-पच्चीस साल के कुछ युवकों को ले आया था, उन्हें 'नक्सली ट्रेनिंग' दे रहा था। सब जंगल में रहते थे। कुछ महीने पहले बड़ी रक़म हाथ लगी। छह लाख। इसने उनका 'हिस्सा' नहीं दिया, नतीजतन जून 2011 में क़त्ल।

छोटे-से कुएँ और मक्के के बड़े-से खेत के सामने अपने घर में बाईस साल की शान्ति इस सुबह अपने पति को याद करती है। पति के परिवार पर आश्रित। ग़रीब किसान परिवार। सिल पर मसाले पीसती है, चूल्हे पर सब्ज़ी तलती है, भुट्टे सेंकती है। आँगन में खनकती बूँदों के दरमियाँ रंगीन चूड़ियों के बीच घड़ी ढुलकती रहती है। इस प्रदेश में किसी ग्रामीण औरत को घड़ी पहने नहीं देखा, यह भी याद नहीं आता कब किसी औरत को सिल पर बट्टा घिसते वक़्त घड़ी पहने देखा था।

उन्होंने गिफ़्ट की थी?

क्या?

उपहार में दी थी आपको?

उसकी आँखें अभी भी चौंकती हैं।

उन्होंने दी होगी शायद, तभी तो आप काम करते वक़्त भी इसे पहने हैं।

तो...उनकी पत्नी हैं हम। ब्याह कर लाये थे हमें, उनका दिया नहीं पहनेंगे तो फिर किसका।

यह उस कमांडर की दूसरी पत्नी है। पहली इसकी बड़ी बहन थी। गाँव से सटे थाने के सिपाहियों ने बतलाया था और शान्ति ने भी कहा कि उससे सिर्फ़ लड़कियाँ पैदा हुई थीं, इसलिए वह छोटी बहन को ब्याह लाया। ब्याह के चार साल में शान्ति ने दो बच्चों को जन्म दे दिया। लेकिन शान्ति ने यह भी बतलाया कि कमांडर बहुत पहले से उसे पसन्द करता था। पुलिस रजिस्टर में रेंघा की पत्नी बतौर उसका ही नाम दर्ज है। बड़ी बहन अब गाँव से बाहर झोंपड़ी में रहती है। ससुराल पर छुटकी का राज।

रजिस्टर बन्द करते हुए थानेदार धीरे-से बोला था, "अगर वह अपनी पहली पत्नी को घर से निकाल अपने से चौदह साल छोटी को ब्याह ले आया तो क्या हैरत, आप देखेंगे तो पता चलेगा।"

वह देर तक अपने पति की कहानी सुनाती है। सिल छोड़ कर चूल्हे पर आ जाती है। उसके भतीजे और छोटे देवर उसके पास मँडराते रहते हैं। उसे कच्चे भुट्टे देते हैं। वह उन्हें भूनने के लिए चूल्हे पर टिका देती है।

एक बार बनिये ने झूठे केस में फँसा पुलिस से पिटवाया, फिर वो नक्सली बन गये... जंगल में रहते थे, तीन-चार महीने में एक बार घर आते थे... एक-दो बार जेल भी गये, बाहर आ थोड़ा समय ठीक रहे फिर नक्सली बन गये।

नक्सली बन गये? कैसे बना जाता है नक्सली?

वो थे तो सही।

वो लोगों से पैसा क्यों लूटते थे?

तो...कैसे काम करते फिर? जंगल की रक्सा कैसे करते?

जंगल?

हाँ, वो जंगल के रक्सक थे।

वह भुना हुआ भुट्टा मेरी तरफ़ बढ़ा देती है। आँगन में गिरती बूँदों के दूसरी ओर ससुर जैसे लगते उसके जेठ तकली से रस्सी बुन रहे हैं।

आप आगे कैसे करोगी?

हर बार की तरह उसे प्रश्न समझ नहीं आता।

बहुत कम उमर है आपकी, दो सन्तान हैं।

फिर?

बेफ़िक्र वह भुट्टा कुतरती रहती है। सत्रह-अठारह की उम्र के अपने भतीजों को आवाज़ दे दो-चार भुट्टे और तोड़ लाने को कहती है। भतीजे उसे घेरे रहते हैं। भतीजे अपने चाचा के क़िस्से सुनाते हैं, गोया चाचा कोई पहलवान था या तीरन्दाज़ जो दूर इलाक़ों में करतब दिखाने जाता था। भतीजों के लिए नक्सली होने का मतलब चेहरे पर गमछा बाँध कहीं से मिल गयी बारह बोर की बन्दूक़ घुमाने लग जाओ, दो-चार सिपाहियों को टपका दो, लोगों को धौंसिया दो।

वह पाँचवें भुट्टे पर आ गयी है। उसकी ढाई साल की बड़ी प्यारी-सी बिटिया ठुमकते हुए अमरूद कुतरती आ जाती है, छह महीने का बेटा भी।

"बाबू...बाबू...।" वह बच्चे को गोद में ले लेती है।

कल रात यहाँ से थोड़ा दूर रघुनाथ नगर फॉरेस्ट रेस्टहाउस में रुका था। रात भर बिजली नहीं थी। वाड्रफ नगर के आगे दो दिन से बिजली नहीं आ रही। इतनी महीन बूँद झरती हैं कि पत्तियों पर उनके गिरने की आवाज़ न सुनायी दे तो मालूम भी न चले कि बरसात हो रही है। रेस्टहाउस के बरामदे में कहीं से भटक आया एक मेढक बिना रुके टर्रा रहा था। टर्राते वक़्त उसकी गर्दन के नीचे की थैली विचित्र ढंग से फूल जाती थी। वह लगातार ट-ट-ट टर्राता था। जब साँस लेने के लिए थमता, थैली थोड़ा-सा पिचकती, फिर फूल जाती।

आज सुबह खूँटे से बँधी एक गाय चुपचाप बरसात में भीग रही थी। उसका सिर झुका हुआ था, कोई हरकत नहीं देह में। पहले लगा शायद खूँटे से बँधी थी इसलिए, फिर लगा वह बँधी न भी होती तो भी इसी तरह मूर्ति-सी खड़ी भीगती रहती। पानी उसकी देह पर गिरता, नीचे फिसलता जाता।

इस राज्य में पन्द्रह दिन हुए, लगभग हरेक रात एक नये और अजनबी बिस्तर पर। पाँच रातें चलती कार में बीती हैं।

(3 सितम्बर 2011, सरगुजा)

दो

मरीचिका

आज सुकमा में मेरा आठवाँ दिन है। हम पहली रात यहाँ आ गये थे। देश भर से—रायपुर, उड़ीसा, आन्ध्र प्रदेश, दिल्ली—तक़रीबन पचास रिपोर्टर और कैमरामैन होंगे हम। हथेली भर के इस क़स्बे में रुकने का कोई ठौर नहीं, हम पीडब्ल्यूडी गेस्ट हाउस और हालिया बने ऑफ़िसर्स क्लब में समा गये हैं। दो-एक ढाबे और एक राजस्थानी भोजनालय। सुबह की चाय थाने में।

टीवी चैनलों की ब्रॉड्कास्टिंग वैन कलक्टर के घर के सामने लंगर डाल बैठ गयी हैं। हर दस मिनट में माइकधारी रिपोर्टर ब्रेकिंग न्यूज़ उगलते हैं—कलक्टर को आन्ध्र सीमा के पास देखा गया, दो हज़ार नक्सलियों ने कलक्टर को घेर रखा है, टोही विमान ने घने जंगलों को भेद कलक्टर की लोकेशन पता की।

कुछ पत्रकार इन ख़बरों पर हँसते हैं। हमें अपना फ़र्ज़ीवाड़ा बख़ूबी मालूम है।

इस जनवरी दन्तेवाड़ा को काट कर बनाया गया सुकमा देश के सर्वाधिक वनाच्छादित ज़िलों में से है। इसका कोंटा विकास खण्ड शायद सबसे अधिक वृक्षदार इकाई। दण्डकारण्य का बाईस सौ वर्ग किलोमीटर बीहड़ जंगल सिर्फ़ कोंटा में। दिल्ली और बम्बई के संयुक्त क्षेत्रफल से भी अधिक। नक्सल-पुलिस हिंसा के लिए दन्तेवाड़ा को कुख्यात कोंटा ने ही किया। इसी कोंटा के ताड़मेटला में बेहिसाब ख़ून बहा। अप्रैल 2010—स्वतन्त्र भारत का सबसे दुर्दम्य नक्सल हमला, 76 सैनिक। एर्राबोर राहत शिविर पर हमला—दर्जनों ज़िन्दा भस्म हुए। चिंगावरम में यात्री बस स्वाहा—तक़रीबन 30 मौत। इसी कोंटा में सलवा जुडुम पनपा—वर्ष 2005, संवैधानिक सरकार ने नागरिकों को बन्दूक़ें थमा उन्हें नक्सलियों के विरुद्ध लड़ाई में झोंक दिया। जंगल में रहते आदिवासी को बेघर कर उसे अपने ही बन्धुओं का स्थायी दुश्मन बना दिया। पिछले दस साल में पूरे देश में प्रति वर्ग किलोमीटर कहीं इतनी हत्या नहीं हुई होंगी। 'क़त्ल की राजधानी' कोंटा।

आन्ध्र प्रदेश और ओड़िशा की सीमा से सटे इसी कोंटा में सुकमा कलक्टर का अपहरण हुआ है। इसी जंगल में हम ख़बरनवीस फँसे हुए हैं।

कुछ जुझारू मोटरसाइकिल पर दण्डकारण्य का फेरा लगा आये हैं। मैं दो रात भीतर बिता आया हूँ। दण्डकारण्य की कई मचान टटोल लीं, कलक्टर के चिह्न तो नहीं मिले, लेकिन जिन वर्दीधारियों ने अपहरण किया है उनसे मेरी मुलाक़ात हुई। वे एके-47 लहराते पूछते हैं—क्या हमारे पास कोई और विकल्प था?

लालधारियों को कोई सरोकार नहीं कि युवा और संवेदनशील कलक्टर अलेक्स पॉल मेनन चे गेवारा का प्रशंसक है, *द मोटरसाइकिल डायरीज़* उसकी बुकशेल्फ़ में चमकती है। वह अस्थमा का मरीज़ भी है। उसकी पत्नी उसकी भावी सन्तान लिए जी रही है। जो पत्रकार अन्दर हो आये हैं उनसे पति के बारे में पूछती है।

हम अधिकांश पत्रकारों के लिए यह अपहरण की पहली रिपोर्टिंग है। शुरुआती दिनों में अनकहे एडवेंचर का भाव उमड़ आता था, कई पत्रकार रोमांचित भी थे। लेकिन आज आठवें दिन हम ऊब की गिरफ़्त में हैं। कुछ भी नया नहीं हो रहा। वही ख़बरें दुहरायी जा रही हैं—रायपुर में मध्यस्थों के बीच वार्ता जारी, कलक्टर के लिए दवाई जंगल में भिजवाई गयीं, रिहाई के लिए सुकमा में रैली निकाली गयी।

"अगर जल्दी रिहाई नहीं होती, तो लौट चलते हैं।" अनेक पत्रकार कहने लगे हैं। कई की तो पारी बदली जा चुकी है, उन्हें बुला दूसरा भेज दिया गया है। शारीरिक थकान नहीं, यह मानसिक क़ैद है।

यही पत्रकारिता की त्रासदी है। बाँझ ज़मीन पर हल जोतना, रोज़ उसी घटना का नये हर्फ़ों में पुनर्लेखन। एक मरती जा रही ख़बर की शव-साधना, इस आस में कि कुछ साँस चल निकलें और उसे नयी ख़बर में तब्दील कर दिया जाये। अपना नाम इस मुर्दे के साथ रोज़ सुबह देखना—अपनी आवाज़ का असहनीय अवमूल्यन।

क्या हम भी अगवा हो चुके हैं? वक़्त से कटी एक टहनी सुकमा के आकाश में अटक गयी है?

"पिछले दस साल में पाँच सौ लाश देख चुका हूँ...झुलसी हुई, हाथ कटे, चेहरा विकृत...आप लोग नये हो। कलक्टर का अपहरण आपके लिए बड़ी चीज़ है। कितने ग़ायब हुए यहाँ, कोई हिसाब नहीं...एक और चला जायेगा तो क्या फ़र्क़ पड़ेगा?" दन्तेवाड़ा के पत्रकार सुरेश महापात्र कहते हैं। "पहले मैं भी भागकर घटनास्थल पर जाता था, अब घर बैठे फ़ोन पर ख़बर मिल जाती है, घटना की तस्वीर बन जाती है।"

उनके स्वर की निर्लिप्तता डराती है। क्या हम इस दलदल में धँसते जा रहे हैं? इससे पहले कि अप्रैल का तपता सूरज हमारी धमनियों को सुखा दे, क्या हमें यहाँ से भाग जाना चाहिए?

बगल में ओड़िशा का मलकानगिरि है जहाँ पिछले साल कलक्टर का अपहरण हुआ था। नवें दिन उसे माओवादियों ने छोड़ दिया था। कल नवाँ दिन है, लेकिन सुकमा में कोई आहट नहीं।

यह मेरी दूसरी सुकमा-यात्रा है। पहली बार इसी जनवरी में आया था जब पोड़ियामी माड़ा नामक एक आदिवासी पुलिस हिरासत में मारा गया था, उसे नक्सली करार दिया गया था। दण्डकारण्य में कम घर होंगे जिनके परिवार का कोई सदस्य इस हिंसा में बलि या युद्ध में भागीदार न हुआ हो। माओवादियों ने बयान दिया है कि कलक्टर के साथ अन्तरराष्ट्रीय नियमानुसार युद्ध-बन्दी का बर्ताव होगा। जंगल का निवासी इतना खुशक़िस्मत नहीं। न मालूम कितने आदिवासियों को माओवादी बन्दी बनाने के बाद मार देते हैं, कभी लाश को कुल्हाड़ी से चीर देते हैं। फिर भी सरकार इसे युद्ध नहीं, महज़ 'कॉन्फ़्लिक्ट' बतलाती है। करते रहें वह भाषा की राजनीति। यह विशुद्ध युद्ध है।

कलक्टर के साथ हम भी इस जंगल से अपनी रिहाई का इन्तज़ार कर रहे हैं, इस कसमसाते बोध के साथ कि अपने शहर की सुरक्षित हवा में पहुँच इन रातों की स्मृति हम चुपचाप दफ़न कर देंगे—सुकमा की गर्मी, धूप में झुलसी चमड़ी, प्यास और मच्छर, कच्ची सड़कों पर खड़ी एंटी-लैंडमाइन गाड़ियाँ, ग्रेनेड-लॉन्चरधारी सिपाही। हम शहर लौट जायेंगे, कोंटा के जंगल में गोलियाँ नये शिकार खोजती रहेंगी।

(28 अप्रैल 2012, सुकमा)

दो

मृत्यु

तीस जून 2012 की दुपहर। बीजापुर के तीन गाँव–कोत्तागुड़ा, सारकेगुड़ा और राजपेंटा।

फूल कर सूज गयीं स्याह और सख़्त हो गयीं किसी भूसा भरे हुए जीव का गुमान कराती पन्द्रह लाश जलाये जाने का इन्तज़ार कर रही होंगी। कोई लाश नये सफ़ेद कपड़े में लिपटी होगी, किसी ने पुरानी हरी धोती से कफ़न बना लिया होगा। किसी के सिरहाने ढोलक रखी होगी, किसी के बस्ते में रखी संस्कृत की कॉपी में अँग्रेज़ी भाषा पर एक विलक्षण टिप्पणी होगी। परसों रात इन तीन गाँवों के उन्नीस निवासियों की हत्या हुई थी, उनमें से पन्द्रह आज यहाँ जलाये जायेंगे। ग्रामीण लकड़ी खोजते हैं। बरसात शुरू हो चुकी है, इत्ती सारी सूखी लकड़ी मिलना मुश्किल। चिता कैसे सजेगी?

पुलिस के अनुसार यह छत्तीसगढ़ की 'सबसे बड़ी माओवादी मुठभेड़' है। केन्द्रीय गृह मन्त्री पी. चिदम्बरम दिल्ली में बोले हैं कि मृतकों में तीन कुख्यात माओवादी थे–महेश, नागेश और सोमुलू। लेकिन मृतकों में कोई महेश नहीं है, दो नागेश ज़रूर हैं, और एक रामविलास।

"इस जनवरी कोत्तागुड़ा गाँव के हम तीन लड़के पहली बार इस राज्य से बाहर गये थे। हमारा स्कूल हमें विशाखापटनम ले गया था। तालपेरू नदी के दक्षिण में किसी गाँव से बाहर जाने वाले हम तीनों पहले लड़के थे–काका नागेश यानी राहुल, मड़कम रामविलास और मैं संदीप इरपा। हम दसवीं क्लास में बासागुड़ा थाने से सटे सरकारी छात्रावास में पढ़ते थे, वहीं रहते थे। हमने विशाखापटनम में पहली बार समुद्र देखा था। आप गुरुजी से पूछो–वे दोनों पढ़ाई में बहुत अच्छे थे। हमेशा फ़र्स्ट क्लास आती थी। छुट्टियों में गाँव आये थे। उस रात गाँववाले बीज पण्डुम के लिए बैठे थे। मुझे भी उसी बैठक में होना था लेकिन मैं जल्दी सो गया था...इसलिए बच गया। मैं उनसे पढ़ाई में बहुत पीछे था...अभी भी यक़ीन नहीं होता मेरे दोनों दोस्त अब नहीं हैं," संदीप बोलता जायेगा।

नागेश और रामविलास की स्कूल की कॉपियाँ गवाही दे रही होंगी। रामविलास की कॉपी अँग्रेज़ी पर उसकी पकड़ बतायेगी। उसकी संस्कृत की कॉपी के दूसरे पन्ने पर एक ग़ज़ब वाक्य दर्ज होगा–"Thee, thou, thy और thine का प्रयोग आधुनिक अँग्रेज़ी में नहीं पाया जाता है, यह शब्द कविता में या ईश्वर के लिए प्रयोग किये जा सकते हैं।"

इस जंगल के सरकारी स्कूल में इस बच्चे को किसने बताया कि कविता की भाषा अलग होती है? लेकिन यह वाक्य संस्कृत की कॉपी में क्यों है? यह वाक्य अगर अँग्रेज़ी की किताब में होता या अँग्रेज़ी के अध्यापक ने क्लास में लिखाया होता तो अँग्रेज़ी की कॉपी में होना चाहिए था? उसके सहपाठियों को इस वाक्य के बारे में कुछ नहीं पता। यह वाक्य उसके पास कहाँ से आया? क्या वह कविता भी लिखता था? पन्द्रह की उम्र की कच्ची-कुँआरी कविताएँ? कहीं कुछ और भी है क्या? कोई डायरी? लेकिन कुछ नहीं मिलता। यह अकेला वाक्य मृत्यु के आकाश में टँगा रहता है।

उसकी एक अन्य कॉपी के एक पन्ने पर अनापत्ति प्रमाण-पत्र है जिसे उसने विशाखापटनम जाने से पहले अपनी माँ नागम्मा की तरफ़ से लिखा था–"मुझे अपने बेटे को भेजने में कोई आपत्ति नहीं है। यात्रा के दौरान किसी अनहोनी के लिए स्कूल ज़िम्मेदार नहीं होगा।"

उसकी बहन रत्ना ने उसकी किताबें सहेज कर रख ली हैं।

और पन्द्रह साल का काका नागेश? वह गणित में होशियार था। गणित की वजह से ही मारा गया। गाँववाले अपना हिसाब उससे करवाते थे। क़त्ल की रात उसे बीज पण्डुम के उत्सव पर होने वाले ख़र्च का हिसाब जुड़वाने के लिए बुलाया गया था।

दूसरा नागेश था बत्तीस साल का ढोलकिया मड़कम नागेश, जो आसपास के गाँवों में त्यौहार वग़ैरह पर ढोलक बजाने जाता था। उसके दो छोटे बच्चे थे, तीसरा बीवी शम्मी के पेट में था। "कभी किसी नक्सली को ढोलक बजाते हुए सुना है? नक्सली होता तो ढोलक बजाने शादी में जाता?" उसकी बहन सुशीला पूछती है।

इरपा सोमुलू नाम का इस इलाक़े में कोई नहीं था। गाँववाले बोले जिसे पुलिस इरपा सोमुलू कह रही है, वह असल में पैंतीस साल का इरपा दिनेश था जो अपने पीछे पत्नी जानकी और तीन बच्चों को छोड़ गया है। पुलिस ने गाँववालों को उसकी लाश नहीं दी, बासागुड़ा थाने के पीछे गाड़ दी।

लेकिन वे हरेक लाश तो थाने में बुझा नहीं पायेंगे, लाशें जिन पर ख़ंजर के निशान होंगे, जिन्हें दूर से आती गोलियों ने नहीं बल्कि ख़ंजरों ने गोदा होगा।

नागेश की छाती के घाव उघाड़ती ग्राम पंचायत में काम करती उसकी बुआ कमला चीख़ कर कहेगी—''पहले उन्होंने इस पर गोली चलाई, फिर फ़ोर्स वालों ने टँगिया उठा ली।''

उनके रिश्तेदार विलाप करेंगे। कफ़न उघाड़ मुर्दों की नंगी देह दिखायेंगे, चाहेंगे कि तुम सबूत बतौर तस्वीरें खींच लो। तुम उन स्याह मुर्दों को देख भयभीत हो जाओगे, तुम्हें इन असहाय मृतकों की तस्वीरें अपने कैमरे और लैपटॉप में क़ैद कर लेना अमानवीय लगेगा—तुम्हारी निगाह के भीतर जो दर्ज हो चुका है उससे बड़ा सबूत कुछ हो सकता है? लेकिन सत्ता सबूत के अभाव में तुम्हारी ख़बरें झुठला देगी, दावा करेगी कि उसने सभी शवों का विधिसम्मत पोस्टमार्टम करवाया है, उस पोस्टमार्टम की वीडियोग्राफ़ी भी हुई है। किसी लाश पर ख़ंजर का कोई निशान नहीं है। सभी गोली से मरे थे। सत्ता इस वीडियो को सार्वजनिक करने या तुम्हें दिखाने से इनकार कर देगी।

तुम तीन दिन के भीतर पोस्टमार्टम का वीडियो हासिल कर लोगे। वीडियो झूठ नहीं बोलेगा। वे शरीर चाक़ू के निशानों से बिंधे हुए होंगे। वीडियो यह भी बतायेगा कि मृतकों का पोस्टमार्टम बासागुड़ा थाने के अन्दर हुआ था। सोलह मुर्दे एक बड़ी-सी ख़ाकी तिरपाल के नीचे ज़मीन पर पड़े होंगे। चारों तरफ़ पुलिसवाले। कोई ग्रामीण तिरपाल हटायेगा, ताज़े बहते ख़ून से सने शरीर उघड़ जायेंगे। एक-एक कर सभी लाशें उलटी-पलटी जायेंगी। कई लाशों पर गोलियों के विकराल घाव होंगे—रायफ़ल की गोली शरीर में घुसते समय अँगूठी के बराबर का बारीक़ सूराख़ बनाती है लेकिन अन्तड़ियाँ और चमड़ी बुरी तरह से फाड़ते हुए बाहर निकलती है। कई शरीरों पर ख़ंजर के निशान होंगे लेकिन पोस्टमार्टम करने वाला डॉक्टर सरकारी काग़ज़ पर मृत्यु की वजह गोली का घाव लिखेगा, ख़ंजर को छुपा ले जायेगा।

खिंचते बुढ़ापे, मलेरिया-कैंसर जैसी बीमारी या दुर्घटना के बाद हुई मृत्यु के बाद पुनर्जन्म या मुक्ति जैसी अतार्किक ही सही, लेकिन कोई उम्मीद जुड़ सकती है। मृतक के दूसरे जीवन की स्वस्तिकामना भी, अगर ऐसा कोई जीवन हो तो। अन्तिम संस्कार, गंगा में अस्थि-विसर्जन, श्राद्ध इत्यादि इसी उम्मीद की सन्तान हैं। कुल्हाड़ी के आघात से हुई मृत्यु इस उम्मीद को चकनाचूर करती है। लाश जब चिथड़ों में बिखरी हो, पेट के केंचुएनुमा अंग कीचड़ में लिसड़ते हों तो गरुड़ पुराण कोई सान्त्वना नहीं देती। लेकिन क्या गरुड़ पुराण उन्हें कोई सान्त्वना देती है जो पीछे छूट गये हैं?

महानगर में इन्सान की मृत्यु होती है, जंगल में लाश का शिकार होता है।*

जब काका नागेश और रामविलास ने पहली बार समुद्र देखा, दोनों लड़के अचम्भित रह गये थे। सागरिक बनने का ख़्वाब उनकी आँखों में उतर आया। इससे पहले उन्होंने सिर्फ़ अपने गाँव की नदी तालपेरू देखी थी। इस नदी के दोनों तरफ़ अलसाया-पगलाया जंगल बिखरा है। निकटवर्ती क़स्बे आवापल्ली से बासागुड़ा तक सत्रह किलोमीटर की घने वृक्षों से घिरी कच्ची सड़क बरसात में तितली-सी मचलती है। पूरे रास्ते सीआरपीएफ के कैम्प, बारूदी धमाके में उड़ी गाड़ियों के अवशेष और मृत सैनिकों के स्मारक बिखरे हैं—लेकिन महुए का जंगल नहीं कुम्हलाया है। सड़क ख़त्म होती है बासागुड़ा थाने पर जहाँ सीआरपीएफ कैम्प से सटी तालपेरू बहती है। वर्ष 2006 तक तालपेरू से परे के गाँव बस्तर के समृद्ध गाँवों में थे। वनोपज उत्पाद यानी चिरोंजी, तेंदू पत्ता ढेर पैदा होता था। सलवा जुडुम के दिनों में ग्रामीण पलायन कर गये, तालपेरू 'लाइन ऑफ़ कंट्रोल' बन गयी।

---

* एक साल बाद, मई 2013, बीजापुर के एक अन्य गाँव एहड़समेटा में सारकेगुड़ा हत्याकाण्ड की पुनरावृत्ति हुई जब सीआरपीएफ ने बीज पण्डुम का उत्सव मना रहे ग्रामीणों पर गोली चला दी और आठ लोग मारे गये। (यह घटना इस किताब में विस्तार से आगे आयेगी।)

कुछ महीने बाद सारकेगुड़ा और एहड़समेटा के प्रेत वापस लौट आये जब फ़रवरी 2014 में बीजापुर के पुलिस कप्तान प्रशान्त अग्रवाल ने सीआरपीएफ का बस्तर में प्रस्तावित एक बृहद् नक्सल अभियान यह कहकर रुकवा दिया कि उनके जवान बेवजह गोली चला देते हैं, जिससे उनके ज़िले में दो बड़ी घटनाएँ हुईं और सुरक्षा बलों की छवि ख़राब हो गयी। आठ फ़रवरी को अग्रवाल ने रायपुर पुलिस मुख्यालय में अपने आला अधिकारियों को चिट्ठी लिखी कि सीआरपीएफ की योजना "बहुत जोख़िम भरी" है।

उस वक़्त सीआरपीएफ की पूरी तैयारी हो चुकी थी। उसके क़रीब तीन हज़ार फ़ौजी बस्तर के कई इलाक़ों में चालीस दिन लम्बे अभियान के लिए निकल पड़े थे, लेकिन छत्तीसगढ़ पुलिस ने उन्हें आख़िरी वक़्त इसे रद्द करने का आदेश दिया। नियमानुसार सीआरपीएफ राज्य पुलिस की अनुमति के बग़ैर किसी ऑपरेशन पर नहीं निकल सकती।

सारकेगुड़ा और एहड़समेटा काण्ड की जाँच उच्च न्यायालय के एक सेवानिवृत्त न्यायाधीश की अध्यक्षता में हुई। सुनवाई जगदलपुर में होती थी—इन गाँवों से क़रीब दो सौ किलोमीटर दूर, दिन भर का रास्ता था। प्रत्यक्षदर्शियों के लिए यह सफ़र बहुत मुश्किल था। साढ़े सात साल बाद, दिसम्बर 2019 में जज साहब की सारकेगुड़ा हत्याकाण्ड पर रिपोर्ट सार्वजनिक हुई। इस रिपोर्ट ने मेरी ख़बरों पर मुहर लगायी और माना कि निर्दोष आदिवासी सीआरपीएफ की गोलियों से मारे गये थे। कई सारे घाव गोलियों के नहीं थे, जिससे मेरी ख़बर की पुष्टि हुई कि यह 'एनकाउंटर' नहीं था बल्कि भारतीय फ़ौजियों ने ख़ंजर से हत्या की थी। इसी तरह एहड़समेटा काण्ड की रिपोर्ट सितम्बर 2021 में आयी। इस रिपोर्ट ने भी मेरी ख़बर की पुष्टि की। सभी मृतक निर्दोष आदिवासी थे, सीआरपीएफ की गोलियों से मारे गये थे। मृतकों के रिश्तेदार अब सीआरपीएफ के सिपाहियों पर मुक़दमा चलने का इन्तज़ार कर रहे हैं।

इस पार पुलिस, दूसरी तरफ़ माओवादी। दोनों तरफ़ गोलियाँ। यह इलाक़ा बीहड़ रणभूमि बन गया। तीन साल पहले 2009 के क़रीब ग्रामीणों की वापसी शुरू हुई। थाने के पास एक स्कूल और राशन की दुकान उम्मीद की तरह आयी। राहुल और रामविलास इसी उम्मीद की सन्तान थे। बीस साल की काका सरिता भी, जो बारहवीं करने वाली इस इलाक़े के कई गाँवों की पहली लड़की थी। उसने जगदलपुर में बीएससी (नर्सिंग) में दाख़िला लिया। वह हॉस्टल में थी जब उसके बड़े भाई काका समय्या की कई ग्रामीणों समेत अट्ठाईस जून को हत्या हुई थी।

इस वक़्त तालपेरू नदी बरस रही है। बस्तर की बरसात बड़ी नशीली। छोटे बच्चे नदी सतह पर कोयल के पंजे लिए कुदकते हैं। पुल पर तैनात बन्दूक़धारी जवान ड्यूटी से आँख चुरा उनकी जलक्रीड़ा टुकुर-टुकुर देखते हैं। लम्बा-सा पुल बासागुड़ा को सारकेगुड़ा से मिलाता है। इस ओर सिपाही, बीच में नदी और उसका पुल, दूसरी ओर जंगल और गाँव। कितनी ही फ़िल्मों के दृश्य याद आते हैं—द्वितीय विश्व युद्ध के दौरान बर्मा की क्वाई नदी पर बने पुल की वह फ़िल्म।

यह तालपेरू और उसका पुल किसी मिथकीय स्वप्न की कथा सुनाते हैं।

द ब्रिज ऑन द रिवर तालपेरू।

इसी पुल को पार कर अट्ठाईस जून की रात क़रीब ढाई सौ जवानों की टुकड़ी सिलगेर गाँव की ओर कूच करती है जहाँ उनकी ख़ुफ़िया जानकारी के मुताबिक़ ओड़िशा से आये नक्सली डेरा डाले बैठे हैं, लेकिन वहाँ पहुँचने से पहले बीज पण्डुम की बैठक उनके रास्ते आती है और माओवादी मुठभेड़ की आशंका लिए अँधेरे जंगल से गुज़रते सिपाहियों को हरेक ग्रामीण में नक्सली नज़र आता है। गोलियाँ और ख़ंजर समूची रात को लील जाते हैं।

तीस जून की इस शाम चिताएँ जल रही हैं। तीख़ी उमस है। कल और परसों तेज़ बरसात होगी। अंगारे बुझ-गल जायेंगे। मिट्टी पर एक निशान नहीं बचेगा। कोत्तागुड़ा गाँव में एक सूअर घटनास्थल पर पड़ा सड़ता और भीगता रहेगा। एक गोली उसके जबड़े में लगी थी, दो पीठ में। इसके शरीर में गोली के घुसने का निशान तो है, बाहर निकलने का घाव नहीं है—यानी पीतल अभी भी उसके शरीर में धँसा हुआ है। क्या यह भी नक्सली था? बरसात में भीगते अलबेटेदार पूँछ वाले इस प्राणी की अधखुली बौरायी आँखों में उस रात की बिफरती गोलियों और चीख़ों का दहशतज़द सन्नाटा आ सिमटा है। इसकी आँखें उस रात की अन्तिम गवाह हैं। इसका नाम पुलिस की मृतक-सूची में

नहीं है। अट्ठाईस की रात सीआरपीएफ वाले सभी लाश उठा थाने ले गये थे, इसे यहीं छोड़ गये। यह फिर नक्सली नहीं होगा। कोई तो था जो नक्सली नहीं था।*

चिताओं को अग्नि देकर गाँववाले वापस आ गये हैं। एक काम लेकिन अभी अधूरा है। कुछ आदिवासी समुदायों में मान्यता है कि इन्सान मरने के बाद दो भिन्न रूप धारण करता है—प्रेत और आत्मा। कुछ समय बाद दोनों अपने घर आते हैं। उनके परिजन उन्हें अलग जगहों पर बिठा उनसे संवाद करते हैं। गाँव का पुजारी पृथ्वी पर कुछ आकृतियाँ बना रहा है। ग्रामीण ख़ून सनी मिट्टी ला उसके सामने रख देते हैं। सब उसे घेर कर बैठ गये हैं। वह शैतान को भगाने का मन्त्र पढ़ रहा है। देर रात तक अनुष्ठान चलेगा। यह मिट्टी मृतकों की अस्थियों में समाहित कर दी जायेगी। प्रेतों को मुक्ति मिल जायेगी। जंगल फिर से पवित्र हो जायेगा।

---

* इस घटना के बाद मैं अक्सर सोचा करता था कि ये सिपाही इस रात को कैसे याद करेंगे। आज ये अपनी चेतना से इस लहू के दाग़ छुपा देंगे, लेकिन कई बरस बाद जब वे अपने घर लौट चुके होंगे, सेवानिवृत्त हो नया जीवन शुरू कर चुके होंगे, क्या इनके सपनों में किसी रात कोई सूअर आयेगा? ख़ंजर के निशान लिए जीती लाश को झुठलाना आसान है, लेकिन सूअर?

मुझे इज़रायल की फ़िल्म *वाल्ट्ज़ विद बशीर* का भूतपूर्व सैनिक भी याद आया, जिसे उन कुत्तों के सपने आते हैं जिन पर उसने बरसों पहले किसी नरसंहार के दौरान गोलियाँ चलायी थीं। सपने असहनीय हो जाने पर वह अपने अतीत को खोजने निकल पड़ता है, जिसे उसने कहीं दूर दफ़्न कर दिया था।

क्या सारकेगुड़ा के सिपाही भी कभी किसी यात्रा पर बस्तर लौट कर आयेंगे?

तीन

मृत्यु-कथा

भारतीय इतिहास में किसी राजनीतिक दल पर सबसे भीषण माओवादी हमला बस्तर के दरभा जंगल में हुआ था जिसमें छत्तीसगढ़ कांग्रेस अध्यक्ष नन्द कुमार पटेल और बस्तर के आदिवासी नेता महेन्द्र कर्मा समेत सत्ताईस लोग मारे गये थे। *वाल्मीकि रामायण* के अरण्य काण्ड में जब सीता, लक्ष्मण और राम दण्डकारण्य में प्रवेश करते हैं, उनकी निगाह सबसे पहले दरभा में लिपटे अद्‌भुत भूगोल पर जाती है। वैदिक साहित्य में सबसे पवित्र घास बतौर वर्णित दरभा स्वतन्त्र भारत की सबसे विध्वंसक क्रान्ति का बिछौना बन गयी है। ऋषियों की साधना-स्थली दण्डकारण्य रणभूमि में बदल गयी है।

सीता को शायद इस विनाश का अन्देशा हो गया था जब उन्होंने जंगल में प्रवेश करते ही राम को क्षत्रिय धर्म का उपदेश दिया था। समूचे महाकाव्य में शायद एकमात्र अवसर जब सीता अपने पति को चेतावनी देती हैं। राम जंगल में रहते राक्षसों को मार डालना चाहते हैं, लेकिन सीता आगाह करती हैं कि यह हिंसा जंगल और ख़ुद उनकी प्रतिष्ठा नष्ट कर देगी। वह तीन "कामजन्य व्यसन" गिनाती हैं, जिनमें से दो, "मिथ्या भाषण और परस्त्री गमन", राम के भीतर नहीं हैं। लेकिन राम को तीसरे व्यसन के प्रति सचेत होना पड़ेगा—"बिना वैर दूसरों के प्रति क्रूरता।" सीता इसे "भयंकर अवगुण" मानती हैं जो अब "राम के समक्ष आ गया है।"

सीता को डर है कि राक्षसों से लड़ते वक़्त राम निर्दोष प्राणियों को हानि पहुँचा सकते हैं। वे कहती हैं, "मुझे इस समय आपका दण्डकारण्य में जाना अच्छा नहीं लगता है...आप धनुष बाण लेकर अपने भाई के साथ वन में आये हैं। आप अनेक वनचारी प्राणियों के सम्मुख आयेंगे। आपका उन पर बाण चलाने का मन हो उठेगा।"

सीता युद्ध के नियम निर्धारित कर रही हैं—निर्दोष को हानि पहुँचाती हिंसा न्यायोचित नहीं, अशुभ है। सीता कहती हैं कि अस्त्र का साहचर्य मनुष्य को

भ्रष्ट और नष्ट कर सकता है। वह किसी पवित्र वन में रहते एक सत्यवादी तपस्वी की कथा सुनाती हैं। "एक बार इन्द्र ने उन्हें एक तलवार सुरक्षित रखने के लिए दी। तपस्वी उसे हमेशा अपने साथ रखने लगे। जंगल में कन्द-मूल लेने जाते वक़्त भी तलवार साथ चलती। जल्द ही अधर्म ने उन्हें आकृष्ट कर लिया, वह मुनि प्रमादवश रौद्र कर्म में डूब गये। उस शस्त्र के सहवास से उन्हें नरक में जाना पड़ा।"

सीता राम को ऐसे शस्त्र से दूर रहने की चेतावनी देती हैं, "आपको बिना वैर के दण्डकारण्यवासी राक्षसों के वध का विचार नहीं करना चाहिए।"

सीता अत्यन्त महत्त्वपूर्ण प्रस्तावना दे रही हैं—जिन लोगों को सत्ता अपना शत्रु मानती है, उन्हें भी गरिमापूर्ण जीवन का अधिकार है। राम को उन्हें चोट पहुँचाने या उनके वन को नष्ट करने का कोई अधिकार नहीं। एक प्राचीन महाकाव्य की इस नायिका के शब्द किसी भी आधुनिक संविधान की बुनियाद हो सकते हैं। वह राम को आगाह करती हैं, "शस्त्र का सेवन करने से मनुष्य की बुद्धि कृपण पुरुषों के समान कलुषित हो जाती है," इसलिए इस वन के "अहिंसामय धर्म का पालन करना ही हमारा कर्तव्य है।"

जिस क्षण राम अपनी विराट कथा का उद्घोष करने वाले हैं, सीता कथानक पर भीषण प्रश्न खड़े कर देती हैं। राम सीता के "हितकर उपदेश" को स्वीकारते हैं, लेकिन कहते हैं कि वे ऋषियों को राक्षस-संहार का वचन दे चुके हैं—"मैं अपने प्राण त्याग सकता हूँ, तुम्हारा और लक्ष्मण का परित्याग भी कर सकता हूँ, किन्तु अपना वचन, विशेषतः ब्राह्मण को दिया वचन कदापि नहीं तोड़ सकता।"

एक क्षत्रिय का वचन नैतिक दायित्व को दरकिनार कर देता है, लेकिन तब तक सीता ने शायद दण्डकारण्य की कुण्डली लिख दी थी।*

---

* मुझे 2016 की दीपावली भी याद आती है। मैं रिपोर्टिंग के लिए अयोध्या में था, यह देख विस्मित था कि जो त्यौहार उत्तर भारत में इतने उल्लास और रोशनी के साथ मनाया जाता है, वह राम की नगरी में एकदम फीका था। रोशनियाँ ग़ायब थीं। मथुरा और काशी के मुक़ाबले अयोध्या नगरी उजड़ी और उदास लगती थी। स्थानीय लोग बोले कि अयोध्या में दीपावली अक्सर "श्रीहीन" होती है।

वे इसे 'सीता का शाप' कहते थे। "जब सीता पर ग़लत आरोप लगाये गये और एक धोबी के कहने पर उन्हें अयोध्या से निकाल दिया गया, इस नगर के निवासियों को शाप मिला कि वे कभी सुखी, समृद्ध नहीं हो सकेंगे। अयोध्या आज तक उस शाप के साथ जी रही है," अयोध्या के राजपरिवार की युवा सदस्य शुभांगी मिश्र कहती थीं। राम जन्मभूमि के प्रधान पुजारी महन्त सत्येन्द्र दास सहमत थे। "अगर आप किसी सच्चे सन्त के साथ अन्याय करोगे, भले वह कुछ न कहें, आप नष्ट हो जाओगे...सन्तन की क्षमा शाप से भारी। अयोध्या उस दिन के बाद खँडहर बन गयी...यह शाप जब-तब उमड़ आता है," वह बोले। हिंसक राम-जन्मभूमि आन्दोलन शायद इसी शाप का परिणाम है। अयोध्या भूल गयी कि सीता ने बहुत पहले निर्दोष के ख़िलाफ़ हिंसा का विरोध किया था...

तीन

मरीचिका

आप फ़ुर्सत में आइये न...यहाँ कोर्ट में क्या बात कर पायेंगे।

शाम को आप फ्री होंगी?

रात नौ बजे क़रीब चलेगा...?

इतना लेट?

हाँ...ऑफ़िस आ जाइयेगा।

यह 2011 का सितम्बर है। वह एस्सार केस की पड़ताल कर रही हैं। दन्तेवाड़ा पुलिस ने इस बड़ी कम्पनी पर, जिसका मालिक हिन्दुस्तान के सबसे रईस इन्सानों में है, नक्सलियों को हफ़्ता देने का आरोप लगा कर उद्योग जगत में आग लगा दी है। दन्तेवाड़ा की धरती के नीचे बेहतरीन लौह खनिज है और धरती के ऊपर माओवादियों की नाक के नीचे फैलता गया एस्सार का विशाल कारख़ाना। माओवादी पूँजीपतियों का यह कहकर कट्टर विरोध करते आये हैं कि वे बस्तर की खनिज सम्पदा लूट रहे हैं।* लेकिन एस्सार ने लौह कण ढोने के लिए दन्तेवाड़ा से विशाखापटनम तक ज़मीन के नीचे 270 किलोमीटर लम्बी पाइपलाइन बिछा दी है। दुनिया की सबसे लम्बी पाइपलाइन में से एक। यह माओवादियों के गढ़ से होकर जाती है। दन्तेवाड़ा पुलिस का दावा है कि कम्पनी ने इसकी सुरक्षा के लिए नक्सलियों को पैसा दिया है और बस्तर के एक नामहीन एनजीओ जय जोहार सेवा संस्थान का चेयरमैन पवन दुबे उनका बिचौलिया है।**

---

* छत्तीसगढ़ सरकार के जल संसाधन मन्त्री रामविचार नेताम ने 23 मार्च 2012 को विधानसभा में एस्सार की अवैध गतिविधियों के बारे में बतलाया कि अक्टूबर 2006 से अक्टूबर 2011 के बीच कम्पनी ने बग़ैर अनुमति के 28.5 लाख क्यूबिक मीटर पानी दन्तेवाड़ा में बहती शबरी नदी से निकाल लिया था।

** 17 जनवरी 2011 को पवन दुबे ने एस्सार के मालिक रुईया बन्धुओं को लिखी ईमेल में कम्पनी के सामाजिक दायित्व के अन्तर्गत आती गतिविधियों का बस्तर में क्रियान्वन का ज़िम्मा लिया, और एवज़ में एक करोड़ रुपये माँगे। तीन दिन बाद एस्सार स्टील बिज़नेस ग्रुप के सीईओ मलय मुखर्जी ने एस्सार स्टील इंडिया के सीईओ दिलीप ओम्मेन को मेल लिखी कि इस एनजीओ को तुरन्त पैसा जारी किया जाये क्योंकि "किरंदूल पाइपलाइन को चलाने के लिए यह आवश्यक है।"

डीएसपी प्रतिभा पाण्डे से दन्तेवाड़ा अदालत में मिलने से पहले ही मैं उनकी छवि से वाक़िफ़ हो चुका था। सख़्त ख़ाकीधारी। पुलिसवाले बताते थे कि इन्होंने केस के बारे में कई ख़ुफ़िया सूचनाएँ जुटा ली हैं। रात भर थाने में बिठा अभियुक्त और सन्दिग्ध व्यक्तियों को निचोड़ती हैं। लेकिन जब अदालत में सुनवाई के वक़्त नीला सलवार-सूट पहने एक बाईस-तेईस की सी मासूम लड़की को एके-47 धारी पुलिसियों के बीच आते देखा तो चौंक गया।

लेकिन कहीं बड़ा अचम्भा रात उनके ऑफ़िस में मेरा इन्तज़ार कर रहा था। केबिन में घुसते ही महँगी शर्ट और ट्राउज़र पहने एक अधिकारीनुमा आदमी को उनके सामने बैठे देखा। मुझे मालूम था वह एस्सार केस से जुड़े कुछ लोगों से पूछताछ कर रही हैं। न मालूम क्यों मुझे लगा कि यह उनमें से ही एक है—एस्सार का जनरल मैनेजर। हालाँकि मेरे पास ऐसा सोचने की कोई वजह न थी। मैं उससे कभी नहीं मिला था, बस एक बार फ़ोन पर बात हुई थी। लेकिन यह ख़याल उमड़ते ही कि यह वह हो सकता है, मैं असहज हो गया। असहज होने की एक वजह यह भी थी कि मैं सोच कर आया था कि इस वक़्त प्रतिभा से केस के बारे में फ़ुर्सत में बात हो सकेगी।

"बैठिये न... कुछ कह रहे थे आप कोर्ट में।"

मैंने उस आदमी की ओर इशारा किया। वह तुरन्त मेरी हिचक समझ गयीं। ख़ुद ही केस के बारे में बात शुरू कर दी, मुझे संकेत दिया कि मैं उस आदमी की फ़िक्र न करूँ। हम खुलते गये। नक्सल मसले पर बतियाते रहे कि पुलिसवाले किस भय में जी रहे हैं, ज़रा-सी चूक हुई कि कतर दिये जायेंगे। एस्सार के जनरल मैनेजर की तफ़तीश के बारे में भी बात हुई जिसे मैं देर तक अपने बग़ल में बैठा इन्सान समझता रहा था।

प्रतिभा विस्तार से बतलाती रहीं कि उस जनरल मैनेजर से पूछताछ में क्या उगलवाया जा चुका है, क्या काग़ज़ात हाथ लगे हैं, क्या अभी बचा है। उन्होंने अपने बारे में भी बतलाया। हाल ही पुलिस में आयी हैं। यह पहला केस है, सज़ा दिलवा कर ही रहेंगी। उस वक़्त उनमें क़तई पुलिसवालों का सा तेवर नहीं था। पहचानी-सी हँसी। बहुत अपना-सा स्वर।

केबिन की दीवार पर थाना क्षेत्र में हो रहे अपराध के आँकड़ों का चार्ट टँगा था। उसके बग़ल में ज़िले का एक बड़ा-सा नक़्शा जिसमें नक्सल इलाक़ों

---

21 जनवरी को दुबे ने रुईया को फिर से मेल लिखा, उन्हें मुम्बई में हुई किसी मुलाक़ात के बारे में याद दिलाते हुए लिखा : "रक़म देने का कष्ट करें।" अगले दिन एक करोड़ रुपया जय जोहार सेवा संस्थान के अकाउंट में आ गया।

में पुलिस और सीआरपीएफ के कैम्प लाल और हरे निशानों में दर्ज थे। बोलते वक़्त उनकी उँगलियों में फँसा पैन घूमता रहता। कभी पैन काँच के गिलास पर टकटकाने लगता। मैं भूल गया कि कोई आदमी बग़ल में बैठा हुआ है। जब मसला थोड़ा ख़ुफ़िया हो जाता तो मैं असहज हो जाता कि कोई हमें सुन रहा है। लेकिन पल में बेफ़िक्र हो जाता कि जब वह ही इस आदमी का ख़याल नहीं कर रहीं तो मुझे क्या। मुझे यह भी लगने लगा था कि शायद यह कोई पुलिस या सीबीआई वाला है जो इस केस में सहयोग करने आया है।

तभी किसी पुलिसवाले ने उन्हें आवाज़ दी।

"आप बैठिये, दो मिनट में आयी बस।"

अब वह आदमी और मैं—उस केबिन में। उस आदमी की आँख झुकी हुई थी, अपने जूते की नोक निगाह से टटोलता था। तभी मेरी निगाह मेज़ पर रखे ब्लैकबेरी पर अटक गयी। यह दो हज़ार ग्यारह था। हम सभी नोकिया फ़ोन इस्तेमाल करते थे। ब्लैकबेरी बड़ी शोहरत हुआ करता था। दन्तेवाड़ा में किसके पास आया ब्लैकबेरी? फिर वही कीड़ा मेरे भीतर कुलबुलाने लगा। क्या यह वही जनरल मैनेजर है जिससे उस दिन फ़ोन पर बात हुई थी, जिसे यह लड़की घेर कर पूछताछ करती है? चुपके से मोबाइल में उसका नम्बर मिलाया। मेज़ पर वायब्रेशन मोड पर रखा उसका ब्लैकबेरी घरघराने लगा।

अभियुक्त पर मनोवैज्ञानिक दबाव बनाने के लिए पुलिस तमाम हथकण्डे अपनाती है, लेकिन वे बरसों तक धूप में पके शातिर पुलिसिये होते हैं। छोटे बालों को ढीला छोड़ रबर-बैंड से बाँधे यह कन्या आधे घण्टे इस आदमी की पोल खोलती रही, मुझे इसे कोसने को उकसाती रही। मैं अनजान बग़ल में बैठ इसे गरियाता रहा। अव्वल कि यह लड़की का पहला केस!

ओस-सी महीन आवाज़ वाली बासठ इंच की निहायत नाज़ुक दिखती लड़की का 'फ़िल्म नोआर' की नायिका में कायान्तरण बस्तर के किसी थाने में ही शायद सम्भव है।

तीन

मृत्यु

मेरी पाँच सहेलियाँ थीं—सुखिनी, सुकता, सुरीला, भूतनी, लड़गुदनी। नाम मैंने ही दिये थे। पाँचवीं कक्षा के बाद मैंने माँ-पिता से कह दिया—स्कूल ख़त्म, अब सहेलियों के संग कनहर नदी के किनारे खेलूँगी। अब मैं नहीं हूँ, वे पाँचों मेरी छोटी बहन को घेर कर खड़ी हैं। हमारी झोंपड़ी के पीछे चुनचुना की पहाड़ियाँ और अबूझा जंगल। ज़िम्मेदारी अब छुटकी की है, उसे नहीं मालूम बड़ी बहन की सखियाँ उसकी दोस्त बन पायेंगी या नहीं। इस साल बरसात बहुत हो रही है। झोंपड़ी एकदम तर। लेकिन वे भूखी हैं। मेरी छोटी बहन खटिया किनारे रखी टूटी छतरी उठा उन्हें चराने निकल जाती है, उसी कनहर के किनारे जहाँ मैं ज़मीन के नीचे सोयी हुई हूँ।

मेरी सारी चीज़ें मेरे साथ दफ़न कर दी गयी हैं—पुराने कपड़े, टूटे खिलौने, स्कूल की कॉपियाँ। सिर्फ़ एक पुरानी तस्वीर बची है माँ-बाबा के पास। मैं स्कूल के कपड़ों में हूँ, नीली फ्रॉक। कई साल पहले किसी मेले में या शायद कहीं और खिंचवाई थी। मुझे याद नहीं।

इन दिनों मेरे घर पर कई लोग बहुत दूर से आ रहे हैं। माँ-बाबा झोंपड़ी के अन्दर जाते हैं। वह धुँधली फ़ोटो बक्से से निकाल कर लाते हैं, सबको दिखाते हैं। लोग बाबा से कहते हैं—फ़ोटो को हाथ में पकड़ो, सामने कैमरे में देखो।

फिर वो लोग मेरी फ़ोटो का फ़ोटो खींचते हैं।

"पहले उन्होंने उसे मार डाला। फिर कहा वो नक्सली है और अब वे मेरी बेटी को चरकटी कहते हैं।"

बाबा सबको बतलाता है।

कभी साढ़े पाँच फ़ीट का रहा होगा मेरा पिता हर साल एक इंच खोता जा रहा है। माँ शुरू से ही चावल की अधखुली-अधबन्द पोटली-सी जीती आयी है। मैली पोटली जो कभी भी अपने आप बन्द हो सकती है, या खुल कर बिखर सकती है।

हमारी झोंपड़ी पर लगा लाल रंग का सरकारी ठप्पा बरसात में गुलाबी दिखने लगा है। मेरे गाँव में झोंपड़ियों पर कई रंगों के ठप्पे दिखाई देते हैं। जिसका जैसा राशन कार्ड, उसी रंग का ठप्पा। लाल सबसे ग़रीब परिवार के लिए। क्या आपको पता है कि मुफ़्त चावल का लहू के रंग से क्या सम्बन्ध है?

जंगल के बीच हमारी झोंपड़ी से दूसरा घर तक़रीबन पाँच सौ मीटर। इन घरों ने अभी तक बिजली नहीं देखी।

दो महीना पहले मेरे घर से तक़रीबन चार किलोमीटर दूर पुलिस की दो गोलियाँ लगी थीं मुझे—एक छाती पर, दूसरी कमर से नीचे। पुलिस की टीम 'पैंतीस नक्सलियों का जत्था' पकड़ने निकली थी लेकिन उनकी गोलियों के दूसरी तरफ़ सिर्फ़ मैं थी। 'पैंतीस नक्सलियों' को दबोचने के लिए क़रीब तीस पुलिसवालों ने महज़ तीन गोलियाँ चलायीं जिनमें से दो मेरे भीतर समा गयीं। मुझे समय याद नहीं लेकिन वे कहते हैं रात तीन का वक़्त था।

मेरे शरीर और कपड़ों पर आदमियों के ताज़े धब्बे हैं, ऐसा उस डॉक्टर ने अपने काग़ज़ पर लिखा जिसने मेरे जाने के बाद मेरे को टटोला। उसने लेकिन और भी बहुत कुछ उस काग़ज़ पर लिखा।

इसके बाद जो हुआ मेरे को कहने को नहीं होगा। मेरे बाबा को सुनने में अच्छा नहीं लगता। मेरी माँ बोलती है इससे तो ठीक हुआ तू ज़मीन के अन्दर चली गयी। हम लोग भी अन्दर चले जाते तेरे साथ। लेकिन मेरी सहेलियाँ? मेरी बकरियाँ? वे उस मिट्टी को सूँघती हैं जिसके नीचे मैं लेटी हूँ। उन्हें अब मेरी बहन लेकर जायेगी। लेकिन कब तक? वह भी तो इस जंगल में रहती है...

(1 सितम्बर 2011, गाँव करछा, ज़िला सरगुजा)

चार

मृत्यु-कथा

डेथ रिपोर्टर। मृत्यु कथाकार। नौ महीने। क्या किसी मनुष्य का जीवन के सबसे विराट सत्य के साथ सम्बन्ध इतनी जल्दी और इस क़दर परिवर्तित हो सकता है?

पिछली पन्द्रह अगस्त की एक अँधेरी और बेइन्तहा बरसती सुबह तुम दिल्ली से कार में चल पड़े थे। कुछ किताबें, लैपटॉप और सम्पादक की हिदायत–*जीवन से बड़ी कोई ख़बर नहीं होती।*

तक़रीबन पौने तीन सौ रात अब तलक इस राज्य में। लगभग आधी रातें चलती कार या बस्तर और सरगुजा के जंगलों में बितायी होंगी। क़िस्म-क़िस्म की बन्दूक़ों से दोस्ताना हुआ। गोली की शक्ति का साक्षात्। मुठभेड़ स्थल पर बिखरे कारतूसों के ख़ाली खोखे। धरती से उठती ताज़े लहू की गरम भाप। बीहड़ का ख़ौफ़। अनगिनत लाशें। तुम्हारी फ़ाइलों में पोस्टमार्टम की रिपोर्ट इकट्ठी होती गयीं। चीरे जाते मुर्दों की वीडियो क्लिपिंग तुम्हारे नोकिया 5130 की स्क्रीन पर चमकती हैं। डॉक्टर मुर्दे का सीना चीर हाथ अन्दर डालता है, अंग टटोलता है, गोली बाहर निकाल लाता है। यह अस्पताल नहीं है। मुर्दे को उसके कुनबे और पड़ोसियों के सामने फाड़ा जाता है।

मृत्यु के नौ महीने।

तुम अपने रिश्तेदार और परिचितों की मृत्यु उँगली पर गिन सकते हो। इनमें से सिर्फ़ एक तुम्हारे सामने घटित हुई, तुम्हारी स्मृति में बची रह गयी है। पिछले नौ महीनों में क़रीबन साठ लाश तुम्हारे लैपटॉप पर दर्ज हो चुकी हैं, जिनमें से अधिकांश के साथ तुम्हारा सम्बन्ध उनकी मृत्यु के बाद बना था। वह रिश्ता नहीं जो ख़बरनवीस का किसी क़त्ल पर रिपोर्टिंग से बनता है, बल्कि जो मृतक के अतीत में उतर उघड़ता है। किसी क़त्ल को टटोलते हुए, उसके तन्तुओं को छूते हुए सहसा तुम्हें एहसास होता है शायद तुम मृतक के

रिश्तेदार हो, बचपन में खोये भाई जो उसकी शव-साधना करने, उसके प्रेत को जगाने चले आये हो।

मृतक का अतीत बारूद की तरह तुम्हारी चेतना में फूटता है। वह युवा पुलिस अधिकारी जिन्होंने रिवॉल्वर माथे पर रख गोली चला दी थी। वह मृत्यु के ठीक पहले तक कितने सामान्य थे। पिछली रात खाने के बाद पत्नी के साथ पार्क में घूमते हुए बेटे के जन्मदिन की तैयारी कर रहे थे—किसे बुलाना है, क्या मेन्यू होगा। सुबह ऑफ़िस से पत्नी को फ़ोन किया था। जब वह बोलीं कि उनके पसन्दीदा राजमा बने हैं तो बोले—"अच्छा...फिर टिफ़िन मत भेजना, घर खाने आ जाऊँगा।"

थोड़ी देर बाद उनकी मृत देह घर आयी थी।

उन्होंने अपना तबादला तीन महीने पहले रायगढ़ से बिलासपुर करवाया था ताकि बिलासपुर में काम करती अपनी पत्नी के साथ रह सकें। कौन-सी पीड़ा थी कि उन्होंने ट्रिगर दबा दिया?

ऐसे ही क्षण किसी ने कहा था कि डेथ रिपोर्टर जैसा भी कोई पद होना चाहिए। डेथ ब्यूरो चीफ़। डेथ कॉपी एडिटर। डेथ न्यूज़ एडिटर। डेथ एडिटर-इन-चीफ़।

अख़बार के पन्ने पर मृत्यु सिर्फ़ एक संख्या है, डायरी के पन्नों में संगिनी। जीवन शव का उत्सव है। अपने विराट स्वरूप को उद्घाटित करता शव तुम्हें सम्मोहित करता है।

इन तमाम लाशों में से एक तुम्हारे ऊपर किसी जंगली परिन्दे की तरह लगातार मँडराती, तुम्हारी त्वचा नोचती रही है। लाश भी नहीं, उसकी पोस्टमार्टम रिपोर्ट जिसमें डॉक्टर ने यह अभूतपूर्व टिप्पणी की थी—*हैविंग डायलेटिड वैजाइना। हैबिच्युल अबाउट सैक्सुअल इंटरकोर्स।*

सिर्फ़ सात शब्द।

एक विचित्र पोस्टमार्टम रिपोर्ट जिसमें डॉक्टर एक बच्ची का कथित 'यौन व्यवहार' स्थापित करता है, उसका साक्ष्य भी देता है। अत्यन्त ग़रीब उराँव आदिवासी समुदाय की यह बच्ची अपनी पाँच बकरियों के साथ उत्तरी छत्तीसगढ़ में झारखण्ड के एक सीमावर्ती गाँव में खेला करती थी। 2011 ज़ुलाई की एक रात, तुम्हारे यहाँ आने से क़रीब डेढ़ महीना पहले, वह अपने घर से दूर जंगल में पुलिस की गोलियों से बिंधी हुई पायी गयी। जब तुम उसके गाँव करछा पहुँचे, बीस किलोमीटर दूर तक गाँवों के निवासी हलफ़ उठा कर कहते थे—"वह नक्सली नहीं थी, पहले बलात्कार फिर हत्या।"

इस प्रदेश के गृहमन्त्री ननकी राम कँवर, जो उस लड़की की ही तरह आदिवासी थे, तुमसे 'ऑन रिकॉर्ड' बोले : "रिपोर्ट कहती तो है कि वह आदी (हैबिच्युल) थी।

अगर इतने सारे पुलिसवालों ने उसके साथ कुछ किया होता तो सूजन नहीं आती? रात तीन बजे कहाँ से लौट रही थी वह?"

चार पन्नों की रिपोर्ट। पोस्टमार्टम करने वाले डॉक्टर का काम महज़ इतना है कि वह चोट की वजह और चोट का मृत्यु से सम्बन्ध बतलाये। चोट के कॉलम में सबसे नीचे, तारांकित कर ज़बरन घुसेड़े गये सात शब्द चमकते हैं। साफ़ दिखता है कि ये शब्द बाद में जोड़े गये हैं। रिपोर्ट गर्भाशय में चोट को स्वीकारती है। लड़की के अंगों पर वीर्य के निशान भी हैं।

डॉक्टर भी आदिवासी है, धीरे-से कहता है कि समूचे पोस्टमार्टम की वीडियो रिकॉर्डिंग हुई है और वह सीडी उपलब्ध करवा सकता है।

रिपोर्ट के अनुसार वह महज़ पन्द्रह साल की थी।

आज एक सितम्बर है। पहाड़ियों से घिरे इस गाँव में गुलाबी मोहर वाली एक झोंपड़ी के बाहर वे पाँचों एक बाड़े में चुप खड़ी हैं। बरसात हो रही है, लेकिन उनके बाड़े में कतई हलचल नहीं। पाँच बच्चियाँ जिन्हें घर पर छोड़ माँ बाहर गयी है, यह कहकर कि उसके आने तक शोर मत मचाना, किसी को तंग मत करना। माँ को लौटने में देर हो रही है। पाँचों परेशान हैं, लेकिन माँ चूँकि पहली बार दूर गयी है, उसकी अनुपस्थिति का सम्मान भी करना चाहती हैं। चुपचाप बरसते आसमान के नीचे ठहरी हुई हैं।

क्या मनुष्य भी इसी तरह मृत्यु की बरसात में भीगता रहता है? जिसे तुम जीवन समझते हो वह शायद मृत्यु की फुहार है।

तुम बाड़े में आ उनके साथ आसमान के नीचे खड़े हो जाते हो। यह तुम्हारा इस जंगल में पन्द्रहवाँ दिन है और तेरहवीं मृत्यु। तुम आज अनुमान भी नहीं लगा सकते कि आगामी महीनों में यह बरसात तुम्हारे भीतर उड़ते न मालूम कितने आवारा परिन्दों और उनके बेसुध आसमानों को जला कर स्वाहा कर देगी। उनके झुलसे पंखों की राख से तुम्हारी रूह पर अपनी मोहर लगा देगी। वह नहीं जो सत्ता राशन देने के एवज़ में नागरिक के घर पर लगाती है ताकि उसे अपनी औकात हमेशा याद रहे, बल्कि वह मोहर जिसकी नक़्क़ाशी मृत्यु बड़े जतन से किसी रूह पर करती है, उसे अपनी बिरादरी का स्थायी निवासी बनाने के लिए।

(17 मई 2012, दन्तेवाड़ा)

तीन

मरीचिका

16 फ़रवरी 2013, सुबह सवा सात। बीजापुर ज़िले का छोटा काकलेर गाँव

कब तक मैं इस डरावने से दिखते सात-आठ झोंपड़ियों वाले वीरान गाँव में बन्धक बना रहूँगा? जो खाट इन्होंने मुझे दी है क्या उस पर कभी किसी इन्सान को ढोकर भोपालपटनम ले जाया गया होगा? खाट गयी होगी तो उसके साथ एक बकरी भी घिसटती गयी होगी। दोनों में से एक ही बच पाया होगा—खाट पर लेटा इन्सान या बकरी? या कोई भी नहीं?

खाट की जेवड़ी के रोंयें नोचते हुए मैंने चारों तरफ़ निगाह घुमाई। बकरी तो नहीं लेकिन झोंपड़ी के पीछे से निकलती आती कुछ जंगली मुर्ग़ियाँ ज़रूर कुदक रही थीं। आज कौन बचेगा—मैं या मुर्ग़ियाँ?

कल शाम चार क़रीब यहाँ से मोटरसाइकिल पर गुज़रते वक़्त कई गाँववालों ने मेरा रास्ता रोक लिया। उन्हें शक था कि मैं पुलिस मुख़बिर हूँ। मैंने अख़बार का आई-कार्ड दिखाया लेकिन उन्हें यक़ीन नहीं हुआ। मैं ऐसे अवसरों के लिए अपनी ख़बरों की कतरनें लेकर चलता हूँ। लेकिन वे अँग्रेज़ी में थीं, उन्हें समझ नहीं आ रही थीं।* शायद वे हिन्दी भी नहीं समझ पाते।

क़रीब दसेक लोग मुझे घेरे खड़े थे। मुझसे कहा बाइक यहीं खड़ी कर दो। मुझे किनारे हटा बाइक पर बँधा मेरा बैग टटोलने लगे—कपड़े, बिस्कुट, काम भर की दवाइयाँ। थोड़ी देर बाद कई गाँववाले और आ गये। उनके पास धनुष, कुल्हाड़ी और भरमार बन्दूक़ थीं।

---

* नक्सल आन्दोलन के पन्नों में अँग्रेज़ी अख़बार की एक दिलचस्प कथा दर्ज है। 1970 के दशक में एक नक्सली गुरिल्ला रणभूमि से भाग कर कलकत्ते आया, किसी छोटे-से होटल में काम करने लगा। साधारण-से दिखते उस आदमी पर किसी की निगाह नहीं गयी। एक दिन किसी ने उसे अँग्रेज़ी अख़बार पढ़ते देख लिया जो कोई इन्सान वहाँ भूल गया था। एक छुटकल्ले होटल के कर्मचारी को अँग्रेज़ी अख़बार पढ़ते देख किसी को शक हुआ, पुलिस के ख़ुफ़िया विभाग को सूचित किया गया और जल्द ही वह जेल में था।

"आप चाहें तो अपने दादा लोगों से पूछ सकते हैं, वे मुझे जानते हैं।" मैंने कुछ परिचित नक्सली नेताओं के नाम गिनाये। लेकिन वे बस्तर के दूसरे जंगलों में घूमा करते थे, इस गाँव के निवासी उन्हें नहीं जानते थे। बीहड़ जंगल में मुझे पुलिस मुख़बिर समझ पहले भी कई बार रोका गया है। हर बार बच निकलने के बाद तय किया है कि अगली बार चेहरे पर डर की बूँद नहीं गिरने दूँगा, लेकिन आज भी मेरी आवाज़ में भय के क़तरे छुपाये नहीं छुप रहे थे।

वे लोग मेरी बाइक भी टटोल रहे थे। उस पर नम्बर-प्लेट नहीं थी। क्या इससे उन्हें शक होगा? बस्तर में बिना नम्बर-प्लेट की बाइक अमूमन पुलिसवाले चलाते हैं। क्या मुझे नम्बर-प्लेट वाली बाइक लानी चाहिए थी? क्या इस बाइक पर पुलिस का कोई निशान बचा रह गया है? ग़लती मेरी थी। मुझे इसका हरेक पुर्ज़ा परख लेना चाहिए था।

"इन दिनों इस इलाक़े में कौन-से नक्सली हैं," मैंने उनसे पूछा। "आप ये कतरनें और मेरा ख़त उन तक पहुँचा दें।"

मैंने अपने बारे में बतलाते हुए एक ख़त लिख उन्हें दे दिया, ख़बरों की कुछ कतरनें भी संलग्न कर दीं। वे राज़ी हो गये, दो-तीन लोग आगे रवाना हो गये। लेकिन जब तक हरी झण्डी नहीं मिलती मुझे यहीं रुकना था।

मुझे एक झोंपड़ी में ले जाया गया। शुरुआत में वे काफ़ी रूखे और कठोर लगते थे, या शायद मैंने ही अपना डर उन पर आरोपित कर दिया था लेकिन रात तक वे सहज हो गये। कोई मेरे लिए खाट ले आया-नहीं तो आप कहोगे कि ज़मीन पर सुला दिया।

यहाँ बन्धक बनने की एकमात्र वजह थी मेरी ज़िद और बेवक़ूफ़ी जिसने मुझे बहुत लम्बी और थकान भरी यात्रा पर धकेल दिया था, जिसका अन्त इस झोंपड़ी में हुआ था। यह यात्रा 13 फ़रवरी की सुबह दन्तेवाड़ा से शुरू हुई थी। मैं दिन भर बाइक चला, जंगल छानता शाम को बीजापुर पहुँचा।* मुझे अगले दिन दक्षिण में पामेड़ की तरफ़ निकलना था। लेकिन मुझे बीजापुर में पता चला कि गढ़चिरोली सीमा की तरफ़ सैंड्रा में माओवादियों की कोई बड़ी बैठक हो रही है।

---

* ठीक एक साल बाद, 13 फ़रवरी 2014, मैं माओवादियों के साथ अबुझमाड़ में तीन हफ़्ते बिताने के लिए रायपुर से निकल पड़ा था। मुझे तेरह की रात कांकेर में रुक चौदह यानी वैलेंटाइन डे की दुपहर नारायणपुर के लिए चल देना था। चौदह शुक्रवार था, नारायणपुर चलने से पहले मैं कांकेर के पूर्वा सिनेमा हॉल में 'फ़र्स्ट डे फ़र्स्ट शो' *गुण्डे* देखने गया। आधे घण्टे के भीतर चट गया, बाहर आ जाना चाहता था, लेकिन जिस इन्सान के घर मैं तेरह की रात रुका था, जिसके आग्रह पर इसे देखने आया था उसे पिक्चर में मज़ा आ रहा था। जैसे-तैसे मैंने उसे मनाया और हम इंटरवल में बाहर आ गये।

मैंने तुरन्त अपना प्लान बदला, 14 फ़रवरी की सुबह बीजापुर से निकला, दिन भर बाइक चला कर शाम को फरसेगढ़ पहुँचा। फरसेगढ़ पर मुझे सलाह दी गयी थी कि आगे बाइक का रास्ता नहीं है, सैंड्रा तक बीहड़ जंगल फैला है, कच्ची पगडण्डी भी नहीं मिलेगी। ऐसी बचकानी सलाह लेकिन कौन मानता है। रोशनी ख़त्म होने में देर थी। हाहाकार मचाते वृक्षों और झाड़ियों के बीच कभी हिनहिनाती कभी मिमियाती गाड़ी घण्टे भर घसीटने के बाद एक गंजी नदी आयी जिसकी चाँद शायद बचपन में ही सफाचट कर दी गयी थी। जंगल में एक घाटीनुमा खाई के बीच फैला रेत का दरिया।

बाइक घाटी में नीचे उतर तो गयी, लेकिन ऊपर चढ़ते वक़्त बालू में फँस गयी। चढ़ाई और बालू इतनी घातक कि पहले गेयर में पूरी स्पीड देने पर भी गाड़ी रत्ती भर न हिले, वहीं फँसी हुई हिनहिनाये। चढ़ाई तीख़ी थी, पूरी जान लगा दी लेकिन बाइक एक हाथ खिंच पाती, चार हाथ नीचे ढुलक जाती। फ़रवरी की सर्दी, लेकिन कमीज़ तुरन्त तर हो गयी। ख़ुद को कोसा—ये कब समझ आयेगा कि जंगल का जहाज़ मोटरसाइकिल नहीं साइकिल होती है।

रोशनी कम हो रही थी। लगा इसे यहीं छोड़ रात कहीं रुकने का ठौर खोजा जाये। लेकिन इसे कोई ले तो नहीं जायेगा? जिससे माँग कर लाया था उसे क्या कहूँगा? बाइक की चौकीदारी करते हुए वहीं किसी पेड़ के नीचे पसर गया। जंगली जानवर का डर, नींद कैसे आयेगी। शुरू से ही भीतर बुदबुदाता ख़याल दो-ढाई घण्टे बाद साढ़े आठ क़रीब पुख़्ता हुआ कि यहाँ रात बिताना महाकाव्यात्मक मूर्खता है। जहाँ दूर तक कोई इन्सान न हो इस शैतानी आफ़त को लेने कौन आयेगा? इस ख़याल की पीठ पर बाइक को टाँग और बैग अपनी पीठ पर टाँग चलना शुरू कर दिया।

बेबसी और ख़तरे के बीच अँधेरे में भटकते हुए मैंने दण्डकारण्य के दो अखण्ड नियम तय किये थे। उनमें से एक अगली सुबह ही तोड़ दिया—और बन्धक बन गया।

पहला—कभी ऐसे जंगल में मोटरसाइकिल लेकर मत जाओ जहाँ रत्ती भर पगडण्डी न हो, रास्ते में नदियाँ और पहाड़ियाँ, धरती पर नुकीले पत्थर और पेड़ों की बीहड़ जड़ें उभरी हों। इसलिए नहीं कि अगर गाड़ी फिसली तो हड्डियाँ चटक जायेंगी या गाड़ी पंचर होने पर ढोनी पड़ेगी क्योंकि कई बार खींच कर बहुत दूर तक ले गया हूँ, बल्कि इसलिए कि गाड़ी बुरी तरह टूट गयी तो खिंचेगी भी नहीं। उसे वहीं छोड़ने का मन नहीं होगा, लेकिन अंजर-पंजर हालत में छोड़ कर आना पड़ेगा, यानी एक नया बवाल खड़ा हो जायेगा।

दूसरा—खुले में रात मत बिताओ। भले कितनी देर चलना पड़े, लेकिन किसी छत, कच्ची और टूटी सही, के नीचे पहुँच जाओ।

कई रास्ते खोकर और पाकर क़रीब ढाई घण्टे में फरसेगढ़ के सरकारी स्कूल पर पहुँचा। अगली सुबह स्कूल के चौकीदार मनोज मण्डावी और दो विद्यार्थियों के साथ गंजी नदी तक आया, बाइक को खींचकर निकाला। मैंने ग़लत रास्ता लिया था, मनोज ने बताया, यह रास्ता सैंड्रा नहीं जाता।

क़ायदे से मुझे अब वापस लौट जाना चाहिए था। यह जंगल बाइक के लिए नहीं था, लेकिन रात का सबक़ सुबह न भुला दिया जाये तो जीवन में नमक कैसे आयेगा।

सैंड्रा हो आया, माओवादी बैठक में प्रवेश नहीं मिला। इस वक़्त सैंड्रा के पास छोटा काकलेर में रिहाई के सन्देश के इन्तज़ार में हूँ।

कई लोग मेरी फ़िक्र कर रहे होंगे। जया जी (जया जादवानी) के बेटे की शादी कल रायपुर में है, मुझे वहाँ होना था। दन्तेवाड़ा का वह पुलिसवाला जिसकी मोटरसाइकिल मैंने एक दिन के लिए माँगी थी, और दन्तेवाड़ा के सर्किट हाउस का केयरटेकर—पिछले तीन दिनों से मेरा कमरा बन्द है, चाभी मेरे पास। मेरा लैपटॉप कमरे में।

लेकिन जंगल के अप्रत्याशित जोख़िम के सामने शहर का सुरक्षित जीवन मरियल और मुरझाया हुआ लगता है। जंगल एक जानदार चीता। शहर एक पिलपिला केंचुआ।

पिछली चार रातें चार जगहों पर—दन्तेवाड़ा, बीजापुर, फरसेगढ़ और छोटा काकलेर। आख़िरी तीन अप्रत्याशित। आख़िरी दो ठिकाने रात गिरने से ठीक पहले तय हुए। परसों देर रात फरसेगढ़ के प्राथमिक स्कूल 'आदर्श बालक आश्रम' पहुँचा तो मनोज महुए में धुत पड़ा था। आँखें उसकी जल रही थीं। लेकिन उसे इतना होश था कि मैंने अपना आई-कार्ड दिखाते हुए रात भर रुकने की जगह माँगी, तो उसने तुरन्त कहा—"एक शर्त है। आप रायपुर में बड़े लोगों को जानते होंगे। इस स्कूल में सौ बच्चे हैं, एक भी बाथरूम नहीं। आपको यहाँ बाथरूम बनवाना पड़ेगा।"

वह सिर्फ़ बाथरूम की कहता था, जबकि बच्चों की क्लास टीन की चादर के नीचे चलती थी। कोई कमरा नहीं।

छोटा काकलेर फरसेगढ़ से क़रीब बीसेक किलोमीटर अन्दर जंगल में है। फरसेगढ़ में पुलिस का आख़िरी थाना, सीआरपीएफ की आख़िरी चौकी। यह स्कूल भारत सरकार का आख़िरी निशान। इसके बाद सत्ता और संविधान सहसा हवा में ग़ायब हो जाते हैं।

सैंड्रा आज 'लिबरेटेड ज़ोन' है, लेकिन फरसेगढ़ स्कूल के मास्टरजी टी. कटैय्या कहते हैं—"कभी सैंड्रा शहर जैसा हुआ करता था।" सरकारी काग़ज़ों में सैंड्रा में एक फॉरेस्ट रेस्टहाउस दर्ज है। यानी अधिकारी इतनी दूर आते थे, यहाँ रुका करते थे। लेकिन ये अँग्रेज़ हुकूमत और मध्य प्रदेश सरकार के बचे रह गये निशान हैं, छत्तीसगढ़ सरकार अभी तक यहाँ नहीं पहुँची। मुझे सैंड्रा में कोई रेस्टहाउस नहीं मिला।

इस राज्य का गठन हुए दो दशक हो गये, लेकिन जंग लगे सरकारी फट्टों पर अभी भी 'मध्य प्रदेश' लिखा है। सागमेट्टा गाँव के क़रीब इन्द्रावती राष्ट्रीय उद्यान के फट्टे पर 'मध्य प्रदेश वन विभाग' दर्ज है। सागमेट्टा के निवासी दुर्गम मल्लाया बताते हैं कि यहाँ के लोग दूर आन्ध्र प्रदेश के शहर, यहाँ तक कि हैदराबाद भी चले जाते हैं, लेकिन छत्तीसगढ़ के नज़दीकी शहरों में उनके क़दम नहीं पड़ते। किसी निवासी का अपने गृह-राज्य पर इतना अविश्वास कम जगह दिखेगा।

मल्लाया म्हार हैं, अम्बेडकर की जाति। उन्हें याद नहीं उनके पूर्वज महाराष्ट्र से यहाँ कब, कैसे आये।

छोटा काकलेर के जिन युवकों ने मुझे रोक रखा है, वे लगभग निरक्षर हैं। सैकड़ों वर्ग किलोमीटर तक फैले इलाक़े में कोई स्कूल, चिकित्सा केन्द्र, मज़दूरों के लिए मनरेगा की स्कीम नहीं। यहाँ तक कि तेंदू पत्ता पर सरकारी बोनस भी यहाँ नहीं पहुँचा। सत्ता की इनकी आख़िरी स्मृति 2005 की है जब सलवा जुडुम नेताओं के साथ पुलिस यहाँ आयी थी, भीषण युद्ध शुरू हो गया था।

वारंगल से आन्ध्र के व्यापारी तेंदू पत्ता के दिनों में आते हैं, मार्च-अप्रैल। तेंदू पत्ता की एक गड्डी का एक सौ बीस रुपया। तेंदू पत्ता और महुए से सात-आठ लोगों के एक परिवार की सालाना आमदनी कुछेक हज़ार रुपये। कुछ युवक दिहाड़ी मज़दूरी करने साल में दो-तीन महीने आन्ध्र प्रदेश चले जाते हैं—छह हज़ार रुपये महीना, एक कोठरी में रहने, खाने और निबटने की जगह। हफ़्ते में एक बार मुर्ग़ा।

अब ये युवक मुझसे खुलने लगे हैं। सत्यम ख़ुर्राम मेरे एक प्रश्न पर मुझे एक कथा सुनाते हैं।

अगर किसी को आकस्मिक चिकित्सा की ज़रूरत पड़े तो आप क्या करते हो?

अमूमन तो सोच लेते हैं कि हो गया काम ख़त्म, यहीं मर जाने देते हैं लेकिन कभी लगता है कि बचाना ज़रूरी है तो एक खाट तैयार करते हैं और एक हट्टी-कट्टी बकरी।

बकरी? खाट पर?

नहीं, खाट पर मरीज़ को लिटाते हैं। बकरी के गले में रस्सी बाँध उसे ले चलते हैं। पूरा दिन चल जंगल पार कर भोपालपटनम आता है। बकरी तन्दुरुस्त हुई तो क़रीब पाँच हज़ार मिल जाते हैं, इलाज हो जाता है।

और अगर मरीज़ की हालत बहुत ख़राब हुई, इतने लम्बे रास्ते में कुछ हो गया या भोपालपटनम के उस मरियल से सरकारी स्वास्थ्य केन्द्र में ही आदमी खेल गया तो?

फिर क्या, दूसरा युवक जवाब देता है। बकरी तो फिर भी बिकेगी। ख़ूब सारी शराब आ जाती है।

पिछले बरस सुकमा के जंगल में मैं ऐसे ही वाक़ये से रूबरू हुआ था। क़रीब पन्द्रह साल की पोड़ियामी इर्रे पेड़ से गिर पड़ी थी। जगावरम गाँव में उसके घर से सबसे नज़दीकी स्वास्थ्य केन्द्र बीसेक किलोमीटर दूर दोरनापाल में था। रिश्तेदारों ने कहीं से साइकिल जुगाड़ ली लेकिन वह दूरी पार न कर पायी। "बहुत बीमार आदमी को हम दोरनापाल ले जाने की कोशिश करते हैं, लेकिन वे अक्सर रास्ते में ही मर जाते हैं," इर्रे के पड़ोसी बलराम ने कहा। उसके रिश्तेदार उसकी देह वापस घर ले आये थे क्योंकि जिस जगह वह ख़त्म हुई वहाँ से उसे वापस लौटाया जा सकता था। उसका गाँव बहुत अन्दर नहीं था। कई गाँवों से बाहर सड़क तक आने के लिए पूरा दिन लग जाता है, और अगर ऐसे गाँव का कोई मरीज़ रास्ते में चला जाये तो अपने घर की मिट्‌टी नसीब नहीं होती।

उन्हें इतनी दूर लाने की कोई ज़रूरत नहीं, हम उन्हें रास्ते में ही जला देते हैं।

और जो 'बहुत बीमार' नहीं होते?

वे गाँव में ही मर जाते हैं।

लेकिन बकरी?

मृत्यु-कथा

बस्तर मृत्यु का अजायबघर है। पुलिस, माओवादी, आदिवासी, जुडुम नेता—सभी बड़े जतन से पत्थर और लकड़ी पर मृत्यु की नक़्क़ाशी करते हैं। मैं छोटा काकलेर में इसलिए बन्धक बन गया था क्योंकि मृत्यु ने मेरे क़दम थाम लिए थे। सैंड्रा से बाइक पर लौटते वक़्त निगाह अटक गयी थी—पेड़ों के झुरमुट के बीच दो लाल स्मारक धूप में चमक रहे थे। उनके चारों तरफ़ ताज़ा पुती लाल ईंटों की क़तारें बिछी हुई थीं, शायद हाल ही कोई माओवादी सभा हुई थी। ये स्मारक किसके होंगे? नज़दीक गया, बाइक खड़ी की।

एक स्मारक सीपीआई (माओवादी) की पोलितब्यूरो के सदस्य मल्लोजुला कोटेश्वर राव उर्फ़ किशनजी की याद में था जो सीआरपीएफ के साथ नवम्बर 2011 की मुठभेड़ में मारे गये थे, दूसरा मार्च 2012 में मारे गये इन्द्रावती नेशनल पार्क की एरिया कमेटी सदस्य कवासी गोविन्द का था।

कई कोण से कई सारी तस्वीरें लीं। स्मारकों के चारों तरफ़ घूम कर देखा। उनके प्लेटफ़ॉर्ग पर चढ़ा। क़रीब पन्द्रह फ़ीट ऊँचे स्मारक। दसेक मिनट उन्हें छूता-टटोलता रहा। इस बीच किसी ग्रामीण की निगाह मुझ पर पड़ गयी। उसे मुझ पर शक हुआ। जल्द ही कई लोग इकट्ठे हो गये, मुझे घेर लिया।

छोटा काकलेर के रास्ते पर फरसेगढ़ से थोड़ा पहले कुटरू है जहाँ जुडुम की शुरुआती हिंसा दर्ज हुई थी। कुटरू थाने के ठीक सामने छत्तीसगढ़ में जुडुम का शायद सबसे पहला स्मारक है—'सलवा जुडुम शहीद स्मारक। शहीदों को शत्-शत् नमन। स्थापना—4 जून 2005।' इस स्मारक की तस्वीर लेते हुए मुझे गोटा चिन्ना की याद आयी। वे इस इलाक़े के आरम्भिक जुडुम नेताओं में थे। पिछले दिसम्बर नक्सलियों ने उनकी हत्या कर दी। गाँववालों को नक्सलियों से कोई ख़ास मुहब्बत नहीं, लेकिन उन्होंने इस हत्या का जश्न मनाया।

इसी स्मारक के पास परचून की छोटी-सी दुकान है जहाँ रामदेव का पोस्टर लगा है—पतंजलि का सामान यहाँ मिलता है। पोस्टर आह्वान करता है—"जगदलपुर चलो। बाईस, तेईस, चौबीस फ़रवरी को जगदलपुर में निःशुल्क योग ज्ञान शिविर।" यह फ़रवरी 2013 है। केन्द्र में इसकी पसन्दीदा सरकार की कोई आहट नहीं, लेकिन यह व्यापारी बाबा बस्तर के अन्दरूनी इलाक़ों में पहुँच गया है। इतने कम समय में इस व्यवसायी की उन्नति विलक्षण समाजशास्त्रीय घटना है जिसका विश्लेषण अभी बाक़ी है।

कुटरू से पहले रानी बोदली है जहाँ भारतीय इतिहास में माओवादियों का दूसरा सबसे भीषण हमला हुआ था। पचपन पुलिसवाले 2007 में मारे गये थे। मैं आते वक़्त यहाँ रुका था। इस हमले की पुरानी तस्वीरें याद आयीं—ज़मीन पर लाश बिखरी हैं, कॉपी हाथ में लिए दो पुलिसवाले उनकी गिनती और उन्हें पहचानने की कोशिश कर रहे हैं। दन्तेवाड़ा के पत्रकार सुरेश महापात्र ने कभी बताया था, "जब मैं इन लाशों पर ख़बर करने यहाँ आया था, अधजली-सरकटी लाशों की तस्वीरें लीं तो मुझे लगा कि इस युद्ध में कोई नियम नहीं रहा, दुनिया में कुछ देखना बाक़ी नहीं रहा अब।"

रानी बोदली की ज़मीन देर तक ताकता रहता हूँ। माओवादी दस्तावेज़ों में बड़े विस्तार से इस हमले और गुरिल्ला लड़ाकों के बलिदान का ज़िक्र हुआ है। तब तक मैंने पत्रकारिता शुरू भी नहीं की थी। इस हमले के वक़्त कहाँ था मैं? मुझे नहीं याद आया कि मैंने किसी अख़बार में इसके बारे में पढ़ा था। क्या मुझे रत्ती भर अन्देशा था कि कई बरस बाद मृत्यु मुझे बुलायेगी, मैं उसकी अर्जनाओं को देखने आऊँगा?

सत्ता भी अपनी शहादत का गुणगान करती है। नवम्बर में होने वाले छत्तीसगढ़ विधानसभा चुनावों की क़वायद शुरू हो चुकी है। हाल ही बीजापुर की कांग्रेस सभा में पोस्टर लहराते थे—'इन्दिरा, राजीव का बलिदान। याद रखेगा हिन्दुस्तान।' जंगल के निवासियों को इन बलिदानियों के न नाम मालूम, न यह कि इस बलिदान का दण्डकारण्य से क्या सम्बन्ध है। राजनीति और सत्ता का बस्तर से अलगाव लगभग सम्पूर्ण है।

माओवादियों का सबसे महाकाय स्मारक सुकमा में है। 2012 की जनवरी में चिन्तलनार से परे भीषण जंगल को साइकिल से टटोलते हुए अचानक एक

लाल कुतुबमीनार सामने आ गयी थी। माओवादी क्रान्ति के इतिहास में ताड़मेटला सबसे दुर्दान्त हमला। छिहत्तर सिपाही लील गया। उसमें मारे गये आठ गुरिल्ला लड़ाकों के नाम इस स्मारक पर लिखे हुए थे—रुकमती, वागा, विजा, हिंगा, रामा, राजू, मंगू, रतन। काफ़ी समय बाद किसी माओवादी दस्तावेज़ में मैंने पाया कि इनमें से चार नामों की वर्तनी भिन्न थी—वागल, विज्जल, इंगल और रामल। एक अतिरिक्त 'ल' इन सभी नामों के साथ जुड़ा हुआ था। शायद यह ग़लत वर्तनी का मसला हो, रामा और रामल एक ही हों। लेकिन वागा और वागल भिन्न इन्सान भी हो सकते थे। कौन मारा गया था? वह जो काग़ज़ पर था या जो पत्थर पर? विजा या विज्जल?

माओवादी दस्तावेज़ बताते हैं इस हमले में 21 एके-47, 42 इंसास रायफ़ल, छह लाइट मशीनगन, सात एसएलआर रायफ़ल, एक 9 एमएम स्टेनगन, 3122 कारतूस, 39 ग्रेनेड के अलावा तमाम तकनीकी उपकरण गुरिल्ला लड़ाकों ने ख़ाकीधारियों से छीन लिये थे।

अरसा बाद मुझे किसी आईएएस अधिकारी ने बताया कि एक बार हवाई दौरा करते वक़्त हैलिकॉप्टर से दिखती उस मीनार को देख वह भौचक रह गये थे कि सबसे नज़दीकी परचून की दुकान भी कई घण्टे दूर है, ईंट और गारे लाने के लिए दिन भर का रास्ता होगा। लेकिन लाया कहाँ से जायेगा? चारों तरफ़ पुलिस लगी है। क्या सामान किसी सरकारी ठेकेदार ने उपलब्ध करवाया था?

पुलिस भी अपने मृतकों की याद में ढेर सारे स्मारक बनाती है। सुकमा ज़िले में एर्राबोर थाने के पास पुलिसवालों की क़रीब दर्जन भर मूर्तियाँ लगी हैं। सीधी लकीर में खड़ी वर्दीधारी मूर्तियाँ। सबके हाथ में रायफ़ल। मूर्तियाँ दिन भर धूप में चमकती हैं। सबके चेहरे एक जैसे दिखते हैं। क्या मृत्यु की किताब में सिर्फ़ एक कथा है जिसे वह हर बार दुहराती है? इन सभी मूर्तियों की कलाई पर घड़ी बँधी है। सभी घड़ियों की सुइयाँ एक जगह टिकी हैं। क्या सभी एक साथ, एक वक़्त मारे गये थे? या मृत्यु अपना वक़्त चुनने में भेदभाव नहीं करती?

मृत्यु को पत्थर पर सहेज कर रखना बस्तर की परम्परा, शायद व्यसन है। पूरे बस्तर में पत्थर और लकड़ी के स्मृति-स्तम्भ बिछे हुए हैं। जंगल के निवासी ये स्मारक अपने मृतकों की याद में बनाते हैं, उन पर अद्‌भुत चित्रकारी करते हैं। मृतक के जीवन को बतलाते रंगबिरंगे चित्र। इन चित्रों के चेहरे भी अक्सर एक जैसे दिखते हैं। मसलन, नरसू मण्डावी और लच्छू कश्यप ढाई सौ किलोमीटर की दूरी पर दफ़न हुए, लेकिन स्मृति पत्थरों पर वे जुड़वाँ भाई दिखते हैं।

क्या बस्तर का मृत्यु-चित्रकार सिर्फ़ एक चेहरा उकेरना जानता है या उसे मृत्यु का चेहरा हमेशा एक-सा दिखाई देता है? या मृत्यु का एक ही चेहरा है, दोहराया भले कई जगह जाता है?

बस्तर में हर जगह ये स्तम्भ बने हैं, लेकिन कभी उनका कोई प्रियजन वहाँ बैठा उन्हें याद करता, उनके मृत्यु-दिवस पर वहाँ आता, फूल चढ़ाता नहीं दिखाई देता। मृत्यु का श्रृंगार कर, उसकी प्राण-प्रतिष्ठा कर चित्रकार चला गया है। मृत्यु खुद ही पलती-पनपती रहती है।

मृत्यु-स्तम्भ का अविजित स्वरूप महेन्द्र कर्मा के पुश्तैनी गाँव फरसपाल के आसमान पर मँडराता है। कर्मा के घर के बाहर उनकी विशाल मूर्ति सरकार ने लगवा दी है। मूर्ति के गले में सूख चुके फूलों की माला झूलती है। थोड़ा आगे जा दन्तेवाड़ा जाती सड़क के दोनों तरफ़ उनके परिजनों के दर्जनों स्मृति-स्तम्भ दूर तक लगे हैं। उनकी छाया पूरे गाँव पर गिरती है। न मालूम कितनों का ख़ून यहाँ दर्ज है। मैंने कई बार कोशिश की, इन स्तम्भों को कभी पूरा नहीं गिन पाया।

बस्तर का माओवादी इतिहास, मृत्यु का यह अजायबघर महेन्द्र कर्मा की दहलीज़ से देखा जा सकता है। बस्तर में नक्सलियों के पनपने के अनेक कारण हैं, लेकिन विडम्बना देखिये कि जो कर्मा गुरिल्ला लड़ाकों को बस्तर से उखाड़ फेंकना चाहते थे, उनके विस्तार की बहुत बड़ी वजह बने। नब्बे के दशक में उन्होंने नक्सलियों के विरुद्ध जन जागरण अभियान चलाया, जिसके बाद गुरिल्ला गतिविधियों में अचानक फ़ुर्ती आयी। 2005 में उन्होंने सलवा जुडुम शुरू किया और अब चोट खाये आदिवासी माओवादियों से आ जुड़े, गुरिल्ला लड़ाके अविजित दिखाई देने लगे।

कर्मा ख़ालिस आदिवासी नेता थे, ठेठ जंगल के निवासी। बस्तर से बाहर न उनकी पहुँच थी, न उन्होंने बनानी चाही। लेकिन बस्तर के आकाश पर कहीं भी निगाह डालो, वह किसी महाकाव्य के किरदार की तरह विचरते दिखाई देते हैं।

कभी कट्टर कम्युनिस्ट रहे कर्मा ने अपना राजनीतिक जीवन अस्सी के दशक में बतौर सीपीआई विधायक शुरू किया था। अगला चुनाव अपने कांग्रेसी बड़े भाई लक्ष्मण कर्मा के विरुद्ध हारा। बाद में कांग्रेस में शामिल हुए, लेकिन ऐसे मसले पर पार्टी छोड़ दी जिससे बस्तर में आदिवासियों का जीवन स्वायत्त हो जाता, बाहरी शक्तियों मसलन सरकार और उद्योग का हस्तक्षेप बहुत कम हो जाता। जब अविभाजित मध्य प्रदेश की दिग्विजय सिंह सरकार ने बस्तर को संविधान की छठी अनुसूची में लाना चाहा कि इससे उत्तर-पूर्वीय राज्यों की तरह बस्तर के आदिवासियों को अनेक अधिकार मिल जायेंगे, कर्मा ने इसका विरोध

यह कहकर किया कि यह नक्सलियों को फ़ायदा पहुँचायेगा। जब बस्तर में छठी अनुसूची के लिए माहौल बन रहा था, कर्मा ने कांग्रेस छोड़ी, सिर्फ़ इसके विरोध पर 1996 का लोकसभा चुनाव बतौर निर्दलीय लड़ा और जीत भी गये, हालाँकि बाद में फिर कांग्रेस में चले गये।

बस्तर में छठी अनुसूची के लिए लड़ाई आज भी जारी है।

दन्तेवाड़ा और सुकमा कभी कर्मा के अभेद्य क़िले थे। नक्सलियों को खदेड़ने के लिए उन्होंने यहाँ लड़ाइयाँ लड़ीं, और यही इलाक़े गुरिल्ला क्रान्ति का दुर्ग बनते गये। इतिहास की द्वन्द्वात्मकता मनुष्य के साथ दिलचस्प खेल खेलती है। कर्मा कमज़ोर और माओवादी अजेय होते गये। जहाँ राजनीति कभी कांग्रेस और सीपीआई के बीच हुआ करती थी, वहाँ भाजपा और राष्ट्रीय स्वयंसेवक संघ आ गये। इस तरह बस्तर एक विरला इलाक़ा बना जहाँ क्रान्तिकारी वामपन्थ और दक्षिणपन्थ का उत्थान लगभग एक साथ हुआ। भाजपा ने चुनाव में स्थानीय गुरिल्ला लड़ाकों की मदद ली। माओवादियों को भी अपने प्रधान शत्रु कर्मा से निबटना था, उन्हें अपने कट्टर वैचारिक विरोधी भाजपा की सहायता करने में कोई संकोच नहीं हुआ। 2008 के विधानसभा चुनाव में बस्तर की बारह सीट में से ग्यारह भाजपा जीत गयी, एक ऐसे वक़्त जब माओवादी क्रान्तिकारी अपने उत्कर्ष पर थे, उनकी हिंसा का कोई तोड़ नहीं दिखता था, वे जहाँ चाहे पुलिस पर भीषण हमला करने में सक्षम थे।

कर्मा 2008 का ऐतिहासिक चुनाव अपने घर दन्तेवाड़ा में बुरी तरह हारे, भाजपा और सीपीआई के बाद तीसरे स्थान पर रहे। यह चुनाव सलवा जुडुम की छाती पर लड़ा गया था। जुडुम के दौरान भाजपा सरकार ने कांग्रेसी कर्मा को बेतहाशा समर्थन किया था, असलहे और धन दोनों से। अपनी ताक़त के नशीले महुए में डूबे कर्मा बस्तर टाइगर कहलाते थे, नक्सलियों के ख़िलाफ़ उन्मादे आदिवासी लड़ाकों की फ़ौज खड़ी कर रहे थे। कर्मा को रमन सिंह का तेरहवाँ मन्त्री कहा जाने लगा था। लेकिन जब जुडुम की चौतरफ़ा आलोचना होने लगी तो भाजपा ने कर्मा से पल्ला झाड़ लिया। सारा ठीकरा उनके सिर।

"रमन सिंह ने पापा को धोखा दिया। रमन सिंह पीछे हट गये, हमें अकेला छोड़ दिया। पापा ने भाजपा से समर्थन लेकर ग़लत किया था। ये हम आदिवासियों की लड़ाई थी, हमें लड़नी थी। भाजपा ने पापा को यूज किया," कर्मा के बड़े बेटे दीपक ने बहुत बाद में मुझे बतलाया।

2008 का दन्तेवाड़ा चुनाव माओवादी जंग के विश्वासघाती चरित्र का विराट मानचित्र रचता है। कर्मा के समर्थक कई सालों से आरोप लगाते थे कि

उन्हें हराने के लिए भाजपा नक्सली से गले मिल गयी। नवम्बर 2013 के विधान सभा चुनाव से ठीक पहले माओवादी पुड़ियम लिंगा की भाजपा नेता शिव दयाल सिंह तोमर की हत्या के ज़ुर्म में गिरफ़्तारी हुई। उसने दन्तेवाड़ा पुलिस कप्तान नरेन्द्र खरे और सीआरपीएफ अधिकारियों की उपस्थिति में मीडिया के सामने वह राज़ खोला जिससे दन्तेवाड़ा के अनेक निवासी पहले ही वाक़िफ़ थे। लिंगा बोला कि उसने दन्तेवाड़ा के भाजपा प्रत्याशी और अपने चाचा भीमा मण्डावी की 2008 के चुनाव में मदद की थी। बाद में मुझसे बात करते हुए मण्डावी ने लिंगा की सहायता लेना तो नहीं स्वीकारा, लेकिन कहा कि लिंगा उनके गाँव तोयलंका का निवासी है, तोमर के काफ़ी क़रीब था और किसी अन्य चुनाव में भाजपा के लिए काम किया था। "तोमरजी ने उसे 2011 के बस्तर में लोकसभा उप-चुनाव के दौरान काम सौंपा था। वे साथ खाना भी खाते थे। तोमरजी ने ख़ुद मुझे यह बताया था," मण्डावी ने कहा।

भाजपा के दिनेश कश्यप बस्तर से 2011 का लोकसभा उप-चुनाव जीते थे।

भाजपा और नक्सलियों के सम्बन्ध को बतलाते हुए लिंगा पुलिस से यह भी बोला कि वह कई गुरिल्ला लड़ाकों के साथ तोमर और दूसरे भाजपा सदस्यों से मिलने अक्सर दन्तेवाड़ा ज़िला मुख्यालय आया करता था। ये बैठकें अक्सर सर्किट हाउस में हुआ करती थीं, पुलिस अधीक्षक के दफ़्तर से सिर्फ़ पाँच सौ मीटर दूर। तोमर रसूख़दार ठेकेदार थे। कई सरकारी कामों के ठेके उन्हें मिल जाते थे। लिंगा ने कहा कि तोमर की हत्या इसलिए हुई क्योंकि एक बार उन्होंने नक्सलियों को कमीशन नहीं दिया। लिंगा ने तोमर से साठ हज़ार रुपये माँगे थे, लेकिन तोमर ने मना कर दिया—"जो करना है कर लो।"

साढ़े पाँच साल बाद, बस्तर में लोकसभा चुनाव से दो दिन पहले, 9 अप्रैल 2019, माओवादियों ने भीमा मण्डावी की हत्या कर दी। भाजपा की राजनीति ने दन्तेवाड़ा में एक चक्र पूरा कर लिया।*

---

* भाजपा और माओवादियों की गलबाँही के तमाम क़िस्से हैं। जून 2020 में दन्तेवाड़ा के भाजपा उपाध्यक्ष जगत पुजारी माओवादियों को मदद करने और ट्रैक्टर समेत विभिन्न सामग्री पहुँचाने के आरोप में गिरफ़्तार हुए थे।

एक बड़ा केस जनवरी 2014 में सामने आया था। बस्तर के एक ठेकेदार और माओवादियों के क़रीबी धर्मेंद्र चोपड़ा कांकेर से भाजपा सांसद सोहन पोटाई की गाड़ी में रायपुर हवाई अड्डे के क़रीब गुज़र रहे थे जब उन्हें गिरफ़्तार किया गया। चोपड़ा ने मुझे बाद में बतलाया कि वह पोटाई और रमन सिंह सरकार में मन्त्री रहे विक्रम उसेंडी समेत कई भाजपा नेताओं, कांकेर में कार्यरत बड़ी माइनिंग

दण्डकारण्य में क्रान्ति और राजनीति, वाम और दक्षिण की रेखाएँ अक्सर धुँधला जाती हैं। शायद युद्ध छल की बुनियाद पर लड़ा जाता है, *महाभारत* का रचयिता बहुत पहले बतला गया है।

कर्मा के बग़ैर बस्तर का माओवादी विद्रोह क्या आकार लेता, इसका सिर्फ़ क़यास ही लगाया जा सकता है। शायद क़यास भी सम्भव नहीं। मैं उनसे कई मर्तबा मिला था, लम्बी चर्चा होती थीं। जुडुम के अत्याचार का ज़िक्र होते ही वह भड़क उठते– "ये हमारा, हम आदिवासियों का बस्तर है। नक्सली हमारी ज़मीन पर क्यों आये? वे न्याय की बात करते हैं। क्या दिया है उन्होंने हमें? उन्होंने हमारी संस्कृति ख़त्म कर दी।"

उनके किरदार की औपन्यासिकता का एहसास मुझे नवम्बर 2013 के विधानसभा चुनाव के दौरान हुआ जब उनकी पत्नी देवती का दन्तेवाड़ा के रंगमंच पर अप्रत्याशित, शायद पूर्वनिर्धारित, प्रवेश होता है। आकाश पर स्याह बादल। एके-47 धारी पुलिसवालों से घिरी कलफ़ लगी सफ़ेद साड़ी के पल्लू को सँभालती एक दुबली औरत कलक्टर कार्यालय से निकलती आ रही है। उनके दबंग बेटे काले चश्मे पहने, महँगे मोबाइल फ़ोन कान से लगाये साथ चल रहे हैं। दन्तेवाड़ा में चर्चा में है कि अगर वे जीतीं तो यहाँ से पाँच विधायक होंगे। कर्मा के चारों बेटों–दीपक, छविन्द्र, आशीष और दिव्यराज तथा देवती को कर्मा की हत्या के बाद ज़ेड प्लस सुरक्षा मिली है। वे सभी नक्सलियों की हिट-लिस्ट में हैं। हिन्दुस्तान का शायद अकेला परिवार जिसके पाँच सदस्यों के पास ज़ेड प्लस सुरक्षा है।

सिर्फ़ गोंडी बोलती इस स्त्री की राजनीति या अपने पति के कारनामों में कभी कोई दिलचस्पी न थी। जब उनके पति दक्षिण बस्तर के जंगलों में माओवाद को बस्तर से ख़त्म कर देने के नाम पर क्या कुछ नहीं उजाड़ रहे थे, वह अपने

कम्पनियों और माओवादियों के बीच मध्यस्थ रहे हैं। "बस्तर में कोई भी माओवादियों की मदद के बग़ैर काम नहीं कर सकता। मैंने इन नेताओं के चुनाव अभियान में पैसा लगाया है...उन्हें कई तरह से मदद पहुँचाई है," वह बोले।

चोपड़ा के साथ कई और लोगों की गिरफ़्तारी हुई थी, पुलिस ने इसे 'अर्बन नेटवर्क' का नाम दिया था। डेढ़ साल बाद, अगस्त 2015, रायपुर की अदालत ने माओवादियों को विभिन्न तरह की मदद और मोबाइल फ़ोन जैसी चीज़ें पहुँचाने के आरोप में तेरह लोगों को सात साल की सज़ा सुनायी। इनमें से कई भाजपा के क़रीबी थे। लेकिन इतने प्रमाण और प्रकरणों के बावजूद किसी भाजपा नेता को आज तक सज़ा नहीं हुई है। राष्ट्रवाद के झण्डे को मिसाइल की तरह कन्धे पर लिए घूमती भाजपा का यह चेहरा सुर्ख़ियों में कम आया है।

घर में एक सामान्य आदिवासी स्त्री का जीवन जीती आयी थीं। "एक बार मैंने मज़ाक़ किया कि जब पापा केन्द्र की राजनीति में चले जायेंगे, उन्हें उनकी सीट से चुनाव लड़ना चाहिए। वह तुरन्त मुझे मारने दौड़ी थीं," उनके बेटे छविन्द्र कर्मा ने मुस्कुराते हुए मुझे बताया। कर्मा ने कभी नहीं सोचा होगा कि उनकी हत्या के कुछ ही महीने बाद देवती उनकी सीट दन्तेवाड़ा पर नामांकन का पर्चा दाख़िल करने कलक्टर कार्यालय जायेंगी, कर्मा की उत्तराधिकारी बनेंगी।

सन्तान पिता पर गयी है। मृत्यु का ख़ौफ़ पेट से लेकर नहीं आये। पूरा परिवार दशकों से रायफ़लों के साथ जीता आया है, सिवाय आशीष के। कर्मा ने अपने तीसरे और पढ़ाई में सबसे होशियार बेटे को जल्द ही दिल्ली भेज दिया था। वह दिल्ली पब्लिक स्कूल में पढ़े, फिर दिल्ली यूनिवर्सिटी। कुछ महीने पहले तक वह सिविल सेवा परीक्षा की तैयारी कर रहे थे। परिवार का सपना था एक बेटा कलक्टर बनेगा। कर्मा की मई में हत्या हो गयी, आशीष दन्तेवाड़ा लौट आये। "क्या होगा? मारे ही तो जायेंगे। हमारे भीतर का डर मर चुका है। यह हमारी ज़मीन है। हमें यह वापस चाहिए।" कसी हुई टी-शर्ट में आशीष की मांसपेशियाँ चमकती हैं।

कुछ दिन बाद एक भूरी स्कोर्पियो चुनाव प्रचार के लिए दन्तेवाड़ा में घूम रही है। गाड़ी में छह जवान एके-47 लिए बैठे हैं। बन्दूक़धारी जवानों की एक गाड़ी पीछे है, एक आगे। पूरे रास्ते हर तीन-चार सौ मीटर पर पुलिसवाले खड़े हैं। "दाहिने मुड़ लो," भूरी स्कोर्पियो में बैठा युवक अचानक ड्राइवर को कच्ची सड़क पर उतार देने को कहता है। यह कच्ची सड़क जंगल के अन्दर जाती है। उस युवक को कड़ी हिदायत है कि किसी भी सूरत में पूर्वनिर्धारित मार्ग से अलग नहीं जाना है।

रायफ़लधारी घबरा कर पीछे मुड़ कर देखता है—उसकी निगाहों में प्रश्न है। यहाँ क्यों सर?

युवक ड्राइवर से फिर कहता है—दाहिने।

बॉस की बात माननी पड़ेगी। पुलिसवाला माथे का पसीना पोंछता है, वॉकी-टॉकी से आगे चल रही हथियारबन्द गाड़ी को फ़ोन करता है कि हमने रास्ता बदल लिया है, पीछे-पीछे आ जाओ।

सभी पुलिसवाले मुस्तैद हो गये हैं। अनजान रास्ते न मालूम क्या मिलेगा, बारूदी विस्फोट से गाड़ी उड़ सकती है। पुलिसवाले इसी तरह नक्सली हमले का शिकार बनते हैं जब वे अचानक कोई नया रास्ता चुन लेते हैं। कर्मा परिवार के कहीं निकलने से पहले उनके मार्ग की जानकारी दन्तेवाड़ा एसपी को दी जाती है।

पुलिस के रास्ता साफ़ करने के बाद कर्मा परिवार निकलता है। आज भी दीपक के चुनावी दौरे का कार्यक्रम तय था। पुलिस अक्सर शिकायत करती है कि कर्मा के लड़के बेवजह रास्ता बदलवाते हैं। किसी दिन कुछ हो गया तो सारा ठीकरा पुलिस के सिर फूटेगा कि अनजान सड़क पर गाड़ी क्यों उतार दी।

लेकिन दीपक को कोई फ़िक्र नहीं। वह मुझे अपने बचपन के गाँव और उसके बग़ीचे में ले जाना चाहता है।

डेढ़ साल बाद, 2015 की गर्मियों में जुडुम पार्ट-टू की हवा गर्म है। ठीक दस साल पहले, 4 जून 2005 को छत्तीसगढ़ सरकार ने बस्तर में एक विशाल स्टील संयन्त्र बनाने के लिए टाटा के साथ एमओयू पर दस्तख़त किये थे, जिसकी राह में माओवादी एकमात्र बाधा थे। एक दिन बाद, पाँच जून, माओवादियों को बस्तर से निकालने के लिए सलवा जुडुम की आधिकारिक घोषणा हो जाती है—माओवादी क्रान्ति के आगामी दशक की कुण्डली निर्धारित हो जाती है। 2005 की गर्मियों में महेन्द्र कर्मा ने लड़ाई की अगुवाई की थी, इस बार उनका दूसरा बेटा छविन्द्र है। पिछली बार टाटा के प्रस्तावित संयन्त्र की चर्चा थी, इस बार ख़ुद प्रधानमन्त्री नरेन्द्र मोदी एक स्टील संयन्त्र का उद्घाटन करने आये हैं।

बस्तर के तीन ज़िलों में कर्मा के तीन जुडुम सेनापति थे—सुकमा में सोयम मूका, दन्तेवाड़ा में चेतराम अट्टामी, बीजापुर में महादेव राणा। राणा की हत्या बहुत पहले हो गयी। मूका और चेतराम जुडुम के दौरान अपने गाँव से क़रीब एक दशक पहले उजड़ गये थे। चेतराम अभी भी जुडुम शरणार्थियों के कैम्प में रहते हैं।

मई 2015 की इस दुपहर हम जगदलपुर में बैठे हैं। मूका और छविन्द्र में बहस हो रही है इस लड़ाई में किसके अधिक रिश्तेदार मारे गये हैं। दण्डकारण्य में मृत्यु तमग़ा है, लाश व्यसन।

मूका ज़ोर देकर कहते हैं कि इस जंग में सबसे अधिक उनके रिश्तेदार मारे गये हैं। "आपको भरोसा नहीं होता तो तहसील कार्यालय के काग़ज़ देख लीजिए," अपने बड़े भाई सोयम मुकेश को याद करते वक़्त मूका की आवाज़ डबडबाती है। मूका एक प्राथमिक स्कूल में शिक्षक थे, चैन से जी रहे थे कि उनके मामा महेन्द्र कर्मा ने उन्हें बन्दूक़ थमा दी। दस साल बाद कर्मा का बेटा उन्हें एक नया आन्दोलन शुरू करने के लिए उकसा रहा है। लेकिन मूका की बन्दूक़ ठण्डी पड़ चुकी है।

"उनकी (कर्मा) हत्या के बाद मेरा भरोसा उठ गया। जब तक वह ज़िन्दा थे मुझे लगता था हम मौत को पछाड़ सकते हैं...कर्मा कहते थे कि ज़िन्दा रहना है तो दुश्मन की ख़बर और दुश्मन से दूरी दोनों ज़रूरी है।"

छविन्द्र बैठे मुस्कुरा रहे हैं। वह मूका को चिढ़ाते हैं, जो छविन्द्र की दूर की बहन से ब्याहे हैं। "आप कब जाओगे? बहुत हो गया अब...ये इतने बेशर्म हैं कि इनका विकिट नहीं गिर रहा," छविन्द्र अपने बहनोई को छेड़ते हैं। भाई को बहन के विधवा हो जाने की कतई फ़िक्र नहीं। मूका सिर्फ़ खिसिया सकते हैं।

एक समय जुडुम के क़रीब सौ प्रमुख नेता हुआ करते थे। आज लगभग पन्द्रह बचे हैं। एक अन्य वरिष्ठ नेता सत्तार अली सौ से अधिक दोस्त खो चुके हैं। एक बार नक्सलियों ने उनके घर पर हमला किया था। एक गोली उनकी पीठ में लगी, उनके कन्धे को चीरती हुई पास खड़े भाई के भीतर घुस गयी। "आपको भरोसा न हो तो अपनी कमीज़ उतार कर गोली का निशान दिखाऊँ?"

"लेकिन मुझे मौत और हमले का कोई डर नहीं," वह तुरन्त जोड़ते हैं।

सत्तार कर्मा की गाड़ी में थे जब माओवादियों ने मई 2013 में कांग्रेस के क़ाफ़िले पर भीषण हमला किया था। मुझे कांग्रेस की चुनावी सभा पर रिपोर्टिंग करने के लिए इस क़ाफ़िले में होना था, लेकिन ऐन वक़्त पर कोई दूसरा काम आ गया। दोनों तरफ़ से गोलियाँ चलीं, लेकिन माओवादियों ने चारों तरफ़ से घेर लिया था। सरकारी क़ाफ़िले का असलहा ख़त्म हो रहा था। गुरिल्ला लड़ाकों का निशाना सिर्फ़ कर्मा थे, लेकिन गोलियों के फ़व्वारे में अन्य कांग्रेसी नेता मारे जा रहे थे। "हम जीप के पीछे दुबके थे। कर्मा चाहते तो बचकर निकलने की सोच सकते थे। लेकिन जब नक्सली उनका नाम पुकार रहे थे, बाक़ी लोग मारे जा रहे थे तो वह बाहर निकल आये। अपनी जान दे दी, हम सबको बचा लिया।" सत्तार कहते हैं।

चेतराम अट्टामी पर पुलिस के साथ मिल गाँव जलाने के आरोप हैं। जब मैं जुड्डुम की हिंसा पर उनसे प्रश्न करता हूँ, वह आवेश में आकर कहते हैं— "आप पुलिस के क़हर की बात करते हो। आपको मालूम भी है नक्सलियों ने क्या किया था? अगर बेटा को मारना है तो सबके सामने उसके माँ और बाप को उसे पत्थर से मारने को बोलते थे...कोई आपके पिता को मारेगा तो आप क्या करोगे? ये मेरी ज़मीन है। मुझे नक्सली यहाँ नहीं चाहिए।"

उनके घर के बाहर पुलिस की गाड़ियाँ खड़ी हैं, कई हथियारबन्द सिपाही भी। घर के अन्दर राष्ट्रीय स्वयंसेवक संघ के पहले दो सरसंघचालकों की तस्वीर टँगी हैं, केशव बलिराम हेडगेवार और एम.एस. गोलवलकर। अट्टामी संघ के स्वयंसेवक कतई नहीं लगते, इन दोनों की तस्वीर यहाँ, आदिवासी के इस जंगल में कैसे आयीं?

उनके बरामदे में डिस्कवरी चैनल पर डॉल्फ़िन और शार्क पर कोई कार्यक्रम चल रहा है। अट्टामी उन आरम्भिक जुडुम लड़ाकों में थे जिन्हें एसपीओ उर्फ़ स्पेशल पुलिस ऑफ़िसर का दर्ज़ा दिया गया था। वे उन दिनों सिर्फ़ बीसेक साल के थे, कई अन्य आदिवासी लड़कों को भी अपने साथ ले आये। सुप्रीम कोर्ट ने एसपीओ को 2011 में असंवैधानिक घोषित कर दिया, लेकिन छत्तीसगढ़ की भाजपा सरकार ने उनका नाम बदल उन्हें सहायक आरक्षक बना पिछले दरवाज़े से भर्ती कर लिया।

अट्टामी स्वीकारते हैं कि शुरुआती सालों में नक्सलियों ने आदिवासियों की बहुत मदद की, लेकिन फिर वे उन पर पार्टी में शामिल होने का दबाव डालने लगे। "वे हमें जन अदालत में क्यों सज़ा देते थे? क्यों हमसे ज़बरदस्ती मुर्ग़ा और बकरा मँगवाते थे?"

इस शरणार्थी कैम्प में कई ग्रामीण पहले माओवादियों के साथ थे, बाद में पार्टी छोड़ दी। मसलन पुलिस में भर्ती होने से पहले मंगडू राम कभी नक्सली हुआ करते थे, विशाखापटनम जैसे शहरों से हथियार की सप्लाई लेकर आया करते थे। "उनकी लड़ाई पूँजीपतियों से थी। उन्होंने खुद ही उन्हें ख़त्म क्यों नहीं कर दिया? हम आदिवासी लोग दुनिया के बारे में कुछ नहीं जानते थे, उन्होंने हम लोगों से अपनी लड़ाई लड़वाई। ये नव जनवाद है?" अट्टामी कहते हैं।

उद्योग की बात उठते ही, कर्मा की खनिज कम्पनियों से साँठ-गाँठ की बात आते ही जुडुम के नेता आवेश में आ जाते हैं। वे स्वीकारते हैं कि जुडुम की लड़ाई से कई स्वार्थ जुड़ गये थे, लेकिन भड़कते हुए कहते हैं कि जुडुम के नेता सिर्फ़ भय और तंगहाली में जीते आये हैं। "कौन-सा उद्योग? कौन-सा लाभ? हम सिर्फ़ अपनी ज़मीन बचाने के लिए लड़े थे, मौत के सिवाय और कुछ नहीं मिला।"

जुडुम के तीस महीनों में छत्तीसगढ़ में 325 पुलिसवाले, 609 नागरिक और 165 कथित नक्सली मारे गये। 1099 मृत्यु, क़रीब एक रोज़। जबकि ये सरकारी आँकड़े हैं, जुडुम के नेता और स्थानीय पुलिस कहती है कि कहीं ज़्यादा इन्सान मारे गये थे।

मई की एक शाम जुडुम की परछाईं हाथ जोड़े खड़ी कर्मा की विशाल मूर्ति पर उतर आती है। इस आक्रामक इन्सान ने शायद ही कभी यह मुद्रा अपनायी होगी। चश्मे के पीछे उनकी निगाह क्षितिज को चुप ताकती रहती है। बहुत कम लोगों को मालूम है कि मृत्यु से कुछ महीने पहले कर्मा का स्वर बदलने लगा था। "अब हिंसा ख़त्म होनी चाहिए," कर्मा कहने लगे थे। क्या वह थक चुके

थे? या बन्दूक़ की निरर्थकता का एहसास हो गया था? मृत्यु से ठीक पन्द्रह दिन पहले जब आठ आदिवासी फ़र्ज़ी मुठभेड़ में एहड़समेटा गाँव में मारे गये थे, कर्मा ने भौचक कर देने वाला बयान दिया था—"माओवादी फैलते हैं तो फैलने दो, लेकिन पुलिस की गोली से एक भी आदिवासी की मौत नहीं होनी चाहिए।"

कुछ ही दिन बाद वह अपने आदिवासी भाइयों के साथ चिता पर लेटे थे।

"मेरे पिता समेत मेरे परिवार के 95 लोग इस लड़ाई में मारे जा चुके हैं। लोग कहते हैं कि मैं जुडुम फिर से शुरू कर राजनीति कर रहा हूँ। मैं सिर्फ़ इस इलाक़े को नक्सलियों से मुक्त कराने की अपनी पारिवारिक ज़िम्मेदारी निभा रहा हूँ," चौंतीस साल के छविन्द्र कहते हैं। "मुझे मालूम है जब हम अन्दर जायेंगे तो वे (माओवादी) हमला करेंगे। लेकिन इस लड़ाई में क़ुर्बानियाँ देनी ही पड़ेंगी। अगर गोली चलनी ही हैं, तो पहली गोली मेरी छाती पर आने दो।"

कर्मा परिवार ने इतना लहू देख लिया है कि समझदारी, सयानापन जैसी संज्ञाएँ उनसे बहुत दूर चली गयी हैं। परिवार की अनेक स्त्रियों की हत्या हो चुकी है जिनका जुडुम से दूर तक का कोई सम्बन्ध न था। "अगर आपके नाम के आगे कर्मा लगा है, तो आप गये," दीपक कहते हैं।

दीपक जुडुम पार्ट-टू से सशंकित हैं, कहते हैं कि "हमें पिछली ग़लतियों से सीखना चाहिए," लेकिन उनके सलाहकार ज़ोर देते हैं कि "जुडुम राजनीति से परे है।" दीपक मुस्कुराते हैं, "क्यों शहीद करवाना चाह रहे हो भाई," लेकिन यह जोड़ना नहीं भूलते कि "यह हमारी पारिवारिक ज़िम्मेदारी है।"*

इस लड़ाई में, शायद किसी अन्य लड़ाई की तरह, सही और ग़लत का भेद मुश्किल है। कर्मा की बस्तर पर राज करने की गहन राजनीतिक आकांक्षाएँ थीं। वह दन्तेवाड़ा को नक्सलियों से मुक्त कराना चाहते थे, लेकिन निजी कम्पनियों के साथ उन्होंने जोड़-तोड़ की और अनगिनत आदिवासी भाई-बन्धुओं को जुडुम के दौरान कुचल डाला। इसके बावजूद जब फरसपाल की धरती पर उदास अँधेरे

---

* ऐसा शायद कम हुआ होगा जब किसी इन्सान की पिता और बेटे दोनों से दोस्ती रही हो, कुछ बरसों के अन्तराल में उसने पिता और बेटे दोनों को जाते देखा हो और पिता के बाद अब बेटे को याद कर रहा हो।

बन्दूक़ों और लहू के बीच जीता आया दीपक, जिसे डेढ़ सौ से कम गति पर चलती स्कॉर्पिओ गाड़ी बहुत धीमी लगा करती थी, जिसके साथ मैं गर्मी की एक रात रायपुर से जगदलपुर आया था, स्कॉर्पिओ में सिर्फ़ हम दोनों थे, हमने बदल कर गाड़ी चलायी थी, वह मुझे 'धीमे' चलाने पर उलाहने देता रहा था, वह दीपक मई 2021 में कोरोना वायरस से हार गया।

मेरा बस्तर से एक निशान और मिट गया।

में धुँधलाते मृत्यु-स्तम्भों पर निगाह जाती है तो लगता है कर्मा की लड़ाई भी शायद अपना जंगल और ज़मीन बचाने की लड़ाई थी। जंगल के एक ज़मींदार की उसके इलाक़े में आ गये बाहरी लोगों से वर्चस्व की लड़ाई थी। बस्तर उनका और उनके कुटुम्ब का था। वह इसे बनाते-बिगाड़ते, सँवारते या नष्ट करते, लेकिन आन्ध्र से आये पढ़े-लिखे गुरिल्ला लड़ाकों का प्रभुत्व उन्हें बर्दाश्त नहीं हुआ। यह स्वाभिमान की लड़ाई थी, भले ही अनेक लड़ाइयों की तरह क्रूरता और फ़रेब में रँगी थी। आख़िर कौन खुद को, अपने परिवार को दाँव पर लगा देगा? कोई व्यापारी या राजनेता तो शायद नहीं। व्यापार या राजनीति के दाँव खेलता इन्सान इस क़दर मौत से बेख़ौफ़ होकर शायद नहीं जी पायेगा, अपने कुटुम्ब को एक-एक कर ख़ूनी मौत मरते नहीं देख पायेगा।

दीपक ने फ़ोन पर पिता का नम्बर 'बिग बॉस' के नाम से लिखा था। अभी भी वही है। पिता की हत्या के बाद नम्बर माँ के पास आ गया है। जब भी देवती बेटे को फ़ोन करती हैं, बेटे की स्क्रीन पर 'बिग बॉस कॉलिंग' चमकता है। बेटे को अक्सर शुबहा, कभी अचम्भा हो जाता है। क्या पिता का फ़ोन आया है? बेटे के मुँह से कभी "हाँ, पापा" भी निकल जाता है।

आगे चल यह किताब कुछ बेटियों का अपने क्रान्तिकारी पिता के लिए प्रेम दर्ज करेगी। महेन्द्र कर्मा की सबसे छोटी बेटी, बाईस साल की आँचल जो इस समय वकालत पढ़ रही है, अपने पिता को इस तरह याद करती है :

> मुझे बचपन में ही एहसास हो गया था कि मेरा परिवार और परिवेश सामान्य नहीं है, बाक़ी परिवारों की तरह नहीं है। मेरे पिता के साथ बन्दूक़धारी जवान चौबीस घण्टे रहा करते थे। मुझे और मेरे छोटे भाई दिव्यराज को पापा ने रायपुर बोर्डिंग में पढ़ने भेज दिया था। हमें मालूम था कि पापा पेरेंट-टीचर मीटिंग और वार्षिकोत्सव के लिए नहीं आ पायेंगे, लेकिन वह हमें नियमित ख़त लिखते थे, बस्तर में अपनी यात्राओं के बारे में बताते थे। हमें हर महीने घर बुलाया करते थे। मेरा बचपन उनके साथ ख़तरनाक जगहों पर यात्रा करते हुए बीत रहा था। मिर्तूर गाँव में एक पुलिसवाले के अन्तिम संस्कार का दर्दनाक दृश्य आज भी मुझे याद है।
>
> हमारी यात्राओं के दौरान पापा अक्सर उन जगहों को दिखाते थे जहाँ नक्सलियों ने टिफ़िन बम और लैंडमाइन बिछा रखी थीं। उन्होंने मुझे सिखाया था कि किसी भी सड़क पर चलने से पहले उसे

अच्छे से जाँच लो, और हमले के वक़्त क़तई न घबराओ। वह बड़ी रोमांचक ज़िन्दगी थी। एक बार हम बेड़मा गाँव किसी शादी में गये थे। छविन्द्र भैया और मैं गोंडी गानों पर ख़ूब देर डांस किये। बाद में हमें पता चला कि बहुत सारे नक्सली भीड़ में मौजूद थे। मैं अक्सर सोचती हूँ क्या मैं उस दिन नक्सलियों के साथ डांस कर रही थी।

जुडुम के दौरान पापा अक्सर बाहर रहते थे। सिर्फ़ वही इस लड़ाई का नेतृत्व कर सकते थे। हमें हमेशा उनकी फ़िक्र लगी रहती थी, उनके लिए प्रार्थना करते थे। लेकिन हमें मालूम था कि वह हमें आने वाली त्रासदी के लिए तैयार कर रहे थे। हम इस त्रासदी को अपनी तरफ़ आते साफ़ देख सकते थे, इसलिए हम उनके जाने के बाद ख़ुद को सँभाल सके और नया जीवन शुरू कर सके।

कर्मा नक्सलवाद के ख़िलाफ़ खड़ा पहला नाम, पहला परिवार है। इतने सारे हमलों और मौत के बाद भी हम बस्तर के लिए दीवार बनकर खड़े हैं। एक बार पापा ने मुझसे पूछा बड़े होकर क्या बनना चाहती हो। "मैं सबसे युवा मुख्यमन्त्री और आपके जैसी लीडर बनना चाहती हूँ," मैंने कहा। पापा हँसने लगे।

मेरी यायो, मेरी माँ...पापा अक्सर उन दिनों के बारे में बताते थे जब मैं पैदा नहीं हुई थी। हमारे पास पुलिस सुरक्षा नहीं थी। जब पापा खाना खाते थे, यायो बन्दूक़ लेकर पहरा देती थीं और जब यायो खाना खाती थीं, पापा पहरा देते थे। पापा की हत्या के बाद हमें धमकियाँ मिलनी शुरू हो गयीं, लेकिन यायो नहीं घबरायीं। वह अडिग रहीं, इसलिए हम फिर से खड़े हो पाये।

मैं इस वक़्त बम्बई में हूँ, लेकिन फरसपाल की मेरी स्मृतियाँ धुँधली नहीं हुई हैं। मैं कभी नहीं भूल सकती कि किस तरह नक्सलियों ने पापा को मारा था। जब मैंने उनके क्षत-विक्षत शरीर को देखा मेरे भीतर का डर चला गया और मैंने ख़ुद से वायदा किया मैं पापा की परम्परा आगे बढ़ाऊँगी, नक्सली से आख़िरी साँस तक लड़ूँगी।

25 मई 2013 को क़रीब डेढ़ सौ नक्सलियों ने निहत्थे महेन्द्र कर्मा को घेर कर मारा था। उनके शव को कुचला, उस पर नृत्य किया। उनके शरीर पर गोली और ख़ंजर के कुल बहत्तर घाव थे। इतनी चोट मैंने किसी पोस्टमार्टम रिपोर्ट में आज तक नहीं देखी। एक घाव घुटने पर, एक बायें टखने पर, बाक़ी सत्तर प्रहार चेहरे, सिर और धड़ पर। इनमें से चौदह चेहरे और गर्दन पर,

तैंतीस छाती और पेट पर, तेईस पीठ पर। उनकी देह पर लगी चोटों का चित्र युवा फ़ौजियों द्वारा फ़ायरिंग प्रैक्टिस के लिए प्रयोग किये गये गत्ते के पुतले जैसा दिखायी देता था।

देह के फ्रैक्चर बतलाते थे कि कर्मा को लाठियों से बुरी तरह पीटा गया था। उनके सिर में अनेक घाव थे, खोपड़ी की हड्डियों के कई टुकड़े कर दिये गये थे। दिमाग़ बाहर आ गया था, उसका कुछ हिस्सा ग़ायब था। चेहरे की हड्डियाँ इस क़दर चकनाचूर हुई थीं कि चेहरा विकृत हो गया था। पूरे शरीर पर चाक़ू और ख़ंजर के गहरे घाव थे। ये घाव मृत्यु से पहले के थे, और मृत्योपरान्त भी। यानी साँस छोड़ देने के बहुत बाद तक भी उनके शरीर पर प्रहार होते रहे थे।

ठीक इसी दिन, 25 मई 1967, पुलिस ने ज़मीन की माँग कर रहे भूमिहीन मज़दूरों पर गोलियाँ चलायी थीं। ग्यारह लोग मारे गये थे। उस गाँव का नाम था नक्सलबाड़ी। छियालिस वर्षों के दो किनारों पर ठहरी इन तारीख़ों के बीच कर्मा का जीवन फैला हुआ है—नक्सलियों का सबसे बड़ा दुश्मन नक्सल आन्दोलन के जन्मदिवस पर बुझ गया। उनकी पोस्टमार्टम रिपोर्ट दण्डकारण्य के माओवादी आन्दोलन का मानचित्र बनाती है।

वह दिन किस तरह उनकी बेटी आँचल के भीतर दर्ज है?

> चौबीस मई को पापा, मेरे तीन भाई और मैं जगदलपुर में थे। उनकी पार्टी के कुछ लोग शाम को उनके पास आये। राजनीति पर चर्चा हुई, फिर कांग्रेस द्वारा आयोजित किसी होटल में डिनर पर चलने को कहने लगे। वह अन्दर गये, तैयार हुए, मुझे बुलाया—"बेटा डिम्पी, कैसा लग रहा हूँ?"
>
> वह अपने थ्री-फॉर्थ शॉर्ट्स में थे, हाथ जेबों में। "ज़बरदस्त, पापा," मैं बोली, और उन्हें उनका रूमाल, अस्थमा का इनहेलर दे दिया।
>
> पच्चीस की सुबह मैं साढ़े सात पर उठ गयी। दीपक भैया हॉल में सो रहे थे। पापा और छवि भैया बरामदे में अख़बार पढ़ रहे थे। दिव्यराज फुटबॉल खेलने जा चुका था। पापा ने पूछा मैं इत्ती जल्दी क्यों उठ गयी। मैं उनके साथ सुकमा जाना चाहती थी। मैंने सोचा था जल्दी से तैयार होकर उनसे पहले गाड़ी में बैठ जाऊँगी, वह मुझे मना नहीं कर पायेंगे। उन्होंने नाश्ता किया, मुझे पाँच सौ रुपये का नोट दिया, कहा मैं कहीं अच्छा-सा डिनर करूँ और बाहर निकल गये।

मैं अपना बैग लेने अन्दर भागी, लेकिन उनकी गाड़ी हॉर्न बजाती गेट से बाहर निकल गयी थी। मैंने ख़ुद को कोसा कि तेज़ी से गाड़ी में क्यों नहीं बैठ पायी।

दुपहर को मैं और दिव्यराज बहन तूलिका के घर गये। मैं उसके पाँच महीने के बच्चे के साथ बरामदे में खेल रही थी कि तूलिका चिल्लाई–आँचल, जल्दी ऊपर आ। मैं तेज़ी से ऊपर भागी–कांग्रेस के क़ाफ़िले पर नक्सली हमले की ख़बर टीवी पर आ रही थी। हमें ऐसी ख़बरों की आदत थी। इसलिए हमने ख़ास ध्यान नहीं दिया।

लेकिन हमने शाम के कार्यक्रम रद्द कर दिये, कर्मा निवास पर चले आये। हालत बिगड़ रही थी। हमें उम्मीद थी कि पापा सुरक्षित होंगे, वापस लौटकर हमें हर बार की तरह हमले की पूरी कहानी सुनायेंगे। पुलिसवाले भी हमें आश्वस्त कर रहे थे, लेकिन हमें चारों ओर उमड़ता अँधेरा दिखाई देने लगा था। हम जगदलपुर से क़रीब चालीस किलोमीटर दूर घटनास्थल की तरफ़ चल दिये–मैं, दिव्यराज, तूलिका दी, उनका बच्चा और उनका दोस्त जो गाड़ी चला रहा था।

रास्ते में हमें पापा की ख़बर मिल गयी थी। हमने एक-दूसरे को कसकर थाम लिया, एक-दूसरे से कहा कि जब तक उनका शव नहीं देख लेते, हम यक़ीन नहीं करेंगे। आकाश स्याह होता जा रहा था। बहुत तेज़ हवा चल रही थी। ऐसी सिहरन भरी शाम मैंने कभी न देखी थी। हम 140 किलोमीटर घण्टा की स्पीड से गाड़ी चला रहे थे कि अचानक बहुत तेज़ ब्रेक लगे और गाड़ी फिसलते हुए रुक गयी। एक परिचित-सी कार सड़क के किनारे खड़ी थी, इंडिकेटर की बौखलाई बत्तियाँ जल रही थीं। अन्दर दीपक भैया रो रहे थे। हम एक-दूसरे से लिपट गये। मुझे लेकिन अभी भी भरोसा नहीं था। हम फिर गाड़ी में बैठ गये, लेकिन दरभा थाने पर रुकना पड़ा। आगे सड़क बन्द थी, बैरिकेड लगे थे।

हमने थाने का गेट खड़खड़ाया, लेकिन कोई बाहर नहीं आया। वहाँ एक भी पुलिसवाला नहीं था। सारी बत्तियाँ बुझी हुई थीं। कुछ भयभीत लोग घटनास्थल से बच कर भागते हुए आ रहे थे। उनमें से एक पापा के क़ाफ़िले का ड्राइवर भी था। अब कोई सन्देह न था, कोई उम्मीद न थी।

लेकिन हमने अब तक उनका शव नहीं देखा था। हमने एम्बुलैंस वाले से विनती की कि कृपया जाकर बॉडी ले आओ, लेकिन डरता हुआ ड्राइवर आधे रास्ते से ही लौट आया। आख़िर में पापा का एक सहयोगी एम्बुलैंस लेकर गया, उनकी बॉडी लेकर आया।

उन्हें बन्धक बना लेने के बाद माओवादियों ने उनसे उनकी आख़िरी इच्छा पूछी थी—क्या वह नये कपड़े पहनना चाहते हैं या कुछ खाना चाहते हैं। लेकिन वह चुप रहे। अगले ही पल एक गोली उनके पेट के आरपार हो गयी। एक नक्सली ने उनके पैर पर पीछे कुल्हाड़ी मारी, वह अपने घुटनों पर गिर पड़े। एक गोली उनके सिर को चीरती हुई निकल गयी।

उन लोगों का बदला अभी पूरा नहीं हुआ था। उन्होंने उनकी मृत देह को घेर लिया। जश्न मनाते हुए उसे खूँदने लगे। उनकी देह पर अनेक बार चाक़ू मारा।

मेरे पास वह पाँच सौ का नोट आज भी है। मैंने उसे लेमिनेट करा लिया है।

कर्मा अपवाद नहीं थे। माओवादी नेता दुश्मन की लाश के साथ नृशंस बर्ताव को मनोवैज्ञानिक ज़रूरत बतलाते हैं। दुश्मन को कुचलने और उस दृश्य का वीडियो बना उसे कई बार देखने से दुश्मन का डर ख़त्म हो जाता है। मैंने जंगल में गाओवादी अड्डों पर युवा लड़ाकों को मुठभेड़ के वीडियो देखते पाया है—गुरिल्ला लड़ाकों की आँखों में वहशी रोमांच उतर आता है जब वे रात के अँधेरे में चमकती किसी पेड़ की मचान पर टिकी कम्प्यूटर स्क्रीन पर देखते हैं कि उनके साथियों ने किस तरह दुश्मन के शव को नेस्तनाबूद किया था।

रानी बोदली हत्याकाण्ड में पुलिसवालों की लाश के साथ पाशविक बर्ताव को नक्सलियों ने अपने दस्तावेज़ों में इस तरह जायज़ ठहराया था—"कॉमरेड साथियों के परिवार सलवा जुडुम की वजह से तबाह हो गये थे। उनकी बहनों के साथ बलात्कार हुआ था, उनके माता-पिता और भाई मारे गये थे। इसलिए उनकी घृणा असीम थी। इसी घृणा की वजह से कॉमरेड बहादुरी से लड़ सके। जुडुम के गुण्डों को बोटियों में कतर देना इसी घृणा की अभिव्यक्ति था।"

क्या माओवादियों और सरकार के बीच चलता युद्ध आज़ाद भारत का महाभारत है और दण्डकारण्य कुरुक्षेत्र?

क़रीब आठ दशक पहले हेमिंग्वे ने लिखा था—“इन्सान के शिकार जैसा कोई और शिकार नहीं। जिसने हथियारबन्द इन्सानों का अरसे तक शिकार किया है, उसका जश्न मनाया है, वह फिर किसी और चीज़ की परवाह नहीं करता। आप उन्हें कई चीज़ें डूब कर करते हुए पायेंगे, लेकिन उनका वहाँ मन नहीं लगेगा क्योंकि इन्सान के शिकार के बाद सामान्य जीवन उस शराब जैसा बेस्वाद लगने लगता है जिसे आप जीभ से स्वाद तन्तु मिट जाने के बाद चखते हैं।”

बस्तर एक क़दम आगे जाता है। यहाँ इन्सान के बजाय लाश का शिकार होता है।

पाँच

मरीचिका

मैंने नक्सल हमलों के तमाम वीडियो देखे हैं, लेकिन एक वीडियो मुझे हमेशा हतप्रभ कर देता है। बस्तर के कुदूर इलाक़े में 28 मई 2007 को फ़िल्माया गया यह वीडियो एक ऐसा क्षण कैमरे पर दर्ज करने का दुस्साहस करता है जो उस हमले के चरित्र का विलक्षण विलोम है।

वीडियो जंगल में किसी चिड़िया के चहकने से शुरू होता है। पगडण्डी के नीचे बारूदी खदान बिछी है। धरती का निरीक्षण करते हथियारबन्द वर्दीधारी नक्सली सूखी पत्तियों से बारूद ढँक रहे हैं। उन्होंने मोर्चे सँभाल लिए हैं। किसी भी क्षण पुलिस आ सकती है। ज़ाहिर है कि नक्सलियों को पुलिस का रूट पता है।

इस दौरान पार्श्व में चहचहाने की आवाज़ बनी रहती है। वीडियो बनाने वाला इस आवाज़ को पूरी शिद्दत से दर्ज कर लेना चाहता है। पुलिस की फ़िक्र किये बग़ैर बेसुध कैमरा जूम इन करता है, चहचहाने की आवाज़ तेज़ होती जाती है। किसी ऊँचे पेड़ की टहनी पर कोई परिन्दा बैठा है। कैमरा उस परिन्दे पर ठहर जाता है। स्टिल फ्रेम, एक अकेला परिन्दा। जंगल में गूँजती वह आवाज़ अब एकदम साफ़ सुनायी देती है। कॉमन हॉक कुकू उर्फ़ पपीहा और उसकी तड़पती, दम तोड़ती, जंगल को चीरती आवाज़। जब मैंने इसे पहली बार देखा था, मुझे लगा क्या यह हमले का वीडियो है या नेशनल ज्योग्रैफ़िक की क्लिप या तारकोवस्की का कोई दृश्य?

अचानक जंप कट और विस्फोट।

अगले दृश्य में पुलिसवालों की लाशें पगडण्डी पर बिखरी हैं। दो ख़ाकीधारी उकड़ूँ बैठे हैं, एक ज़मीन पर पड़ा हुआ है। तीनों के हाथ पीछे बँधे हैं। क़रीब पच्चीस माओवादी जिनमें दसेक स्त्रियाँ भी हैं, वीडियो में नज़र आ रहे हैं।

एक माओवादी पुलिसवाले को पानी पिलाता है। “चिन्ता मत करो। कुछ नहीं करेंगे आप लोगों को,” वह कहता है। दूसरा माओवादी चिल्लाता है,

"ए तीन नम्बर, चार नम्बर...सरेंडर बोल दो नहीं तो पूरा ख़त्म कर दो।" दो पुलिसवाले अपना सिर झुका लेते हैं, एक-दूसरे से कुछ कह रहे हैं शायद, और तभी एक अन्य माओवादी डाँटता है, "ओए, क्या इशारा करते हो तुम लोग?"

एक पुलिसवाले की ख़ाकी पैंट गीली हो जाती है। वह बाक़ी सबसे उम्र में कम लग रहा है। कैमरा बार-बार उस गीले हिस्से पर फोकस करता है। एक माओवादी उससे कैमरे में देखने को कहता है।

पुलिसवालों की आवाज़ स्पष्ट सुनायी नहीं दे रही, सिर्फ़ होंठ हिलते हैं। वे माओवादियों को 'सर' कह बुला रहे हैं। एक माओवादी पूछता है, "आप कौन-सी बटालियन के हैं?" दो पुलिसवाले लगभग साथ जवाब देते हैं, "बटालियन नहीं, डीएफ (डिस्ट्रिक्ट फ़ोर्स उर्फ़ ज़िला बल) के हैं।" अचानक माओवादियों का स्वर बदल जाता है, "डीएफ का है! अरे छोड़ दो यार इन लोगों को।"

छत्तीसगढ़ की स्थानीय पुलिस के लिए सहानुभूति माओवादियों की केन्द्रीय बल सीआरपीएफ के प्रति नफ़रत को भी बताती है। "डीएफ वाले हैं? नो प्रोब्लम, हम छोड़ देंगे। आप कोई हमारा दुश्मन नहीं है। छत्तीसगढ़ वाला कोई हमारा दुश्मन नहीं है।"

"हम लोग भी (आपके दुश्मन) नहीं हैं, सर। मजबूरी में नौकरी कर रहे हैं," युवा सिपाही कहता है।*

---

* किसी माओवादी हमले के दौरान पुलिस सबसे असहाय शायद 24 मार्च 2006 को ओड़िशा के गजपति ज़िले में दिखाई दी थी।

यह वीडियो सूर्योदय से ठीक पहले बनाया गया था। माओवादियों ने एक पुलिस कैम्प, थाने और जेल पर एक साथ भीषण हमला किया था। तीन पुलिसवाले मारे गये थे, इतने ही घायल हुए थे। माओवादियों ने 34 हथियार भी लूटे थे, एक एके-47, एक लाइट मशीनगन, 24 एसएलआर, एक ग्रेनेड लॉन्चर, दस ग्रेनेड और क़रीब 4000 गोलियाँ। उन्होंने जेल में बन्द अपने साथियों और कई अन्य क़ैदियों को भी छुड़ा लिया, साथ ही थानेदार रंजन मलिक और सहायक जेल अधीक्षक रबी नारायण सेठी का अपहरण कर लिया। माओवादी दस्तावेज़ कहते हैं : "इस हमले ने हमें सिखाया कि क़िले सरीखे पुलिस कैम्प को कैसे ध्वस्त किया जा सकता है।"

दर्जनों स्थानीय निवासी इस हमले के प्रत्यक्षदर्शी हैं। माओवादी उन्हें अपनी ताक़त दिखाने के लिए बुला कर लाए हैं। माओवादी थाने को क़ब्ज़े में लेते हैं, फिर जेल के बाहर लोगों को अपनी विचारधारा के बारे में बताते हैं। जेल के सामने क़रीब दो दर्जन पुलिसवाले ज़मीन पर पड़े हुए हैं। चेहरा नीचे, हाथ सिर पर। अधिकांश अंडरवियर-बनियान में हैं। कुछ पुलिसवालों के हाथ रस्सी से बँधे हैं। थोड़ी दूर एक मैटाडोर खड़ी है। माओवादी और जेल से छूटे उनके साथी गाड़ी में बैठ जाते हैं। वे हथियार लहराते और नारे लगाते चलते हैं—माओवादी ज़िन्दाबाद। अपहृत पुलिसवाला उनके पीछे चल रहा है। उसके हाथ बँधे हैं, कमीज़ फटी। पूरे मुहल्ले के सामने उसकी परेड हो रही है। बीच बाज़ार में अपहरण।

इस हमले में माओवादियों ने दस पुलिसवाले मार दिये थे और तीन एके-47, सात एसएलआर, एक इंसास, एक 9 मिमी पिस्टल, एक दो-इंच मोर्टार और 611 कारतूस लूट लिए थे।

"सर इसका हाथ में दर्द हो रहा है बहुत," युवा सिपाही अपने साथी की तरफ़ इशारा करता है।

"कहाँ लगा गोली?" माओवादी पूछता है।

"हाथ में।"

"नो प्रॉब्लम, हम डॉक्टर हैं। हम आपकी पट्टी करेंगे।" इस माओवादी के स्वर में अचानक करुणा उमड़ आयी है। यह आदमी वीडियो पर दिखाई नहीं देता, लेकिन सबसे अधिक उसकी आवाज़ सुनायी देती है। वह शायद इस दस्ते का मुखिया है। जिन नक्सलियों ने मुझे यह वीडियो दिया था, उन्होंने बताया था कि वह है मल्लोजुला वेणुगोपाल राव उर्फ़ सोनू उर्फ़ भूपति।

कैमरा अब पुलिसवालों की स्वाहा हो चुकी मोटरसाइकिलों पर जाता है। झुलसी हुई लाशें ज़मीन पर बिखरी हैं। माओवादी एक घेरा बना लेते हैं, नारे लगाते हैं—पीएलजीए ज़िन्दाबाद (पीपल्स लिबरेशन गुरिल्ला आर्मी)। एक वर्दीधारी गुरिल्ला अठारह-उन्नीस की लड़की है। अपनी बाँह उठा नारा लगाते वक़्त वह मुस्कुराने लगती है, मसलन हाल ही यहाँ आयी हो। यह गोरी लड़की पूरे दस्ते में अलग नज़र आती है, किसी महानगर की लगती है।

लेकिन इनमें से वह कौन था जो बारूद का ट्रिगर दबाने से पहले देर तक उस अकेले चहकते पपीहे को वीडियो में उतार रहा था?

माओवादी अपना लाल झण्डा जेल के ऊपर फहरा देते हैं। कैमरा झण्डे पर कुछ देर ठहरा रहता है। क़रीब डेढ़-दो घण्टे चले हमले के दौरान कोई सरकारी मदद नहीं आती। सभी पुलिसवाले समर्पण कर देते हैं, कोई जवाबी फायरिंग इत्यादि की कोशिश नहीं करता। माओवादी आते हैं, बग़ैर किसी प्रतिरोध के पुलिस का क़िला ध्वस्त कर लौट जाते हैं।

आख़िरी फ्रेम में जेल की इमारत बिफर कर जल उठी है।

चार

मृत्यु

कल रायपुर में एक सीआरपीएफ अधिकारी ने मुझे नक्सल मोर्चे पर मारे गये सैनिक की अन्तिम यात्रा के बारे में बताया।

शरीर के अन्दरूनी अंग निकाल सिर, पेट और नितम्ब में फॉर्मलडिहायड, ग्लट्रलडिहायड और मेथनोल के इंजेक्शन लगाये जाते हैं। ताबूत को तिरंगे में लपेट एक पुलिसवाला, मृतक का दोस्त शायद, निकल पड़ता है। पुलिसवाला रेल के यात्री डिब्बे में और ताबूत मालवाहक डिब्बे में—चिट्ठियों के बोरे, बाइक और फ़र्नीचर के साथ।

मृतक के घर पहुँच पुलिसवाला उसके परिजनों से सरकारी काग़ज़ पर दस्तख़त ले ताबूत उनके हवाले कर देता है।

लेकिन तिरंगा? क्या यह किसी अन्य मृतक या ताबूत को लपेटने के काम आता है? क्या राष्ट्रीय ध्वज अनेक मुर्दों की गन्ध अपने भीतर लिए जीता है? या पुलिस और सेना के पास ऐसे ध्वजों का गोदाम है जो सिर्फ़ मृतक सिपाही की अन्तिम यात्रा में काम आते हैं?

मैंने कई राज्यों की पुलिस, अर्द्धसैनिक केन्द्रीय बल, थल और जल सेना के अधिकारियों से पूछा। पता चला कि इस बाबत कोई मानक नियम नहीं है। कहीं इसे परिवार को स्मृति-चिह्न बतौर सौंप दिया जाता है, कुछ इसे मृतक के साथ दफ़ना देते हैं। कहीं इसे चुपचाप नष्ट भी कर दिया जाता है—शायद एकमात्र अवसर जब राष्ट्रीय ध्वज की उम्र इस तरह पूरी होती है।

तीन साल बाद, 17 जनवरी 2017, ऐसा ही एक ध्वज मेरे रास्ते आ गया। मैं हिमालय की पहाड़ियों पर चुनाव रिपोर्टिंग कर रहा था। बर्फ़ गिर रही थी। चमोली ज़िले के पहाड़ी गाँव परसारी में भगीरथी देवी एक तिरंगे झण्डे के साथ रहती थीं जो उन्हें कुछ लोग कुछ साल पहले दे गये थे।

उनका बेटा मुरली सिंह बिष्ट 24 असम रायफल्स की बटालियन में था, ऑन ड्यूटी मारा गया था। कुछ दिन बाद तिरंगे में लिपटा ताबूत आया था। "वे मुझे बोले...," वह याद नहीं कर पा रही थीं उन आदमियों ने उनसे क्या कहा था। "क्या बोले थे?" वह अपने सोलह साल के पोते अनुरोध से पूछती हैं। "इसे 26 जनवरी और 15 अगस्त को फहराना," उसने जवाब दिया। वह अन्दर गया, बक्से में रखे झण्डे को निकाल कर ले आया। उसके पिता की गन्ध अभी भी कपड़े में बसी हुई थी।

सहसा युद्ध और ताबूत की एक पुरानी कथा मुझे याद आ गयी।

किसी गाँव में एक ग़रीब अन्धा बूढ़ा अपने बच्चों के साथ रहता है। उसके छोटे लड़के को सेना में भर्ती कर रणभूमि भेज दिया जाता है। एक दिन ख़बर आती है कि बेटा लड़ाई में मारा गया है। लेकिन बूढ़े पिता को यक़ीन नहीं होता। कुछ दिन बाद सेना के जवान राष्ट्रीय ध्वज में लिपटे ताबूत के साथ आते हैं। उसे राजकीय सम्मान के साथ दफ़ना दिया जाता है। लेकिन अन्धा पिता अभी भी मानता है कि उसका बेटा जीवित है।

जल्द ही परिवार में झगड़ा शुरू हो जाता है। सरकार मृतक के परिजनों को मुआवज़ा देना चाहती है। इसके लिए राशि पावती की रसीद पर पिता के हस्ताक्षर चाहिए, लेकिन वह मना कर देता है—मेरा बेटा अभी ज़िन्दा है।

चूँकि यह राशि उनके तमाम कष्ट दूर कर देगी, वे सारे क़र्ज़ चुका सकेंगे, परिवार बूढ़े पर दबाव डालता है लेकिन वह नहीं मानता।

जब झगड़ा बढ़ जाता है, एक रात बूढ़ा फावड़ा लेकर निकल पड़ता है। उसका परिवार और पूरा गाँव पीछे-पीछे। अन्धा आदमी क़ब्रिस्तान पहुँच जाता है। लोग उसे रोकना चाहते हैं, सड़ चुके शव को नहीं देखना चाहते, लेकिन कहीं भीतर यह उम्मीद भी है कि अब उसे मृत्यु को स्वीकार कर दस्तख़त करना ही पड़ेगा।

अन्धा पिता ज़मीन खोदता जाता है, मिट्टी में लिपटा ताबूत अँधेरे में चमकने लगता है। वह फावड़े से लकड़ी का ताबूत तोड़ कँपकँपाती उँगलियों से अन्दर टटोलता है...उसके चेहरे पर राहत की रोशनी चमकने लगती है। परिजन भौचक।

ताबूत में सिर्फ़ पत्थर भरे हैं...बड़े क़रीने से, एक के बाद दूसरा।

एक

मुमूर्षा

मृत्यु का एक अन्य चेहरा मुझे पद्मा कुमारी के शब्दों में दिखाई दिया था। मैं उनसे दो हज़ार चौदह अगस्त उनके हैदराबाद के घर में मिला था। पद्मा जेल में थीं, जब उनके कॉमरेड पति सुरेश पुलिस मुठभेड़ में मारे गये थे।

"लोग मुझसे बोले कि उन्हें आख़िरी बार देख लो, लेकिन मैं नहीं गयी। मुझे मालूम था उनकी देह बुरी तरह विकृत की जा चुकी है। मैं अपनी स्मृति में उनकी मुस्कान जीवित रखना चाहती थी।"

जंगल और जेल में कई बरस बिताने के बाद भी इस स्त्री की आँखों में रोशनी बरकरार थी।

"वह मेरे सिर्फ़ पति नहीं थे। वह मेरे नेता थे। मेरी पार्टी के नेता।"

सुरेश की मृत्यु के कुछ साल बाद पद्मा जेल से बाहर आयीं और 2007 में क्रान्तिकारी लेखक संघ के एक पत्रकार सदस्य से दूसरी शादी कर ली। लेकिन सुरेश के चेहरे को नहीं भूलीं, अमरुल्ला बन्धु मित्रुला संघम से जुड़ गयीं। आन्ध्र प्रदेश और तेलंगाना में कार्यरत इस संस्था का गठन मुठभेड़ में मारे गये माओवादियों के रिश्तेदारों ने किया है जिनमें से कई खुद भी लम्बी गुरिल्ला ज़िन्दगी जी चुके हैं। इसकी लगभग नब्बे प्रतिशत सदस्य स्त्रियाँ हैं। संघम के सदस्य मुठभेड़ में मारे गये माओवादियों के शव दूसरे राज्यों से लाकर उनके रिश्तेदारों को सौंप देते हैं, सम्मानजनक दाह-संस्कार में मदद करते हैं। मृत्यु-वाहिनी के मृत्यु-वाहक।

मित्रुला संघम हर साल अठारह जुलाई को तेलंगाना और आन्ध्र में स्थापना दिवस मनाता है, लोग मृतक क्रान्तिकारियों को याद करते हैं। पिछले चालीस साल में इन दो राज्यों के क़रीब छह हज़ार लड़ाके मारे जा चुके हैं।

छत्तीसगढ़ के आदिवासी गुरिल्ला के लिए ऐसी कोई संस्था नहीं है, जबकि पिछले पन्द्रह वर्षों में सबसे अधिक मौत उनकी ही हुई हैं। उनके शवों की कई बार शिनाख़्त भी नहीं हो पाती, परिवार शव लेने कैसे आयेगा? पुलिस ये लाशें भूसे की तरह जला देती हैं।

संघम के मृत्यु-वाहक 2011 नवम्बर में पश्चिम बंगाल में सीआरपीएफ के साथ मुठभेड़ में मारे गये मल्लोजुला कोटेश्वर राव उर्फ़ किशनजी का शव भी लेकर आये थे। करीमनगर ज़िले के पेदापल्ली इलाक़े में रहते उनके परिवार को सौंप दिया। कहा जाता है कि इस विवादास्पद मुठभेड़ के पीछे एक स्त्री का हाथ था जो पुलिस ने किशनजी के कैम्प में भेजी थी। माओवादी आरोप लगाते हैं और पोस्टमार्टम की तस्वीरें भी संकेत देती हैं कि पुलिस ने किशनजी के शव को बड़ी बेरहमी से बरता था।

पच्चीस अगस्त दो हज़ार चौदह की रात उमस भरी है, लेकिन अट्ठासी साल की मधुरम्मा के चेहरे पर पसीने की एक बूँद नहीं। वह बिना रुके बोलती जाती हैं, लेकिन जो ख़बरनवीस उनसे मिलने पेदापल्ली आया है वह तेलुगु नहीं समझ पाता। उनके पोते दिलीप अपनी दादी और ख़बरनवीस के बीच दुभाषिया बनते हैं। दिलीप किशनजी के भतीजे हैं, स्थानीय कॉलेज में मनोविज्ञान पढ़ाते हैं। सम्पन्न परिवार। बड़ा-सा घर। आँगन में पेड़ों की क़तार, कमरों में एसी। ड्रॉइंग रूम की शेल्फ़ में ढेर सारे अवॉर्ड। किसे मिले होंगे ये?

मधुरम्मा को आज भी याद है नवम्बर का वह दिन जब पुलिस ने पेदापल्ली आने वाली सड़कों पर भारी पहरा बिठा दिया था, नाकाबन्दी कर दी थी, लेकिन क़रीब सत्तर हज़ार की भीड़ उनके बेटे के लिए उमड़ आयी थी।

जब वह घर छोड़ कर जा रहे थे आपने रोका नहीं?

कैसे रोकती? इन्दिरा अम्मा ने इमरजेंसी लगा दी थी। उसे अंडरग्राउंड होना पड़ा। दुख तो होता है, लेकिन मुझे उस पर गर्व है। उसका यहाँ बहुत सम्मान है।

नब्बे की होने जा रही मधुरम्मा पूर्व प्रधानमन्त्री को इतने अधिकार से 'इन्दिरा अम्मा' कह रही हैं। यह स्वाभिमान बेवजह नहीं है। उनके पति मल्लोजुला वेंकटैया और ससुर स्वतन्त्रता सेनानी थे। यह पन्द्रह अगस्त उन्नीस सौ बहत्तर को इन्दिरा गाँधी ने वेंकटैया को दिया था, दिलीप एक स्मृति-पट्टिका की तरफ़ इशारा करते हैं। तीन साल बाद उनका बड़ा बेटा भूमिगत हो गया, और कुछ समय बाद छोटा मल्लोजुला वेणुगोपाल राव भी जो आज सीपीआई (माओवादी) का पोलितब्यूरो सदस्य है।

स्वतन्त्रता सेनानी के पोते और बेटे देश के शीर्षस्थ क्रान्तिकारी बनते हैं, अपनी शिक्षा और जीवन क्रान्ति के स्वप्न पर क़ुर्बान कर देते हैं।

पाँच

मृत्यु

पतझर। पत झर। अब न झर।

कबकी आयी तू?

सुबह अँधेरे। तू ही तो बोला था महुए के नीचे मिलना...कहाँ था? बहुत लोग आ गये देख...ख़त्म हो जायेगा महुआ सारा।

फ़िक्र मत कर, बहुत गिरा है आज। चल शुरू करते हैं।

पतझर के दिन हुआ करते थे। उनके जंगल में ढेर झरता था, पतझर। सुबह चार से दुपहर तक महुआ टपकता। सफ़ेद छोटा फूल। धरती पर बिखर जाता। महुए का पेड़ ख़ाली होता जाता। दोनों जल्दी उठ जाते। नीचे बिखरी सूखी लाल पत्तियों के बीच गिरा महुआ बीन टोकरी में भरते जाते। अजब था यह वृक्ष। पूरे साल का खुमार मार्च के मौसम में उड़ेल देता। नशे के बीज वे धरती से बीनते। साल भर की हसरत अपनी झोंपड़ी के पीछे इकट्ठा करते। महुए के जादुई लट्टू की नोक पे रात थिरकती। जंगल उनका काजल था, नदी गीला महावर जिसमें डूब वे अपनी देह का सुर्ख़ शृंगार करते।

बीते पत्ते थे वो लेकिन।

2012 की तेरह जनवरी पोड़ियामी माड़ा सुकमा ज़िले के एक थाने में मृत पाया गया। पुलिसिये बोले नक्सली था, फाँसी लगा हवालात में आत्महत्या कर ली। कई मील दूर जंगल को चीर कर आया पूरा गाँव उमड़ पड़ा सड़क पर। पोस्टमार्टम के बाद लाश सरकारी एम्बुलैंस में जगदलपुर से दन्तेवाड़ा होती आ रही थी। एम्बुलैंस ने जानबूझ कर लम्बा रास्ता लिया था कि गाँववालों से बच जाये, चुपचाप उसे दफ़ना दिया जाये। सबको लेकिन ख़बर हो गयी थी, सड़क पर लट्ठे डाल एम्बुलैंस गादीरास पर रोक दी गयी थी।

विराट चीत्कार, विकराल रुदन। फटी लुंगी, बनियान और उधड़ी धोतियाँ पहने आदमी और औरत एम्बुलैंस के लोहे पर घूँसे मार कर दरवाज़ा खुलवाते हैं।

गाँव की औरतें गाड़ी के अन्दर चढ़ती हैं–पारदर्शी काँच का ताबूत बीच में रखा है। काँच के नीचे सफ़ेद कपड़े में लिपटी देह। औरतें काँच मुट्ठियों से पीटती हैं। काँच पर काँच टकराता है। चूड़ियाँ चटक कर टूटती हैं, ताबूत का काँच मज़बूत है। सरकारी है, ऐसी चोटों से कुछ नहीं बिगड़ेगा।

उन औरतों से दूर, पोड़ियामी कोसी, जिसका उस देह पर पहला और आख़िरी हक़ है, सड़क किनारे सिर झुकाये बैठी है। बेहरकत। बन्द पोटली। माड़ा की पाँच महीने की सन्तान अपने भीतर लिए। उसे नहीं मालूम कि उसके पति की मेडिकल रिपोर्ट कहती है कि उसे मृत्यु से पहले बुरी तरह पीटा गया था। उसके गुप्तांगों पर सूजन थी। समूचे बस्तर के किसी थाने में उसके ख़िलाफ़ कोई मामला नहीं था। फाँसी लगाने के लिए उसके पास हवालात में कोई रस्सी नहीं थी। सिर्फ़ एक शॉल थी जिसे, पुलिस दावा करती है, चीर कर उसने ख़ुद को दरवाज़े के तीन फ़ीट ऊँचे कुण्डे से "टाँग लिया"। तीन फ़ीट ऊँचाई से साढ़े पाँच फ़ीट का इन्सान कैसे लटक कर ख़ुद को ख़त्म कर सकता है?

तुम्हें एक पुलिसवाले ने यह भी बताया है कि इस युवक को कुछ दिन पहले सीआरपीएफ ने पकड़ा था, मारा-पीटा, उसके गुप्तांगों पर पेट्रोल डाला, करंट लगाया।

बेख़बर कोसी चुप बैठी है। 'नक्सली' पति के अवशेष अपने भीतर सहेजे हुए। घुटनों के बीच सिर झुकाये। तुम उसकी और ताबूत के काँच को पीटती महिलाओं की तस्वीर खींचते हो, इस ग्लानि में डूबे कि तुम सृष्टि को ख़बर की निगाह से देखने के लिए अभिशप्त हो चुके हो। क्या तुम चुपचाप इस मृत्यु और इस चीत्कार को नहीं सुन सकते? लेकिन तुम एम्बुलैंस से तभी उतरते हो जब यक़ीन हो जाता है कि ढेर सारी तस्वीरें कई कोण से ले चुके हो।

दो महीने बाद पत्ते फिर झरते हैं। महुआ फिर टपकता है। मार्च की इस सुबह वह अकेली टोकरी लेकर जाती है, सफ़ेद फूल बीनती है। चुप। चाप। कोसी आज भी जनवरी की उस उजड़ी और उधड़ी हुई दुपहर जैसी है। पेट पर उभार शायद थोड़ा अधिक हुआ है। या शायद नहीं। दो सौ बीस दिन की सन्तान भी अपनी उपस्थिति उसकी काया पर दर्ज नहीं कर पाती।

अभाव का संविधान जन्म से पहले ही लागू हो जाता है।

कोसी अकेली महुआ बीनती है। ख़ुद को ख़ुद ही सँभालती है। क्या अब वह किसी खड़खड़ाती बस में चल कलक्टर ऑफ़िस भी जायेगी, 'नक्सली' पति का मृत्यु-प्रमाणपत्र लेने बाबू की खिड़की पर लाइन में लगेगी?

कई साल बीतेंगे, उसकी बच्ची अपने पिता को पूछेगी। जब वह फ्रॉक पहनने लगेगी, एक दिन शायद माँ उसे थाने ले जायेगी जहाँ पिता ने 'शॉल गले से लपेट खुद को ख़त्म कर लिया था'।

माड़ा का छोटा भाई दक्षिण के किसी राज्य में अपना काम छोड़ यहाँ आ गया है, कहता है अब यहीं रहेगा। बड़े भाई की मृत्यु को बुझने नहीं देगा, हत्यारों को सज़ा दिलवायेगा। उसे शायद नहीं मालूम उसके नीचे की ज़मीन किस तरह दरक रही है। पिछले दो महीनों में वह पोस्टमार्टम रिपोर्ट तक हासिल नहीं कर पाया है। उसका संघर्ष महज़ आन्तरिक रहा आया है, रहा आयेगा। सिर्फ़ ज़मीन पर टिके रहने की सन्तुष्टि, जिसे खुरचने पर ठण्डी, सूखी हवा उमड़ती है, सफ़ेद फूल उड़ाये ले जाती है।

उसे नहीं मालूम कि पुरुषार्थ की जिस टहनी पर वह अपने भाई का शव लिए चल रहा है, वह कितनी कमज़ोर है। कई बरस बीत जायेंगे, जंगल के पैरमापारा गाँव में रहते हुए वह सिर्फ़ इतना कर पायेगा कि कलक्टर, एसपी या स्थानीय पार्षद या विधायक को एकाध ज्ञापन कभी दे आयेगा। उस ज्ञापन की फ़ोटोस्टेट नक़ल पर पावती की सरकारी मोहर होगी जिसे वह अपनी फ़ाइल में सहेज रखेगा। कभी कोई ख़बरनवीस यहाँ आयेगा, उसे फ़ोटोस्टेट दिखलायेगा। पूरी कहानी शुरू से सुनायेगा।

और एक दिन टहनी टूटेगी...

(मार्च 2012, सुकमा)

छह

मृत्यु-कथा

एक लाश। एक काल्पनिक लाश। एक महुए के नीचे धूप में पड़ी है। दूसरी तुम्हारी चेतना में कुलबुला रही है। तुम परसों रात आयी ईमेल पढ़ रहे हो। किसी ने तुमसे कुछ प्रश्न पूछे हैं। पिछले चालीस घण्टों में तुम इसे बाईस मर्तबा पढ़ चुके हो। यह नवम्बर 2013 की कोई तारीख़ है।

कम्प्यूटर स्क्रीन ताकते हुए तुम्हें याद आया कि पिछले हफ़्ते अपने मित्र के साथ खाने की मेज़ पर सहसा तुम उसकी मृत्यु की कल्पना करने लगे थे। कितने तरीक़ों से वह मर या मारा जा सकता है। सोते हुए आयी चुप मौत या पुलिस के साथ मुठभेड़ जो उसके चेहरे पर कारतूस के बत्तीस सूराख़ छोड़ जाती है या कोई विध्वंसक दुर्घटना–उसका शरीर ट्रक के पहियों में उलझ जाता है। दोस्त के सामने बैठे मशरूम सूप पीते हुए तुम उसकी मृत्यु को सोचते रहे। सूप में अदरक का स्वाद तुम्हारी ज़ुबान पर देर तक टँगा रहा।

कल रात तुम्हारे किसी क़रीबी का फ़ोन आया था। अपने बायें कान से मोबाइल फ़ोन लगाये तुम उनके ज़मीन पर ढह जाने की कल्पना करते रहे। उनकी लड़खड़ाती आवाज़ तुम्हारे कान के पर्दे फाड़ रही है, तुम उनकी अन्तिम चीख़ों के टुकड़े समेट रहे हो। एक हज़ार मील दूर। न जाने कबसे यह दुःस्वप्न तुम्हारा पीछा कर रहा है—उनकी मृत्यु के समय तुम उनके पास नहीं थे। इस काल्पनिक भय के साथ तुम अरसे से जी रहे हो। इस मृत्यु की कल्पना तुमने अनगिनत रूपों में की है—तुम्हारी अनुपस्थिति में कोई और उन्हें अन्तिम स्नान करवाता है, उन्हें सफ़ेद चादर में समेटता है। उनकी नग्न देह, अंग जो तुमने बचपन में उनके अंडरवियर से झाँकते-झूलते देखे थे।

पिछली रात तुमने मृत्यु की इस कथा में एक दृश्य और जोड़ दिया—उनकी मृत्यु तुम्हारे साथ फ़ोन पर बात करते वक़्त होती है, तुम रिसीवर से उठती उनकी

चीख़ों के एकमात्र गवाह हो। इतनी दूर से उन तक पहुँचने में तुम्हें कम-अज़-कम चौबीस घण्टे लगेंगे, तब तक Rigor Mortis हो चुका होगा।

Rigor Mortis. यह शब्द तुम्हारी वर्णमाला में जंगल से साक्षात्कार के बाद आया है। वह ढहते हुए घर में अकेले रहते हैं। कामवाली सुबह आती है। तुम पड़ोसी को फ़ोन करोगे। दरवाज़ा अन्दर से बन्द है। पड़ोसी दरवाज़ा तोड़ अन्दर पहुँचेंगे—वह फ़र्श पर पड़े होंगे, उनके मुँह से झाग निकल रहा होगा।

"क्या तुम इन सर्दियों में मेरे पास आओगे?" उन्होंने पूछा। तुमने मोबाइल अपने कान से हटाया, स्क्रीन पर उनका नाम चमक रहा था। यह उनकी ही आवाज़ थी, उनकी मृत्यु के बाद उनकी आत्मा फ़ोन से बाहर निकल तुम्हारे पास नहीं आयी थी। उन्होंने प्रश्न दोहराया। तुम्हारे ज़ेहन में लिखी जा रही मृत्यु की कथा को विराम लगा, लेकिन उनके फ़ोन रखने के पल भर बाद फिर शुरू हो गयी।

छत से लटकते जाले में फँसा एक मच्छर फड़फड़ाया। बेवजह, अपने को आज़ाद करने के लिए नहीं क्योंकि वह इस बन्दी अवस्था को स्वीकार चुका था। दीवार के पलस्तर से झरती नवम्बर की रात तुम्हारी रगों में समा गयी। तुम्हारे सामने सहसा वह लड़की कौंध गयी जो अपनी पाँच सहेलियों के साथ नदी किनारे खेला करती थी, जिसके गाँव तुम छब्बीस महीने पहले सितम्बर की एक बरसती शाम गये थे।

उस सितम्बर की शाम तुम्हें एहसास नहीं हुआ था कि तुम मृत्यु की कथा में प्रवेश कर चुके हो, इसके लेखक और किरदार भी बन रहे हो। यह बोध तुम्हें चार महीने बाद होगा जब तुम थाने में मृत पाये गये एक इन्सान की कथा लिखोगे और उसकी गर्भवती पत्नी को जनवरी के आकाश तले घुटनों में सिर दिये प्रतीक्षा करते देखोगे।

तुम उससे बात करने की कोशिश करोगे, लेकिन वह जवाब नहीं देगी। उसकी कई तस्वीरें लोगे, फिर भी उसका चेहरा ऊपर नहीं उठेगा। अगले दिन तुम्हारे अख़बार के पहले पन्ने पर उस स्त्री की तस्वीर होगी।

नवम्बर की इस रात तुम अपनी कम्प्यूटर स्क्रीन पर अमेरिका से आयी प्रश्नावली पढ़ रहे हो। मध्य भारत में चल रहे गृहयुद्ध पर शोध कर रही कोई अध्येता तुम्हारा साक्षात्कार करना चाहती है, युद्धभूमि के तुम्हारे अनुभव जानना चाहती है। उसने लिखा है कि तुम अज्ञात रह कर भी जवाब दे सकते हो।

तुम कुछ प्रश्न और जोड़ देना चाहते हो—क्या कोई अपने विषय से फ़रेब किये बग़ैर ख़बरनवीस हो सकता है? क्या कोई मृतक को धोखा दिये बग़ैर डेथ रिपोर्टर उर्फ़ मृत्यु कथाकार हो सकता है?

फ़रेब शायद उस क्षण, विचार में अन्तर्निहित है जो लिखे हुए शब्द को जन्म देता है। ख़बरनवीस हो या उपन्यासकार, दोनों ही पीड़ा की तलाश में जीते हैं। उपन्यासकार शायद स्वीकार ले, क्या कोई ख़बरनवीस कभी अपने पाठक से कहेगा—"मैं सदा पीड़ा की तलाश में था। मेरे शब्द दूसरों के अवसाद में अपना घर खोजते थे?"

एक अनजान शोधार्थी के ख़त ने तुम्हें कन्फ़ैशन का अज्ञात स्पेस दे दिया है। तुमने अक्सर ख़ुद को समझाया है कि मृत्यु ने तुम्हारे जीवन को उस क्षण बींध दिया जब तुमने जंगल में लाशों का पीछा करना शुरू किया। कम्प्यूटर स्क्रीन पर उन प्रश्नों को पढ़ते वक़्त तुम्हें लगा कि यह स्वीकारने का समय आ गया है कि मृत्यु तुम्हारी सृष्टि की स्थायी निवासिनी रही है, तुम्हारी कल्पना में हमेशा ठहरी रही है। जंगल ने महज़ इसे तुम्हारी रगों से खींच कर निकाल तुम्हारी डेस्क पर रख दिया। यह मानना आत्म-छलना है कि तुमने इस जंगल में आ मृत्यु से साक्षात्कार किया, यहीं आ किसी व्यसनी की भाँति ताज़ा बहते लहू के पीछे चलते गये। दरअसल, मृत्यु तुम्हें बहुत पहले से सम्मोहित करती आयी है।

यहाँ आने से अरसा पहले तुमने एक कहानी लिखी थी जिसमें एक युवा लेखक एक जीवित बूढ़े लेखक की श्रद्धांजलि कई सालों से लिख रहा है। बूढ़े को अपना गुरु मानता आया यह युवक इस अपराध-बोध से ग्रस्त है कि उसने अभी तक कुछ भी ऐसा नहीं लिखा जिसे वह उसे बतौर गुरु-दक्षिणा समर्पित कर सके। इस पाप-बोध से मुक्ति पाने के लिए वह दुनिया का सबसे महान शोक-गीत लिखने का स्वप्न देखता है जिसे वह उसकी मृत्यु के अगले दिन प्रकाशित करवा देगा। पूरी दुनिया अचम्भित रह जायेगी कि महज़ एक रात में उसने यह विलक्षण रचना लिख दी।

अनेक वर्षों तक वह इस कथा के कई ड्राफ़्ट तैयार करता है, अपनी कल्पना में अपने गुरु की विविध रूपों में हत्या करता है। हार्ट अटैक। सुबह की सैर पर किसी ट्रक ने कुचल दिया। अपनी डेस्क पर मरा पाया गया—अधूरे उपन्यास से जूझते हुए। कनपट्टी पर पिस्तौल रख ली। पहाड़ से कूद गया। युवा लेखक की कल्पना कोई कसर नहीं छोड़ती, लेकिन बूढ़ा नहीं मरता। युवक के भीतर दिन-रात मृत्यु बजने लगती है। उसे चारों तरफ़ मृत्यु का विलाप सुनायी देने लगता है। वह हरेक शै में अपने गुरु को मरता हुआ, उसके शव को लकड़ियों पर धधक कर जलते हुए देखता है, लेकिन बूढ़ा नहीं मरता।

इस कहानी का अन्तिम वाक्य था—"तुम उस बूढ़े का शोक-गीत लिख रहे थे या उसके ज़रिये दरअसल तुम ख़ुद को ही सम्बोधित थे? क्या तुम ही

तो वह बूढ़े नहीं थे जो इस युवक के भेस में अपना शोकगीत लिखने आ गये थे?"

दण्डकारण्य आने से बहुत पहले ही *मृत्यु-कथा* शायद तुम्हें अपनी गिरफ़्त में ले चुकी थी। तुम इस जंगल की चिरकालिक प्रतीक्षा में थे। इस जंगल को तुम्हारी कतई दरकार न थी। अपनी कथा लिखने के लिए, जीवित रहे आने के लिए तुम इस जंगल के मोहताज़ थे।

चार

दो

मुमूर्षा

अबुझमाड़। ज़िला नारायणपुर। कोई भी महीना, कोई भी तारीख़, दिन, क्षण।

माड़ यानी पहाड़ी जंगल। अबूझा जंगल। पुलिस, सत्ता, राजनेता—किसी को नहीं मालूम इन वृक्षों के परे क्या महकता-सुलगता-दहकता है। हरा महासागर। हज़ारों वर्ग किलोमीटर। जन-वृक्ष-जन्तु गणना किनारे कीजिए, हिन्दुस्तान का शायद अकेला इलाक़ा जिसके अनेक कोने-कोटरों में आज़ादी से पहले या बाद में कोई प्रशासनिक-राजनीतिक सर्वेक्षण नहीं हुआ। सरकार ने अबुझमाड़ का सर्वेक्षण 2017 में शुरू किया—न जाने कितने बरसों में पूरा हो पायेगा। किसी को नहीं मालूम अन्दर कितने इन्सान, किस तरह के जानवर, परिन्दे, कौन-सी नदियाँ, चट्टान। बिजली, फ़ोन, इंटरनेट कुछ नहीं।

आज यह देश का नक्सल मुख्यालय है। पुलिस कहती है कि आख़िरी लड़ाई यहीं लड़ी जायेगी। पुलिस ने अन्दर गश्त लगाना पिछले दशक में ही शुरू किया है। दो हज़ार बारह में जब सीआरपीएफ पहली बार अबुझमाड़ गयी थी, विकट तैयारी के साथ, फ़ौजी बन्धु दस सिर वाले मिथकीय प्राणियों की उम्मीद लगाये बैठे थे। लेकिन उन्होंने जाना कि कई गाँव आर्कियोलॉजिकल सर्वे ऑफ़ इंडिया के दशकों पुराने नक़्शे पर दर्ज स्थलों से बहुत दूर मिले। कई गाँवों का अस्तित्व ही नहीं था। गूगल के नक़्शे पर जो ढाँचे माओवादियों के बंकर नज़र आते थे, दरअसल जानवरों के बाड़े थे। "यह ऑपरेशन अन्धी में खेला गया जुआ था," सीआरपीएफ के एक कमांडर ने कहा।

जनवरी-फ़रवरी 1952 में हुए भारत के पहले आम चुनाव के वक़्त लाहुल-स्पीति का जो इलाक़ा बर्फ़ की वजह से देश से कट गया था, वहाँ चुनाव आयोग ने 1951 की सर्दियाँ आने से पहले ही मतदान करा लिया था कि लोक-तन्त्र में लोक-भागीदारी सुनिश्चित रहे। रामचन्द्र गुहा इस पहले आम चुनाव को 'इतिहास का सबसे बड़ा जुआ' बतलाते हैं। पता नहीं उसकी बिसात अबुझमाड़ में बिछी थी या नहीं। आज भी सैकड़ों वर्ग मील तक कोई मतदान

केन्द्र नहीं। कई घण्टे चल जंगल के निवासी किसी ढह चुके स्कूल में बने अस्थायी केन्द्र तक पहुँचते हैं।

अबुझमाड़ एक मायावी-उन्मादी बुलावा है। मृत्यु और मरीचिका का। वृक्षों की तमकती गन्ध, मिट्टी का कौंधता रंग—एक क़दम अन्दर कि गुम। कई जगहों पर खो जाने का एहसास होता है लेकिन आप तुरन्त सँभल जाते हैं, किसी पहचानी आहट-आवाज़ के सहारे वापस लौटने लगते हैं।

लेकिन अबुझमाड़ आकर पीछे कुछ शेष नहीं रहता। लौटना सम्भव नहीं अब। लौटना क्रिया स्वाहा हुई। यह असम्भव जंगल ऐसे यक्ष प्रश्न की तरह आपके समक्ष आ खड़ा होता है जिसकी तृषा किसी उत्तर से नहीं बुझेगी।

यहाँ कोई बेधड़क मृत्यु या उपन्यास के साथ सम्भोग करने आ सकता है। मृत्यु और उपन्यास शायद जुड़वाँ बहनें हैं। सभी धागे तोड़, भीतर मँडराते प्रेतों का आह्वान कर कोई उपन्यास लिखने बैठता है। मृत्यु भी उपन्यास की तरह छतरी बग़ल में दबाये बूढ़े मुंशी के भेस में बहीखाता लेकर आती है, समूचा हिसाब लेती है। मगहर में मरने पर नरक या काशी में दम तोड़ने से स्वर्ग मिलता था या है या नहीं, अबुझमाड़ में साँस छोड़ने पर अगले जन्म में उपन्यासकार हो जाने की सम्भावना ज़रूर बनती है—अगर अगला जन्म जैसा कुछ हो तो।

अबुझमाड़ में यह डर साथ चलता है कि तुम्हें अजनबी जान किसी वृक्ष के पीछे दुबकी बन्दूक़ से फूटती आती गोली, किसी अजनबी से अधिक भयभीत गोली तुम्हारी खोपड़ी फोड़ सकती है।*

लेकिन मृत्यु के ख़ौफ़ से कहीं बीहड़ है बुझी क़लम का आतंक।

कोई और न सही अबुझमाड़ तो साक्षी होगा उस अग्नि का जिसमें तुम स्वाहा हुए।

---

* कई साल बाद मुझे भारतीय सेना के एक अधिकारी ने तीन तरह की गोलियों के बारे में बताया : जिन पर तुम्हारा नाम दर्ज होता है, जिन पर तुम्हारा नाम नहीं होता, और जिन पर लिखा रहता है—*टू हूम इट मे कन्सर्न*। पहली दो संख्या में बहुत कम हैं, लेकिन उनका लक्ष्य अटल और अचूक है। जिस गोली पर तुम्हारा नाम लिखा है, वह तुम कहीं भी छुपे हो तुम्हें खोज लेगी—सागर की गहराइयों में, आकाश की ऊँचाइयों में। जिस पर तुम्हारा नाम नहीं है, वह भले तुम्हारे सिर या सीने से आ टकराये, तुम्हें सुरक्षित छोड़ जायेगी। कोई न कोई चीज़ हमेशा बीच में आ जायेगी, मसलन, जेब में रखा लोहे का कोई बिल्ला या हेलमेट। (एक पुलिसवाले ने कभी मुझे ऐसी गोली के बारे में बताया था जो किसी व्यक्ति के दाहिने गाल से अन्दर घुस बायें गाल से बाहर निकल गयी क्योंकि वह आदमी उस वक़्त जम्हाई ले रहा था, उसका मुँह पूरा खुला हुआ था। उसके गाल में छोटा-सा घाव हुआ, जो जल्द भर गया।) तीसरे दर्ज़े की गोलियाँ अनगिनत हैं। वे तुम्हारे लिए नहीं हैं, लेकिन हो भी सकती हैं। वे शिकार की तलाश में घूमती हैं। कहीं से भी आयेगी, किसी को भी ठोंक देगी। यह अज्ञात और अनहोना शत्रु ही तुम्हें ख़त्म करेगा—तुम्हें खुद को इसी गोली से बचाना है।

एक

मध्यान्तर

उन तीनों ने टॉर्च दाँतों में दबायीं। मोटे लच्छे में लिपटे हुए क़रीब दो सौ मीटर लम्बे तार को खोल उसे झाड़ियों में दूर तक बिछा दिया—उसके एक छोर को क्लेमोर लैंडमाइन से जोड़ा, दूसरे पर ट्रिगर लगा दिया।

मध्य फ़रवरी की उस ठिठुरती रात स्याह आकाश से टपकती ओस में भीगते वे तीनों आदमी शिकार की खोज में निकले प्रेत लग रहे थे या शायद वे ख़ुद प्रेतों के शिकार पर निकले थे। उनके कॉमरेड साथी नज़दीक झरने में बर्तन धो रहे थे। बर्तन धोते वक़्त भी उनके कन्धों पर रायफ़ल टँगी थीं। फिर वे ज़मीन पर तिरपाल बिछा लकड़ियाँ जला आग के समीप बैठ गये। अबुझमाड़ में बहुत अन्दर किसी पहाड़ी जंगल का वह टुकड़ा उस माओवादी दस्ते का रात्रि पड़ाव था।

जब उन तीनों ने बारूद बिछा दिया, उनके नेता रजनू मण्डावी ने क्लेमोर को आख़िरी बार जाँच कर 'सब ठीक है' का संकेत दे ट्रिगर अपने पास रख लिया। उनके साथ वह मेरी तीसरी रात थी—मेरा गुर्दा लुपलुप करने लगा।

"आपने तो कहा था कि क्लेमोर पुलिस के लिए होती हैं?"

रजनू ने सिर हिलाया।

"फिर इसे यहाँ क्यों लगा रहे हैं?"

"वे रात को आ सकते हैं।"

"आप बोले थे यह जगह सुरक्षित है? आपके मुख़बिर आपको सचेत नहीं करेंगे?"

"उनके पास भी मुख़बिर हैं।"

"आज रात पुलिस हमला करेगी?"

रजनू मेरे बदलते भाव ताड़ गया। "हमारे सन्तरी सीटी बजायेंगे। मैं क्लेमोर में विस्फोट करूँगा, उनके कुछ लोग मारे जायेंगे। हम फायर करेंगे, आपको बच निकलने की आड़ देंगे। आप सब कुछ यहीं छोड़कर पहाड़ी के पीछे भाग जाना," रजनू कम्बल ओढ़ तिरपाल पर पसर गया।

"मेरा बैग, सामान?"

"इसे यहीं रखने से भागना।"

दण्डकारण्य में उतरने से पहले जीवन को महुए की पतली टहनी पर टाँग देना होता है, इस मँडराती आशंका के साथ कि आपको आधी रात के अँधेरे में अपना बिस्तर-बोरिया समेट वहशी गोलियों की उन्मादी बरसात, हथगोलों और ग्रेनेड लॉन्चर के विस्फोट, पीछा करते पुलिस के कमांडो और चारों तरफ़ लपकती आग की लपट और बारूद के धुएँ के बीच बचते हुए भाग निकलना पड़ सकता है।

अगर कोई भी क्षण आख़िरी साबित हो सकता है तो प्रत्येक क्षण किसी असम्भव शिकंजे की तरह आपकी चेतना पर क़ाबिज़ रहेगा और प्रत्येक क़दम सिर्फ़ एक ज़रूरत से निर्धारित होगा—ज़िन्दा रहना है।

उस रात के बाद मैं लैपटॉप बग़ल में दबाकर और जूते पहन कर सोने लगा।

माओवादियों के साथ मेरे तीन हफ़्ते लम्बे प्रवास की यह शुरुआत थी।

शत्रु को चकमा देने के लिए अपना ठिकाना बदलते रहते गुरिल्ला लड़ाके कम ही दो रात एक जगह बिताते हैं, एक साथ बमुश्किल कुछ ही घण्टे के लिए सोते हैं। हम रोज़ क़रीब दस-पन्द्रह किलोमीटर चलते हैं, पहाड़ी, नदी और जंगल पार करते हैं। "स्पीड चलेंगे? हमें वह पहाड़ी आज पार करनी है।" एक गुरिल्ला मुझसे पूछता है। उनसे क़दमताल बिठाने के लिए मैं अपनी गति बढ़ा देता हूँ।

रात की सन्तरी ड्यूटी हर घण्टे बदलती है, इसलिए बाक़ी लोग चौकन्ने रहते हैं कि कब उनका नम्बर आ जाये। गहरी नींद का कोई सवाल नहीं। ये पाले की रातें हैं लेकिन माओवादी चट्टानों पर या खुले मैदान में पतला कम्बल लेकर बेइन्तहा आसमान के नीचे पसर जाते हैं। एक सुबह सन्तरी ने बताया कि कल रात जंगली भालू ने हमारे कैम्प पर हमला लगभग कर ही दिया था।

सुबह छह बजे क़वायद शुरू हो जाती है। रोल-कॉल के बाद दस्ते का मुखिया उस दिन की ज़िम्मेदारियाँ तय करता है—कौन लकड़ियाँ लायेगा, कौन गाँव में ग्रामीणों के साथ मीटिंग करेगा इत्यादि। कभी सीटी पाँच बजे ही बज जाती है। गहरा अँधेरा है, लेकिन मुखिया अचानक जगह बदलना चाहता है जिसकी वजह सिर्फ़ वही जानता है। शायद उसे वॉकी-टॉकी पर कोई ख़ुफ़िया सन्देश मिला है या शायद यह ज़िन्दा रहने की अनिवार्य कला है।

माओवादियों को सामान बाँध चल पड़ने के लिए सिर्फ़ आठ मिनट चाहिए। सारा सामान—एक प्लेट, वर्दी, साबुन, तेल-पिट्ठू बैग में समा जाता है। हथियार के लिए बाँहें ख़ाली होनी चाहिए। भरी हुई रायफ़ल हमेशा कन्धे पर।

स्त्री गुरिल्ला नहाने जाते वक़्त भी अपना हथियार नहीं छोड़ती। लड़ाके का एकमात्र साथी उसका हथियार। कोई बाल्टी नहीं, पूरे दस्ते के पास सिर्फ़ दो-तीन मग्गे हैं। खाना बनाने, नदी से पानी निकालने के लिए।

गुरिल्ला जीवन की नींव पानी और लकड़ी पर ठहरी है। अनेक जगहों पर थोड़ा-सा खोदने, कई बार ज़मीन खुरचने से भी पानी निकल आता है। लकड़ी अनूठी संगिनी है—मशाल बन जाती है, सुलगता हुआ हथियार भी—इस पर खाना बना लो, देह ताप लो, जलती टहनी हाथ में पकड़ दूर तक ले चलो।

21 फ़रवरी, रात आठ चालीस

पिछले कुछ दिन से बेइन्तहा बरसात। हम इन दिनों टेंट लगाने लगे हैं। छोटे से टेंट के नीचे सभी सिकुड़-सिमट जाते हैं। लेकिन आज की बरसात ने टेंट में बाढ़ ला दी। हमारा सामान तरबतर हो गया। हमने जल्दी से टेंट के चारों तरफ़ नाली खोदी कि पानी उसमें बहता जाये, अन्दर न आये। हम सात-आठ इन्सान टेंट के नीचे सिमट गये हैं। गिरती बूँदें टॉर्च की रोशनी में चमकती हैं। लेकिन बरसात में सन्तरी ड्यूटी कौन देगा? आज क्लेमोर लैंडमाइन कैसे बिछेगी? तब कोई कहता है—"चिन्ता मत करो, पुलिस बरसात में थाने से बाहर नहीं निकलेगी, हम आज रात एकदम सुरक्षित हैं।" हम रात के अँधेरे में फूटकर हँसते हैं।

हम तो टेंट के नीचे समा जायेंगे, खाना कहाँ बनेगा? इसके नीचे आग जलायेंगे तो उठती लपट प्लास्टिक में छेद कर देगी। एक रात भूखा रहने के बाद अगली सुबह हम मोटी शाखाएँ काटते हैं, उन्हें ज़मीन में गाड़ उनके ऊपर टहनियों और झाड़ियों की कई तह बिछा देते हैं। एक छोटी झोंपड़ी खड़ी हो जाती है। यह सुझाव नरेश का है। नरेश और दो गुरिल्ला स्त्रियाँ किसी दूसरी डिवीज़न से हैं। परसों यहाँ आये हैं, हमारे साथ रह रहे हैं। शुरुआत में मुझे नरेश तेलुगु लगा था, लेकिन बाद में मालूम हुआ वह काँकेर से है। उसके साथ आयी औरत के बहुत लम्बे, घने बाल हैं। साँवला, कसा हुआ चेहरा। मैंने अभी तक उसे बोलते नहीं सुना। मैं अक्सर उस अनसुनी आवाज़ की कल्पना करता हूँ। एक अज्ञात एहसास उसके चेहरे पर छाया रहता है।

माओवादियों द्वारा दण्डकारण्य पर अपना प्रभुत्व बनाये रख पाने की एक बड़ी वजह शरीर की कोशिकाओं से भी सघन उनका ख़ुफ़िया सूचना-तन्त्र है। सरकार बस्तर में दस साल में एक बार ढंग से जनगणना नहीं कर पाती, अन्दर के कई गाँवों की भौगोलिक स्थिति इसे नहीं मालूम, वोटर लिस्ट में कई नाम ग़लत हैं,

कब के ढह चुके स्कूल और फॉरेस्ट रेस्टहाउस चुनाव आयोग के काग़ज़ों में बतौर मतदान केन्द्र दर्ज हैं—लेकिन गुरिल्ला सेना क़रीब एक लाख वर्ग किलोमीटर और छत्तीसगढ़, महाराष्ट्र, तेलंगाना और ओड़िशा के चार राज्यों में फैले दण्डकारण्य पर निगाह बनाये रखती है। उनके पास अपने आधिपत्य वाले गाँवों के हरेक घर में फुदकती मुर्ग़ियाँ, बकरियाँ और अनाज की मात्रा का भी हिसाब रहता है। एक मुर्ग़ा भी ग़ायब हो जाये या किसी काम से शहर गये किसी ग्रामीण को लौटने में देर हो जाये तो वे तुरन्त सतर्क हो जाते हैं।

एक शाम किसी गाँव से गुज़रते हुए माओवादियों को पता चलता है कि दो ग्रामीण घर पर नहीं हैं। क्या वे पुलिस मुख़बिर थे? या गिरफ़्तार हो गये हैं? चिन्ताएँ गहराने लगती हैं। गुरिल्ला अपनी बन्दूक़ें सँभालते हैं, आज रात इसी गाँव में रुकना है। वे दोनों सुबह लौट आते हैं, रात यूँ ही कहीं रुक गये थे, लेकिन माओवादी जानते हैं कि ज़िन्दा रहना है तो रत्ती भर ढील नहीं दी जा सकती। उन दोनों को लम्बी पूछताछ के बाद छोड़ा जाता है।

मासूम मुस्कान, आँखों में बुँदकियाँ। जयलाल अपनी बाईस की उम्र से भी कम का दिखता है। बायें कन्धे पर लटकती इंसास रायफ़ल उसकी पाँच फ़ीट तीन इंच की काया पर सवार रहती है। दूसरा कन्धा पिट्ठू बैग के भार से झुका रहता है। वह अक्सर अपनी निहायत पतली कमर से लटकते पाउच को सँभालता दिखाई देता है, जिसमें एक पेन-गन और बड़ा-सा ख़ंजर है। इस ख़ंजर से मुर्दा दुश्मन की कमर में बँधी गोलियों की पेटी काट कर आसानी से निकाली जा सकती है। पेन-गन अद्भुत हथियार है—फ़ाउंटेन पेन-सा दीखता है, लेकिन स्याही के बजाय अन्दर एक छोटा कारतूस है। कब गोली निकलेगी पता भी नहीं चलेगा।

जयलाल अबुझमाड़ में माओवादियों के एक लोकल ऑर्गनाइजेशन स्क्वॉड का मुखिया है। क़रीब हज़ार वर्ग किलोमीटर में फैले दस गाँव उसके अधीन हैं। वह पार्टी में सात साल से है, लेकिन अभी तक पुलिस पर कोई गोली नहीं चलाई, न ही सम्भावना है। "मेरा प्रमुख दायित्व जन निर्माण कर ग्रामीणों को नवजनवादी क्रान्ति के लिए तैयार करना है," वह कहता है। यह पतलू युवक पाँचवीं तक पढ़ा है, जो जंगल के हिसाब से अच्छी-ख़ासी शिक्षा है। इसलिए माओवादी नेता उसे पुलिस से लड़ने भेजने के बजाय 'अकादमिक' मोर्चे पर तैनात रखते हैं।

वह पार्टी के बालक संगठन से स्कूल के दिनों में ही जुड़ गया था। उसकी और कई अन्य लोगों की ज़मीन बस्तर में टाटा के प्रस्तावित स्टील संयन्त्र के लिए 2005 के आस-पास ज़बरन ले ली गयी थी। कई सारे आदिवासियों ने

विरोध स्वरूप बन्दूक़ उठा ली। दसेक बरस बाद कच्चा लोहा न मिल पाने के कारण टाटा को अपना प्रोजेक्ट रद्द करना पड़ा, लेकिन आदिवासी लड़के आज भी नक्सली लड़ाई लड़ रहे हैं।*

उसकी पत्नी भी गुरिल्ला है, दूसरी एरिया कमेटी में तैनात है। वह ग्रामीणों की नियमित बैठक लेता है, उन्हें समझाता है कि सत्ता और बाज़ार उनकी ज़मीन छीनना चाहते हैं। वह जंगलवासियों को जो शायद ही कभी जंगल से बाहर गये हैं 'सुधारवादी वाम दल', 1947 की 'झूठी आज़ादी' और वैश्वीकरण के ख़तरों के बारे में बतलाता है।

वह ग्रामीणों को भरोसा दिलाता है कि अगर तैयारी पर्याप्त हो तो वे बहुत जल्द "गाँव के बाद शहरों पर भी क़ब्ज़ा कर लेंगे"। उसका दायित्व विशुद्ध राजनीतिक है। वह और उसके कई साथियों का कोई पुलिस रिकॉर्ड नहीं। उसकी स्क्वॉड के दर्जन भर गुरिल्ला लड़ाकों में से सिर्फ़ दो ने पुलिस पर गोली चलायी हैं–वह भी केवल एक बार। "हमारी पार्टी कई काम करती है–हमला उनमें से सिर्फ़ एक है," वह कहता है।

---

* 2004 में केन्द्र सरकार ने लोकसभा को सूचित किया कि देश भर में कुल 1,343,346 हेक्टेयर वन भूमि पर अवैध अतिक्रमण है। 2016 तक यह संख्या उन्नीस लाख हेक्टेयर हो गयी। 2004 में माओवादी गुरिल्ला की सर्वाधिक गतिविधियाँ आन्ध्र प्रदेश और छत्तीसगढ़ में थीं। ग़ौर करें कि 1,343,346 हेक्टेयर में से 150,495 हेक्टेयर अतिक्रमित जंगल छत्तीसगढ़ में था और 295,383 हेक्टेयर आन्ध्र प्रदेश में। इस तरह 450,000 हेक्टेयर यानी पूरे देश का एक-तिहाई अतिक्रमित जंगल उन दो राज्यों में था जहाँ क्रान्तिकारी आन्दोलन का सबसे अधिक विस्तार था। यह आँकड़े पुष्टि करते हैं कि आदिवासी के अधिकारों का हनन माओवादी बग़ावत को फैलने में मदद करता है।

अवैध क़ब्ज़े के ये सरकारी आँकड़े ज़मीनी हक़ीक़त से बहुत दूर हैं क्योंकि ढेर सारा अतिक्रमण काग़ज़ पर वैध रहा आता है, लेकिन ज़मीन ज़बरन या धोखे से हथियायी जाती है। यह उदाहरण लें : पंचायत (अनुसूचित क्षेत्रों में विस्तार) अधिनियम 1996 संविधान की पाँचवीं अनुसूची में उल्लिखित इलाक़ों के अधिकार सुरक्षित करता है। इस अधिनियम के अन्तर्गत "सामाजिक-आर्थिक विकास हेतु कोई योजना" बनाने से पहले ग्राम सभा की अनुमति आवश्यक है। जून 2005 में इंडियन फार्मर्स फ़र्टिलाइजर कोऑपरेटिव (इफ्फको) लिमिटेड और छत्तीसगढ़ सरकार ने सरगुजा ज़िले के प्रेमनगर ग्राम पंचायत इलाक़े में 1,320 मेगावाट बिजली संयन्त्र बनाने के लिए अनुबन्ध पर हस्ताक्षर किये। इस संयन्त्र के लिए पाँच राजस्व ग्रामों–प्रेमनगर, चन्दननगर, नम्मा, रघुनाथपुर और अभयपुर–में कुल 728.41 हेक्टेयर ज़मीन की ज़रूरत थी। चूँकि प्रेमनगर ग्राम पंचायत पाँचवीं अनुसूची के अन्तर्गत आती थी, ग्राम सभा की अनुमति आवश्यक थी। 2005 से 2009 के बीच चौदह ग्राम सभाएँ हुईं, और हर बार स्थानीय जनता ने संयन्त्र के विरोध में प्रस्ताव पारित किया। किसी परियोजना के ख़िलाफ़ इतने स्पष्ट लोकमत के मद्देनज़र किसी भी लोकतान्त्रिक सरकार को प्रस्तावित संयन्त्र निरस्त कर देना चाहिए था। लेकिन छत्तीसगढ़ सरकार ने ग़ज़ब की युक्ति निकाली। 2010 में उसने प्रेमनगर ग्राम पंचायत को नगर पंचायत का दर्ज़ा दे कर पूरे इलाक़े को पंचायत अधिनियम के अधिकार क्षेत्र से बाहर निकाल दिया।

यह राजनीतिक इकाई अमूमन पुलिस पर हमले नहीं करती, लेकिन हथियार लेकर चलती है, हथियारों का नियमित प्रशिक्षण लेती है। यह इकाई गाँव में दो ज़मीनी मोर्चे तैयार करती है—जन मिलिशिया और ग्राम रक्षक दल। जन मिलिशिया पार्टी के सदस्य नहीं होते, अमूमन माओवादियों के मुख़बिर बतौर काम करते हैं, उनकी छिटपुट मदद कर दिया करते हैं। ग्राम रक्षक दल के सदस्य छोटे हथियार रखते हैं और माओवादियों की पहली पंक्ति के सन्तरी बतौर काम करते हैं। इन्हीं दोनों दस्तों के सदस्य बाद में पार्टी से जुड़ जाते हैं।

यह इकाई जनताना सरकार उर्फ़ पीपल्ज़ गवर्नमेंट की कार्य-प्रणाली भी निर्धारित करती है। जनताना सरकार माओवादियों की दण्डकारण्य में चलती समानान्तर सत्ता की बुनियाद है। बस्तर के अनेक गाँवों में सरकारी पंचायतों के बजाय जनताना सरकार काम करती हैं। ग्रामीण आदिवासी इसके नेता चुनते हैं, जो मनरेगा जैसी योजनाओं की राशि का आवंटन तय करते हैं। फ़रवरी 2015 में लगभग दस हज़ार नक्सली-समर्थक पंच बस्तर में निर्विरोध चुने गये थे। यही 2010 के चुनाव में हुआ था। ये पंच लगभग सालाना सौ करोड़ की सरकारी योजनाओं को निर्धारित करते हैं। इस राशि का छोटा-सा अंश भी गुरिल्ला लड़ाई को लम्बे समय तक सींच सकता है।

मैं कई सालों से इस गृहयुद्ध को बारीक़ी से पढ़-लिख रहा हूँ, लेकिन यह किताब मुझे भी एकदम असम्भाव्य लगी, हैरत में डाल गयी। माओवादियों के शिविर में उनकी पाठ्य-पुस्तकों को टटोलते हुए एक किताब मेरे हाथ आयी—*सीपीआई (माओवादी) का राजनीतिक कार्यक्रम*। इसका विषय और स्वर इसे आराम से दक्षिणपन्थी दस्तावेज़ घोषित कर सकता था। ये पंक्तियाँ किसी क्रान्तिकारी पार्टी का घोषणापत्र कतई नहीं लगती थीं—"हमारी प्रिय मातृभूमि भारत दुनिया के सबसे प्राचीन, विशाल और सर्वाधिक आबादी वाले देशों में एक है। विभिन्न राष्ट्रीयताओं, धर्मों व मतों को मानने वाले लोगों का आदि निवास हमारा भारत एक बहुराष्ट्रीय देश है...यह सभ्यता दुनिया की प्राचीनतम सभ्यताओं में से है। हम एक समृद्ध क्रान्तिकारी परम्परा तथा गौरवशाली सांस्कृतिक विरासत के उत्तराधिकारी हैं।"

यह पाठ्य-पुस्तक आज़ादी को झूठा और गाँधी को अँग्रेज़ी साम्राज्य का चमचा बतलाती है, लेकिन जनवादी राज्य के जो पच्चीस दायित्व तय करती है उनमें से तेईसवाँ और चौबीसवाँ नेहरू के पंचशील सिद्धान्त की हुबहू नक़ल हैं। तेईसवाँ : "यह (राज्य) पड़ोसी देशों के साथ सीमा, पानी और दूसरे विवादों को शान्तिपूर्ण व न्यायपूर्ण तरीक़े से सुलझाने का भरपूर प्रयास करेगा।"

चौबीसवाँ : "विभिन्न सामाजिक व्यवस्थाओं वाले देशों के साथ यह राज्य निम्न पाँच सिद्धान्तों का पालन करेगा—क्षेत्रीय अखण्डता व सम्प्रभुता का परस्पर सम्मान, परस्पर अनाक्रमण, एक-दूसरे के आन्तरिक मामलों में हस्तक्षेप नहीं, बराबरी एवं परस्पर हित तथा शान्तिपूर्ण सहअस्तित्व।"

कई वरिष्ठ माओवादियों की कमेटी ने इन पाठ्य-पुस्तकों को लिखा है। ये नये कैडर और ग्रामीणों आदिवासियों को पढ़ाई जाती हैं। ये किताबें रेखांकित करती हैं जो माओवादी अपने बारे में लगातार कहते आये हैं, "वे अलगाववादी या राष्ट्र-विरोधी नहीं, वर्तमान व्यवस्था के ख़िलाफ़ हैं।" माओवादी संसदीय प्रणाली का विरोध करते हैं, जो उनके अनुसार हाशियाग्रस्त समुदायों को न्याय नहीं दे पायी है। इसलिए उनका आक्रोश "सुधारवादी शक्तियों" यानी चुनाव में भाग लेते वामदलों के प्रति भी है।*

तेईस फ़रवरी की दुपहर एक माओवादी पाँच गाँववालों को इतिहास पढ़ा रहा है, ख़ासकर 1757 की प्लासी की लड़ाई जिसके बाद अँग्रेज़ी साम्राज्य स्थापित हो गया। किताब देवनागरी लिपि, लेकिन गोंडी भाषा में है। सरकार आदिवासियों से उनकी भाषा में संवाद करना ज़रूरी नहीं समझती, लेकिन नक्सली उनके लिए गोंडी में किताब छपवाते हैं। नक्सली नेता अँग्रेज़ों द्वारा पैदा किये क्रूर रैयतवारी ज़मींदार की तुलना सलवा जुडुम और रैयत की तुलना वर्तमान मज़दूरों से कर रहा है। उन पाँच में एक के सिवाय सभी निरक्षर हैं। वे शायद पहली बार 'प्लासी' और 'रैयतवारी' शब्द सुन रहे हैं। पता नहीं उन्हें क्या समझ आ रहा है। किसी बाड़े में बँधी बकरियों से बेचैन वे इधर-उधर देखते हैं। पता नहीं उनका अध्यापक जो कुछ साल पहले तक उनके ही गाँव में रहता था, उनकी तरह सुबह की शुरुआत महुए से करता था, ख़ुद कितना अपने पाठ को समझ पा रहा है।

किसी एब्सर्ड नाटक का मंच है यह।

---

* भारतीय वामपन्थ आपसी लड़ाइयों की भीषण विडम्बना से ग्रस्त रहा है। साठ के दशक से उनके बीच वैचारिक मतभेद उभरने लगे थे। वाम दल अनेक शाखा-प्रशाखा में टूटते गये, तमाम कथा-पटकथा जगती गयीं। भारतीय वाम ने अपने कुटुम्ब का बहुत ख़ून बहाया है—चुनावी मैदान से लेकर जंगल की पगडण्डियों तक, मतदान केन्द्रों से बन्दूक़ों तक। बस्तर में भी नक्सली का उदय कम्युनिस्ट पार्टी ऑफ़ इंडिया के पतन के साथ दर्ज हुआ।

माओवादी कैम्प में भी चुनावी भागीदारी पर अरसे से बहस चलती रही है। मुप्पला लक्ष्मण राव उर्फ़ गणपति जो पहले सीपीआई (मार्क्सवादी-लेनिनवादी) पीपल्स वॉर और फिर सीपीआई (माओवादी) के महासचिव बने, चुनावी राजनीति में सीमित भागीदारी के पक्ष में थे, लेकिन एक अन्य प्रमुख संगठन, माओवादी कम्युनिस्ट सेंटर, के नेता चुनावी लोकतन्त्र के कट्टर विरोधी थे। गणपति के बाद 2018 में नंबाला केशव राव उर्फ़ गंगन्ना महासचिव बन गये।

वह हमारे साथ चार दिनों से है। जब मैंने उसे पहले दिन माओवादियों के साथ गाँव से अनाज और बर्तन उठाये आते देखा तो चौंक गया था। पैंट-कमीज़ पहने चौदह-पन्द्रह साल का लड़का। भले आदिवासी था, गोंडी बोल रहा था, फ़ुर्ती से लकड़ी काट देता था, लेकिन उसके लहजे में जंगल के निवासी जैसा भाव क़तई नहीं था। अगले दिन जब मेरी उससे बात हुई तो मैं और अधिक चौंका। वह एकदम साफ़ हिन्दी बोलता था, उसकी हिन्दी में गोंडी का एक भी शब्द नहीं था। यानी उसे शहरी जीवन का अनुभव था। वह कहाँ से आया है? यहाँ क्यों है?

मैं उससे अकेले में बात करना चाहता हूँ, लेकिन मुझे एकान्त ज़रा भी नहीं मिल पा रहा। माओवादी मुझ पर भरोसा करने लगे हैं, लेकिन मुझे किसी गुरिल्ला के साथ अकेले में बात नहीं करने देते। मैं दिन भर सबसे बतियाता हूँ, इंटरव्यू और नोट्स लेता हूँ, लेकिन दो-तीन गुरिल्ला हमेशा मेरे साथ रहते हैं कि कोई अगर ज़रूरत से ज़्यादा बोल या मेरे सवाल की संवेदनशीलता न समझ कोई राज़ उजागर कर रहा हो, तो दूसरा उसे तुरन्त टोक दे या मुझे कुछ और पूछने को कह दे।

मुझे मालूम था कि माओवादी कम उम्र के लड़कों को भरती कर लेते हैं, लेकिन वह नया सेनानी नहीं लग रहा था। वह सादा कपड़ों में था, माओवादी वर्दी नहीं थी। माओवादियों के छोटे-मोटे काम करता, नदी से पानी ले आता, आग जलाता, सुबह की परेड में ऊँघता हुआ चला आता, दिन भर पेड़ से पीठ टिकाये बैठा-सोता रहता।

चौथे दिन मुझे उससे बात करने का मौक़ा मिला। उसका गाँव तो अबुझमाड़ में था, लेकिन वह नारायणपुर के एक आवासीय स्कूल में आठवीं क्लास में पढ़ रहा था। छुट्टियों में घर आया था। कुछ दिन पहले माओवादी उसके गाँव पहुँचे, उसे साथ ले आये।

वह घर और वापस स्कूल लौटने को छटपटा रहा है, लेकिन वे उसे दीर्घकालीन लड़ाई और क्रान्ति के पाठ पढ़ाते हैं। चूँकि वह कई माओवादी नेताओं से अधिक पढ़ा-लिखा है, उससे कहते हैं कि वह उन्हें पाठ्य-पुस्तकें पढ़ कर सुनाये। उसे अपनी क़वायद में शामिल कर लड़ाई के पैंतरे भी सिखाते हैं। माओवादियों से उसके बारे में पूछता हूँ तो वे कह देते हैं कि वह अपनी इच्छा से उनके साथ है।

लेकिन उसे डर लगने लगा है कि अगर बात फैल गयी कि वह नक्सलियों के साथ रहा था तो उसका स्कूल लौटना मुश्किल हो जायेगा। पुलिस उसे तंग करेगी,

पूछताछ करेगी, उसे मुख़बिर बन जाने और फ़रेब के रास्ते पर चलने को भी शायद मजबूर करेगी। बस्तर के जंगलों में अपनी पहचान खो चुके आदिवासी बेहिसाब मिलेंगे, जिनकी सिर्फ़ एक संज्ञा है—मुख़बिर।

मैं तय करता हूँ कि ऐसा नहीं होने दूँगा। नारायणपुर में तैनात एक आईएएस अधिकारी मेरा दोस्त है। संवेदनशील युवक। उससे कहूँगा कि सुनिश्चित करे कि यह बच्चा जब स्कूल वापस पहुँचे तो उसे कोई समस्या न आये। पुलिसवाले या अध्यापक कभी उसे तंग न करें।

लेकिन क्या उसकी नाज़ुक चेतना से इस गुरिल्ला जीवन के निशान मिट पायेंगे? क्या वह कभी इन बन्दूक़ों और बारूद को भुला पायेगा? सशस्त्र क्रान्ति की जो ज़िम्मेदारी इतिहास के पवित्र दायित्व की तरह उस पर डाली जा रही है, उसका बोझ वह कैसे ढोयेगा? यह बोझ उसके कन्धों और आत्मा को किस तरह झुकायेगा?

और अगर उसे मुख़बिर बनना पड़ा तो?

आदिवासी चेतना की राख से मुख़बिर का जन्म होता है। यह ऐतिहासिक परिवर्तन इतिहास के पन्नों में अभी दर्ज होना बाक़ी है।

24 फ़रवरी, सुबह छह, सोमवार

माँ का जन्मदिन। हमें तुरन्त यह ठिकाना बदलना है। कल रात हमें सूचना मिली थी, तुरन्त चल देना था, लेकिन देर हो गयी थी। चाँद इन दिनों उतर रहा है। शायद अमावस्या को तीन दिन हैं। कल मुझे यह नाम लुभाने लगा—अमावस्या। मैंने कई बार इसे पुकार कर इसकी ध्वनि को सुना। अपनी बेटी या किसी उपन्यास की नायिका को यही नाम दूँगा।

27 फ़रवरी, सुबह पाँच पचास

मेरे पेशाब से दवाइयों की गन्ध आ रही है। एंटी-मलेरिया गोलियाँ यहाँ आने से पहले ही शुरू कर दी थीं। दो दिन से तबीयत लुढ़क रही है, अधिक दवाइयाँ लेने लगा हूँ। अभी सुबह उठ झाड़ियों में गया, हमेशा की तरह एक गुरिल्ला रायफ़ल लिए मेरे पीछे था। पेशाब मिट्टी पर गिरते ही अजीब-सी कसैली गन्ध गर्म भाप के साथ उठती हुई मेरे नथुनों तक आयी। नक्सली कहते हैं कि अगर मैं जल्दी ठीक नहीं हुआ तो वे डॉक्टर को बुला देंगे। माओवादियों के साथ कोई डॉक्टर भी रहता है, जो अपना काम छोड़ शहर से अबुझमाड़ आ गया है। लेकिन कौन? एक या अनेक?

इस जगह ढेर सारे ज़ालिम पत्थर और वृक्षों की महाकाय जड़ें बिखरी हुई हैं। हम देर रात यहाँ पहुँचे थे, अपनी झिल्ली बिछाने से पहले ज़मीन साफ़ नहीं कर पाये या शायद इतनी ऊबड़-खाबड़ ज़मीन साफ़ हो ही नहीं सकती थी। रात भर कमर और पीठ में पत्थर और नुकीली जड़ें चुभती रहीं। पूरा दिन सिर दर्द, उल्टी की हाजत लगती रही।

हिल सिकनेस की तरह शायद फॉरेस्ट सिकनेस भी होती है। क्या जंगल ने मेरी देह और चेतना को अपनी गिरफ़्त में ले लिया है? पिछले तीन दिन और तीन रातें ऐसी जगहों पर बीती हैं जहाँ से आकाश रत्ती भर दिखाई नहीं देता। चारों तरफ़ विकराल वृक्ष। उनकी मोटी टहनियों और घनी पत्तियों ने समूचे आकाश पर क़ब्ज़ा कर लिया है। किसी भी दिशा में नज़र सिर्फ़ दस-पन्द्रह मीटर तक जाती है। मेरी निगाह का दम घुटने लगा है।

इस नाउम्मीदी के दरमियान मैं गुरिल्ला लड़ाकों से खुलता जा रहा हूँ। उन्हें ताईक्वांडो सिखाता हूँ। हम आपस में चुहल भी करने लगे हैं।

जयलाल दिन भर जंगल में भागता है। कई बार तो हम रस्ते में होते हैं, एक ठिकाने से दूसरे के लिए, और जयलाल सीटी बजा हमें रुकने का इशारा कर कन्धे पर लटकती अपनी रायफ़ल सँभालता जंगल में ग़ायब हो जाता है। बाक़ी गुरिल्ला, जो उससे उम्र में अधिक लेकिन ओहदे में छोटे हैं, हँसने लगते हैं। शुरू में मुझे समझ नहीं आया था, फिर उन्होंने बताया जयलाल का पेट अक्सर ख़राब रहता है।

लगभग पूरी रात जागता रजनू मण्डावी दुपहर के खाने के बाद अक्सर सो जाता है। भयानक आवाज़ उसके खर्राटों की। लड़कियाँ हँसती हैं, उसे मोटरसाइकिल बुलाती हैं।

हम रात को खाने के बाद देर तक बतियाते हैं। मैं लगभग हरेक मसले पर उनकी शब्दावली यानी 'क्रान्ति', 'दीर्घकालीन लड़ाई' इत्यादि ले आता हूँ। वे हँसते हैं। उन्होंने भी मेरे हिन्दी शब्द सीख लिए हैं। अठारह फ़रवरी की रात हम आग के समीप बैठे बतिया रहे थे। उठते वक़्त मेरा पैर जलती हुई लकड़ी पर पड़ा, अंगारे बिखर कर मेरी मच्छरदानी और रजनू की नीली झिल्ली पर जा गिरे जिस पर वह सोता था। दोनों में मोटे छेद हो गये। मुझे अपनी मच्छरदानी की फ़िक्र नहीं थी, लेकिन रजनू की बिछावन को ले मैं शर्मिन्दा हो गया। "कोई बात नहीं। एक झिल्ली से क्रान्ति नहीं आयेगी। हज़ारों झिल्ली की ज़रूरत पड़ेगी," रजनू बोला, और हम सब हँसने लगे।

वह नारायणपुर जेल में दो-ढाई साल बन्द रहा है। उसके शहरी अनुभव बड़े दिलचस्प हैं। "शहर में गुण्डा लोग भी पीटी करता है।" वह वेट लिफ़्टिंग की मुद्रा में हाथ उठाता है।

जेल में क़ैदी भी कसरत किया करते थे। उसे भरोसा नहीं होता था कि जेल में भी ऐसी व्यवस्था होगी। एक बार उसे किसी वरिष्ठ पुलिस अधिकारी से मिलने ले जाया गया। उनके घर वह पेशाब करने बाथरूम गया तो कमोड की कार्य-प्रणाली देख चकित रह गया। वह चेहरा बनाते, अभिनय करते हुए कहानियाँ सुनाता है। हम सभी हँसते हैं।

उसे हिन्दी कम आती है। मेरे साथ मजबूरी में हिन्दी बोलते वक़्त उसके वाक्यों का विन्यास अद्भुत हो जाता है—भालू आयेगा तो मुश्किल होगा। रस्सी रहने से अच्छा होता।

उसका सबसे दुर्लभ शब्द-प्रयोग है—मटन। गोली ने डोकरे का मटन निकाल दिया। भालू सारा मटन खींच ले गया। यहाँ से गिरोगे तो मटन निकल आयेगा।

उसकी हिन्दी में 'मांस' शब्द नहीं है। किसी भी तरह का मांस मटन होता है—मुर्ग़ा, बकरा या आदमी।

बाईस फ़रवरी को मैं दो-तीन गुरिल्ला लड़ाकों के साथ नदी पर नहाने गया था। हमने दाढ़ी भी बनायी। अचानक रजनू ने अपने नीले प्लास्टिक के डिब्बे से स्टेनलेस स्टील का नेलकटर निकाल मेरे नाख़ूनों की तरफ़ इशारा करते हुए मेरी तरफ़ बढ़ा दिया। मैं हतप्रभ। जब नाख़ून काट उसे नेलकटर लौटाया तो उसने साथ जुड़ा नेल-फायलर खींचा, मेरी तरफ़ फिर से बढ़ा दिया। मैं नहीं समझ पाया तो उसने मुझे नेल-फायलर का उपयोग सिखाते हुए अपने नाख़ून बड़े करीने से तराशे।

"इसे भी करो।" उसने फिर से नेलकटर मुझे थमा दिया।

युद्ध एक विकराल भूख, लाइलाज व्यसन है। रणभूमि की हवा भीतर लेने के बाद इन्सान उन मकानों के क़ाबिल नहीं रह जाता जहाँ ताज़े लहू की मादक गन्ध न मँडराती हो, अधूरी हसरतें लिए तड़पती लाश न हों, आक्रान्ता दहलीज़ पर न आ ठहरे हों। क्या इस कुरुक्षेत्र के निवासी क्रान्ति-शपथ की गिरफ़्त में हैं?

कई निगाहें इस युद्ध को दर्ज कर रही हैं। गुरिल्ला लड़ाके, भारतीय सैनिक, आदिवासी, ख़बरनवीस, जंगल में बिछे खनिज को चाहती कम्पनियाँ। क्या इसे किसी जंगली कुत्ते की निगाह से भी देखा जा सकता है जिसकी गोटियाँ नहीं हैं?

सत्ताईस फ़रवरी सुबह क़रीब दस का वक़्त था। हम लम्बा रास्ता तय कर डेढ़ घण्टा पहले होरादी गाँव पहुँचे थे, रिहायशी इलाक़े से थोड़ा दूर अपना

ठिकाना बनाया था। सामान बिछा सुस्ता रहे थे। गुरिल्ला पहरेदारों ने हरेक कोने में मोर्चा सँभाल लिया था। कुछ अन्य खाना बना रहे थे।

कुछ गाँववाले भी हमारे साथ थे। मालो नामक एक युवक तीन लड़कों के साथ गाँव से अनाज ले आया था। उसने मुझे कल पुराने-से मोबाइल फ़ोन पर कुछ वीडियो दिखाये थे यह कहकर कि पुलिस गाँववालों को मार रही है। मैंने तुरन्त कहा था कि बस्तरवासी तो क्या ये लोग हिन्दुस्तानी भी नहीं लग रहे।

तभी बकरियों की चिचियाहट ने जंगल गुँजा दिया। ढेर सारी बकरियाँ चीखते हुए पेड़ों के बीच अटकती-गिरती, रास्ता बनाती भाग रही थीं। लाल टी-शर्ट और नीला नेकर पहने एक आदमी तीन कुत्तों के साथ उनका पीछा कर रहा था।

मालो अचानक बोला, "इनमें से एक की गोटियाँ नहीं हैं।"

"क्या?"

"हाँ, भगवान भूल गया था," एक लड़का बोला, और वे सभी हँसने लगे।

जब उन्हें लगा कि मुझे यक़ीन नहीं हो रहा तो उन्होंने ज़ोर से किसी को पुकारा जिसके भीतर मैं नाम जैसी कोई ध्वनि खोजने की असफल कोशिश करता रहा। वह आदमी बकरियाँ छोड़ उनके पास दौड़ा आया। मालो ने उससे कुछ गोंडी में कहा, उसने उस कुत्ते को बुलाया—मोचा। इस मर्तबा नाम एकदम साफ़ सुनायी पड़ा।

मोचा छलाँग लगाता दौड़ा आया। चिकनी काली भूरी चमड़ी। कसा हुआ शरीर। लम्बा चेहरा। एकदम चौकन्ने कान और आँखें। मालो ने मुझसे कहा कि मैं ढंग से उसे जाँच-परख लूँ। वाकई उसकी गोटियाँ नहीं थीं। बचपन से कुत्ते पालते आये, उनके साथ खेलते आये मुझे नहीं याद आया कि मैंने ऐसा कुत्ता कभी देखा है। "ये बचपन से ऐसा है।" किसी ने कहा, और सब फिर हँसने लगे। मोचा के मालिक का नाम था काँढ़े राम—वह काना था। बायीं आँख की जगह एक बारीक़ झिरी थी। "ये भी बचपन से ऐसा है," दूसरे ने कहा। अब तक माओवादी भी आ गये थे, अपनी बन्दूक़ें भूल होहो कर रहे थे।

"तुम्हारे कुत्ते की गोटियाँ नहीं, तुम्हारी एक आँख नहीं। अच्छी जोड़ी है," मैं बोला।

बकरियाँ बच गयी थीं। मोचा हमारे क़रीब सुस्ता रहा था। हम पगला रहे थे।

मैंने मोचा की कुछ तस्वीरें लीं। वह सुबह वहीं ख़त्म हो गयी। लेकिन अरसे बाद उस सुबह को याद करते हुए मुझे लगा करता था कि निर्वीर्य मोचा भी शायद इस जंग का साक्षी है। महाभारत का युद्ध लड़ने आये महाबलशाली बर्बरीक का सिर कृष्ण ने काट पेड़ पर टाँग दिया था क्योंकि कृष्ण को डर था कि वह

कौरवों से मिल गया तो पाण्डव सेना समूची नष्ट हो जायेगी। अब बर्बरीक उस विराट युद्ध का मूक दर्शक था, हस्तक्षेप का अधिकार उससे छीन लिया गया था।

युद्ध ख़त्म होने के बाद जब पाण्डवों में बहस हुई कि सबसे बड़ा शूरवीर कौन था, वे बर्बरीक के पास गये थे।

मोचा दण्डकारण्य की कथा किस तरह सुनायेगा?

दो दिन पहले एक ग्रामीण अख़बार में लिपटा कुछ सामान लाया था। दस फ़रवरी के *हरिभूमि* और *पत्रिका* अख़बार के चार-चार पन्ने। बाहरी दुनिया और उसकी ख़बरों के लिए हम न जाने कितने दिनों से भूखे थे, वह भूख इन चार पन्नों पर टूट कर गिरी। हम लोगों में होड़ लगी पहले कौन पढ़ेगा।

दस फ़रवरी को मैं रायपुर में था। मैं इन पन्नों में दर्ज 'ख़बरें' बहुत पहले पढ़ चुका था, लेकिन पिछले दो दिनों से इन्हें हज़म कर रहा हूँ। हरेक छोटी-बड़ी ख़बर, हैडलाइन, कॉलम, विज्ञापन भी। अरविन्द केजरीवाल लोकपाल विधेयक को पास कराने पर तुले हुए हैं। भारत पहला टेस्ट न्यूजीलैंड से 40 रन से हार गया। सीआरपीएफ के दो जवान सुकमा में मारे गये, तीन नक्सली बीजापुर में। भारत की हार की ख़बर दोनों अख़बारों में है। दोनों ही एजेंसी से ज्यों का त्यों उठायी हैं। इन ख़बरों के साथ दिये बॉक्स की सामग्री भी वही है। ग़ज़ब की न्यूज़ डेस्क।

कल रात चाँद की परछाईं स्याह वृक्षों की पत्तियों से रिस नीचे सुलगती पीली लौ में समाई थी, मेरी सफ़ेद मच्छरदानी के जाल पर मायावी लकीरें उकेरने लगी थी। सहसा मुझे लगा वह जाली आकाश में समा गयी है। महुआ मेरे ऊपर किसी दैवी आश्वस्ति की तरह तना हुआ था।

कल रात पुलिस के हमले की आशंका थी। सभी चौकन्ने थे। मुझे आगाह किया गया था कि सीटी बजते ही बचकर भागना है, लेकिन बहुत जल्द स्लीपिंग बैग के अन्दर लेटा मैं हवा में टँगी पत्तियाँ गिन रहा था। मुझे नहीं मालूम चला कि कब मैं ठण्ड में कुड़कुड़ाता स्लीपिंग बैग चेहरे तक पूरा ओढ़ कर सो गया। सुबह पाया कि मैं रात को सरकता हुआ आग के बहुत पास आ गया था। अंगारे रात को उड़ते हुए मेरे पास आये थे, स्लीपिंग बैग में छेद कर गये थे।

यह ठिकाना किसी चलती हुई पगडण्डी से ज़्यादा दूर नहीं लगता। भले ही हम ऊँची पहाड़ी पर हैं, लेकिन आज मोटरसाइकिल की आवाज़ दो बार सुन चुका हूँ,

यानी पुलिस के लिए यहाँ आना मुश्किल नहीं होगा। न मालूम इन्होंने यहाँ कैम्प क्यों बनाया। इन लोगों से अड्डा बदलने को कहूँगा।

मेरी पुलिसवालों से अक्सर बहस हुआ करती थी कि वे हरेक ग्रामीण को नक्सली मुख़बिर समझ क्यों तंग करते हैं। मैं ख़ुद भी अब उसी भय की गिरफ़्त में हूँ। हमारे कैम्प पर आता हरेक ग्रामीण मुझे पुलिस मुख़बिर नज़र आता है। किसी के पास ख़तरनाक कुल्हाड़ी, किसी के पास भरमार बन्दूक़। वे मुझे सन्देह से देखते हैं, माओवादियों के साथ गोंडी में बात करते हैं। मैं उनकी बातचीत के कुछेक पहचाने शब्दों को थाम पूरे संवाद को बुनता रहता हूँ। शायद वे रोज़मर्रा की चीज़ें मसलन साप्ताहिक हाट से ख़रीदे जाने वाले सामान या किसी के घर जन्मे बकरी के बच्चे की बात कर रहे हों लेकिन मुझे पुलिस मुख़बिर नज़र आते हैं। क्या वे यहाँ टोह लेने आये हैं? क्या आज रात पुलिस हमला करने वाली है?

आपको पक्का पता है? उनके जाने के बाद मैं माओवादियों से पूछता हूँ।

चिन्ता मत करो। वे हमारे आदमी हैं।

ठीक, लेकिन मेरी पहचान मत बताना।

हरेक शै पर शक इस जंगल में बचे रहने की अनिवार्य शर्त है।

लेकिन इस निरन्तर रिसते भय के बावजूद मेरे भीतर अँधेरा गिरते ही सफ़ेद जाल के अन्दर लेट जाने की प्रतीक्षा गहराने लगी है। वृक्ष, आकाश और सितारे सफ़ेद धागों पर किसी अनदेखे ख़्वाब की तरह बहने लगते हैं, हवा में उठती जाती मेरी उँगलियों तक सिमट आते हैं। एक ऐसा ख़्वाब जिसे मैं नहीं कोई और देख रहा है। मैं किसी अनजानी परछाईं के ख़्वाब का मरकज़ हूँ, ख़्वाब जो भविष्य में ही खुल पायेगा।

लेकिन इस ठण्डी दहशत और दहशतग़र्द ठण्ड की वजह से मैं अक्सर सो नहीं पाता हूँ। सुबह के इन्तज़ार में रात बीतती है कि कब मेरे ऊपर डोलती शाखों का रंग रुपहले से सुनहरा होने लगेगा।

ऐसी एक शाम कुछ लोग गाँव से आये, दस्ते के दो वरिष्ठ माओवादियों को थोड़ा दूर ले गये। उन्होंने वापस आकर हमसे कहा कि इस समय ठिकाना बदलना ठीक नहीं, लेकिन जल्द सुबह हमें यहाँ से निकलना होगा—मैं इसे शत्रु के हमले की रात का संकेत समझता हूँ, और सम्भव है कि मैंने ग़लत समझा हो, लेकिन लैपटॉप जकड़ स्लीपिंग बैग में घुस जाता हूँ कि यह आख़िरी रात हो सकती है। इसके बाद काफ़ी देर शान्ति रहती है, लेकिन अचानक सवा दस क़रीब टॉर्च

की उन्मादी रोशनियाँ और पत्तियों और टहनियों को कुचलते भागते क़दमों की आवाज़ जंगल को दहशत में डुबो देती है। काफ़ी देर तक तीख़ी खड़खड़ाहट और रोशनियाँ चारों तरफ़ बिफरती रहीं। मैं स्लीपिंग बैग में बन्द ये आवाज़ें सुनता रहा। क्या किसी ने हमारे कैम्प पर हमला कर दिया है? लेकिन माओवादी गुरिल्ला जवाब में गोली क्यों नहीं चला रहे? क्या वे सभी बन्दी बना लिए गये हैं या ख़त्म कर दिये गये हैं? मैं स्लीपिंग बैग से चेहरा हल्का-सा निकाल झाँकता हूँ—सिर्फ़ लकड़ियाँ सुलग रही हैं। सभी बिछावन ख़ाली। मुझे कहीं कोई दिखाई नहीं देता। क्या इस वक़्त मैं कैम्प में अकेला रह गया हूँ? लेकिन किसी ने सीटी तो अभी बजाई नहीं, न ही क्लेमोर में विस्फोट हुआ? क्या पुलिस का हमला इतना बेहिसाब था कि सभी गुरिल्ला बेआवाज़ ख़त्म हो गये? इतने विकट लड़ाके पल भर में बुझा दिये गये? क्या मैं बिना संकेत के ही निकल भागूँ? या भागना ज़्यादा ख़तरनाक हो सकता है, यहीं चुप लेटा रहूँ? टॉर्च बहुत क़रीब आ जाती हैं। एक लपलपाती कौंध मेरे जाल पर भी देर तक अटकी रहती है। क्या ये पुलिसवाले हैं जो मुआइना कर रहे हैं कि कौन बचा रह गया है? इससे पहले कि एके-47 और एक्स-95 रायफ़ल से निकली गोलियों की रेल मेरे शरीर में पचीसों सूराख़ बना दे, क्या मैं उठकर अपना आई-कार्ड दिखा दूँ? हो सकता है कोई सीआरपीएफ या डिस्ट्रिक्ट फ़ोर्स वाला मेरी पहचान का हो।

इसके दरमियाँ मेरे ऊपर एक सफ़ेद सरोवर भी ठहरा हुआ था। आकाश और सितारे पारदर्शी जाल पर उतर आये थे। सिहारी और डूमर की टहनियों पर टुकमुक करते जुगनुओं को देख लगा कि मैं उठता जा रहा हूँ, किसी आकाशगंगा में पहुँच गया हूँ जो सिर्फ़ मेरे लिए रची गयी है। आज रात यहाँ मारा भी गया तो इसी जंगल में जुगनू बन चमका करूँगा। जुगनू को गोंडी में 'मुडको' बुलाते हैं, मुझे कल किसी गुरिल्ला ने बताया था।

मुझे सहसा उस रूसी उपन्यास के नायक की याद हो आयी जिसे नेपोलियन की सेना ने बन्दी बना लिया था। पृथ्वी पर लेटा हुआ वह तारों को देखता है। "दूर आकाश में पूरा चाँद टँगा हुआ था। कैम्प से बहुत दूर अनदेखे रहे आये जंगल और मैदान सहसा चमकने लगे थे। इससे भी परे, उन जंगलों और मैदानों से परे डोलती चमकीली, अन्तहीन दूरियाँ मुझे पुकारती थीं।"

सहसा उस क्षण उस नायक का असीम तत्त्व उसके समक्ष उद्घाटित हुआ, और उसने खुद से कहा—"वह सब जो मैं हूँ, वह सब जो मेरे भीतर है...यह सब मैं ही हूँ!"

(फ़रवरी-मार्च 2014)

चार

महुआ

किस रूसी संज्ञा ने पिछली सदी पर सबसे गहरा निशान छोड़ा था? साम्यवाद? क्रान्ति? पिछले सत्तर वर्षों में इस ग्रह पर सर्वाधिक प्रयुक्त हुआ रूसी शब्द कौन-सा था? लेनिन, स्तालिन, ट्रॉट्स्की या ब्रॉड्स्की? तारकोवस्की, तोलस्तोय या दोस्तोयेवस्की? गोर्बाचेफ, ग्लासनोस्त?

नहीं—कलाश्निकोव उर्फ़ अवतोमात कलाश्निकोव-47। सैंतालिस नहीं, फ़ॉर्टी सेवन।

यह बन्दूक़ कमबख़्त बड़ी कमीनी और करारी चीज़ हुई। बस्तर के जंगल में काली धातु चमकती है। स्कूल के एनसीसी दिनों में पाषाणकालीन थ्री-नॉट-थ्री को साधा था। आर्मी के शूटिंग ग्राउंड में चाँदमारी करने जाते थे। ज़मीन पर लेट कर रायफ़ल का बट कन्धे पर फँसा दूर पुतले को गोली से बींधते थे, मस्त झटका कन्धे को लगता था। बेमिसाल रोमांच। गणतन्त्र दिवस परेड के दौरान उस रायफ़ल के बट की धमक स्मृति में गूँजती है। जिस बन्दूक़ को कब का सेवानिवृत्त हो जाना चाहिए था, आज भी उत्तर प्रदेश के सिपाही और रेलवे गार्ड लहराते घूमते हैं।

बस्तर लेकिन मानव इतिहास की सबसे मादक और मारक रायफ़ल की गूँज पर थिरकता है। भारतीय स्वतन्त्रता वाले साल किसी रूसी कारख़ाने में जन्मी एके-47 की क़रीब दस करोड़ रायफलें पिछले सत्तर वर्षों में दुनिया भर में निर्मित हो चुकी हैं। इसकी निकटतम प्रतिद्वन्द्वी अमरीकी एम-16 महज़ अस्सी लाख। एक बन्दूक़ की कमान अपने चालीस-पचास वर्ष के जीवन में दस-बारह इन्सानों ने भी साधी तो लगभग सवा सौ करोड़। भारत की आबादी जितने होंठ इसे चूम चुके।

इसका जिस्म, ज़ोर और ज़हर गर्म मक्खन में चाकू की माफ़िक़ दुश्मन की छाती चीरता है। ख्रुश्चेव की सेना ने 1956 का हंगरी विद्रोह इसी बन्दूक़ से कुचला था। वियतनाम युद्ध में इसने ही अमरीका और उसकी दो प्रमुख सर्विस रायफ़ल, एम-14 और उसकी उच्चतर उत्तराधिकारी एम-16 को परास्त किया।

झुँझलाये अमरीकी सिपाही अपने हथियार फेंक मृत वियतनामी सिपाहियों की एके-47 उठा लिया करते थे। रूस से चलता यह हथियार समूचे सोवियत खेमे और गुटनिरपेक्ष देशों को निर्यात और तस्करी के ज़रिये पहुँचता था।

शीत युद्ध के दौरान नाटो सेना अपनी समूची तकनीकी ताक़त के बावजूद इस बन्दूक़ का तोड़ नहीं खोज पायी थी। पिछले सत्तर साल में दुनिया भर के सशस्त्र विद्रोह इसकी गोली की नोक पर लिखे गये। दक्षिण अमरीका या इराक या सीरिया, पश्चिमी आधिपत्य के विरोध में खड़े प्रत्येक छापामार लड़ाके का प्रिय हथियार।

दिलचस्प कि सोवियत सेना को आख़िर उनके ही आविष्कार ने परास्त किया। सोवियत क़िले पर पहला और निर्णायक प्रहार इस बन्दूक़ ने किया। 1979 में शुरू हुए अफ़गान युद्ध के दौरान अमरीका ने दुनिया भर से एके-47 बटोर अफ़गानियों को बँटवायीं और लाल सेना अपनी सन्तान का सामना नहीं कर पायी। दस साल बाद जब सोवियत टैंक अफ़गानी पहाड़ियों से लौट रहे थे, अफ़गानी लड़ाके पस्त रूसी सिपाहियों के हथियारों का ज़खीरा छीन चुके थे।

कई साल बाद अमरीका को इसकी कड़वी दवाई अफ़ग़ानिस्तान में चखनी पड़ी। तालिबानी छोकरे इसी कलाश्निकोव का घोड़ा चूमते इसकी नाल से जुड़े ग्रेनेड लॉन्चर की गुलेल बना अमरीकी हेलीकॉप्टर आसमान से तोड़ पहाड़ियों में गिरा लेते थे। कश्मीरी लड़ाके भी इसी जादुई रायफ़ल के सिरहाने अपने सपनों को सहेजते आये हैं। “रूस में बनी, पाकिस्तान से तोहफ़े में मिली, यह अलादीन के चिराग़ से भी अधिक करिश्माई थी,” एक कश्मीरी ख़बरनवीस ने लिखा था।

इतना मारक और भरोसेमन्द हथियार नहीं हुआ अभी तक। अफ़्रीकी रेगिस्तान, साइबेरिया की बर्फ़ या वियतनाम दलदल—इसे कहीं भी गाड़ दो, साल भर बाद निकालो, ट्रिगर दबाते ही झटाक। तमाम देशों की सेना इसके ही मूल स्वरूप को लाइसेंस या बिना लाइसेंस ढालती हैं। चीन की टाइप-56, इज़रायल की गलिल या भारतीय इंसास—सब इसकी ही आधी रात की अवैध सन्तान।

शायद अकेली रायफ़ल जिस पर पत्रकार और सेनापतियों ने किताबें लिखीं—*द वैपन दैट चेंज़्ड द फेस ऑफ वॉर, द गन दैट चेंज़्ड द वर्ल्ड*। समूचे मानव इतिहास में किसी अकेले हथियार ने इतनी लाशें नहीं गिराईं। परमाणु बम होगा सेनापतियों की क़ैद में, राजनीतिक-सामरिक वजहें होंगी उसके बटन में छुपी। तर्जनी की छुअन से थरथराता यह हथियार लेकिन कोई मर्यादा नहीं जानता। सच्चा साम्यवादी औज़ार यह—हसीन, सर्वसुलभ, अचूक।

पृथ्वी पर सर्वाधिक तस्करी होती बन्दूक़। सोमालिया जैसे देशों में छटाँक भर डॉलर दे आप इसे कन्धे पर टाँग शिकार को निकल सकते हैं। हफ़्ते भर के

तरकारी-झोले से भी हल्की और सस्ती। अकेली बन्दूक़ जो किसी देश के राष्ट्रीय ध्वज पर दर्ज है। मोजाम्बिक ने इसे उपनिवेशी राज के विरुद्ध सशस्त्र संघर्ष के बाद मिली आज़ादी के प्रतीक बतौर अपने ध्वज के मध्य अंकित कर दिया।

नाल से उफनती चमकते पीतल की ज्वाला। झटके में पीली धातु का जाल हवा में बुन देगी। साठ सेकिंड उर्फ़ छह सौ कारतूस का आफ़ताब। एक सेकिंड उर्फ़ ढाई हज़ार फ़ीट दौड़ मारेगी गोली। पिछले कारतूस का धुआँ अगले को खुद ही चेम्बर में खटाक से अटका देगा। हथेली का झटका और रसद पेटी उर्फ़ मैगज़ीन लोड। कैंची साइकिल चलाने या रोटी बेलने से कहीं मासूम इसका घोड़ा। साइकिल डगमगायेगी, गिरायेगी, घुटने छील जायेगी। चकले पर आटे का लौंदा बेडौल होगा, आँच और आटे का जोड़ सध नहीं पायेगा—यह चीता लेकिन बेफ़िक्र फूटेगा। फूटता रहेगा। कन्धे पर टँगा कमसिन करारा। तर्जनी पर टिका शोख़ शरारा। बित्ता भर नीचे रसद पेटी का बेइन्तहा हसीन कोण। पृथ्वी पर कोई बन्दूक़ नहीं जिसकी अन्तड़ियाँ इस ख़ूबसूरती से मुड़ती जायें।

दुर्दम्य वासना यह। इसके सामने मानव जाति को हासिल सभी व्यसन बेहूदे और बेबस और बेलिहाज। अहिंसा के अनुयायी हों आप, इस रायफ़ल का सत्संग करिये। यह संसर्ग को उकसायेगी, आपकी रूह कायान्तरित कर जायेगी, किसी लायक़ नहीं छोड़ेगी। नवजात सिपाही का पहला स्वप्न। शातिर लड़ाके की अन्तिम प्रेमिका। नक्सली गुरिल्ला की पुतलियाँ चमकेंगी ज्यों वह बतलायेगा आख़िर क्यों यह हथियार कन्धे से उतरता नहीं।

क्या ऐसा मादक हथियार क्रान्ति का वाहक हो सकता है? क्रान्ति-शस्त्र को विचार ही नहीं, तमीज़ और ईमान और जज़्बात की भी लगाम ज़रूरी जो इस हथियार संग असम्भव। क्या पगलाया पीला कारतूस ख़्वाब देख सकता है? क्या गोली की नोक किसी समाज का भविष्य लिख सकती है?

फ़क़त दो चीज़ अपन जानते हैं। पहली, दुनिया भर में आक्रान्ताओं को इस हथियार से खेलते देख उस रूसी सिपाही ने कहा था—मुझे अगर मालूम होता मेरे आविष्कार का ये हश्र होगा तो घास काटने की मशीन ईजाद करता।

दूसरे, जब तोप मुक़ाबिल हो तो अख़बार निकालो।

आख़िर मिखाइल तिमोफीविच कलाश्निकोव बचपन में कविताएँ लिखते थे, सेना में भर्ती होने के बावजूद कविताएँ लिखते रहे थे।

मानव इतिहास का सबसे संहारक हथियार किसी विफल रूसी कवि को ही रचना था।

दो

मध्यान्तर

बहन की शादी में महीना भर बचा है। घर में शादी की तैयारियाँ चल रही होंगी। पन्द्रह दिन से यहाँ हूँ। पता नहीं कितने दिन और अभी रहना होगा। बाहरी दुनिया बस वही जो रेडियो बतलाता है। मेरे इनबॉक्स में सैकड़ों मेल पड़े होंगे। बन्द फ़ोन में ढेरों मिस्ड कॉल।

किसी को नहीं मालूम मैं कहाँ हूँ—हूँ भी या नहीं। मुझे खुद अपनी भौगोलिक स्थिति नहीं मालूम। ये लोग कभी नहीं बतलाते हम कहाँ हैं, बस पहाड़ी जंगल में चलते रहते हैं। मुझे शुबहा होता है कि हम कहीं गोल-गोल तो नहीं घूम रहे। ये लोग मुझे पागल तो नहीं बना रहे? एक ही जगह के चक्कर तो नहीं लगवा रहे? मुझे पाँच घण्टा चलवा कर, थका कर पिछली जगह से बस थोड़ी दूर रख देते हों? अक्सर मुझे वृक्ष, पहाड़ियाँ परिचित-सी लगती हैं—शायद पिछले हफ़्ते या उससे पहले इन्हें देखा था या पिछली बार इस झुरमुट के दूसरी तरफ़ रुके थे। जब किसी गाँव का नाम आता है—होरादी, कुतुल, गारपा—दिशा का अनुमान लगाता हूँ। यहाँ आने से पहले सीआरपीएफ से लिए अबुझमाड़ के नक़्शे और सैटेलाइट तस्वीरें अच्छे से रटकर आया था। उस नक़्शे पर इन गाँवों को बिठाता हूँ, लेकिन यह भी याद आता है कि जब 2012 में सीआरपीएफ पूरी तैयारी के साथ पहली बार अबुझमाड़ में घुसी थी, उन्होंने पाया कि आर्कियोलॉजिकल सर्वे ऑफ़ इंडिया के नक़्शों पर अंकित गाँव अपनी जगह से बहुत दूर मिले थे।

इस अबुझमाड़ में नक्सलियों के बॉस यानी सेंट्रल कमेटी के महासचिव मुप्पला लक्ष्मण राव उर्फ़ गणपति का इन्तज़ार कर रहा हूँ। अब तक कई सन्देसे उन तक भेज चुका हूँ, लेकिन यही जवाब मिलता है—“जहाँ हो वहीं रह इन्तज़ार करो।”

Waiting For G.

“ज़रा भी नहीं।” फूलो देवी हँसने लगी।

मैंने बहुत हिम्मत कर पूछा था कि इतने आदमियों के साथ जंगल में वह असुरक्षित या असहज तो महसूस नहीं करती। पिछले तीन दिन से चौबीस साल की फूलो छह लड़ाकों के दस्ते में अकेली महिला है, मुझे मिलाकर सात। वे फूलो के साथ सभी ज़िम्मेदारियाँ साझा करते हैं—हथियार की ट्रेनिंग, रसोई का काम। किसी शहरी दफ़्तर, संस्था या कॉलेज में या किसी पिकनिक या आधिकारिक यात्रा पर छह पुरुषों के बीच अकेली स्त्री की उपस्थिति रोमांस की कसमसाती सम्भावना या फ़्लर्ट की बारीक़ पैंतरेबाज़ियों के बग़ैर मुश्किल है। अगर सात्विक या अनुशासित क़िस्म का माहौल हुआ तो शायद सतह पर कुछ घटित न हो, लेकिन अपनी क़िस्मत आज़माने के लिए आसमान में पतंग कोई उड़ाने लगेगा या उड़ाना चाहेगा। मुझे हिन्दी फ़िल्मों में डाकुओं और सिपाहियों के दल में अकेली स्त्री की छवि याद आती है। लेकिन, यहाँ गुरिल्ला लड़ाकों के लिए फूलो सिर्फ़ एक 'कॉमरेड' है।

गुरिल्ला लड़ाके गाँववालों द्वारा दिये गये चावल, दाल और कभी-कभार मिली सब्ज़ियों से अपना काम चलाते हैं, लेकिन महिला कैडर के लिए माओवादियों की नियम पुस्तिका विशेष प्रावधान करती हैं—हर महीने दो किलो मूँगफली और आधा किलो गुड़, मूँगफली न हो तो अण्डा। माओवादी गाँववालों को पैसा दे दूर बाज़ार से सामान मँगवाते हैं। जिस जंगल में रत्ती भर सुविधाएँ न हों, भोजन के विशेष अधिकार स्त्री को मिले अनेक अधिकारों में शुमार हैं।

शायद इसलिए दण्डकारण्य में माओवादियों की सेना में लगभग चालीस प्रतिशत स्त्रियाँ हैं, अमूमन सभी आदिवासी। मैंने पुलिस पर हमले के ऐसे माओवादी वीडियो भी देखे हैं जहाँ उन्नीस-बीस की शहरी दिखती हथियारबन्द लड़कियाँ ख़ाकीधारियों की मौत का जश्न मना रही हैं। ये महिलाएँ माओवादी संगठन की बुनियाद हैं। पार्टी आठ मार्च को अन्तरराष्ट्रीय महिला दिवस मनाती है, दण्डकारण्य में ग्रामीण महिलाओं की सभा बुला उन्हें उनके अधिकारों के बारे में बताती है।

तीस साल की रनिता कांकेर ज़िले से हैं। सख़्त बाँहें। चप्पल में चमकती फटी एड़ियाँ। अबुझमाड़ की कुतुल एरिया कमेटी की सचिव, उस इलाक़े की बॉस जहाँ माओवादियों की सर्वोच्च इकाई यानी सेंट्रल कमेटी के कुछ नेताओं का लगभग स्थायी निवास है। क़रीब पच्चीस जनताना सरकारें उनके अधीन काम करती हैं।

वह पार्टी में क्यों आयीं? पितृसत्ता। "पितृसत्ता यानी परिवार के पिंजरे में चिड़िया की तरह क़ैद स्त्री," वह कहती हैं।

सिर्फ़ चौदह की उम्र में माता-पिता उनकी शादी करना चाहते थे। “मैं अपने इलाक़े के कुछ माओवादियों को जानती थी। उनके पास गयी। वे बोले तुम अभी छोटी हो, पार्टी में अभी नहीं आ सकतीं, लेकिन मैंने ज़िद की...”

“पार्टी ने यहाँ महिलाओं के लिए बहुत काम किया है। बस्तर में पितृसत्ता का अन्त कर दिया। आपकी सरकारें यह अभी तक नहीं कर पायी हैं। दिल्ली का गैंगरेप (दिसम्बर 2012) याद है? आपको यहाँ ऐसी घटनाएँ कभी सुनायी नहीं देंगी,” रनिता बोलीं, उनकी उँगलियाँ पत्थर पर लकीर काढ़ रही थीं।

“तीन दशक पहले बस्तर की स्त्री हर तरह का शोषण झेलती थी। अब उसे पुरुष के समकक्ष बरता जाता है,” वह कहती हैं।

लेकिन पुलिस के दावे कि वरिष्ठ नेता स्त्री गुरिल्ला का यौन शोषण करते हैं? रनिता ज़ोर से हँसती हैं। “अगर ऐसा होता तो आप मुझे, इतनी सारी लड़कियों को यहाँ न पाते।”

माओवादियों के संविधान में स्त्री-पुरुष सम्बन्ध पर कड़े प्रतिबन्ध हैं। उनकी नियम पुस्तिका पुरुष लड़ाकों को स्त्री गुरिल्ला से मज़ाक़ या चुहलबाज़ी करने पर भी रोक लगाती है। विवाह-पूर्व सेक्स निषेध है, इसका दण्ड बहुत कठोर। किसी सामान्य सदस्य का तीन महीने के लिए पार्टी से निष्कासन, एरिया कमेटी सदस्य का छह महीने और डिवीज़नल या ज़ोनल कमेटी सदस्य का एक साल के लिए निकाला। गुरिल्ला कहते हैं कि इस सज़ा के बग़ैर स्त्री और क्रान्ति के जज़्बे का सम्मान नहीं हो सकता।

दुर्व्यवहार की कुछेक घटनाएँ ज़रूर हैं—कुछ नज़रअन्दाज़ की जाती हैं तो कभी सज़ा भी मिलती है। लेकिन अगर किसी भूमिगत क्रान्तिकारी आन्दोलन की तक़रीबन आधी सेना का यौन शोषण हो रहा हो, वह दूर तक नहीं चल पायेगा। इतनी लड़कियाँ आन्दोलन से जुड़ पायेंगी न उसे ग्रामीणों का समर्थन मिलेगा, बल्कि वह जल्द आन्तरिक विद्रोह से फूट पड़ेगा।

स्त्री के शामिल होने पर लड़ाई लम्बी और उस सेना को हराना मुश्किल हो जाता है। जब जयलाल कहता है कि हमारी पार्टी अधिकाधिक स्त्रियों को क्रान्ति की लड़ाई में शामिल करना चाहती है, मुझे याद आता है कि 1920 के दशक में स्त्रियों के भारतीय स्वतन्त्रता आन्दोलन से जुड़ जाने पर इसे नयी गति और शक्ति मिल गयी थी।

फूलो से पहले हमारे दस्ते में दो स्त्रियाँ थीं। पाईके और लखमे। तीनों एक-दूसरे से भिन्न। पतली-सी फूलो बहुत मीठी, गोल कंचे-सी आँखें। उसका चेहरा किसी

शाम मोरनी, किसी सुबह हिरणी-सा लगता था। लखमे का चेहरा सख़्त, उतने ही कठोर हाथ और हथेलियाँ, लेकिन मुझे अक्सर लगता उसकी बाहरी सख़्ती उसकी आन्तरिक काया से बेमेल थी। पाईके गठी हुई, मज़बूत, बहुत कम बोलती थी। मुझे उस पर हमेशा सन्देह रहता था। वह भी शायद मुझ पर शक करती थी—शायद मुझे पुलिस मुख़बिर समझ रही थी। उसे किसी से गोंडी में बात करते देख मुझे लगता कि वह मेरी शिकायत कर रही है या सबको मुझसे सचेत कर रही है। जब तक मैं उससे सहज हो पाता, पार्टी ने उसे किसी दूसरी जगह भेज दिया।

लेकिन जो चीज़ मुझे आज कौंध रही है, वह यह कि भले खाना स्त्री-पुरुष मिलकर बनाते थे, बर्तन साथ धोते थे, परोसने का काम अमूमन स्त्रियाँ करती थीं। खाना दिन में दो बार बनता था—सुबह और रात। पिछली रात या सुबह का बचा खाना वे कभी पुरुषों को नहीं देती थीं। ख़ुद खा लिया करतीं या उनसे मिलने आते ग्रामीणों को दे देतीं। कभी फेंक भी दिया करतीं, जबकि माओवादी बहुत किफ़ायत से रहते हैं।

मैं रायपुर से प्लास्टिक की दो बोतल लेकर आया था। एक मैंने पानी के लिए रखी, दूसरी शौच। अगले दिन एक गुरिल्ला ने मुझे नेस्ले डेयरी व्हाइटनर का एक किलो का पाउच दिया, उसका बायाँ किनारा फटा हुआ था। "इसे रखो, बोतल का बेहतर उपयोग हो सकता है।"

स्त्री गुरिल्ला सुबह अच्छे से तैयार होती हैं। बालों में तेल, करीने से कंघी, फिर जूड़ा। माओवादी नियम-पुस्तिका उनके लिए हर महीने हेयर क्लिप और रबर बैंड के एक बंडल का प्रावधान करती है, लेकिन इस हिदायत के साथ कि इन आवश्यक वस्तुओं का 'सौन्दर्य' के लिए प्रयोग न किया जाये।

स्त्री और पुरुष दोनों को साबुन, टॉर्च, पेन, कॉपी, रायफ़ल और खाने के लिए तेल जैसी ज़रूरी चीज़ें मिलती हैं। वे ख़ुद नहीं ख़रीदते, गाँववाले उनके लिए साप्ताहिक मेले या शहर से ख़रीद कर लाते हैं।

पुरुषों के लिए कुछ दिलचस्प रियायतें भी हैं। आदिवासी की सुबह और रातें महुए और सल्फ़ी के बग़ैर पूरी नहीं होतीं। वे दिन भर इसके नशे में ऊँघते मस्ताते रहते हैं। छत्तीसगढ़ में गुड़ाखू का भी चलन है। माओवादियों ने पार्टी में नशीले पदार्थ प्रतिबन्धित कर रखे हैं, लेकिन उन्हें मालूम है कि पुरानी आदतें जल्द छूटती नहीं। इसलिए हर दस्ते के लिए मासिक मात्रा निर्धारित है—दो सौ ग्राम तम्बाकू और बीड़ी के बीस बंडल, लेकिन इस सख़्त हिदायत के साथ कि वे इसे छोड़ने की कोशिश करेंगे। तम्बाकू और बीड़ी अनुशासित गुरिल्ला दल में बेफ़िक्री

के कुछ पल ले आते हैं। ये चीज़ें अमूमन दस्ते के मुखिया के पास रहती हैं। किसी को चाहिए तो उससे माँग ले। लेकिन बिल्ली के गले में घण्टी कौन बाँधे? उसे भी हुड़क उठ रही है—लेकिन वह दलपति है, ख़ुद कैसे पुड़िया खोले? हर किसी को तलब मच रही है, लेकिन पहला दाँव कौन लगाये। लम्बी हिचक के बाद कनखियाँ और इशारे होते हैं, पुड़िया खुल जाती है। उँगलियाँ हथेली पर तम्बाकू की पत्तियाँ रगड़ने लगती हैं, शुरुआती संकोच और शर्माती हुई मुस्कान के बाद बेफ़िक्र ठहाके गूँजते हैं।

फूलो इस दुपहर कोई स्वप्न बुन रही है। किसी चट्टान से पीठ टिकाये हाथ में कॉपी पेन लिए वह अक्सर ख़त लिखती दिखाई देती है। दुपहर के खाने के बाद, शाम की चाय से पहले, रात को सोने से पहले टॉर्च दाँतों के बीच दबाये—पीली रोशनी काग़ज़ पर गिरती है, उसकी क़लम से बहते अक्षर काग़ज़ पर उतरते हैं। टॉर्च अँधेरे में दिखाई नहीं देती, रोशनी में लिपटे शब्द उसके मुँह से फूटते प्रतीत होते हैं।

इतनी सारी चिट्ठियाँ वह किसे लिखती है?

क्रान्ति पर माओवादियों की कोई किताब पढ़ते वक़्त भी वह पन्नों के बीच फँसे काग़ज़ पर ख़त लिख रही होती है।

माओवादी दस्ते लगभग पूरा दिन चलते हुए गुज़ारते हैं, लेकिन वे जंगल के किसी भी छोर पर रहें, नदी किनारे या चट्टानों से घिरे, पुलिस का डर मँडराता रहे, ख़त बदस्तूर लिखते हैं। दुनिया भर में चिट्ठियाँ ख़त्म हो रही हैं, ये इस लुप्त होती कला के शायद अन्तिम कलाकार हैं।

उन दिनों मैंने उनके शीर्षस्थ नेताओं को चार ख़त लिखे थे। एक उनके बॉस गणपति को था, साक्षात्कार के लिए। छब्बीस फ़रवरी को गणपति के लिए मेरा ख़त लेकर गया जयलाल दो दिन बाद लौटा। उसने कहा कि मेरा सन्देश पहुँच गया है, शायद गणपति से इंटरव्यू हो जायेगा। उसने मुझे एक किताब भी दी—*वॉर एंड पीस इन जंगलमहल-पीपल, स्टेट एंड माओइस्ट।* बड़े नेताओं ने कहा है कि उनके आने तक मैं इसे पढ़ लूँ। इसके पहले पन्ने पर 'Chandra' लिखा है। किसका नाम होगा यह?

इस दौरान मेरी बड़े नेताओं से मुलाक़ात होती रहती है। एक दिन सीपीआई (माओवादी) की अबुझमाड़ बटालियन (एक अन्य बटालियन सुकमा में है) के मुखिया रामधेर से मुझे मिलवाया जाता है। एक बटालियन में दो कम्पनी, आठ-नौ प्लाटून।

पैंतालिस क़रीब के रामधेर की उन्मुक्त हँसी देख नहीं लगेगा कि वह किसी बटालियन के सेनापति होंगे। वह आदिवासी हैं, बीजापुर के कुटरु इलाक़े से हैं। उन्हें पार्टी में सेंट्रल कमेटी के तत्कालीन सदस्य लंका पापी रेड्डी लाये थे। "उसे मैंने भर्ती किया था," बाद में मुझे रेड्डी ने मुस्कुराते हुए बताया।

रामधेर के साथ पाँच लड़ाकों का प्लाटून चलता है। सभी के पास ऑटोमैटिक रायफ़लें। प्लाटून की एक स्त्री शान्तिला की ठोड़ी और कलाई पर ग़ज़ब के टैटू हैं। (शायद माथे पर भी था, आज लेकिन याद नहीं आ रहा किस चीज़ का टैटू था। कमबख़्त स्मृति!)

पिछले नवम्बर बस्तर में नक्सली सीआरपीएफ पर हमला कर कार्ल गुस्टाव अंडर बैरल ग्रेनेड लॉन्चर (यूबीजीएल) और कई ग्रेनेड छीन ले गये थे। इससे पहले एक यूबीजीएल गढ़चिरोली और एक झारखण्ड से लूटा था। भयंकर अस्त्र। रामधेर मिलिट्री विशेषज्ञ हैं और भले अभी तक नक्सलियों ने इसका प्रयोग नहीं किया है, वह विस्तार से इसका प्रयोग समझाते हैं–कैसे एक ग्रेनेड से पुलिस चौकी स्वाहा हो सकती है और शत्रु के ग्रेनेड से किस तरह बचा जाये।

उनसे बात करते में सहसा मुझे लगा मैंने यह चेहरा कभी देखा है। शायद किसी हमले के वीडियो में। बाद में उनके साथियों ने बताया कि 2009 का राजनाँदगाँव हमला जिसमें उस ज़िले के पुलिस कप्तान वीके चौबे समेत उनतीस सिपाही मारे गये थे, उसकी रणनीति रामधेर ने ही बनायी थी। छत्तीसगढ़ का एकमात्र हमला जिसमें कोई आईपीएस अधिकारी मारा गया था।

रामधेर मुझे विश्वास दिलाते हैं कि मेरी मुलाक़ात गणपति से जल्द होगी।

ख़त के अलावा बाहरी दुनिया से इनका एकमात्र सम्पर्क-सेतु रेडियो है। हर दस्ते के पास एक काली बेल्ट वाला रेडियो। चलते वक़्त किसी के कन्धे से लटका रहता है। कैम्प में पेड़ की टहनी पर टाँग देते हैं। पूरा दिन बीबीसी हिन्दी और ऑल इंडिया रेडियो बजता है।

अठारह फ़रवरी को कैम्प पर अचानक मुर्दघटा छा जाती है। हम एक पहाड़ी के ऊपर ठहरे हैं। रेडियो बतलाता है कि आन्ध्र प्रदेश में बाईस माओवादियों ने समर्पण कर दिया। अगले दिन राजनाँदगाँव में एक नक्सल दम्पति समर्पण कर देता है। हमारे साथ की एक स्त्री भगत नामक उस गुरिल्ला को जानती थी। उसके साथ पुलिस पर हमले में भी शामिल थी। उसे यक़ीन नहीं हो रहा इतने जाँबाज़ लड़ाके ने पुलिस के सामने सिर झुका दिया।

लगभग हरेक कैडर की पेड़ पर टँगे इस रेडियो से जुड़ी स्मृतियाँ हैं जो उनके साथियों और प्रेमी-प्रेमिकाओं की मृत्यु की ख़बर सुनाता आया है। "मुझे लगा वह इसी रेडियो के अन्दर दम तोड़ रहा है। मेरा मन हुआ इसे चकनाचूर कर उसे बाहर निकाल लूँ।"

अट्ठाईस फ़रवरी को मौसम बदलता है। रेडियो दन्तेवाड़ा के माओवादी हमले में पाँच पुलिसवालों के मारे जाने की ख़बर सुनाता है। "इतने मारे जाते हैं ये पुलिसवाले, फिर भी नहीं मानते," एक गुरिल्ला कहता है। रजनू ऐसे लम्हों में दार्शनिक हो जाता है। "दीर्घकालीन लड़ाई है। हमें अपने साथियों के मारे जाने पर दुखी नहीं होना है, न पुलिसवालों की मौत पर ख़ुश होना है। हँसी न दुख, मीडियम रहना है," वह सबको समझाता है।

उसी दिन, अट्ठाईस फ़रवरी, वे सहारा के मालिक सुब्रत रॉय की गिरफ़्तारी की ख़बर सुनकर ताली बजाते हैं। "अगर ऐसे पूँजीपति पकड़े जायें, उन्हें अपने ख़राब कामों की सज़ा मिले तो क्रान्ति की ज़रूरत क्यों पड़े," रामधेर कहते हैं।

हम दिन भर ख़बरों को सुनते हैं, राजनीति, संविधान और क्रान्ति पर चर्चा करते हैं। नक्सलियों की अरविन्द केजरीवाल में गहरी दिलचस्पी है जिन्होंने हाल ही दिल्ली के मुख्यमन्त्री पद से इस्तीफ़ा दिया है। लोकसभा चुनाव कुछ ही महीने दूर हैं। उनकी पार्टी बड़ी शक्ति बतौर उभर रही है। "वह किस तरह की राजनीति करते हैं?" रामधेर पूछते हैं। सीपीआई (माओवादी) के प्रवक्ता अभय आम आदमी पार्टी को ख़ारिज कर चुके हैं। "साम्राज्यवादी और एनआरआई पूँजी द्वारा पोषित आम आदमी पार्टी इस सिस्टम की मूल समस्याओं में नहीं जायेगी। इसके पास दमित वर्ग की बुनियादी समस्याओं का कोई हल नहीं," वह कहते हैं।

उनके अनुसार यह एक छद्म संगठन है जो किसी ख़ुफ़िया उद्देश्य को साधना चाहता है—"यह पार्टी एक सेफ़्टी वॉल्व की तरह काम कर रही है जो जन आक्रोश को शान्तिपूर्ण संसदीय समाधान की तरफ़ धकेल कर उस आक्रोश को भुनाना चाहती है।"* मुझे याद आता है कि 1880 के दशक में उभरती हुई भारतीय राष्ट्रीय कांग्रेस को नकारने के लिए इसी सेफ़्टी वॉल्व का तर्क दिया गया था।

एक साल बाद, जनवरी 2015, दिल्ली में चुनावी रैली को सम्बोधित करते हुए प्रधानमन्त्री नरेन्द्र मोदी ने केजरीवाल की तुलना नक्सलियों से कर साबित

---

* 2014 में आम आदमी पार्टी एक नयी राजनीति की उम्मीद और वायदे के साथ उतर रही थी। उस वक़्त शायद ही कोई माओवादियों के इस आरोप पर ध्यान देता। लेकिन फ़रवरी 2020 में दिल्ली विधानसभा चुनाव लगातार दूसरी बार जीतने के बाद भी जब केजरीवाल सरकार दिल्ली में हुए दंगों पर चुप रही आयी, उस पर हिन्दुत्व का नरम चेहरा होने के आरोप लगे, माओवादियों के आकलन में वज़न दिखाई देने लगा।

किया कि देश का मुखिया पाँच दशक से चले आ रहे देश के सबसे भीषण क्रान्तिकारी आन्दोलन से अनजान है या अनजान बने रहना चाहता है।

हम सभी के पास एक टॉर्च है, यहाँ की बुनियादी ज़रूरत। मैं टॉर्च लेकर नहीं आया था। रात में एक गुरिल्ला मुझे रास्ता दिखाता हुआ चलता था। फिर उन्होंने किसी ग्रामीण से कह मेरे लिए सोनपुर के साप्ताहिक बाज़ार से एक टॉर्च मँगवा दी। दस्ते का मुखिया मुझसे पैसे नहीं ले रहा था, मैंने आग्रह किया तो बाक़ी लोग भी बोले, "इनसे पैसे मत लो।" मैंने बहुत आग्रह कर आख़िर में उन्हें पचास रूपये दे दिये। मेरी टॉर्च का रंग हल्का नारंगी है। फूलो के पास भी एकदम इसी रंग, इसी मॉडल की टॉर्च है। जब भी वह मेरी टॉर्च देखती है, अचम्भे की बारीक़ परत उसके चेहरे पर उमड़ आती है। वह एकटक मुझे देखती है। उसके भीतर कुछ उमड़ रहा है, लेकिन मैं पूछने का साहस नहीं कर पाता। दो दिन बाद जब दस्ते के सभी साथी बाहर गये हैं, कैम्प में सिर्फ़ हम दोनों हैं, महुए की छाया हमारे ऊपर फिसल आती है।

यह टॉर्च जून 2010 कोंगेरा में मारे गये उसके कॉमरेड साथी बंडू की है। फूलो और रजनू समेत क़रीब डेढ़ सौ माओवादियों ने साठ पुलिसवालों की टीम पर घात लगाकर हमला किया था, जब वे नारायणपुर ज़िले के धौड़ाई थाने से गश्त को निकले थे। सीआरपीएफ के सत्ताईस जवान मारे गये थे।

फूलो के तीन दोस्त भी मारे गये थे—बंडू, रमेश, शंकर। बंडू उस प्लाटून का कमांडर था, रमेश सेक्शन कमांडर। दोनों के पास एके-47 थीं। फूलो को अच्छे से याद है कि सीआरपीएफ कमांडेंट आख़िरी वक़्त तक लड़ा। "डोकरा था बहादुर।" उसके दो सिपाही लड़ाई के दौरान सरेंडर करना चाहते थे, लेकिन उसने नहीं करने दिया। "उसने उन्हें धमकी दी कि सरेंडर किया तो वह उन्हें गोली मार देगा, लेकिन वे अपनी वर्दी उतार कर भाग गये," फूलो सुनाती है। बंडू की पत्नी रामे को 2009 में पुलिस ने पकड़ लिया था जब वह भयंकर बीमारी में किसी डॉक्टर को दिखाने शहर गयी थी। अब वह जगदलपुर जेल में है।

कुछ हफ़्ते बाद, 31 मार्च 2014, मेरी मुलाक़ात एक अन्य टॉर्च से हुई। लोकसभा चुनाव आने वाले हैं। कोंडागाँव में राहुल गाँधी की चुनावी रैली में वृद्ध दसाराम अपनी 'तीन सैल वाली टॉर्च' खोज रहे हैं। उन्हें और उनके पड़ोसियों को क़रीब पैंतालीस किलोमीटर दूर लावागाँव से गाड़ी में भर कर लाया गया है। रैली के गेट पर सिपाही उनकी टॉर्च जमा करा लेता है। सभा ख़त्म हो चुकी है, लेकिन दसाराम को वह सिपाही नहीं मिल रहा। "हम टॉर्च की शिकायत कहाँ

दर्ज करा सकते हैं?" उनका दोस्त पूछता है। तीन सैल वाली टॉर्च—दसाराम ज़ोर देते हैं। उनके गाँव में बिजली नहीं है। बग़ैर टॉर्च गुज़ारा मुश्किल है, और टॉर्च आसानी से मिलती भी नहीं। गाँव के साप्ताहिक बाज़ार या शहर में ही मिलती है। रैली का मैदान ख़ाली हो चुका है, सब जा चुके हैं, लेकिन दसाराम अभी भी टॉर्च खोज रहे हैं।

देर तक रुक-रुक कर बोलने, कोंगेरा में बहे लहू की कथा सुनाने के बाद फूलो चुप हो गयी। उसकी टॉर्च अब मेरे हाथ में थी। मैं इसे उलटता-पलटता रहा। चार साल पहले यह किसी दूसरे के पास हुआ करती थी। मुझे लगा मैं इसे बदल कर अपनी टॉर्च फूलो को दे दूँ तो वह शायद पहचान नहीं पायेगी। कॉमरेड बंडू की टॉर्च मेरी हो जायेगी, लेकिन मैंने ऐसा नहीं किया। क्या मालूम मेरी टॉर्च भी पहले किसी के पास रही हो, किसी हमले में काम आयी हो। किसी लाश के हथियार इसकी रोशनी में छीने गये हों, प्रेमियों और दोस्तों को कई ख़त अँधेरी रातों में इसकी रोशनी में लिखे गये हों...

उस अबुझमाड़ यात्रा से लौटने के बाद मुझे उस टॉर्च की ज़रूरत नहीं पड़ी। कुछ समय बाद उसका सेल भी बुझ गया। मैंने कई शहर उसके बाद बदले, सामान पीछे छूटता-खोता रहा। सेल भले ही मैंने उसमें नया नहीं लगाया, लेकिन वह हल्की नारंगी टॉर्च मेरे पास हमेशा रही आयी। टेबल लैम्प तले इन पंक्तियों को लिखते वक़्त भी वह मेरी डेस्क की दराज़ में है।

(फ़रवरी-मार्च 2014, अबुझमाड़)

पाँच

महुआ

कॉमरेड,
लाल सलाम।

आप कैसे हैं? आपकी कमेटी का काम कैसा है? आपको पता चल गया होगा यहाँ चार दिन पहले पुलिस का एम्बूश हुआ। हम बहुत अच्छा लड़े। कॉमरेड हुंगा और कॉमरेड मिंता शहीद हुए। हमने पुलिस का आठ जवान मार गिराया। सात रायफ़ल भी लूटा। पुलिस का ऑपरेशन बहुत बढ़ गया है। आप सँभाल कर रहिए। आपके इलाक़े में और भी ज़्यादा एम्बूश है।

कॉमरेड आप यहाँ कब आयेंगे?

लाल सलाम।

मेरी एक ही हसरत है। शायद मैं ऐसी हसरत रख उसे धोखा दे रहा हूँ जो मुझे लिखता है, क्योंकि कोई पत्र-लेखक नहीं चाहता कि उसके ख़त को कोई ऐसा इन्सान पढ़े जिसे यह सम्बोधित नहीं है। लेकिन इसके बावजूद मैं, एक ख़त, चाहता हूँ कि कोई अजनबी मुझे पढ़े और मेरे पीले पन्नों पर दर्ज हस्तलिखित अक्षरों से गुज़रते हुए उसके भीतर यह जानने की तड़प उठे कि दण्डकारण्य में कितनी हसरतें, प्रेम, भय, दोस्तियाँ और उन्माद अपना ठौर खोजते भटक रहे हैं।

वह अजनबी उन तमाम ख़तों का इनसाइक्लोपीडिया तैयार करे जो इस विराट जंगल में छुपते डोल रहे गुरिल्ला लड़ाके बन्दूक़, बारूद, लहू और मृत्यु के दरमियाँ एक-दूसरे को लिखते हैं। ख़त जो किसी लिफ़ाफ़े में बन्द नहीं किये जाते, डाक बक्से में नहीं डाले जाते। जिन्हें कॉपी के पन्ने पर लिख, उस पन्ने को मोड़ स्टेपलर से पंच कर, किसी ग्रामीण या साथी गुरिल्ला

को दे दिया जाता है। बैरंग ख़त जो कई हाथों से गुज़र, कई पहाड़ियाँ और नदियाँ पार कर अपने गन्तव्य तक पहुँचते हैं। लेकिन कभी ऐसा भी होता है कि ख़त पहुँचने से पहले उस इन्सान की पुलिस मुठभेड़ में मृत्यु हो चुकी होती है या वह संगठन छोड़ कर जा चुका होता है।*

लगभग 750 ख़त रोज़ दण्डकारण्य से गुज़रते होंगे। इनमें से एकाध ही कभी पुलिस के हाथ आते हैं जो इस 'सनसनीख़ेज़ बरामदगी' का जश्न मनाती है।

एक स्त्री गुरिल्ला का अपने प्रेमी को ख़त साथ बिताये लम्हों की याद करता है, क्रान्तिकारी संघर्ष पर आस्था जतलाता है। एक दस्ते का नेता दूसरी डिवीज़न के मुखिया को लिखता है कि पिछले साल आख़िरी मुलाक़ात के बाद स्थितियाँ कितनी बदल गयीं हैं। ये ख़त बीच में खोले नहीं जाते, पढ़ने के बाद तुरन्त नष्ट कर दिये जाते हैं, लड़ाकों की उन अनकही कथाओं को लिए जीते हैं जिनका साक्षी सिर्फ़ महुए का यह जंगल है।**

इन पत्रों के अक्षर एक अक्षत अवकाश को रचते इस अनुशासित पार्टी की ख़ुफ़िया हसरतें लिपिबद्ध करते हैं। *बृहदारण्यक उपनिषद्* में गार्गी का अन्तिम प्रश्न था—"कौन-सा तत्त्व आकाश को बींधता है? अन्तिम सत्ता क्या है?"

याज्ञवल्क्य का जवाब था—"अक्षर।"

---

* व्लादिमीर नबाकोव बीस के भी नहीं थे, एक लड़की से बेपनाह मुहब्बत करते थे, जब रूसी सरकार से बचने के लिए उन्हें अपना मुल्क छोड़ना पड़ा था। उनकी विशाल सम्पदा पीछे छूट रही थी, लेकिन जैसा कि कई दशक बाद उन्होंने अपनी आत्मकथा *स्पीक, मेमरी* में लिखा था, अपने परिवार के साथ मालवाहक जहाज़ में बैठ रूस से दूर जाते वक़्त उनके भीतर अपने गन्तव्य को खोजते सिर्फ़ कुछ ख़त उमड़ रहे थे। "रूस को छोड़ने का दर्द उस तड़पाते ख़याल ने धुँधला कर दिया था कि टमारा के ख़त अभी भी दक्षिणी क्राइमिया आते रहेंगे, बेवजह, किसी भाग चुके इन्सान की खोज में, अजनबी प्रदेश में बिछुड़ गयीं बदहवास तितलियों की तरह अनजान झाड़ियों के बीच पंख फड़फड़ायेंगे।"

नबाकोव की यह प्रेमिका वैलेंटीना एव्गेनीव्ना शुलगिन उनके पहले उपन्यास में मैरी और आत्मकथा में टमारा बन गयी थीं, लेकिन उनके जीवनीकार ब्रायन बॉयड ने अरसे बाद बताया था, "उनके होंठों पर वह हमेशा ल्यूस्या हुआ करती थीं।"

** हालाँकि कुछ अपवाद भी हैं। पार्टी के वरिष्ठ नेता कभी कुछ ख़त बीच में खोल पढ़ लेते हैं, अन्य सदस्यों के बीच प्रसारित भी कर देते हैं। किसी गुरिल्ला की निजता के घनघोर हनन की एक कथा आगे आयेगी।

अक्षर यानी भाषा की मूल इकाई, और वह जिसका कभी क्षय नहीं हो सकता। समूची सृष्टि जिसके भीतर समाहित है, और जो कभी नष्ट नहीं होगा।

इन ख़तों पर दर्ज माओवादियों के स्वप्न इस क्रान्ति के अन्तिम अक्षर हैं। क्रान्तिकारियों के मिट जाने के बाद भी स्वप्न शेष रह जायेगा।*

---

* भारतीय सेना 1971 में बांग्लादेश युद्ध के स्मृति-चिह्न बतौर एक लैटर बॉक्स ले आयी थी। इतिहास में शायद विरला अवसर जब लाल टीन का बक्सा विजय-प्रतीक बन गया था।

मैं अक्सर उन सैनिकों को याद करता हूँ जिन्हें एक डाक बक्से ने सम्मोहित कर लिया था। थके और घायल सैनिकों के कपड़े अपने और शत्रु के लहू से सने हैं, लेकिन उनकी निगाह में किसी लालिमा के लिए जगह शेष है। इसके भीतर शायद कुछ ख़त भी हैं।

अपने देश से कई सौ मील दूर सेना की एक ब्रिगेड शत्रु देश के नागरिकों द्वारा भेजे ख़तों को पलटती है, लेकिन कोई भी सैनिक इनकी भाषा (सम्भवतः बांग्ला भाषा और उर्दू) नहीं जानता। कुछ उत्सुक सिपाही चन्द ख़तों को अपने साथ भारत ले आते हैं, कुछ वहीं किसी स्थानीय को खोज लेते हैं जो उन्हें यह ख़त पढ़कर सुनाता है।

वह डाक बक्सा आज एक पहाड़ के किनारे चुप टँगा है, शिमले की आर्मी म्यूज़ियम में। उस घायल सेना और अज्ञात पत्रवाचक की कथा किसी प्राचीन शिला पर अंकित पंक्तियों की तरह इसके लाल लोहे पर दर्ज है।

तीन

मध्यान्तर

इन दिनों हम देर रात तक रेडियो पर एशिया कप की कमेंट्री सुनते हैं। रजनू की महेन्द्र सिंह धोनी में गहरी दिलचस्पी है। वह उसे धोनी नहीं, महेन्द्र बुलाता है। महेन्द्र कैसा दिखता है, महेन्द्र कितना पैसा कमाता है? "महेन्द्र खिलाड़ी है, बहुत ताक़तवर होगा।"

महेन्द्र को चोट लगी है, आज नहीं खेल रहा। मैं सुझाव देता हूँ कि भारतीय टीम में ख़ाली हुई जगह मिरिया को हथिया लेनी चाहिए।

आज दो मार्च है, इतवार, भारत-पाकिस्तान का मैच। मैच शाम को शुरू होगा, लेकिन रजनू अपनी क्रान्ति सुबह ही दाँव पर लगा देता है : "अगर क्रान्ति को सफल होना है तो भारत को आज जीतना होगा।" इस नक्सली दस्ते में जोश उबल रहा है। गुरिल्ला तय करते हैं कि आज एक मैच हो ही जाये। दस्ते का मुखिया अपने कॉमरेड साथियों को नज़दीक के गाँवों में गेंद लाने भेजता है। चारों तरफ़ ढेर सारी लकड़ियाँ हैं, आराम से दो-एक बल्ले बनाये जा सकते हैं। टीम भी तय हो रही हैं। एक टीम का कप्तान मैं, दूसरी का दस्ते का मुखिया। नदी किनारे की ख़ाली ज़मीन पर आज मैच हो जायेगा।

लेकिन गेंद नहीं मिली। गेंद दो दिन बाद चौबीस किलोमीटर दूर सोनपुर गाँव के मंगल बाज़ार में ही मिल पायेगी।

इस बीच पाकिस्तान भारत के स्कोर का पीछा आराम से कर रहा है और रजनू अपना सिर खुजा रहा है। रात हो चुकी है, सब खाना खा बिछौने पर लेट चुके हैं, लेकिन कुछ कान अभी भी रेडियो पर टिके हैं। अचानक बाज़ी पलटती है—भुवनेश्वर कुमार उनचासवें ओवर में दो विकिट उड़ा देता है, अश्विन पचासवें की पहली गेंद पर पाकिस्तान का नवाँ विकिट खा जाता है। अभी भी दस रन चाहिए।

"मैंने कहा था न कि क्रान्ति के लिए भारत को जीतना ही होगा," रजनू मुस्कुरा रहा है।

तभी शाहिद अफ़रीदी लगातार दो छक्के मार देता है। पाकिस्तान एक विकिट से जीत जाता है। रजनू चारों तरफ़ देखता है, चुपचाप अपनी झिल्ली पर लेट जाता है।

हमारे साथ कुछ दिनों से एक लड़का रह रहा है—मिरिया। उम्र क़रीब सत्रह, लेकिन लम्बाई कम और बहुत ही प्यारी मुस्कान। इतना निरीह चेहरा मैंने शायद कहीं नहीं देखा। उसके माँ-पिता बचपन में टीबी से ख़त्म हो गये थे, भैया-भाभी के साथ रहता है। भाई कुछ साल पहले किसी काम से नारायणपुर गया, पुलिस ने नक्सल मुख़बिर के आरोप में बेवजह पकड़ जेल में डाल दिया। बाद में छूट गया।

मैं अक्सर मज़ाक़ करता हूँ कि मिरिया को अपने बैग में डाल रायपुर ले जाऊँगा। अबुझमाड़ से बाहर निकलते वक़्त कुरुसनार नाके पर जब मेरा सामान पुलिसवाले टटोलेंगे तो कह दूँगा इसके अन्दर बन्दर है। पुलिसवाले बैग खोल कर दिखाने की ज़िद करेंगे तो उन्हें चेतावनी दूँगा कि यह काट लेगा। इसके बाद मिरिया अन्दर से बन्दर की आवाज़ निकालेगा और पुलिसवाले डर कर भाग जायेंगे।

सभी हँसते हैं, मिरिया और ज़्यादा हँसता है।

मेरा अक्सर मन होता है उसे अपने साथ ले जाऊँ। रायपुर में पढ़ाई करेगा। लेकिन शायद यह मेरा स्वार्थ है। वह जंगल का ही निवासी है। उसके चेहरे पर मुझे कोई ख़रगोश टुकटुकी मारे बैठा हुआ नज़र आता है। शुरू में मुझे लगा था उसका नाम मिरिया है, सब उसे यही बुलाते थे। बाद में मालूम हुआ मिरिया गोंडी में वही है जो हिन्दी में छोटू।

“माओवादियों से कई भरमार बरामद हुईं।”

यह वाक्य पुलिस फ़ाइलों में बार-बार आता है। जून 2012 की सारकेगुड़ा घटना जिसमें 17 आदिवासी सीआरपीएफ की गोलियों से मारे गये थे, देश के सर्वोच्च अर्धसेना बल ने घटनास्थल पर माओवादियों की उपस्थिति बतौर तीन भरमार बन्दूक़ों की बरामदगी दिखाई थी।

इन दावों पर सिर्फ़ हँसा जा सकता है। भरमार (भर+मार, यानी कारतूस भरा और चला दिया) बन्दूक़ अरसे से माओवादियों के तरकश में है ही नहीं। क़रीब पन्द्रह साल पहले माओवादी लोहे की लम्बी-सी नाल और लकड़ी के हत्थे वाली इस बन्दूक़ को लेकर चलते थे, जब उनके पास बड़े हथियार नहीं थे, उन्होंने बारूदी विस्फोट करना नहीं सीखा था, दण्डकारण्य कहीं अधिक शान्त था, सीआरपीएफ बटालियन छत्तीसगढ़ में नहीं उतरी थीं।

भरमार बन्दूक़ में पोटेशियम और सल्फेट का मसाला लोहे के छर्रों में मिला कर भरा जाता है। एक गोली चलाने के बाद बन्दूक़ में यह चूरन दुबारा भरना पड़ता है जिसमें कई मिनट लग जाते हैं। इतनी देर में दुश्मन आपको कतर कर रख देगा। इसकी मार भी बहुत छोटी है। लोहे के छर्रे किसी को सिर्फ़ घायल कर सकते हैं।

बस्तर के अन्दरूनी गाँवों के कई घरों में भरमार मिल जायेगी। लोग इसे शिकार और जंगली जानवरों से बचाव के लिए रखते हैं। अबुझमाड़ के बेरिल टोला का एक निवासी बतलाता है—"यह हमारे पास कई पीढ़ियों से है।"

इसका मसाला आराम से गाँव में मिलता नहीं, इसलिए यह चलती कम है, ट्रॉफ़ी की तरह सजी रहती है। बेफ़िक्र छोकरे ख़ाली बन्दूक़ कन्धे पर लिए अकड़ में घूमते हैं, किसी भी अन्य जगह के लड़कों की तरह। ओरछापार गाँव के मनकू राम को चौदह साल पहले पुलिस ने भरमार के साथ देखा, बन्द कर दिया। वह कई महीने जेल में रहा।

"पुलिस को लगा मेरे पास भरमार है, मैं नक्सली हूँ," मनकू हँसने लगता है।

पुलिस को नक्सली हमले की समझ भी बहुत कम है। "सैकड़ों हथियारबन्द नक्सलियों ने हम पर हमला किया था। बहुत देर तक गोलियाँ बरसती रहीं"—ख़ाकीधारियों का यह प्रिय वाक्य है।

"एकदम ग़लत!" नक्सली कहते हैं। सिर्फ़ दसेक गुरिल्ला एक हमले के लिए काफ़ी हैं, न ही नक्सलियों को किसी हमले से पहले केन्द्रीय नेताओं की अनुमति चाहिए। "मुझे अपने इलाक़े में पुलिस के आने की सूचना मिलती है तो मैं क्या करूँगा? बड़े लोगों से पूछता हूँ, तो ख़त ही सुरक्षित ज़रिया है, लेकिन ये बारह से बहत्तर घण्टे लेगा। मैं इन दिनों वॉकी-टॉकी पर भरोसा कर नहीं सकता...इसलिए मैं तुरन्त अपने कैडर इकट्ठे करूँगा, पोज़ीशन लेकर हमला कर दूँगा," रजनू मण्डावी बतलाता है। कई बार तो सिर्फ़ चार-पाँच लड़ाके हमले के लिए पर्याप्त होते हैं। "हमें सिर्फ़ एक इम्प्रोवायज़्ड एक्स्प्लोसिव डिवाइस या क्लेमोर माइन ही तो लगानी है—उसमें विस्फोट करो और फायर कर दो। अगर आईईडी लगाने का समय न हो तो सिर्फ़ फायर कर दो। पहले बर्स्ट में क़ुछेक पुलिसवाले मारे जायेंगे। बचे हुए लोगों में भगदड़ मच जायेगी। कुछ भाग जायेंगे, अपने हथियार पीछे छोड़ जायेंगे। पूरा हमला दसेक मिनट में ख़त्म हो जायेगा," रजनू कहता है।

बड़े हमलों की तैयारी काफ़ी पहले से होती है, नक़्शे पर रणनीति बनायी जाती है। रजनू कई साल पहले ऐसे एक हमले में शामिल था जो घण्टों चला था, लेकिन उस दौरान उसने सिर्फ़ बारह गोलियाँ चलायी थीं। "हम पुलिसवालों की तरह गोलियाँ बरबाद थोड़े कर सकते हैं।"

माओवादियों के पास हथियार भले ठीक-ठाक हों, कारतूसों की हमेशा कमी रहती है। हरेक गोली सँभल कर ख़र्च होती है। बन्दूक़ चलाने का अभ्यास एयरगन और गुब्बारों से होता है।*

लूटे हुए हथियार गुरिल्ला दस्ता अपने पास नहीं रखता। हरेक गोली की रपट वरिष्ठ नेताओं तक पहुँचाई जाती है जो तय करते हैं किस इकाई को कितना असलहा देना है। माओवादियों के पास पुलिस से छीनी बढ़िया रायफ़लें हैं, लेकिन एक दस्ते में आधे से भी कम लड़ाकों के पास आटोमेटिक रायफ़लें होती हैं। बाक़ी सब .303 रायफ़ल या सिंगल शॉट और .12 बोर की बन्दूक़ रखते हैं—इनमें से आख़िरी दो माओवादी ख़ुद ही बना लेते हैं। इस जंगल में बन्दूक़ें बनाने की इकाइयाँ भी हैं, नक्सलियों का कुटीर उद्योग।

और हाँ, कोई भी चीज़ बम में बदली जा सकती है। पेन, ग्लास, कैमरा, बरतन। किसी भी डिब्बे या डिबिया में ज़िलेटिन की डंडियाँ डालीं, थोड़ा बारूद मिलाया, कस कर बन्द किया और तार से जोड़ दिया। बस।

दुनिया कमबख़्त बम होती जा रही है।

माओवादियों के इतने समर्पण के बावजूद क्रान्ति असम्भव दिखाई देती है। उन्हें मालूम है कि क्रान्ति से पहले वे मारे जायेंगे। "यह दीर्घकालीन लड़ाई है। मैं मर जाऊँगा लेकिन क्रान्ति होकर रहेगी," लगभग सभी कहते हैं। लेकिन 'लाल क़िले

---

* इस मसले पर सरकारी अज्ञान का एक ताज़ा उदाहरण भीमा-कोरेगाँव केस में देश की सर्वोच्च जाँच संस्था नेशनल इन्वेस्टिगेशन एजेंसी द्वारा अक्टूबर 2020 में दाख़िल दस हज़ार पन्नों का आरोप-पत्र है। संस्था विचित्र दावा करती है कि एक 'संगठित तन्त्र' माओवादियों को विदेशों से हथियार मुहैया करवाता है, जबकि पिछले कई दशकों में किसी देश से माओवादियों को हथियार पहुँचने का कोई सबूत नक्सल अभियान में जुटी किसी राज्य की पुलिस के पास नहीं है। नक्सल कैम्प में पुलिस मुख़बिर हैं, उनके ऐम्बुश वीडियो उपलब्ध हैं। पुलिस अक्सर ज़ब्ती भी करती है। चुनिन्दा पत्रकार अन्दर गये हैं। विदेशी रायफ़ल छुप थोड़े पायेगी? लेकिन आज तक ऐसी कोई रायफ़ल किसी ने नक्सलियों के पास नहीं देखी है।

समूचे माओवादी इतिहास में सिर्फ़ दो-चार सन्देहास्पद रायफ़लों की बरामदगी हुई है। झारखण्ड के हज़ारीबाग में 2012 में एक अमरीकी एम-16 दो लोगों के पास बरामद हुई थी, वे कथित तौर पर इसे माओवादियों को बेचने जा रहे थे। यह रायफ़ल भारतीय पुलिस या अर्धसैनिक बलों के पास नहीं है, लेकिन पाकिस्तान के पास है। झारखण्ड पुलिस ने पाकिस्तान की किसी भूमिका से इनकार कर दिया था। 2018 में एक जर्मन जी-3 रायफ़ल सुकमा से बरामद हुई थी, जिसके उद्गम का कोई सुराग़ आज तक छत्तीसगढ़ पुलिस नहीं खोज पायी है।

दूसरे, विदेश से हथियार की आपूर्ति भारी संख्या में होगी, एकाध बन्दूक़ तो आयेगी नहीं। अगर एनआईए के अनुसार पाकिस्तान की आईएसआई माओवादियों को हथियार दे रही है, तो वे रायफ़ल हैं कहाँ? माओवादी उन्हें इस्तेमाल क्यों नहीं कर रहे? ऐसा तो होगा नहीं कि वे मारक असॉल्ट रायफ़ल इमली के नीचे गाड़ कर मरियल सिंगल-शॉट बन्दूक़ प्रयोग करते रहेंगे?

पर लाल झण्डे का ख़्वाब' बड़ा भुरभुरा है। कुछेक के सिवाय किसी को मालूम भी नहीं कि लाल क़िला कहाँ है। अधिकांश के लिए यह सिर्फ़ "जल, जंगल और ज़मीन" को बचाने की लड़ाई है।

कांकेर ज़िले का नरेश रावघाट एरिया कमेटी का सदस्य है। रावघाट की मिट्टी में बेहतरीन लोहा है। किसी अन्य इलाक़े में सरकार नागरिक की ज़मीन लेने से पहले उनसे संवाद और मोलभाव करती है, लेकिन यहाँ बीएसएफ की बटालियन आ जाती है। "आप मेरी ज़मीन चाहते हो। मैं मना करता हूँ, आप हज़ार बन्दूक़धारी मेरे घर के बाहर तैनात कर देते हो। आख़िर क्या करूँगा मैं?"

वह कभी बेफ़िक्र युवक हुआ करता था। एक दिन पुलिस ने मुख़बिरी के आरोप में पकड़ लिया, जेल में मारा-पीटा। "बाहर आकर मुझे लगा ज़िन्दा रहना है तो नक्सली बन जाया जाये।"

लेकिन अगर क्रान्ति कहीं दिखाई नहीं देती तो फिर वे मँडराती मृत्यु के ख़ौफ़ के साथ कैसे जीते हैं? अपने जंगल को बचाने की हसरत और 'इतिहास में दर्ज' हो जाने का निरीह ख़्वाब। "अगर कोई गाँववाला मरता है तो उसे सिर्फ़ उस गाँव के लोग याद रखते हैं। मैं मारा गया तो आप सभी मुझे याद रखोगे। पार्टी मेरे ऊपर किताबें लिखेगी, पेम्फलेट छपवायेगी," एक नक्सली कहता है।

सिर्फ़ तीन दशक में आन्ध्र से आये माओवादी नेताओं ने बस्तर का सांस्कृतिक संविधान बदल दिया है। उन्होंने आदिवासी को फ़ॉरेस्ट गार्ड और पटवारी के सितम से मुक्ति दिलायी, उनके अधिकारों के बारे में जागरूक किया, सत्ता के बरअक़्स खड़ा होना सिखलाया, लेकिन अपनी विचारधारा भी इस जंगल में रोप दी। इतिहास से परे जंगल की समानान्तर सृष्टि में सदियों से जीते आये मनुष्य पर अचानक 'क्रान्ति का ऐतिहासिक दायित्व' आ गिरा। बूढ़ा देव को पूजते और घोटुल में झूमते आये मनुष्य की चेतना पर लेनिन और माओ ने क़ब्ज़ा कर लिया। प्रेम, परिवार और देवता क्रान्ति की राह में बाधा हो गये। विचारधारा ने जंगल को जकड़ लिया। 'इतिहास के बहीखाते में दर्ज होने का संघर्ष' आदिवासी का एकमात्र आदर्श बन गया।*

---

* इतिहास विचित्र लीला रचता है। बस्तर के विद्रोहियों की इस कथा का आख़िरी इस्लाह शिमले के राष्ट्रपति भवन की उस स्टडी में, काँच के उस गोलघर में लिखा गया था जो कभी अँग्रेज़ गवर्नर का निजी कार्यालय हुआ करता था। इस राजसी इमारत में कभी स्वतन्त्रता-सेनानियों और क्रान्तिकारियों पर क़ाबू पाने की रणनीति बनायी जाती थी। यहीं से हिन्दुस्तान संचालित होता था। पृथ्वी की एक बटा पाँच आबादी, एडन से लेकर बर्मा तक का भूगोल इसी स्टडी से नियन्त्रित होता था, जिसकी काँच की ऊँची खिड़कियों से सूर्योदय और सूर्यास्त अन्दर डेस्क पर उतर आते थे।

जंगल की मृत्यु-कथा पहाड़ पर पूरी होनी थी।

लेकिन सभी मृत्यु कहाँ याद रह पायेंगी। कॉमरेड मंगल कुछ साल पहले मुठभेड़ में मारा गया था। माओवादियों ने उसके गाँव बालिबेड़ा में बड़ा-सा स्मारक बना दिया, लेकिन ग्रामीणों ने उसका नाम खुरच कर मिटा दिया। "उन्हें लगा पुलिस को पता चल जायेगा वह यहाँ रहता था," काली धोती पहने उसकी छोटी बहन सिमरी अपने बच्चे को गोद में लिए स्मारक की तरफ़ इशारा करती है।

निरीह लम्हों में वे स्वीकारते हैं कि उनकी नियति मंगल से अलग नहीं होगी। भारतीय सत्ता अपार बलशाली है, उन्हें देर-सवेर कुचल देगी। पार्टी के पेम्फलेट कम पड़ते जायेंगे। शहर धीरे-धीरे जंगल में आ जायेगा, गाँववाले शहर की तरफ़ बढ़ते जायेंगे। गाँव की घेराबन्दी कर वे शहर की तरफ़ कभी नहीं जा पायेंगे, लेकिन अब वापस लौटने का कोई रास्ता नहीं, इस लड़ाई का कोई विकल्प नहीं।

बाहरी दुनिया उनके भुरभुरे स्वप्न से बहुत दूर चली गयी है। जो लड़ाके पार्टी के साथ दसेक वर्षों से हैं और घण्टों तक 'दीर्घकालीन लड़ाई' और 'नव-उपनिवेशवाद' पर बोल सकते हैं, एक रात 'नव-उपनिवेशवादी अमेरिका' के बारे में सकुचाते हुए पूछते हैं।

"अमरीका कहाँ हैं?" पपीते की सब्ज़ी और भात के बाद आग सेंकती एक महिला गुरिल्ला पूछती है। वह और बाक़ी सभी यह जान अचम्भित हैं कि पृथ्वी गोल है और इसलिए अमेरिका इस जंगल के ठीक दूसरी तरफ़ है और वहाँ इस वक़्त दिन निकला हुआ होगा। अधिकांश गोंड आदिवासी कैडर जंगल से कभी बाहर नहीं निकले हैं, शहर के सामान्य उपकरणों के बारे में भी नहीं जानते।

"मैंने सुना है शहर में गर्मियों के लिए कोई चीज़ (पंखा) होती है? क्या है वह?" एक नक्सली पूछता है। दूसरे को भरोसा नहीं होता कि शहर में खाना गैस पर बन जाता है, लकड़ियाँ काटने की ज़रूरत नहीं पड़ती।

"रायपुर कितना बड़ा है? कितने घर हैं वहाँ? कितनी गाड़ियाँ हैं?" एक अन्य पूछता है।

उन्हें मालूम है कि इन सवालों के जवाब हासिल किये बग़ैर ही वे मर जायेंगे। "बाहर निकलते ही मारा जाऊँगा। अब तो क्रान्ति के बाद ही बाहर जाना हो पायेगा," जयलाल कहता है।

मुझे एक पुरानी घटना याद आ गयी। जब सुकमा कलक्टर अलेक्स पॉल मेनन अप्रैल 2012 में माओवादियों की क़ैद में थे, एक युवा गुरिल्ला उनके पास एक विनती लेकर आया था—"साहब, हैंडपम्प मैकेनिक का आवेदन दिया है। बाहर जाकर ज़रा देख लीजिएगा।" जिस लड़ाके को मेनन की पहरेदारी का दायित्व

दिया गया था, वह इस निरीह क्षण अपने जीवन और क्रान्ति का मुरझाता चेहरा अपने बन्दी के सामने उघाड़ रहा था।

"रास्ता खो जाने पर हम किसी राहगीर से पूछ लेते हैं या किसी साइनपोस्ट इत्यादि के ज़रिये घर पहुँच जाते हैं लेकिन परिन्दे? अगर अपने झुण्ड में उड़ता शाम को घर लौटता परिन्दा कहीं भटक कर खो गया तो? जिन बादलों को उसने जाते वक़्त रास्ते में देखा होगा वे अपना रूप बदल चुके होंगे या शायद वहाँ नहीं होंगे?" एक शाम आकाश को देखते हुए मैंने जयलाल और नरेश से पूछा।

यह तीन मार्च थी।

"ये तो बड़ी बात हो गयी। हाँ...कैसे खोजेगा रास्ता?" जयलाल बोला।

एक बौखलाया तोता हमारे ऊपर हवा में गोल-गोल चक्कर काट रहा था, आकाश को अपनी चीख़ से बींधते हुए। हमें लगा कि वह रास्ता खो चुका है लेकिन हम उसकी कोई मदद नहीं कर पायेंगे।

उस तोते को देखते हुए मुझे कुछ दिन पहले की एक सुबह याद आ गयी। उससे पिछली रात आकाश अचानक बहुत नीचे, एकदम हमारे ऊपर उतर आया था। वृक्ष, टहनियाँ, पत्तियाँ, समूचा जंगल न मालूम कैसे और कहाँ ग़ायब हो गया था। मैंने जयलाल को दिखाया, वह भी अचम्भित। कहाँ जाकर खोजा जाये महुए के वृक्षों को? जंगल के ग़ायब हो जाने की कोई वजह हमें समझ न आयी। सिर्फ़ आकाश था—विराट, असीम, अकेला, किसी परछाईं के बग़ैर।

उदास।

ऐसा पहले कभी न था।

इस बीच गणपति के साथ इंटरव्यू के अनेक आश्वासन के बाद उनके क़रीबी सिपहसालार चम्बला रविन्द्र उर्फ़ अर्जुन का ख़त आता है। अर्जुन ने अफ़सोस जताया कि इस बार तो सम्भव नहीं है लेकिन "आशा करता हूँ" कि "जल्द से जल्द" हो जायेगा। *इतना दिन रुकने के बाद भी आपका काम सफल नहीं हुआ, we are sorry for this*—उनके ख़त के आख़िरी शब्द थे।

सबसे क़द्दावर और सम्मानित माओवादियों में शुमार अर्जुन ने कुछ ही महीने बाद तेलंगाना पुलिस के सामने अपनी पत्नी वेट्टी अड़िमे के साथ समर्पण कर दिया। माओवादी समर्पण की प्रक्रिया के मद्देनज़र जहाँ अपने सतर्क गुरिल्ला साथियों के बीच रहते हुए पुलिस से मुख़बिरों के ज़रिये सम्पर्क साधने और फिर चुपके से जंगल छोड़ बाहर निकल जाने में बहुत वक़्त लगता है, कह सकते हैं

कि जब अर्जुन ने मुझे अपने बॉस के साक्षात्कार की आश्वस्ति देते हुए ख़त लिखा था, शस्त्र-विदाई की आकांक्षा उनके भीतर जन्म ले चुकी थी और उन्होंने इस मसले पर पुलिस से बातचीत शुरू कर दी थी।

मेरी माओवादियों से अनेक विषयों पर नियमित बहस होती है—राज्य, लोकतन्त्र, क्रान्ति। 2013 में जयलाल ने जन अदालत बुलायी थी। कोंगेर गाँव के निवासी कवासी चन्द्रा को पुलिस का मुख़बिर होने के आरोप में उसके माँ-पिता, बीवी और बच्चों के सामने जयलाल के आदेश पर क़रीब दो सौ गाँववालों ने पीट-पीट कर मार डाला था। जब जयलाल ने कहा कि यह सज़ा गाँववालों ने तय की थी क्योंकि वे कवासी के ज़रिये सबको सबक़ सिखाना चाहते थे, मैं पूछता हूँ : "तब आप लोगों और पुलिस में क्या फ़र्क़ रहा? आप कैसे पुलिस पर आरोप लगा सकते हो कि वह आदिवासियों को मारती है?"

जयलाल आकाश की तरफ़ देखता है। तोतों का एक झुण्ड शाम को घर लौट रहा है। लम्बी चुप्पी के बाद वह सफ़ाई देने की कोशिश करता है लेकिन फिर कहता है—"आप सही हैं। यह ग़लत है।" लेकिन तुरन्त जोड़ देता है, "शायद इसे बड़े नेता ही तय कर सकते हैं।"

रामधेर भी स्वीकारते हैं कि दरभा हमले के दौरान छत्तीसगढ़ कांग्रेस अध्यक्ष नन्द कुमार पटेल और उनके बेटे दिनेश की हत्या भयंकर भूल थी। "एक दिन पहले ही पटेल ने फ़र्ज़ी मुठभेड़ के ख़िलाफ़ वक्तव्य दिया था। जब हमने उनकी हत्या की ख़बर रेडियो पर सुनी, तो हमें लगा—ओह, ये क्या किया।"

हमेशा चर्चा को तैयार, माओवादी अपनी विचारधारा और कार्य-प्रणाली में कमियों को अक्सर स्वीकार लेते हैं। जब वे माओ को उद्धृत करते हैं, "पूँजी ख़राब होती है। काम के लिए मिला पैसा मनुष्य को भ्रष्ट बना देता है," मैं पूछता हूँ—"मुझे मासिक तनख़्वाह मिलती है। अगर मैं अच्छा काम करूँगा, मुझे अधिक मिलेगा। क्या आपको लगता है मैं भ्रष्ट हूँ? जो कुछ माओ कह गये हैं, उसे आप क्यों मानते हो?"

"हम इसकी चर्चा बड़े नेताओं से करेंगे।"

उनकी कई वैचारिक स्थापनाएँ प्रश्नांकित की जा सकती हैं, लेकिन चूँकि सत्ता उनसे संवाद करना और इस लड़ाई को समझना नहीं चाहती, आदिवासी गुरिल्ला हथियार को अन्तिम विकल्प मान लेते हैं।

अधिकांश लड़ाकों की ज़िन्दगी जंगल में चुक जाती है। बतौर ग्रामीण उनका जीवन महुआ, सल्फ़ी, भात, इमली की चटनी में सिमट जाता था। अब हथियार हाथ में है और महुए के बजाय मृत्यु की प्रतिपल प्रतीक्षा है।

पिछले दसेक सालों में अपना सामान बेचने के लिए शहर नज़दीक आता गया है। जंगल के निवासी का शहर से सम्पर्क थोड़ा बढ़ा है, लेकिन उसका शहर पर सन्देह बना हुआ है। बिजली भले न हो, लेकिन शहर की सीमा से लगे कुछ घरों में बैटरी, टीवी और डीटीएच आ गये हैं। डीटीएच इस जंगल का संविधान पलट कर रख देगा। अबुझमाड़ को टीवी चैनल से पहले कई अन्य चीज़ों की दरकार थी।

कुछ बड़े माओवादियों के पास सोलर बैटरी हैं जिनसे वे लैपटॉप पर पुलिस पर हमले के वीडियो लड़ाकों को दिखाते हैं। उनके समर्थकों द्वारा उनके आन्दोलन पर बने प्रोपेगेंडा वृत्तचित्र और *किंग कॉन्ग* जैसी फ़िल्में भी दिखायी जाती हैं। एक दिन एक वरिष्ठ माओवादी मुझे तीन पेन ड्राइव देता है। इसमें कई सारे वीडियो हैं। इसके बाद रोज़ रात मेरा लैपटॉप किसी ऊँची चट्टान पर रख दिया जाता है, पूरा दस्ता ध्यान लगाकर देखता है।

किसी को याद आता है कि इस हमले में उसने भी गोलियाँ चलायी थीं, उस हमले में उसका कॉमरेड दोस्त मारा गया था। एक कथा स्क्रीन पर चलती है, कई कथाएँ लड़ाकों के भीतर ध्वनित होने लगती हैं। वे ख़ुद को स्क्रीन पर टटोलते हैं—थोड़ी देर बाद मैं दिखाई दे जाऊँगा...उस झाड़ी के पीछे मैं छुपा हुआ था...वहाँ से मैं बचकर भागी थी।

एक रात मैं थिओ एन्जिलोपोलस की फ़िल्म *युलिसिस गेज़* चलाता हूँ। उन्हें इसकी भाषा और सब-टाइटल्स समझ नहीं आते, लेकिन वे इसके दृश्यों पर मुग्ध हो जाते हैं, ख़ासकर जब लेनिन की महाकाय सफ़ेद मूर्ति पूर्वी यूरोप में तोड़ी जाती है। लैपटॉप हमारे कैम्प की सबसे महत्त्वपूर्ण वस्तु बनते ही मेरा सम्मान बढ़ जाता है। माओवादी बेसब्री से रात का इन्तज़ार करते हैं। कभी उन्हें छेड़ने के लिए मैं जानबूझ कर लैपटॉप चलाने में देरी करता हूँ कि बैटरी ठीक नहीं बैठ रही, तार ढीला है, ये सॉकेट काम नहीं कर रहा, दो लकड़ी और चाहिए, मोटी नहीं पतली जिससे तार सॉकेट में चला जाये, पतली नहीं मोटी जिससे बैटरी को थोड़ा ऊपर टाँग दूँ, चाकू से तार थोड़ा छील दो, ज़रा टॉर्च दिखाओ, टॉर्च मुँह पर नहीं मेरे हाथ पर दिखाओ। गुरिल्ला सामान लाने चारों तरफ़ भागते हैं। लड़कियाँ आदमियों को डाँटती हैं कि सामान लाने में देर क्यों लगा रहे हो। मैं सतर्क रहता हूँ कि मेरी शरारत उन्हें मालूम न पड़ जाये। वैसे अगर पता चल भी गया तो हम अब इतने क़रीब आ गये हैं कि वे पलट कर बड़ी शरारत करेंगे, नाराज़ नहीं होंगे।

लैपटॉप के अलावा मासिक भोज का भी इन्तज़ार बना रहता है। हरेक दस्ते के लिए महीने में एक बार 'मटन' का प्रावधान है। पार्टी इसके लिए अलग से पैसा देती है। वह रात जश्न की होती है। मेरे जाने का दिन तय हो गया है, लेकिन 'मटन' का दिन अभी नहीं आया। वे मुझे भव्य विदाई देना चाहते हैं। तीन हफ़्तों से उनके साथ हूँ। हमने कितना कुछ आपस में कहा-साझा किया है जो कभी कहीं दर्ज नहीं किया जा सकेगा। साथ खाना खाया, लकड़ियाँ काटीं, नदी में नहाये, भालू और मच्छरों का मज़ाक़ उड़ाते हुए आकाश के नीचे सोये, एक-दूसरे पर हँसे। मुडको को देख अचम्भित हुए। उन्होंने मेरी शेविंग क्रीम से दाढ़ी बनायी। मैंने उनसे गोंडी, उन्होंने मुझसे हिन्दी के शब्द सीखे। मँडराती मृत्यु के कितने लम्हे साथ बिताये—हमारी स्मृति पर दर्ज़ मृत्यु की नक़्क़ाशी शायद कभी नहीं धुँधलायेगी।

कल मुझे जाना है। लेकिन आज रात 'मटन' कैसे बन सकता है? पार्टी फंड से असमय पैसा कैसे निकाला जाये? माओवादी तय करते हैं कि सेंट्रल कमेटी को बाद में समझा देंगे, लेकिन उन्हें अपने मेहमान को विदाई देनी है। जब वे मुझे चहकते हुए बताते हैं कि आज फेयरवेल 'मटन' है और उन्होंने दो गुरिल्ला गाँव भेज दिये हैं, मैं यह कहकर उनका दिल तोड़ देता हूँ कि मैं मांस नहीं खाता।

उन्हें क़तई भरोसा नहीं। कोई आख़िर 'मटन' के बग़ैर कैसे रह सकता है? शहर में लोग कैसे रहते हैं? लेकिन विदाई तो देनी है, और तब कोई सुझाता है कि मेरे लिए जलेबी मँगवाई जाये। बाज़ार कई घण्टे दूर है, एक गाँववाले को तुरन्त साइकिल पर रवाना किया जाता है। जब तक पहले ही कई दिन पुरानी जलेबी आती हैं, वे सूख कर पीली पड़ चुकी हैं। हम सब ज़मीन पर बैठ जलेबियाँ खाते हैं। सृष्टि पर मेरी आस्था सघन होती जाती है।

अगले दिन मैं रायपुर के लिए लम्बी और उदास यात्रा पर निकल पड़ा। मेरी रूह झुलस चुकी थी, लेकिन मेरा पिट्ठू बैग हल्का हो गया था। मैं अपना काफ़ी सामान माओवादियों को दे आया था—दवाइयाँ, मच्छरदानी, साबुन, शैम्पू, शेविंग किट। जंगल की स्मृतियों के सिवाय मुझे कुछ नहीं सूझता था, लेकिन बाहरी दुनिया भी मेरी प्रतीक्षा कर रही थी। नारायणपुर सीमा में आते ही मैंने पहला फ़ोन घर किया। बहन मेरी आवाज़ सुनकर रोने लगी। मैंने उससे शादी की तैयारियों के बारे में पूछा। जल्द ही मैं दिल्ली की फ़्लाइट पर था, जहाँ मैंने उन अबुझमाड़ दिनों की आख़िरी डायरी लिखी थी।

14 मार्च, दुपहर 12.30, इंडियन एक्सप्रेस का दफ़्तर, दिल्ली।

सम्पादकों का इन्तज़ार कर रहा हूँ। अबुझमाड़ से बाहर आते ही उन्होंने मुझे दिल्ली बुला लिया। तीन फ्रेम जड़ी ब्लैक एंड व्हाइट तस्वीर दफ़्तर की दीवार पर टँगी हैं—संजीव सिन्हा, प्रिया चन्द्रशेखर और विजय प्रताप सिंह। हर तस्वीर के नीचे दो तारीख़ और दो वाक्य दर्ज हैं—किस तरह उनकी ऑन ड्यूटी मृत्यु हुई। अगर मेरी तस्वीर चौथे फ्रेम में आती है, नीचे क्या लिखा जायेगा? मेरा कौन-सा सहकर्मी उन वाक्यों को लिखेगा, कौन उन्हें कॉपी एडिट करेगा?

(फ़रवरी-मार्च 2014, अबुझमाड़)

पाँच

छह

मरीचिका

क्या आप हमारे बुद्धिजीवी बनोगे?

मैं भौचक रह गया।

हमारी सबसे बड़ी कमज़ोरी यही है—हमारे पास कोई बुद्धिजीवी नहीं है।

वह बिहार सीमा पर झारखण्ड का कोई जंगल था। सोलह अप्रैल 2013, चतरा ज़िले का लावालोंग ब्लॉक। मेरे चारों तरफ़ सोलह से तीस की उम्र के क़रीब पच्चीस युवक एके-47 और इंसास रायफ़ल लिए तैनात थे। पेड़ों के झुरमुट में हम तीन बैठे थे—मैं, आक्रमण उर्फ़ रविन्दर गंजू और गुड्डू उर्फ़ सागर जिसका असली नाम मुझे कोई बताने को राज़ी नहीं था। थोड़ी देर पहले तृतीय सम्मेलन प्रस्तुति कमेटी (टीएसपीसी) के इन दोनों सेनापतियों ने अपने युवा लड़ाकों की मेरे सामने हथियारबन्द क़वायद करवाई थी, यह साबित करने के लिए कि वे माओवादियों से कमतर नहीं हैं।

इनमें से कई कुछ बरस पहले तक एमसीसी यानी माओवादी कम्युनिस्ट सेंटर ऑफ़ इंडिया और सीपीआई (माओवादी) के कैडर हुआ करते थे, लेकिन वैचारिक मतभेद की वजह से पार्टी छोड़ी और अपना अलग अलगाववादी संगठन टीएसपीसी बना लिया। झारखण्ड के चतरा और लातेहार ज़िले में इनकी काम-भर की पकड़ और अकड़ थी। पुलिस माओवादियों के ख़िलाफ़ इन्हें भिड़ाती थी, भिड़ने में मदद करती थी। परिवर्तन के दावों के बावजूद क्रान्ति का लक्ष्य इस संगठन की वैचारिक, मानसिक और सामरिक पहुँच से बहुत दूर था, कभी पहुँच में आने के आसार भी नहीं थे। बस कामचलाऊ गुण्डई कर लेते थे—हफ़्ता वसूली टाइप, अमूमन पुलिस की छाया में।

माओवादियों से अलग हुए ऐसे संगठन झारखण्ड में अनेक हैं जो बेरोज़गार और अशिक्षित युवाओं को लुभाते हैं। आक्रमण का दल अचानक निगाह में आया जब अट्ठाईस मार्च को इन छोकरों ने दस माओवादी चतरा ज़िले में ठोंक

दिये, क़रीब दो दर्जन बन्दी बना लिए। हाथ बँधे, असहाय बैठे माओवादियों की ऐसी तस्वीर शायद ही किसी ने देखी थी। इतने सारे माओवादियों को एक साथ आन्ध्र प्रदेश के सिवाय किसी राज्य की पुलिस भी कभी नहीं निबटा पायी थी। कौन हैं ये? इतनी ताक़त और असलहा कहाँ से आया?

हफ़्ता भर चतरा, लातेहार और राँची में भटकने के बाद ग्यारह अप्रैल को इस प्रतिबन्धित संगठन के मुखिया ब्रजेश गंजू से लम्बी मुलाक़ात हुई, वापस रायपुर लौट गया। परसों यानी चौदह अप्रैल को किसी का फ़ोन आया कि वे मुझे अपने अड्डे पर ले जाना चाहते हैं। तुरन्त रायपुर से निकला, पन्द्रह की दुपहर चतरा में उनकी बताई जगह पर पहुँचा, और आज सोलह को मुझे जंगल ले जाया गया।

अपने संगठन का इतिहास और माओवादियों के साथ अपने झगड़े को बताने के बाद आक्रमण और गुड्डू अचानक बोले, "हमारी सबसे बड़ी कमज़ोरी है कि माओवादियों की तरह हमारे पास कोई बुद्धिजीवी नहीं है...क्या आप हमारे बुद्धिजीवी बनोगे?"

मैं भौचक—"मैं सिर्फ़ एक ख़बरनवीस हूँ...इससे अधिक कुछ नहीं।"

"मीडिया और बुद्धिजीवी का यही तो काम है...आप लोगों के बग़ैर माओवादी यहाँ तक थोड़े पहुँच पाता," वे बोले।

वे जानते थे कि माओवादी पूरे देश में फैले हुए हैं, लेकिन वे झारखण्ड के सिर्फ़ दो-तीन ज़िलों तक सीमित हैं। पुलिस ने उन्हें पोसना बन्द किया तो उन्हें नष्ट होते देर नहीं लगेगी, इसलिए वे अपनी शक्ति बढ़ाना चाहते थे। जहाँ गाँव और जंगल के निवासी किसी गुरिल्ला आन्दोलन के लिए ज़मीनी लड़ाई लड़ते हैं, शहरी बुद्धिजीवी ऐसे प्रतिबन्धित संगठनों का नैतिक और वैचारिक आधार प्रस्तावित कर लड़ाई की अनिवार्यता स्थापित करते हैं। इस आधार के बग़ैर माओवादी इतना आगे नहीं जा सकते थे। चतरा के इन युवकों की भी यही आकांक्षा थी, जबकि जंगल के दूसरे किनारे पर बैठा उनका मुखिया कुछ और चाहता था।

"बुद्धिजीवी कौन होता है...क्या आप बुद्धिजीवी लोग दख़ल दे इस लड़ाई को ख़त्म नहीं कर सकते?"

यह ब्रजेश गंजू था। स्याह, कठोर चेहरा, टोपी के नीचे से बिखरते कड़े और घुँघराले बाल। क़रीब दो दशकों से छापामार लड़ाई लड़ने के बाद वह टूट चुका था, बाक़ी जीवन पत्नी और बच्चे के साथ बिताना चाहता था।

"हम हिंसा नहीं चाहते, लेकिन जैसे ही हम हथियार रखेंगे माओवादी हमें मार देगा...अगर मरना ही है तो लड़ कर मरेगा। ख़ुद भी मरेगा, बेटा को भी बन्दूक़ सिखायेगा।"

"हमारा कोई भविष्य नहीं...या तो माओवादी मारा जायेगा या मैं," वह बोला।

पुलिस भी नहीं चाहती कि वे लड़ाई छोड़ दें। "अभी हथियार नहीं डालने हैं," हमारी बातचीत के दौरान पुलिस का ब्रजेश को सन्देश आता है। माओवादी टीएसपीसी को 'पुलिस का पालतू कुत्ता' कह बुलाते हैं।

जंगल में बैठे सागर हँसते हैं, "हमें भी सुनने में आता है कि पुलिस हमारा इस्तेमाल कर रही है। लेकिन इसका उल्टा भी सच हो सकता है—हम उन्हें इस्तेमाल कर रहे हों। हम अभी शुरुआत कर रहे हैं। इस समय पुलिस के साथ लड़ाई नहीं चाहते।"

ब्रजेश सिर्फ़ बीस-इक्कीस का था जब एमसीसी के साथ कई साल रहने के बाद 2001 में अलग हो गया था। उस जैसे कई और लड़ाके धीरे-धीरे बाहर आये, और जब 2004 में एमसीसी और कम्युनिस्ट पार्टी ऑफ़ इंडिया (मार्क्सवादी-लेनिनवादी) पीपल्स वार उर्फ़ पीडब्ल्यू ने मिलकर सीपीआई (माओवादी) का गठन कर लिया, 2005 के आसपास ब्रजेश और उसके साथियों ने टीएसपीसी बना लिया।

हालाँकि टीएसपीसी के लड़ाके इसे जाति की लड़ाई नहीं कहना चाहते, लेकिन ब्रजेश गंजू समेत उनके दल के अनेक लड़ाके अनुसूचित जाति के हैं, जबकि एमसीसी के जिस नेतृत्व के ख़िलाफ़ उन्होंने विद्रोह किया था, उस पर यादवों का आधिपत्य था। भारतीय जाति व्यवस्था इतनी अविजित और अभेद्य संरचना है कि उग्र वामपन्थी आन्दोलनों को भी इसने चरमरा दिया है। अगर यादव-बहुल एमसीसी से ये दलित नक्सली प्रतिरोध बतौर अलग न हुए होते, शायद झारखण्ड में क्रान्तिकारी आन्दोलन के भीतर कहीं अधिक एकता बनी रहती। आपसी लड़ाई में ख़ून कम बहता और राज्य में नक्सल आन्दोलन इतनी जल्दी नहीं बिखरता।

पिछले चार दशकों से बिहार-झारखण्ड और दण्डकारण्य माओवादी आन्दोलन की दो प्रमुख रणभूमि रहे हैं, लेकिन दोनों में बुनियादी फ़र्क़ है। समूचे दण्डकारण्य में सिर्फ़ एक संगठन है, सीपीआई (माओवादी), जबकि बिहार-झारखण्ड में एक-दूसरे के कट्टर दुश्मन अनेक उग्र वाम दल हैं। पुलिस इनकी लड़ाई मज़े से देखती है, इस उम्मीद में कि माओवादी की आधी ताक़त इनसे जूझने में ख़त्म हो जायेगी। झारखण्ड की सत्ता और नागरिक सीपीआई (माओवादी) व अन्य संगठनों में

अमूमन कोई फ़र्क़ नहीं करते। केन्द्रीय गृह मन्त्रालय को जाती झारखण्ड पुलिस की सालाना रिपोर्ट में पीपल्स लिबरेशन फ्रंट ऑफ़ इंडिया जैसा सिर्फ़ दो-तीन ज़िलों में केन्द्रित विशुद्ध गुण्डा संगठन जिसका एकमात्र धन्धा हफ़्ता वसूली और अपहरण है, माओवादियों के साथ 'लेफ़्ट-विंग एक्स्ट्रीमिज़म' की क़तार में जगह पाता है।

दोनों रणभूमियों का फ़र्क़ इस प्रचलित अवधारणा को नकारता है कि राजनीतिक अस्थिरता ग़रीबी के साथ मिल क्रान्तिकारी हिंसा को जन्म देती है। ग़रीबी सामान्य हिंसा का कारण बन सकती है, क्रान्ति से उसका अनिवार्य सम्बन्ध नहीं है। जिस वर्ष माओवादियों ने पीपल्स लिबरेशन गुरिल्ला आर्मी की स्थापना की थी, उसी 2000 में झारखण्ड और छत्तीसगढ़ का गठन हुआ था। दोनों राज्यों के अनेक इलाक़े बेइन्तहा ग़रीब थे, आज भी हैं। झारखण्ड की राजनीति अत्यन्त अस्थिर रही है। 2014 में आयी बहुमत की सरकार से पहले इस राज्य ने पिछले तेरह साल में आठ मुख्यमन्त्री और तीन बार राष्ट्रपति शासन देख लिया था। इसके विपरीत छत्तीसगढ़ में मज़बूत मुख्यमन्त्री रहे हैं, आज 2021 तक यानी पिछले इक्कीस वर्षों में सिर्फ़ तीन। बस्तर में केन्द्रीय बल भारी मात्रा में उतार दिये जाने के बावजूद गुरिल्ला लड़ाकों ने दण्डकारण्य पर अपना क़ब्ज़ा कायम रखा है, झारखण्ड में वे उखड़ रहे हैं।

"हमने वर्ग संघर्ष से शुरुआत की थी, लेकिन हम बिखर गये। बिहार और झारखण्ड में हमारा आन्दोलन भूमिहीन का ज़मींदार के विरुद्ध आक्रोश का प्रतीक था, क्रान्ति का सपना नहीं था। जैसे ही भूमिहीन को ज़मीन मिली वे दूसरी दिशाओं में चलते गये...पार्टी उन्हें दिशा नहीं दे पायी। अब जन आन्दोलन भी नहीं रहा है, सिर्फ़ हिंसक घटनाएँ करते हैं," पलामू के सतीश कुमार कहते हैं। वह 1982 में पीडब्ल्यू उर्फ़ पीपल्स वार से जुड़े थे, पच्चीस साल हथियार चलाया, फिर पार्टी छोड़ दी। 2009 का चुनाव झारखण्ड मुक्ति मोर्चा की टिकट पर लड़ा, फिर ऑल झारखण्ड स्टूडेंट यूनियन से जुड़ गये।

बिहार-झारखण्ड के कई माओवादी चुनावी राजनीति में उतर आये हैं। रंजन यादव उर्फ़ दिनकरजी ने एमसीसी और पीडब्ल्यू के लिए दो दशक लड़ाई लड़ी थी। झारखण्ड-छत्तीसगढ़ की सीमा पर रायफ़ल लेकर घूमते थे। 2009 का लोकसभा चुनाव चतरा से सीपीआई (एमएल) लिबरेशन और 2010 का विधानसभा चुनाव पांकी से राष्ट्रीय जनता दल की टिकिट पर लड़ा। "भ्रष्ट लोग पार्टी में आ गये थे, इसलिए मैं अलग हो गया," वह कहते हैं। उनका गनमैन ललन राम भुइयां कई दशकों तक एमसीसी में था, ढेर सारा लहू फैलाया, फिर पार्टी छोड़ दी।

सबसे प्रमुख नाम है कामेश्वर बैठा। वह दो दशक तक सीपीआई (माओवादी) समेत तमाम प्रतिबन्धित संगठनों के नेता रहे, अनेक हत्याओं और मुठभेड़ में नाम आया। पकड़े गये, जेल से ही 2009 का लोकसभा चुनाव झारखण्ड मुक्ति मोर्चा की टिकिट पर जीत गये। 2014 के चुनाव से पहले मोदी लहर के दौरान भाजपा में आये, लेकिन वहाँ टिकिट न मिलने पर तृणमूल कांग्रेस में चले आये।

झारखण्ड में अलगाववाद और राजनीति की रेखाएँ बड़ी धुँधली हैं। टीएसपीसी के अनेक लड़ाकों के रिश्तेदार राजनीति में हैं। संगठन के नम्बर दो नेता कोहराम उर्फ़ लक्ष्मण गंजू की बीवी ममता देवी ज़िला परिषद की अध्यक्ष है, झारखण्ड विकास मोर्चा की सदस्य भी।

ब्रजेश का छोटा भाई गणेश गंजू लावालोंग में नेतागिरी करता है। गणेश ने 2009 का विधानसभा चुनाव झारखण्ड मुक्ति मोर्चा से लड़ा था, कुछ समय बाद भाजपा में आया और फिर 2014 का चुनाव झारखण्ड विकास मोर्चा की टिकिट पर सिमरिया से जीत गया, बाद में फिर भाजपा में शामिल हो गया।

मुहब्बत और नज़ाकत में डूबी उसकी आवाज़ सुन विश्वास नहीं होता कि उसका बड़ा भाई किसी प्रतिबन्धित संगठन का मुखिया है। गणेश के उल्टे हाथ की हथेली ग़ायब है—बहुत पहले हाथ में बम फट गया था। कलाई से नीचे का सामान उड़ गया। नीचे आती सख़्त बाँह अचानक मांस के लौंदे में ख़त्म हो जाती है। वह इसी हाथ से चकाचक मोटरसाइकिल चलाता है। हथेली और उँगलियाँ नहीं हैं, लेकिन क्लच न जाने कैसे दबा लेता है। मोटरसाइकिल में अगर स्कूटर की तरह उल्टे हाथ में गियर होते, वह गियर भी बदल देता। जब वह मुझे मोटरसाइकिल पर बिठा लावालोंग घुमा रहा था, फ़ोन लगातार उसकी गर्दन और कन्धे के नीचे दबा हुआ था। मैं डर रहा था कहीं लुढ़का न दे। उसे देख सर्वेश्वरदयाल सक्सेना की कविता *मंटू बाबू* याद आती है, जिसके नायक के दाहिने हाथ की तर्जनी पुलिस ने तोड़ दी कि वह पिस्तौल का घोड़ा न दबा सके। लेकिन मंटू बाबू हँसते हैं क्योंकि वह अपनी बीच की उँगली से मस्त गोली चला सकते हैं।

झारखण्ड के समाज में गहरी समाई राजनीति भी माओवादी आन्दोलन के बिखरने की वजह बनी। इक्यासी सीट की छोटी-सी विधानसभा के लिए कम-से-कम छह प्रमुख दल और इतने ही छोटे दल संघर्ष करते हैं, जबकि छत्तीसगढ़ में सिर्फ़ दो प्रमुख दल हैं, एकाध क्षेत्रीय दल कुछेक सीटों तक सीमित हैं।

बस्तर के कई हज़ार वर्ग किलोमीटर के इलाक़े में राजनीति और प्रशासन लगभग अनुपस्थित हैं। इस शून्य में माओवाद अपनी प्रयोगशाला आसानी से बना सकता था। उत्तर-पश्चिम झारखण्ड में सरकार लम्बे समय तक लड़खड़ाती रही, सुदूर इलाक़ों में बिजली नहीं आयी, लेकिन राजनेता ढेर सारे थे। जनता के पास भड़ास निकालने के लिए एक खिड़की हमेशा थी—पड़ोस में रहता नेता, जो वोटर को अपने पास रखने, उसे किसी प्रतिबन्धित संगठन के पास जाने से रोकने के लिए कुछ भी कर सकता था। जब जन आक्रोश राजनीतिक स्पेस में व्यक्त होगा, जनता के बीच अपनी पकड़ बनाने और वोट लेने के लिए नेता अपने क्षेत्र के हर कोने में जायेगा, राजनीति कितनी ही समस्या और संकटग्रस्त हो, सशस्त्र क्रान्ति के सपने के लिए ज़रूरी खाद जो राजनीतिक शून्य से उपजती है नहीं मिल पायेगी, आक्रोश असन्तोष में तब्दील हो चुनाव के ज़रिये अभिव्यक्ति पाकर हल्का पड़ जायेगा। जब असन्तुष्ट लोग पार्षद और विधायक के पास अपने काम करवाने जायेंगे, वह उन्हें ले कलक्टर के पास या राजधानी जायेगा, क्रान्ति कहाँ से होगी?

यही स्थिति अन्य राज्यों में है। 2004 के एमसीसी-पीडब्ल्यू विलय के बाद सतीश को माओवादियों की उत्तर बिहार, उत्तर प्रदेश और उत्तराखण्ड स्पेशल एरिया कमेटी का सचिव बनाया गया था। माओवादियों को लगता था कि उस इलाक़े का पिछड़ापन उनके विस्तार के लिए अनुकूल था, लेकिन ऐसा नहीं हुआ क्योंकि उस भूगोल में राजनीति गहरे तक धँसी थी। "वहाँ करने के लिए कुछ ख़ास नहीं था," सतीश कहते हैं।

वह उन चुनिंदा क्रान्तिकारियों में थे जो सीपीआई (माओवादी) की 2007 में हुई नवीं कांग्रेस में शामिल हुए थे। "झारखण्ड को रियर बेस बनाने का आह्वान किया गया था। हमें लगता था कि यह सम्भव है, लेकिन यह नहीं हुआ और अब शायद कभी नहीं होगा," वह उन दिनों को याद करते हुए कहते हैं। "दण्डकारण्य में माओवादियों के अमूमन परिवार नहीं हैं, बच्चे तो हैं ही नहीं। बिहार-झारखण्ड में सामन्तवाद की वजह से पारिवारिक रिश्ते बहुत मज़बूत हैं। कैडर के अन्दर वापस लौटने की इच्छा हमेशा बनी रहती है," वह बोले। सतीश ख़ुद पच्चीस साल बाद अपने परिवार के पास लौट आये थे।

झारखण्ड और बिहार के कॉमरेड लड़ाकों की ज़िन्दगी एक पैटर्न में चलती है। पहले अंडरग्राउंड हो जायेंगे, बन्दूक़ उठा कुछ साल लड़ाई लड़ेंगे, फिर परिवार के पास लौट आयेंगे या जेल चले जायेंगे, वापस आ फिर हथियार उठा लेंगे।

यह चक्र अरसे तक चलता है, बच्चों और बीवी के सम्पर्क में आ क्रान्ति का सपना दूर होता जाता है, आख़िर में वे पूरी तरह वापस लौट आते हैं। "कौन परिवारवाला हिंसा करना चाहेगा?" ब्रजेश गंजू कहते हैं।

इसे नेतृत्व के फ़र्क़ बतौर भी देख सकते हैं। आन्ध्र के कॉमरेड अपना परिवार छोड़ कर आये थे, लम्बे वक़्त तक विद्यार्थी आन्दोलन में ढले थे। उनके सिखलाये पाठ बस्तर का निवासी देर तक याद रख पाया। झारखण्ड और बिहार के युवकों में ऐसा सैद्धान्तिक समर्पण नहीं था।*

"नक्सलवादी वह जो व्यवस्था को नहीं मानता, हथियार उठाता है, हफ़्ता वसूलता है," चतरा के आलोक गुप्ता कहते हैं, जो इस इलाक़े के पढ़े-लिखे युवकों में हैं, हाल ही बैंक अधिकारी का इम्तिहान पास किया है।

इसके विपरीत बस्तर में कई लोग मानते हैं कि माओवादी न्याय और अधिकार की लड़ाई लड़ रहे हैं। तेलंगाना में माओवादियों की याद में अनेक जगह स्मारक बने हुए हैं, लोग उन्हें शहीद कह पुकारते हैं। बस्तर में सरकारी अधिकारी भी कभी कह देते हैं कि नक्सल आन्दोलन ने जंगल को काफ़ी हद तक बचाये रखा है, नहीं तो खनिज कम्पनियाँ पूरा जंगल खा चुकी होतीं।

उग्र वामदलों की आपसी लड़ाई ने भी माओवादी आन्दोलन को झारखण्ड में कमज़ोर किया है। 24 जून 2012 को सीपीआई (माओवादी) ने झारखण्ड के प्रतिबन्धित संगठनों से आपस में न लड़ने की अपील करते हुए पुलिस के ख़िलाफ़ संयुक्त मोर्चा बनाने की अपील की थी। "हम तीन महीने का एकतरफ़ा युद्ध-विराम घोषित करते हैं और आप सबसे वार्ता के लिए अपील करते हैं,"

---

* अनेक शीर्षस्थ क्रान्तिकारियों की जन्मभूमि रहे आन्ध्र प्रदेश में हिंसा तो थम गयी है, लेकिन जन समर्थन बरकरार है। 24 अगस्त 2014 को सीपीआई (माओवादी) की दसवीं वर्षगाँठ मनाने के लिए क़रीब सौ तेलुगु लेखक, पत्रकार और अध्यापक हैदराबाद के एक प्रमुख सभागार में एकत्र हुए, क्रान्ति का आह्वान किया। उपस्थित लोगों में साहित्य अकादेमी पुरस्कार से सम्मानित कवि के.एस. रेड्डी भी थे। हॉल के बाहर स्टॉल पर बिकती किताबें माओवादियों के जीवन और उपलब्धियों का गुणगान करती थीं। यह अकेला सम्मेलन नहीं था। इसके बाद आन्ध्र प्रदेश और तेलंगाना में महीने भर तक इस वर्षगाँठ को मनाया गया।

इस तरह का सार्वजनिक कार्यक्रम अगर भारत में कहीं और हो, पुलिस तुरन्त पहुँच जायेगी, लेकिन देश के प्रमुख सूचना और प्रौद्योगिकी केन्द्र हैदराबाद में यह सामान्य है। कई भूतपूर्व नक्सली यहाँ प्रमुख सरकारी पदों पर बैठे हैं, मसलन तेलंगाना राज्य प्रेस अकादमी के अध्यक्ष अल्लम नारायण। मुझसे बात करते वक़्त वह व्यथित थे कि उनके 'मध्यवर्गीय परिवेश' ने उन्हें पार्टी छोड़ने को मजबूर कर दिया। "उन्होंने (नक्सलियों) जनता के लिए बहुत क़ुर्बानियाँ दी हैं। मेरे मन में उनके लिए बहुत सम्मान है। उनकी हिंसा को मैं सत्ता के अत्याचार की प्रतिक्रिया मानता हूँ," वह बोले।

बिहार-झारखण्ड स्पेशल एरिया कमेटी के प्रवक्ता गोपाल ने कहा। हथियार-बन्दी एक महीने नहीं चली, लेकिन इसने माओवादियों के आन्तरिक संकट को उघाड़ दिया। माओवादी इन संगठनों को 'प्रतिक्रियावादी' और 'क्रान्ति-विरोधी' कहते आये हैं। उन्होंने पुलिस के साथ एकतरफ़ा युद्ध-विराम की घोषणा शायद कभी नहीं की, लेकिन इन मामूली संगठनों को वार्ता के लिए बुलाने का अर्थ था कि जिस राज्य को वे बस्तर के बाद अपने दूसरे 'रियर बेस' में बदलना चाहते थे, जहाँ वे मानते थे कि 'भौतिक परिस्थितियाँ' क्रान्ति के लिए कहीं अनुकूल थीं, वहाँ वे लुढ़क रहे थे।

झारखण्ड कभी बस्तर नहीं बन सकता था।

बुद्धिजीवी के समर्थन के बाद भी नहीं।

सात

मृत्यु-कथा

जिस 'नक्सली साहित्य' के आधार पर अनेक लोग गिरफ़्तार होते हैं, दरअसल कुछ संज्ञाओं के इर्द-गिर्द रचा गया पुलिस का हास्यास्पद तर्क है। जब किसी के ख़िलाफ़ किसी प्रतिबन्धित गतिविधि में शामिल होने का सबूत नहीं होता तो पुलिस ज़ुर्म के प्रमाण-स्वरूप अक्सर उसके पास से 'नक्सली साहित्य' की ज़ब्ती दिखा देती है। लोहे का काला बक्सा अदालत में पेश होता है, उसके बाद थाने के मालख़ाने में बन्द हो जाता है।

फ़रवरी 2012 में भिलाई के निवासी दीपक परगनिहा की कलकत्ता में गिरफ़्तारी के बाद पुलिस ने उनकी पत्नी रेखा को भिलाई में गिरफ़्तार किया। दोनों को 'नक्सलवाद का शहरी चेहरा' घोषित किया। दीपक स्टील अथॉरिटी ऑफ़ इंडिया लिमिटेड के भिलाई स्टील प्लांट में कार्यरत पुरस्कार-विजेता इंजीनियर थे। अचानक 2009 में ग़ायब हो गये। पुलिस का कहना था कि वह सीपीआई (माओवादी) की केन्द्रीय तकनीकी कमेटी के सदस्य थे। रेखा के घर से बड़ा दिलचस्प 'नक्सली साहित्य' बरामद हुआ—भगत सिंह,* मार्क्स, एंगेल्स और ब्रेष्ट की प्रसिद्ध कविताओं के पिक्चर पोस्टकार्ड। *"क्या ज़ुल्मतों के दौर में गीत गाये जायेंगे/हाँ, ज़ुल्मतों के दौर के ही गीत गाये जायेंगे।" "तुम्हारे पंजे देखकर डरते हैं बुरे आदमी/तुम्हारा सौष्ठव देखकर ख़ुश होते हैं अच्छे आदमी/यही सुनना चाहूँगा अपनी कविता के बारे में।"*

एक ख़ाकीधारी ने अपने बॉस से पूछा—इसमें 'नक्सली' क्या है? बॉस ने हड़का दिया। ऐसा नहीं उसकी दुश्मनी है अभियुक्त से, वह पूरी शिद्दत से मानता है कि यह प्रतिबन्धित साहित्य है, किसी के घर से इनकी बरामदगी उसका माओवादी होना साबित करती है।

---

* भारतीय राजनीति की लीला निराली है। जिस भगत सिंह की लेखनी को कभी 'नक्सल साहित्य' माना जाता था, दक्षिणपन्थी अब उन्हें अपने ख़ेमे में लाने के लिए कड़ी मेहनत कर रहे हैं।

आरोप और अपराध इन्सान की तलाश में हैं। इतने कठोर संविधान के शिकंजे में काफ़्का के किरदार खुद को पाते थे। *इन द पीनल कॉलोनी*। बस्तर।

ख़ाकीधारी से बहस कीजिए, वह पूरी निष्ठा से बतलायेगा कि वह समाज को भयमुक्त करने और आपकी सुरक्षा के लिए इन कठिन इलाक़ों में अपना तबादला करा कर आया है। बात आगे बढ़ेगी तो भारतीय दण्ड संहिता और भारतीय संविधान, जिसकी कई प्रतियाँ उसकी कुर्सी के पीछे बुक-शेल्फ़ में चमकती हैं, आपके सामने बिछा देगा। हाँ, यह नहीं बतलायेगा कि वह एक किताब की इतनी प्रतियाँ क्यों रखता है।

उसकी नादानी पर तरस खाइये या उसके विरोध में लिखिये। वह ख़ुद को आपका एकमात्र रक्षक समझता है। कैसा भी प्रतिरोध, जब तक संविधान-सम्मत न हो यानी मानवाधिकार आयोग से आये नोटिस की शक्ल में न हो, उसकी संवैधानिक चमड़ी को खुरचता तक नहीं।

संविधान की शपथ लिए पुलिस अधिकारी, भले वह शपथ बहुत बेईमान साबित हुई हो, चीज़ों को अक्सर सिर्फ़ दो अर्थों में समझता है—संविधान-सम्मत या संविधान-विरोधी। कविता भी संविधान की रक्षा के लिए होगी या तोड़ने के लिए। वह कोई क्रूर या बर्बर ख़ाकीधारी नहीं, ईमान और इन्सानियत से लबरेज़ मनुष्य भी हो सकता है।*

---

* पुलिस का एक अन्य चेहरा भी है। रणभूमि में पत्रकारिता अक्सर पुलिस की मदद के बग़ैर मुश्किल है। जंगल में इंटरनेट, फ़ैक्स, स्कैन की सुविधा नहीं होती, एसपी या कलक्टर के दफ़्तर से ख़बर भेजी जाती हैं। थाने के जनरेटर से कैमरा और लैपटॉप की बैटरी चार्ज होती है।

पुलिस जानती है जो ख़बर ख़बरनवीस उसके कम्प्यूटर पर टाइप कर रहा है, प्रशासन के विरोध में जायेगी, काग़ज़ चोरी-छुपे स्कैन कर रहा है, दरअसल थाने की किसी फ़ाइल से उड़ाये हुए हैं, तस्वीरें मेल से भेज रहा है, हवालात में मारे गये किसी क़ैदी की हैं जो अख़बार में छपते ही पमाड़ा हो जायेगा, लेकिन थानेदार अनदेखा कर देता है। अगर सिपाही इशारा भी करे तो कहता है : “मीडियावाले हैं... अपना काम कर रहे हैं...सबका भला होगा।”

ये वे दुर्लभ क्षण हैं जब ख़ाकी अपने धर्मग्रन्थ को परे कर आपको उसकी आलोचना का अवसर देती है। ऐसे ही एक वर्दीधारी हैं राजिन्द्र कुमार विज, छत्तीसगढ़ के वरिष्ठ आईपीएस अधिकारी। यह अध्याय उन्हें बड़े सम्मान से याद करता है।

लेखक और बुद्धिजीवी अक्सर पुलिस का मज़ाक़ उड़ाते हैं। लेकिन अगर क्रूर मानी जाने वाली ख़ाकी अपने संविधान में अपवाद और आपातकाल का स्थान बचाये हुए है, ख़ुद को संवेदनशील और सयाना मानते लेखक और सामाजिक कार्यकर्ता को भी पुलिस के प्रति अपने अविश्वास पर पुनर्विचार कर उससे संवाद का स्पेस खोजना चाहिए। आख़िर कितने कवि आपको अपने घर में सम्मान से बिठाएँगे, मेज़-कुर्सी, काग़ज़-पैन, कम्प्यूटर-स्कैनर देंगे कि आप उसके विरोध में लिख उसकी बेईमानियों को बेनक़ाब कर सकें?

बस्तर को समझ पाने में सत्ता की नाकामी का एहसास मुझे 2012 की गर्मियों में हुआ। बस्तर के अन्दरूनी गाँवों के कई बच्चे कम उम्र में पढ़ाई छोड़ देते हैं। सरकार इसका आरोप माओवादियों पर लगाती है। इस मसले को टटोलते हुए दन्तेवाड़ा कलक्टर ओमप्रकाश चौधरी ने पाया कि गोंडी बच्चों को पढ़ाई जाती हिन्दी वर्णमाला और इसकी अनेक संज्ञाओं का जंगल के जीवन और संस्कृति से कोई वास्ता नहीं। ओमप्रकाश चौधरी ने नयी वर्णमाला और किताबें लिखवाईं। आ से आम के बजाय आक (गोंडी में पत्ता), ई से ईख के बजाय ईरु (गोंडी में महुआ), द से दड़म (छाया), य से यायो (माँ), ऋ से ऋम्मा (नीबू)। इसके लेखक की रचनात्मकता देखिए कि ज्ञ और क्ष, दो ध्वनियाँ जो गोंडी में नहीं हैं, वर्णमाला में नहीं रखी गयीं।*

आज भी भारत में पढ़ाई जा रही अँग्रेज़ी वर्णमाला के कुछ अक्षरों का स्थानीय संस्कृति से कोई वास्ता नहीं। मसलन एक्स से जायलोफ़ोन। पता नहीं कितने भारतीय अपनी ज़िन्दगी में जायलोफ़ोन देख पाते हैं, लेकिन वर्णमाला चली आ रही है। कैरेबियाई देशों में विलियम वर्ड्सवर्थ की कविता *डैफ़ोडिल्स* पर ज़बरदस्त विमर्श हुआ है। उत्तर-औपनिवेशिक कैरेबियाई लेखकों ने अपने भूगोल में अनुपस्थित फूल पर कविता स्कूली पाठ्यक्रम में रखने के औचित्य पर प्रश्न किया और इस औपनिवेशिक चंगुल का प्रतिकार करने के लिए पद गढ़ा–'डैफ़ोडिल्स कॉम्प्लेक्स'।

हमें तमाम जगहों का साहित्य पढ़ना चाहिए, लेकिन अगर कोई पाठ्यक्रम स्थानीय संस्कृति की उपेक्षा करेगा तो विद्यार्थी और पाठ्य-पुस्तकों के बीच खाई बनती जायेगी, जैसा बस्तर में हुआ है।

स्कूल की प्राथमिक कक्षाओं में कुछ विषयों पर निबन्ध लिखने को कहा जाता था–दीपावली, मेरा प्रिय खिलाड़ी, मेरा घर इत्यादि। एक निबन्ध गाय पर भी होता था। हिन्दी में अक्सर इसकी पहली पंक्ति होती थी–गाय हमारी माता है। लेकिन यही निबन्ध अँग्रेज़ी में लिखते वक़्त पहला वाक्य होता था–द काउ इज़ अ डोमेस्टिक एनिमल।

---

* वैसे भाषा का प्रश्न बड़ा जटिल है। गोंडी के साथ आदिवासी की अन्य आकांक्षाएँ भी हैं। सुकमा का एक बाईस वर्षीय युवक मेरा अच्छा दोस्त था। हम अक्सर बाइक से जंगल में घूमते थे। वह मेरे साथ आन्ध्र प्रदेश और ओड़िशा भी गया। दसवीं तक पढ़ा वह अँग्रेज़ी सीखने को बेताब था। अक्सर मुझसे अँग्रेज़ी के वाक्य पूछा करता। एक बार उसने पूछा : "क्या तुम मुझसे प्यार करती हो को अँग्रेज़ी में कैसे कहेंगे?" "यह जानकर क्या करोगे?" मैंने कहा। "अगर मैं उससे अँग्रेज़ी में पूछूँगा तो उसे वीआईपी फ़ील होगा।"

बचपन की मेरी वह क्लास और उत्तर प्रदेश के शहर पीछे रह गये, तमाम महानगरों में रह लिया, अमरीका और यूरोप घूम आया, विश्व साहित्य और सिनेमा की थोड़ी समझ है, गाय पर हो रही राजनीति का घनघोर विरोधी हूँ, लेकिन आज भी हिन्दी में यह नहीं कह-लिख पाऊँगा कि 'गाय एक पालतू पशु है', जिस तरह अँग्रेज़ी में नहीं कह पाऊँगा कि 'द काउ इज़ माय मदर'।

किसी भूगोल का सांस्कृतिक कोश उसकी भाषा में गूँजता है। भाषा मनुष्य को स्मृति और मिथक देती है। इसके शब्द और ध्वनियाँ संस्कृति को रचते हैं। भाषा की गर्भनाल से जुड़ा मनुष्य इससे जुदा हो जाने पर विस्मृति की तरफ़ चलता जाता है।

अनेक हिन्दी-भाषी गाय के प्रति कोई संवेदना नहीं रखते, गोमांस खाते हैं—और उन्हें इसका पूरा अधिकार है। लेकिन अँग्रेज़ी से हिन्दी में आते ही गाय पर विमर्श जटिल हो सकता है। आप गाय की राजनीति का विरोध और गोमांस खाने के अधिकार का समर्थन करेंगे, लेकिन भाषा बदलते ही गाय का स्वरूप बदल सकता है।

हिन्दी प्रदेश के जिस इलाक़े में मैंने जन्म लिया, वहाँ गैया पशु नहीं थी। वह गलियों में, मुहल्ले के किनारे मज़े से बैठी जुगाली करती थी, उसके जबड़ों से फेन टपकता रहता था। उसके साथ बचपन का रिश्ता है। उसकी गर्दन के नीचे लटकते गुलगुले मांस को देर तक सहलाया है। माँ सुबह की पहली रोटी गैया के लिए निकाला करती थी। हम गैया को खोजने जाते, उसे ललचाते हुए रोटी उसके आगे कर देते। वह आगे बढ़ झपट्टा मार छीन लिया करती थी। बचपन में बछिया और बछड़े का अन्तर समझ नहीं आता था। बछड़े को रोटी खिला देने पर माँ डाँटती थी। कई साल बाद अमरीका के एक 'काउ फार्म' में गया। वह एकदम अजनबी प्राणी नज़र आती थी—हट्टी-कट्टी ज़बर। भीमकाय, ख़ूँखार। हिन्दी की गैया याद आयी जिसकी आँखों में मासूमियत और निरीहता तिरती है। मुझे लगा कैसे कोई अमरीकी काउ की गर्दन सहला सकता है...

मृगया

नब्बे के दशक में रायपुर के पत्रकार प्रफुल्ल झा ने कुछ निबन्धों के अनुवाद किये थे। जनवरी 2008 में उन्हें गिरफ़्तार करते वक़्त पुलिस ने घोषित किया कि वे निबन्ध 'नक्सल साहित्य' की श्रेणी में आते थे। यही अनुवाद वह एकमात्र सबूत और अपराध था जिसके लिए उन पर राजद्रोह का मुक़दमा चला, जुलाई 2013 में सात साल की सज़ा हुई। उनके घर से ज़ब्त हुए 'प्रतिबन्धित साहित्य' में *प्रेमचन्द की सर्वश्रेष्ठ कहानियाँ* भी थीं।

यह मुक़दमा छत्तीसगढ़ में नागरिक समाज की अनुपस्थिति का भी सूचक है। इस अनुपस्थिति ने सरकार को आम नागरिक पर 'अर्बन नक्सल' का ठप्पा लगाने की सहूलियत दी और माओवादी भी बेफ़िक्र हो बस्तर की आदिवासी भूमि को अपनी प्रयोगशाला बना सके।

आन्ध्र प्रदेश का उदाहरण बतलाता है कि एक सजग नागरिक समाज क्रान्तिकारियों और राज्य के बीच प्रतिरोधक सेतु की तरह काम करता है, दोनों पक्षों को आत्मचिन्तन पर बाध्य कर, अपनी जड़ मान्यताओं को त्याग वार्ता करने के लिए प्रेरित करता है। इसके उलट छत्तीसगढ़ में बहुत कम लेखक, पत्रकार, अध्यापक रहे हैं जिन्होंने राज्य या माओवादियों पर सवाल उठाये हैं। शान्ति वार्ता के लिए ज़मीन तैयार करने में छात्र आन्दोलन बहुत महत्त्वपूर्ण हो सकते हैं, लेकिन वह भी छत्तीसगढ़ में अनुपस्थित रहे हैं।

आदिवासी और नक्सल मसले पर छत्तीसगढ़ में काम करने वाले लगभग सभी लोग बाहर से आये हैं, इसलिए सरकार उन्हें आसानी से नज़रअन्दाज़ कर देती है। छत्तीसगढ़ में कार्यरत कई मीडिया घराने तमाम व्यापारों में लिप्त हैं—कोयला, लौह खनिज, बिजली संयन्त्र। यह पत्रकारिता अपने व्यावसायिक हित साधने का ज़रिया बन जाती है।

जब प्रफुल्ल जनवरी 2008 में सात अन्य लोगों के साथ गिरफ़्तार हुए, वह साठ पार कर चुके थे। छत्तीसगढ़ पुलिस ने इस केस को "माओवादियों के

शहरी नेटवर्क को तोड़ने में मिली सबसे बड़ी सफलता" घोषित किया था। लेकिन अदालत ने प्रफुल्ल को न तो नक्सली, न किसी प्रतिबन्धित संगठन का सदस्य माना। उनकी इंटेरोगेशन रिपोर्ट के अनुसार प्रफुल्ल "गाँधीवादी थे जिन्होंने न हिंसा का सहारा लिया न समर्थन किया"। इसके बावजूद जुलाई 2013 में प्रफुल्ल छत्तीसगढ़ के पहले पत्रकार बन गये जिन्हें राजद्रोह और देश के ख़िलाफ़ युद्ध छेड़ने के आरोप में सज़ा हुई। किसी पत्रकार की एकदम बेबुनियाद आरोपों पर हुई सज़ा पर राज्य की मीडिया में कोई प्रतिरोध नहीं हुआ।

उन अनुवादों की कथा भी विचित्र है। नब्बे के दशक में *दैनिक भास्कर* के रायपुर दफ़्तर में प्रफुल्ल ख़ाली समय में कुछ निबन्धों का अनुवाद किया करते थे, जिसे उनके सहकर्मी 'माओवादी साहित्य' मानते थे। जब मैं उनसे रायपुर जेल में 2013 में मिला, वह हँसने लगे। "वह माओवादी साहित्य नहीं था। मैंने *इकनॉमिक एंड पोलिटिकल वीकली* के एक विशेषांक से नेपाल के माओवादियों पर कुछ निबन्धों का हिन्दी में अनुवाद किया था, इन्हें बाद में पुस्तिका के रूप में प्रकाशित भी करवाया—*लोकतन्त्र की डगर पर नेपाल।*"

रायपुर उन दिनों मुफ़स्सिल शहर हुआ करता था। प्रफुल्ल जिन दोस्तों से राजनीति और अर्थशास्त्र पर चर्चा किया करते थे, उनमें युवा वकील विजय रेड्डी उर्फ़ के.आर. रेड्डी भी थे। रायपुर में कम लोग रेड्डी की असलियत जानते थे, लेकिन प्रफुल्ल अनभिज्ञ नहीं थे। आन्ध्र प्रदेश के करीमनगर ज़िले के निवासी विजय अपनी पत्नी शान्ति प्रिया उर्फ़ मालती के साथ भिलाई में रहते थे। वह दिसम्बर 2007 में भूमिगत हो गये, और तब जाकर भेद खुला कि वह दरअसल गुड़सा उसेंडी थे, सीपीआई (माओवादी) की दण्डकारण्य स्पेशल ज़ोनल कमेटी के प्रवक्ता, जिस पद को बाद में सुखदेव ने सँभाला (सुखदेव की कथा इस किताब में आगे आयेगी)। जनवरी 2008 में माओवादियों को हथियार और अन्य सामग्री मुहैया कराने के आरोप में प्रफुल्ल के साथ कुछ और गिरफ़्तारियाँ भी हुईं—उनका बेटा प्रतीक झा, शान्ति प्रिया और उनकी दोस्त मीना चौधरी, और चार अन्य। चार साल बाद, अप्रैल 2012, अपहृत सुकमा कलक्टर अलेक्स पॉल मेनन की रिहाई के बदले जिन लोगों की आज़ादी माओवादियों ने माँगी उनमें मालती, मीना और प्रफुल्ल भी थे। शायद विजय रेड्डी दोस्ती का ऋण चुकाना चाहते थे।

प्रतीक का अपराध भी तय नहीं था। प्रतीक विजय को माल ढुलाई के लिए वाहन उपलब्ध कराता था। जब प्रतीक फन्दे में आया, पिता की गिरफ़्तारी होनी ही थी। "अगर कोई इन्सान अपने पिता के दोस्त के साथ ऐसी गतिविधियों में लिप्त है, पिता भी लपेटे में आ जायेगा," एक पुलिस अधिकारी ने मुझे बताया।

अदालत ने हालाँकि कहा कि प्रतीक भी माओवादी नहीं था, लेकिन इसे पिता की ईमानदारी कहिए कि मुझसे बात करते हुए प्रफुल्ल ने स्वीकारा कि प्रतीक को मालूम होना चाहिए था कि वह किसके लिए काम कर रहा था।

पुलिस स्वीकारती थी कि प्रफुल्ल ने सिर्फ़ कुछ अनुवाद किये थे, लेकिन कहती थी कि उनकी गिरफ़्तारी और सज़ा 'दूसरों को पाठ सिखाने' के लिए ज़रूरी थी। किसी आरोपी की इंटेरोगेशन रिपोर्ट अमूमन अदालत में दिये उसके बयान से विपरीत होती है। पुलिसवाले केस मज़बूत बनाने के लिए कई सारी बातें आरोपी से कहलवा देते हैं जिन्हें वह जज के सामने झुठला देता है। लेकिन इंटेरोगेशन रिपोर्ट में दर्ज प्रफुल्ल का बयान, अदालत में उनका बचाव और मुझे दिया उनका लम्बा साक्षात्कार एक-सी बात कहते थे। उनकी इंटेरोगेशन रिपोर्ट में उनके ख़िलाफ़ रत्ती भर सबूत नहीं था।

प्रफुल्ल ने नृतत्वशास्त्र में एमए और 'पलायन व सांस्कृतिक परिवर्तन' पर शोध किया था। वह पीपल्स यूनियन ऑफ़ सिविल लिबर्टीज़ के साथ अरसे तक जुड़े रहे थे। उन कुछ वर्षों के सिवाय जब वह *दैनिक भास्कर* और *द हितवाद* जैसे अख़बारों के सम्पादकीय विभाग में थे, प्रफुल्ल अमूमन फ्रीलांस पत्रकार रहे आये। कुछ अनियतकालीन पत्रिकाएँ भी सम्पादित कीं।

उनके मित्र विजय रेड्डी पीडब्ल्यू के शीर्षस्थ कॉमरेड थे जिन्हें छत्तीसगढ़ में शहरी आन्दोलन के विस्तार का दायित्व दिया गया था। जब विजय के क्रान्तिकारी साथी बस्तर में सेना खड़ी कर रहे थे, वह अस्सी के दशक में रायपुर आ गये, पण्डित रविशंकर शुक्ल विश्वविद्यालय से विधि की डिग्री ली, कई पत्रकारों से दोस्ती की और भिलाई में घर बना लिया। विजय के लेख और साक्षात्कार छत्तीसगढ़ के अख़बारों और न्यूज़ चैनल में आया करते थे। 'माओवादियों का अर्बन नेटवर्क' अभी चलन में नहीं आया था, तमाम पत्रकार आराम से बस्तर में उनके अड्डों पर चले जाया करते थे।

उन दिनों रायपुर और भिलाई में अनेक वरिष्ठ माओवादी रहते थे, जो 2008 के आस-पास भूमिगत हुए। इन शहरी माओवादियों की गतिविधियाँ दण्डकारण्य की गुरिल्ला लड़ाई को पोषण देती थीं। विजय छत्तीसगढ़ के शहरों में क़रीब बीस साल रहे, कई प्रभावशाली लोगों से दोस्ती थी। लेकिन आज पुलिस के पास उनकी कोई तस्वीर नहीं है, सिवाय एक पासपोर्ट-साइज़ फ़ोटो के जिसमें वह वकील की यूनिफ़ॉर्म पहने हैं। उनके भूमिगत होने और मालती की गिरफ़्तारी के बाद उनके बच्चे हैदराबाद चले गये।

जब मैं प्रफुल्ल से जेल में मिला वह अपनी सज़ा के ख़िलाफ़ हाई कोर्ट में अपील दायर करने जा रहे थे, लेकिन उन्होंने विजय के साथ अपनी दोस्ती को निस्संकोच स्वीकारा, जबकि रायपुर के अनेक पत्रकार इस माओवादी प्रवक्ता के बारे में बोलने से कतराते थे। "मैं विजय से पहली बार अक्टूबर 1988 में मिला था। वह क़ानून की पढ़ाई कर रहे थे, ग़ज़ब के विद्यार्थी थे, माओवादी साहित्य प्रसारित किया करते थे," प्रफुल्ल बोले। "विजय माओवादियों के बस्तर कैम्प में कई वरिष्ठ पत्रकारों को ले गये। एक तो उनके लिए लैपटॉप भी ले गया था। लेकिन मैं कभी नहीं गया। मुझे कभी ज़रूरत महसूस नहीं हुई।"

प्रफुल्ल की इंटेरोगेशन रिपोर्ट भी कहती है कि विजय के आग्रह के बावजूद प्रफुल्ल कभी माओवादियों से मिलने नहीं गये।

रायपुर के कई पत्रकारों की विजय से दोस्ती थी, लेकिन गिरफ़्तारी सिर्फ़ प्रफुल्ल की हुई। "मैं फ्रीलांसर था। मेरे पीछे कोई नहीं था। मुझ पर हाथ डालना आसान था।" गिरफ़्तारी के बाद उनके पत्रकार साथियों ने उनसे किनारा कर लिया। "कई पत्रकार हमारे घर आया करते थे। पापा की गिरफ़्तारी के बाद हमने उनसे निवेदन किया कि इस मसले को उठायें, लेकिन किसी ने उनके बारे में नहीं लिखा," उनकी बेटी प्रिया ने मुझसे कहा।

रायपुर जेल में क़रीब सात साल बिताने के बाद प्रफुल्ल जब 27 सितम्बर 2014 को घर लौट रहे थे, तो अपने शहर और उसके आकाश को पहचान नहीं पाये। "क्या ये वही सड़कें हैं?" उन्होंने अपनी पत्नी से पूछा। वह बोलीं, "भरोसा रखो हम रायपुर में ही हैं।"

उनकी रिहाई के कुछ दिन बाद मैं उनसे मिलने उनके घर गया था। प्रफुल्ल दीवार से पीठ टिकाये अपने अनुभव सुनाने लगे। बग़ल में बैठी उनकी पत्नी कविता ने लजाते हुए याद दिलाया कि रिहा होने के ठीक एक दिन पहले उनका उनहत्तरवाँ जन्मदिन था।

इतने बरस बेवजह जेल में रहने के बाद भी उनके मन में कड़वाहट न थी। "मुझे ग़लत सज़ा सुनायी गयी। मैं इसके ख़िलाफ़ लड़ूँगा लेकिन मैंने अपने समय का सदुपयोग पढ़ने के लिए किया," वह बोले। जेल की लाइब्रेरी से जो पहली किताब उन्होंने पढ़ने के लिए मँगवायी थी, वह थी *रामचरितमानस*। उसके बाद बाल गंगाधर तिलक की *गीता रहस्य* और गाँधी की आत्मकथा। "मैं इन किताबों को कई बार पहले पढ़ चुका था। लेकिन जेल की क़ैद के दौरान इन्हें पढ़ते हुए मैंने इनके पन्नों में कहीं गहरा ज्ञान पाया। गाँधी अकेले भारतीय थे जिन्होंने *रामायण* और *गीता* को अपने जीवन में समाहित किया था।"

उन्हें देख बाक़ी क़ैदियों को अचम्भा होता था कि कोई नास्तिक नक्सली आख़िर कैसे धार्मिक साहित्य पढ़ सकता है। वह सबसे बोले—"न तो मैं नक्सली हूँ, न ये किताबें धार्मिक हैं। भारतीय समाज और संस्कृति को समझने के लिए आप भी इन किताबों को पढ़ें।"

वह सुबह जल्दी उठ जाते, पूजा करते। जेल के कर्मचारी उन्हें जल्द ही 'महाराज' बुलाने लगे। "मुझे जेल में बहुत सम्मान मिला," प्रफुल्ल रायपुर जेल अधीक्षक डॉक्टर के.के. गुप्ता की बहुत तारीफ़ करते थे। उनकी रिहाई जनवरी 2015 में होनी थी, लेकिन सज़ा कुछ महीने घटा दी गयी।

जब मैंने कविता से पूछा कि पति और बेटा जेल में थे, इतने कठिन और लम्बे बरस उन्होंने कैसे बिताये तो उन्होंने *रामचरितमानस* की एक चौपाई सुनायी, लेकिन एकाध शब्द ग़लत बोल गयीं। प्रफुल्ल ने तुरन्त उन्हें टोका और शब्दों को सुधार चौपाई को लय में गाया—*"होई है सोई जो राम रचि राखा/को करि तर्क बढ़ावे शाखा।"*

यह 'हार्डकोर नक्सली' माने जाने वाले परिवार का आख़िरी बयान था।*

---

* इस मुक़दमे में बिलासपुर के कपड़ा व्यापारी बन्धु नरेश ख़ूबनानी और रमेश ख़ूबनानी, और रायपुर के दर्ज़ी दयाराम साहू को भी सज़ा हुई थी। उन्हें लेकिन राजद्रोह नहीं, छत्तीसगढ़ सार्वजनिक सुरक्षा अधिनियम की धारा 8 (3) के तहत एक "प्रतिबन्धित संगठन को मदद पहुँचाने" के लिए दोषी ठहराया गया था। ख़ूबनानी बन्धुओं का अपराध था कि उन्होंने विजय रेड्डी को माओवादी वर्दियों के लिए कपड़ा बेचा था, दयाराम ने वर्दियों को सिला था। इन तीनों ने अदालत में कहा कि उन्हें अपने ग्राहक की असलियत का रत्ती भर पता नहीं था। ख़ूबनानी बन्धुओं ने कहा कि उन्होंने कपड़ा किसी सुनील चौधरी को बेचा था, जिसने खुद को रायपुर स्थित इंडस्ट्रीज़ डिटेक्टिव एंड सिक्युरिटी सर्विसेज़ का प्रतिनिधि बताया था।

लेकिन अदालत ने निष्कर्ष निकाला कि चूँकि साहू ने वर्दी पर अपना लेबिल नहीं लगाया, उसे मालूम था कि वह माओवादियों के लिए हैं। ख़ूबनानी बन्धुओं के बारे में अदालत ने कहा : "रायपुर की कम्पनी बिलासपुर से कपड़े क्यों ख़रीदेगी, परिवहन का अनावश्यक व्यय क्यों वहन करेगी? अगर यह मान भी लिया जाये कि आरोपी को नहीं मालूम था कि कपड़ा नक्सलियों के लिए जा रहा है, जब उन्हें अगली बार ऑर्डर मिला उन्हें इसकी पुष्टि करनी चाहिए थी कि डिटेक्टिव सर्विसेज़ कम्पनी का अस्तित्व है या नहीं। चूँकि उन्होंने ऐसा नहीं किया, एकमात्र निष्कर्ष यह निकलता है कि यह जानने के बावजूद कि वर्दियाँ नक्सलियों के लिए हैं, उन्होंने ऑर्डर स्वीकार कर लिया।"

दिलचस्प है कि बिलासपुर रायपुर से सिर्फ़ 120 किलोमीटर दूर है, और राज्य की राजधानी से कहीं बड़ा शहर और बाज़ार रहा है। छत्तीसगढ़ की हाई कोर्ट भी बिलासपुर में है। लेकिन एक पत्रकार, एक दर्ज़ी और कपड़ा व्यापारियों को बेवजह मिली सज़ा पर छत्तीसगढ़ में कोई आवाज़ नहीं उठी। स्थानीय अख़बारों ने पहले पन्ने पर हेडलाइन दी—"हार्डकोर नक्सलियों को सज़ा हुई।"

छह

महुआ

मार्खेज़-सी कथा यह। क़रीब सात साल हुए, पच्चीस साल का अन्नू लाल भण्डारी अबुझमाड़ के इस गाँव में रहता था। मिथकीय गाँव। सागौन, महुए और ताड़ का जंगल। बिजली, फ़ोन कुछ नहीं। महीने में एक बार डाकिया साइकिल पर आता था बाहरी दुनिया का कोई भटका-भूला सन्देसा लेकर।

अन्नू अपने आदिवासी मित्रों संग स्थानीय उत्सवों में डफ, शहनाई बजाता। जंगल की आदिम धुनें। हुनरमन्द था—पंछी, औरत, बच्चे की आवाज़ में बोल सकता था, नाटक में भी रस आता था। एक बार नारायणपुर ज़िला मुख्यालय गया, बैंड बाजे वाली बारात देखी—और बस।

अबुझमाड़ का अर्काडियो बुएन्दिया, वह शहर से 'आधुनिक बाजे' ले आया। कैसियो का पुराना सिंथेसाइज़र भी। ट्रक की बैटरी कहीं से जुगाड़ ली। रोज़ शाम गाँव की चौपाल में झमझमा। पूरे जंगल में हल्ला। अपने साथियों को भी बाजा सिखाया और खोल लिया अबुझमाड़ का पहला ऑर्केस्ट्रा—माँ दन्तेश्वरी क्लब। हज़ारों वर्ग किमी में फैला जो जंगल महुए और इमली की आमदनी और फुटकर खेती पर जीता है, उसका शायद पहला 'व्यवसायी'। बहुत जल्द भण्डारी और उसके दोस्त पूरे माड़ में चर्चित हो गये। दूर जंगल के निवासी उन्हें शादी-त्यौहार पर बुलाने लगे।

उसका काम चल निकला तो उसी गाँव के लड़कों ने दो ऑर्केस्ट्रा पार्टी और खोल दीं—कुडुम तुला और माँ शीतला। कुडुम तुला देव बस्तर वाले देवता का छोटा भाई। शीतला दन्तेश्वरी देवी की कोई दूर की रिश्तेदार।

हज़ार से तीन हज़ार रुपये तक वे आज अपने मेज़बान से लेते हैं। जैसा अवसर, वैसा दाम। दूसरे गाँव के लड़के अन्नू के पास बाजा बजाना सीखने आते हैं।

पन्द्रह किलोमीटर दूर एक गाँव के पटेल ने बतलाया, पूरे माड़ में कहीं पूछो—सोनपुर का बाजा।

(27 मार्च 2012, सोनपुर, अबुझमाड़)

आठ

मृत्यु-कथा

कथा अक्सर असहमति और प्रतिरोध की धात्री होती है। मानव-समुदाय कथाओं के ज़रिये अपनी अस्मिता का उद्घोष कर अपनी चेतना पर आरोपित की जा रही नैतिक और विधिक संहिता का विरोध करते हैं। कहीं यह प्रक्रिया सजग है, प्रकाशित साहित्य का रूप लेती है (मसलन मिलान कुंदेरा की कथाएँ चेकोस्लोवाकिया में सोवियत हस्तक्षेप का विरोध करती हैं), किन्हीं समाजों में यह प्रतिरोध मौखिक आख्यान के ज़रिये एक से दूसरी पीढ़ी तक पहुँचता है।

मध्य भारत के जंगलों में रहते आये अनेक समुदाय हिन्दू देवी-देवताओं को अक्सर लोहे के चिमटे से पकड़ते हैं, उन्हें महुए की लकड़ियों पर भून कर उनका अचार बनाते हैं, संस्कृत कथाओं में ग़ज़ब सेंध मारते हैं। क्या हम कह सकते हैं कि देव-भाषा की सांस्कृतिक शक्ति का प्रतिरोध करने की आकांक्षा संस्कृत कथाओं का रचनात्मक विध्वंस सम्भव बनाती है?

हालाँकि भारत के तमाम इलाक़ों में अनेक समुदाय इन देवी-देवताओं का स्वरूप अपनी कथानुसार बदल लेते हैं। भले ही बहुसंख्यक हिन्दू प्रवृत्ति इन देवी-देवताओं का मानकीकृत रूप प्रस्तावित करे, इनका कोई निर्धारित चेहरा नहीं है। लेकिन पवित्र हिन्दू मिथकों को उलट कर रख देने की प्रवृत्ति शायद उन समुदायों में अधिक दिखती है जो जंगल या अपेक्षाकृत अलक्षित इलाक़ों में रहते हैं, राजसत्ता से प्रश्रय प्राप्त किसी प्रभुत्ववान भाषा के बजाय अपनी कथा मौखिक आख्यानों के ज़रिये कहते हैं, जिन्हें नागरी समाज निचले पायदान पर मानता है, और सर्जनात्मक प्रत्युत्तर ही जिनके प्रतिरोध का सबसे सशक्त माध्यम होता है।

इसका एक विलक्षण उदाहरण छत्तीसगढ़ के रामनामी समाज में मिलता है। महानदी के दोनों तरफ़, रायगढ़, बलौदा बाज़ार और जांजगीर चाम्पा ज़िलों में इस अति पिछड़े दलित समाज का बसेरा है। रामकथा में एक अद्‌भुत हस्तक्षेप ने लगभग सवा सौ साल पहले इस समुदाय को जन्म दिया था।

ब्राह्मण पुजारी इन्हें मन्दिर जाने और राम की पूजा करने से रोकते थे कि ईश्वर का नाम अपनी जुबान पर ला ये लोग राम को अपवित्र कर देंगे। बदले में इन दलितों ने अपने समूचे शरीर पर राम नाम के असंख्य गोदने गुदवाने शुरू कर दिये, यहाँ तक कि जीभ और गुप्तांगों पर भी। राम का नाम अपने गुप्तांग पर गुदवा वे मर्यादा पुरुषोत्तम को उस जगह और उस क्षण में ले गये जिसकी कल्पना ही अक्षम्य पाप हो सकती थी।

उन्होंने *रामचरितमानस* की कई चर्चित चौपाइयों को भी पलट दिया जो शूद्रों का तिरस्कार करती थीं। मसलन एक चौपाई है—*पूजिय बिप्र सील गुन हीना। सूद्र न गुन गन ज्ञान प्रबीना।।*

इसका प्रचलित अर्थ है—गुण और शील रहित ब्राह्मण की भी पूजा करनी चाहिए, जबकि शूद्र के पास कोई गुण नहीं होता।

रामनामी समाज इसकी व्याख्या उलट देता है—शील और गुण से रहित ब्राह्मण को पूज देना (मार देना) चाहिए, शूद्र गुण ज्ञान में हमेशा प्रवीण होते हैं।

ग़ज़ब व्याख्या है यह। बोलचाल की भाषा में 'पूज देना', 'पूज दिया' कस कर पीटा या मार दिया के अर्थ में भी प्रयोग होता है।

ऐसी ही *धनकुल जगार* की कथा है। *धनकुल जगार* या *तीजा जगार* (रात भर जाग कर किया गया अनुष्ठान) बस्तर के चार लोक महाकाव्यों में एक है। इसे आदिवासी स्त्रियाँ गाती हैं जिन्हें गुरुमाय (गुरुमाता) कहते हैं। पुरुष सहभागी गायक होते हैं। इसकी कथा कुछ इस तरह है :

एक बार महादेव शिव बाली गवरा नामक लड़की पर मोहित हो जाते हैं, जो उनके भानजे की बेटी यानी पोती है और पार्वती की रिश्ते में बहन भी। महादेव अपने प्रेम का प्रस्ताव ले बाली के पास कई बार जाते हैं, लेकिन वह उन्हें मना कर देती हैं। शिव तपस्यारत बाली की तपस्या भंग करने भी पहुँच जाते हैं। यह दुर्लभ रचनात्मक क्षण है। अन्य कथाओं में राक्षस शिव की तपस्या भंग करने का प्रयास करते हैं, यहाँ शिव अपनी युवा पोती की तपस्या में टँगड़ी मार रहे हैं।

फिर भी जब बाली का ध्यान उनकी तरफ़ नहीं जाता, शिव अपनी डोंगी तालाब में डुबोने का स्वांग करते हैं, बाली डूबते हुए इन्सान को बचाने तालाब में कूद जाती हैं, शिव उन्हें पकड़ पानी के अन्दर ले जा विवाह का प्रस्ताव रखते हैं। इस बार बाली हामी भर देती हैं, दोनों पानी के अन्दर शादी कर लेते हैं।

पार्वती के डर से शिव बाली को अपनी जटाओं में छुपा कर घर लाते हैं। जब पार्वती शिव की देह पर हल्दी लगी देख चौंकती हैं, वह झूठ बोल देते हैं कि कहीं शादी में गये थे वहाँ किसी ने हल्दी पोत दी। जल्दी ही लेकिन पार्वती को शिव की नयी पत्नी के बारे में पता चल जाता है। सौतिया डाह में सुलगती वह नव-वधू को कई तरह की यातनाएँ देती हैं। हार कर बाली आत्महत्या कर लेती हैं। प्रेम के बिछोह में शिव बाली की अस्थियाँ माला की तरह गले में लटका तपस्या करने बैठ जाते हैं। कई बरस बाद बाली किसी दूसरे घर में जन्म लेती हैं, इस बार उनका नाम डिली गवरा रखा जाता है।

शिव को तड़पता देख पार्वती डिली का हाथ पति के लिए माँगने उनके माता-पिता के पास जाती हैं, लेकिन वे मना कर देते हैं क्योंकि पिछली बार पार्वती ने बाली को घनघोर यातना दी थी। जब पार्वती वायदा करती हैं कि इस बार डिली को परेशान नहीं करेंगी, डिली की शादी महादेव से हो जाती है। पार्वती दोनों को सुखमय जीवन की शुभकामनाएँ दे कर डिली को कैलाश पर्वत सौंप चली जाती हैं।

यह विलक्षण कथा है। शिव की छवि घनघोर पत्नी-भक्त देवता की है। हिन्दू देवताओं में शायद सिर्फ़ राम और शिव दूसरी औरत की तरफ़ आसक्त होते दिखाई नहीं देते। हालाँकि एक बार विष्णु ने मोहिनी रूप धर शिव को सम्मोहित कर दिया था, लेकिन ऐसे उदाहरण अपवाद हैं। शिव की छवि इन्द्र जैसे देवताओं की नहीं है। वह राम से भी श्रेष्ठ माने जाते हैं जिनका सीता के प्रति व्यवहार प्रश्नांकित रहा है। लड़कियाँ व्रत, पूजा इत्यादि राम नहीं, शिव जैसा पति पाने के लिए करती हैं।

शिव का यह चित्रण क्या बस्तर के समुदाय द्वारा नगरीय संस्कृति का रचनात्मक प्रतिरोध नहीं है? कोई कह सकता है कि बस्तर के आदिवासी अपने स्थानीय देवताओं के साथ हमेशा ठिठोली करते आये हैं, इसलिए शिव को इस रूप में बरतना उनके लिए ख़ास मायने नहीं रखता। लेकिन महत्त्वपूर्ण यह है कि नगर शिव को पार्वती के समर्पित पति और मृत्यु के विराट देवता बतौर बरतता आया है। उनके इस रूप को बस्तर ने अस्वीकार कर उन्हें एकदम विपरीत स्वरूप दे दिया। भले यह आदिवासी समुदाय की सहज क्रिया हो, नगरीय कथा के प्रतिकार में खड़ी है।

ऐसा ही उदाहरण महिषासुर उत्सव का है जो पिछले कुछ वर्षों से बंगाल और झारखण्ड के कई आदिवासी इलाक़ों में मनाया जा रहा है। असुर नामक एक आदिवासी समुदाय जिसे भारत सरकार ने 'विशेष रूप से कमज़ोर जनजाति समूह' का दर्ज़ा दिया है, ख़ुद को महिषासुर का वंशज मानता है और दुर्गा का तिरस्कार करता है। जब लोग दुर्गा पूजा और महिषासुर मर्दन का उत्सव मनाते हैं, असुर समुदाय शोक दिवस मनाता है, शाक्त सम्प्रदाय के आदि ग्रन्थ *दुर्गा सप्तशती* को उलट देता है।

महिषासुर पर यह आख्यान सम्भवतः सदियों से चला आ रहा होगा, लेकिन पिछले कुछ वर्षों में यह राजनीतिक-सांस्कृतिक अस्मिता का प्रश्न बना है, इस पर विमर्श गहराया है। यहाँ तक कि असुर समुदाय के साथ कई अन्य अनुसूचित जातियाँ और जनजातियाँ भी बहुसंख्यक हिन्दू संस्कृति के विरोध-स्वरूप महिषासुर शहादत दिवस मनाने लगी हैं।

पुनःपाठ का एक अन्य हालिया उदाहरण लें—दलित व मराठा समाज के बीच भीमा-कोरेगाँव युद्ध की व्याख्या को लेकर संघर्ष। ये दोनों उदाहरण नगरीय प्रभुत्व के राजनीतिक प्रतिकार बतौर पढ़े जा सकते हैं। इन समुदायों के लिए कथा कोई मुर्दा सम्भावना नहीं, एक जीवन्त सत्ता है जो कथावाचक के स्वप्न और अवसाद आगामी पीढ़ियों तक पहुँचाती है।

इस प्रतिरोध की एक वजह शायद वन और नगर के सम्बन्ध में छुपी है। वन सदियों से अनेक समुदायों की आदि भूमि रहा है। वृक्षों और नदियों ने उनके जीवन, दर्शन और कलाओं को दिशा दी है।

संस्कृत साहित्य में वन की बहुलार्थी छवि उभरती है। यह ऋषि-मुनियों का निवास था, एक पवित्र भूगोल जहाँ मनुष्य ज्ञान और आत्म-बोध के लिए जाता था। वानप्रस्थ आश्रम का निर्वाह यहीं होता था। राजकुमार शिक्षा और आशीर्वाद ग्रहण करने ऋषियों के आश्रम जाते थे। यह वनवास और अज्ञातवास पर गये राजाओं की आश्रय-स्थली भी था। *रामायण* और *महाभारत* इसी वनवास के इर्द-गिर्द बुने गये थे। वन राजकुमारों की मदद करते यक्ष और गन्धर्व जैसे मिथकीय प्राणियों का घर भी था। लेकिन यहाँ राक्षस और दैत्य भी रहते थे, जिन्हें ख़त्म करना राजा अपना धर्म मानता था। यह वैदिक धर्म की रक्षा हेतु कटिबद्ध महत् ऋषियों के साथ वैदिक संहिता को चुनौती देते समुदायों की भी भूमि था।

दो लगभग विरोधी गुणों से निर्मित होता वन का यह चेहरा नगर की सांस्कृतिक कल्पना में इसे एक विशिष्ट व्यक्तित्व प्रदान करता था।

शहर के लिए वन पवित्र और स्वायत्त भूगोल था, लेकिन इस पर आधिपत्य भी आवश्यक था। इसलिए वन पर आक्रमण होते थे, कई बार वन नष्ट भी हो जाता था।

नगर वन को सामरिक शक्ति के साथ सांस्कृतिक प्रभुत्व से भी नियन्त्रित करता था। संस्कृत महाकाव्य और मिथक नगर की नैतिक और धार्मिक संहिता वन में ले आते थे।

वन के पास नगर को परास्त करने के लिए भौतिक-सामरिक संसाधन तो नहीं थे, लेकिन उसके तरकश में कहीं बड़ा अस्त्र था—कथा।

क़रीब डेढ़ सौ साल पहले तक वन के साथ नगर का बहुस्तरीय सम्बन्ध था। वह नगर का अनिवार्य विलोम नहीं था, उसके लिए शरणगाह भी था, अन्तिम अरण्य भी। वन पर पहला निर्णायक प्रहार ब्रिटिश सत्ता ने किया जब उन्होंने रेल लाइन बिछाने के लिए जंगल काटे, जंगली जानवरों को मारने के लिए इनाम घोषित किये और अनेक समुदायों को आपराधिक जनजाति का दर्ज़ा दे दिया। वन अपनी गरिमा और स्वायत्तता खोकर बीहड़ और डरावना जंगल बन गया।

दूसरा प्रहार स्वतन्त्र भारत ने किया जब शहर को जंगल में सोये तमाम खनिजों के बारे में मालूम हुआ और जंगल के प्रति शहर का रवैया बदल गया। आज जंगल खनिजों से भरा महज़ एक भूगोल है जिन्हें जल्द-से-जल्द किसी भी क़ीमत पर खोद लेना है। 'अनपढ़, ज़ाहिल जंगलवासी' को अपने शिकंजे में रखना है, ज़रूरत पड़े तो कुचल देना है।

नेहरू युग में केन्द्र सरकार ने वेरियर एल्विन को उत्तर-पूर्व के आदिवासी मसलों पर सलाहकार बनाया था। उन दिनों जंगल के प्रति नीति पर विमर्श हुआ करता था। राजनीति विभाजित थी कि जंगल को संरक्षित रखा जाये या वहाँ कारख़ाने लगाये जायें।

एल्विन की 1958 की किताब *अ फिलोसोफ़ी फॉर नार्थ ईस्ट फ्रंटियर एजेंसी* की भूमिका में नेहरू ने लिखा था, "हमें इन इलाक़ों में प्रशासन को हावी नहीं होने देना है, न ही ढेर सारी योजनाएँ झोंक देनी हैं। हमें उनकी सामाजिक और सांस्कृतिक संस्थाओं के ज़रिये काम करना है, उनके विरोध में नहीं...हमें ढेर सारे बाहरी लोगों को आदिवासी इलाक़ों में भेजने से बचना चाहिए।"

एक बार एल्विन ने नेहरू को बतलाया कि आदिवासी अपना जीवन वर्तुलाकार रूप में जीते हैं—आग के इर्द-गिर्द बैठते हैं, एक गोले में बैठ खाना खाते हैं इत्यादि—जबकि असम में नये बने स्कूल और सरकारी कार्यालय सीधी रेखा में हैं। नेहरू ने तुरन्त, 1 अगस्त 1958 को ख़त लिख असम के

मुख्यमन्त्री बिमला प्रसाद चलिहा को टोका, "अगर किसी आदिवासी गाँव में बने स्कूल या दवाख़ाने गाँव की (भवन) शैली से एकदम विपरीत हैं, तो ये पूरे गाँव में किसी विदेशी तत्त्व की तरह एकदम अलग नज़र आयेंगे...अगर हमें अपने अधिकारियों का आदिवासियों के साथ सहज सम्बन्ध बनाना है तो अधिकारियों को अपने परिवेश से बेमेल इमारतों में नहीं रहना चाहिए।"

इस विचारधारा के विरोधी मानते थे कि इस तरह जंगल अजायबघर और इसके निवासी कलाकृति में तब्दील हो जायेंगे, लेकिन यह विमर्श समृद्ध जंगल की सम्भावना बनाता था। पिछले कुछ दशकों से यह विमर्श लगभग ख़त्म हो गया है। कुछेक कार्यकर्ता, लेखकों इत्यादि के सिवाय कोई जंगल के बारे में बात नहीं करता, और उन्हें सत्ता 'विकास-विरोधी', 'राष्ट्र-विरोधी' करार देती है।

जंगल के प्रति शहर की हिक़ारत ने जंगल की कथा का स्वरूप बदल दिया। कभी शिव और दुर्गा के मिथक में हस्तक्षेप से जंगल की कथा पूरी हो जाती थी, लेकिन अब लड़ाई सीधी है, जल, जंगल और ज़मीन को बचाने की है। जंगल की कथा मृत्यु-कथा में तब्दील होती गयी है। जंगल के कथावाचक लुप्त हो रहे हैं, सत्ता और माओवादी के बीच छिड़ी जंग के सिपाही बन गये हैं—कोई ख़ाकी, कोई गुरिल्ला सेना में भर्ती हो गया है। बस्तर के एक घर में जन्मे दो भाई विपक्षी मोर्चों पर आ खड़े हैं।

अन्त में कोई भी बचा रहे, विनाश महाभारत युद्ध की तरह होगा। बस्तर नष्ट हो चुका होगा। सैकड़ों भीष्म शर-शैया पर लेटे अपने अन्त का इन्तज़ार करते होंगे, अनेक गुरु द्रोण का शीश उनके प्रिय शिष्य धोखे से काट चुके होंगे क्योंकि कथाकार का अँगूठा और ज़ुबान पहले ही छीने जा चुके होंगे।

कथा मनुष्य को अपनी हसरतें, वासना, ईर्ष्या और प्रेम व्यक्त करने का स्पेस देती है। कथा, कथाकार और श्रोता, दोनों को मुक्त करती है। जो सभ्यता कथा की भूमि छीन लेती है, मृत्यु उसकी काया में चुपके से प्रवेश कर जाती है, वह विनाश की ओर चलती जाती है। नक्सल-कथा इसी विध्वंस की कथा है।

संस्कृत काव्यों में ऋषि और राजा जंगल आते थे, उनके ज़रिये नगर की बयार और सुगन्ध भी आती थीं। अब सत्ता के नुमाइन्दे आते हैं—ज़मीन की नाप-तोल और सौदा करने। दन्तेवाड़ा भारत के सबसे बेहतरीन लोहे को अपने भीतर लिए जी रहा है। सत्ता और बाज़ार को यह लोहा किसी भी क़ीमत पर चाहिए। कांग्रेसी कवासी लखमा, सीपीआई के मनीष कुंजाम समेत अनेक स्थानीय आदिवासी नेता अरसे से माँग कर रहे हैं—हमारी ज़मीन, हमारा खनिज। लेकिन सत्ता उन्हें माइनिंग के अधिकार देने को तैयार नहीं।

कभी दन्तेवाड़ा में एक युवक ने एस्सार के लौह संयन्त्र* की तरफ़ इशारा करते हुए मुझसे कहा था, "शहर से आये लोग आपकी ज़मीन छीन उस पर बड़ी इमारत बना लेते हैं। आपकी मिट्टी से मुनाफ़ा कमा आपके सामने मुर्ग़ा और बकरा खाते हैं, आप पत्ते पर भात और इमली की चटनी लिए उस इमारत से निकलती गाड़ियों को देखते हो। आपको कैसा लगेगा?"

संस्कृत कवि *योगवाशिष्ठ* में लिख गया है—"यह सृष्टि किसी कथा के बचे रह गये प्रभाव की तरह है।"

दण्डकारण्य की हिंसा भी शायद किसी अव्यक्त-अतृप्त कथा की प्रतिध्वनि है जो मृत्यु के ज़रिये ख़ुद को व्यक्त कर रही है, जिसे सुनने का नैतिक साहस सत्ता के पास नहीं है।

जब नगर के महाकाव्य जंगल पहुँचते थे, जंगल उनका प्रतिकार अपनी कथा रच कर किया करता था। आज जंगल अपना मृत्यु-काव्य नगर को सुना रहा है, लेकिन नगर इस भ्रम में है कि वह अपने गाण्डीव की टंकार और पांचजन्य के नाद से जंगल की कथा को डुबो देगा। वह भूल रहा है कि मृत्यु से जूझती आदिवासी कथा किसी अँधेरे एकान्त में लौट जायेगी, अपना पुनर्निर्माण कर अविजित रूप में सामने आयेगी।

---

* दिसम्बर 2019 में आर्सेलर मित्तल और निप्पन स्टील ने एस्सार स्टील इंडिया का अधिग्रहण कर लिया। दन्तेवाड़ा का संयन्त्र आर्सेलर-निप्पन के पास आ गया।

नौ

मृत्यु-कथा

भारतीय मीडिया नक्सलवाद को किस भाषा में व्यक्त करता है? किस तरह इस आन्दोलन के आख्यान को रचता है? 25 मई 2013 का दरभा हमला, जिसमें महेन्द्र कर्मा और छत्तीसगढ़ कांग्रेस अध्यक्ष नन्द कुमार पटेल समेत सत्ताईस लोग मारे गये थे, भारत में किसी राजनीतिक दल पर सबसे भीषण गुरिल्ला प्रहार था। इससे पहले आन्ध्र प्रदेश के मुख्यमन्त्री एन चन्द्राबाबू नायडू पर अक्टूबर 2003 और पश्चिम बंगाल के मुख्यमन्त्री बुद्धदेव भट्टाचार्य के क़ाफ़िले पर नवम्बर 2008 में माओवादी हमला हुआ था। दोनों जीवित बच गये थे। दरभा हमले के बाद किस ख़बरनवीसी की अपेक्षा थी?

दो जून के *पत्रिका* अख़बार के रायपुर संस्करण के पहले पन्ने की चीख़ती हुई हेडलाइन थी–"टॉपलेस होकर फ़ोर्स को उकसाती हैं माओवादी युवतियाँ।" इस 'एक्सक्लूसिव' ख़बर का दावा था कि स्त्री गुरिल्ला लड़ाकों ने सिपाहियों से मुठभेड़ के दौरान उनका ध्यान भटकाने के लिए यह तरक़ीब निकाली है। यह ख़बर कुछ अनाम पुलिसवालों के हवाले से लिखी गयी थी–"जवानों ने किया सनसनीख़ेज़ ख़ुलासा।"

ख़बर का पहला वाक्य–"दक्षिण बस्तर के जंगलों में माओवादी युवतियाँ न केवल जवानों को चुनौती देती हैं बल्कि टॉपलेस होकर फ़ोर्स को गालियाँ भी देती हैं। अश्लील इशारों के साथ वे अपने मोर्चे पर डटी रहती हैं और जवानों को उकसाती हैं।"

क्या इस ख़बर के लिखे-छापे जाते वक़्त इस बड़े अख़बार समूह का समूचा तन्त्र भाँग की लस्सी चढ़ाये रज़ाई ओढ़े सो रहा था?

उनतीस मई को इसी अख़बार ने गुरिल्ला लड़ाकों की कथित रणनीति का ख़ुलासा किया–"माओवादी पीते हैं पचास रुपये लीटर का पानी", "डिहायड्रेशन से बचने के लिए लस्सी"।

इसका सबूत क्या है? अख़बार के संवाददाता को हमले के स्थल पर मिलीं "क्वा कम्पनी की क़रीब पाँच सौ से अधिक मिनरल वाटर की ख़ाली बोतलें"

और "लस्सी के पैकेट"। ख़बर का दावा है कि "गर्मी में डिहायड्रेशन से बचने के लिए माओवादी मिनरल वाटर के साथ बर्फ़ के कंटेनर और लस्सी के पैकेट लेकर चल रहे थे।" ख़बर के साथ कंटेनर, लस्सी के पैकेट और पानी की बोतल की तस्वीर भी थी।

संवाददाता और सम्पादक को यह नहीं सूझा कि क्या कोई वानर सेना इतनी महँगी पानी की बोतल ले जंगल में लड़ने जायेगी? ये चीज़ें क़ाफ़िले में चल रहे कांग्रेसी नेताओं की भी हो सकती हैं। कुछ महीने बाद एक नेता ने हँसते हुए मुझसे कहा कि ये कंटेनर उनका ही था।

मार्च 2010 में छत्तीसगढ़ के प्रमुख ख़बरिया चैनल Z24 ने एक ख़बर प्रसारित की—"जेनेलिया की लाल कहानी।" जेनेलिया को कुछ समय पहले बस्तर पुलिस ने माओवादी होने के शक पर पकड़ा था। पुलिस तफ़तीश पूरी होने से पहले, अदालत में साबित होने से पहले कि वह माओवादी थी, Z24 ने उसे गुरिल्ला घोषित कर दिया। इसके बाद Z24 ने उस ख़बर की सीडी और उसकी स्क्रिप्ट एक अन्य ख़बर की सीडी के साथ छत्तीसगढ़ सरकार के जनसम्पर्क विभाग को भिजवाई, दस लाख और सर्विस टैक्स का बिल जोड़ कर। सरकार ने चैनल को चार लाख का भुगतान किया, यह लिखते हुए, "चैनल ने इस प्रोग्राम को प्राइम टाइम पर दुबारा नहीं दिखाया था। इसका काफ़ी सारा अंश फ़ाइल फुटेज था।"

ग़ज़ब का लेन-देन। पैसा लेकर किसी इन्सान को नक्सली साबित कर दिया।

फ़रवरी 2011 में एक अन्य प्रमुख चैनल सहारा समय ने जनसम्पर्क विभाग को ख़त लिख प्रस्ताव दिया कि वह "नक्सल चुनौती से जूझ रहे विभिन्न सरकारी विभागों द्वारा चलायी जा रही विकास योजनाओं पर केन्द्रित एक विशेष कार्यक्रम" बनायेगा और प्रसारित करेगा। क़ीमत सिर्फ़ पच्चीस लाख रुपये, सर्विस टैक्स अतिरिक्त। यह कार्यक्रम "राष्ट्रीय चैनल, एनसीआर चैनल, एमपी-छत्तीसगढ़, बिहार-झारखण्ड और उत्तराखण्ड के चैनलों पर बारह बार दिखाया जायेगा"। मार्च तीन को छत्तीसगढ़ सरकार ने "नक्सलवाद पर विशेष कार्यक्रम बनाने और दिखाने की अनुमति दे दी"।

नक्सलवाद ख़बर मण्डी में बेचने-ख़रीदने की चीज़ बन चुका है।

चार दशक से छत्तीसगढ़ भारत की नक्सल राजधानी बना हुआ है। राज्य की मीडिया से इस आन्दोलन के साथ सयाने और संवेदनशील संवाद की अपेक्षा है। लेकिन बड़े हिन्दी अख़बारों की हैडलाइन देखिये—"नक्सल-प्रभावित बच्चे राष्ट्रपति से मिले",

"नक्सलियों ने कल शाम सरेआम चौदह मुर्ग़े लूट लिए, घटना के बाद इलाक़े में दहशत व्याप्त।"

जंगल में बैठे हे नक्सली, पहचानो अपनी शक्ति। तुम कुछ मुर्ग़े लूट ले जाते हो, दहशत पीछे छोड़ जाते हो। बैंक सुनी थीं, लेकिन नामुराद मुर्ग़े के लिए लूटना जैसी प्रचण्ड क्रिया तुम्हारे ही सम्मान में प्रयुक्त हो सकती थी।

यह बच्चे 'नक्सल-प्रभावित' नहीं थे, उन ज़िलों से थे जहाँ पुलिस-नक्सल हिंसा दर्ज होती है। होना चाहिए था 'नक्सल-प्रभावित इलाक़ों के बच्चे', लेकिन 'नक्सल-प्रभावित बच्चे' कहीं क़ातिलाना हैडलाइन है। नक्सलियों से इन बच्चों का सीधा सम्बन्ध जोड़ देती है। ये बच्चे पूरी पढ़ाई के दौरान, शायद आजीवन इस नक्सल बोझ, अपनी एकमात्र पहचान को टोते फिरेंगे। *ढ नहीं* ट। मीडिया की प्रस्तावना यह भी साबित करेगी कि चूँकि *नौकर की कमीज़* के लेखक का गृहज़िला नक्सल प्रभावित है, विनोद कुमार शुक्ल 'नक्सल-प्रभावित उपन्यासकार' हैं और रमन सिंह 'नक्सल-प्रभावित मुख्यमन्त्री'।

दिल्ली का अँग्रेज़ी अख़बार सुर मिलाते हुए हैडलाइन देता है—'नक्सल-इंफैस्टिड एरिया'। 'इंफैस्टिड' कीड़े-मकोड़े सरीखे अवांछित जीवों के लिए प्रयुक्त होता है। किसी भूगोल को 'इंफैस्टिड' और इसके निवासियों को मकोड़े मानती मीडिया से इस मसले की जटिलता समझने की अपेक्षा बेवक़ूफ़ी है। शायद इसलिए देश का बड़ा वर्ग दण्डकारण्य के हरेक निवासी को नक्सली समझता है।

मुझे रायपुर निवासी पर्व दुबे ने कभी एक घटना सुनायी थी। पर्व रायपुर के प्रतिष्ठित अँग्रेज़ी स्कूल 'द रेडियंट वे' में पढ़ते थे। सुबह की सभा में विद्यार्थी महत्त्वपूर्ण ख़बरों को पढ़कर सुनाते थे। 2006-07 में आठवीं कक्षा में पढ़ते पर्व और उनके मित्रों को ख़बरें सुनाने का ज़िम्मा दिया गया। ख़बरें कम होने पर वे अक्सर बस्तर में नक्सल हमले की झूठी ख़बर सुना दिया करते, दो-चार मौत का भी उल्लेख कर देते। "हमारे शिक्षक या बाक़ी विद्यार्थी हमारे द्वारा गढ़ी झूठी ख़बरों पर कभी शक या प्रश्न नहीं करते थे। बहुत बाद में मुझे अपनी संवेदनहीनता का एहसास हुआ। हमें किसी ने इस मसले की गम्भीरता को नहीं समझाया था," पर्व ने कहा।

अगर छत्तीसगढ़ की राजधानी के प्रमुख स्कूल के शिक्षक और विद्यार्थी इस विषय को इस तरह बरतते हैं, देश में बाक़ी जगहों की स्थिति का अन्दाज़ा लगाया जा सकता है।

नोबल पुरस्कार के इतिहास में सिर्फ़ दो पत्रकारों को यह सम्मान साहित्य के लिए मिला है। उनमें से एक ने महान गल्प भी रचा, लेकिन दोनों ने रणभूमि से काफ़ी

रिपोर्टिंग की थी, युद्ध पर लिखा था। (यहाँ एक तीसरे पत्रकार को भी जोड़ा जा सकता है, लेकिन वह शायद मूलतः गल्पकार थे जिन्होंने अपने शुरुआती दौर में पत्रकारिता की थी।)

यह अकारण नहीं कि युद्ध पत्रकारिता शब्द-संसार में बड़े ऊँचे पायदान पर है। रणभूमि में महारथी भी फिसल जाते हैं। युधिष्ठिर ने जीवन में सिर्फ़ आधा झूठ बोला था, युद्ध के दौरान। एक बेईमान वाक्य जिसने उनके आदरणीय गुरु का वध सम्भव किया और धर्मराज पर अमिट कलंक लग गया।

युद्ध आत्म-रति और आत्म-हन्ता भाव का अद्भुत संयोग है। देश की ख़ातिर किसी की हत्या करने के लिए उन्मादी देशभक्ति चाहिए, लेकिन अपना जीवन दाँव पर लगाये बग़ैर रणभूमि में उतरना असम्भव है। यह दोनों ध्रुव शायद विलोम नहीं, एक-दूसरे के प्रतिबिम्ब और पूरक हैं। युद्ध पत्रकारिता भी इन दोनों के बीच तनी हुई रस्सी पर चलती है, प्रेम और विध्वंस को विपरीत सिरों पर साधते हुए। ज़रा-सी चूक, रस्सी लचकती है, कलाकार नीचे गिर जाता है।

अगर पत्रकारिता अपने पूर्वाग्रह अभिव्यक्त करने का ज़रिया नहीं, अपनी मान्यताओं और आस्थाओं से सतत संघर्ष की भूमि है, अपने देश द्वारा लड़े जा रहे युद्ध पर पत्रकारिता इस संघर्ष की बड़ी उच्चतर अवस्था है। देश की सुरक्षा सैनिक करते हैं और उस युद्ध की पहली कथा ख़बरनवीस लिखते हैं।* हर इन्सान सैनिक नहीं हो सकता, हर कोई युद्ध-सी बहुरूपिया सत्ता पर लिख भी नहीं सकता जो अपना रूप और रंग पल में बदल लेती है।

---

* 1961 में पचपन क़रीब की एक स्त्री *द न्यूयॉर्कर* के लिए नाज़ी जनरल अडोल्फ़ आइशमैन के मुक़दमे पर लिखने जेरुसलम गयी थीं। उस जर्मन-यहूदी स्त्री को हिटलर के काल में जर्मनी से भागना पड़ा था, फ्रांस में बन्धक भी बना ली गयी थीं।

नाज़ी आतंक की शिकार किसी यहूदी की पत्रकारिता का अनुमान लगाना आसान था। लेकिन उनके लेखों ने पहले तो *द न्यूयॉर्कर* के सम्पादकों को भौचक किया, प्रकाशन के बाद यहूदी समुदाय को बुरी तरह झिंझोड़ दिया।

हाना अरेंड्ट की *बनैलिटी ऑफ़ ईविल* पत्रकारिता की क्लासिक कृति है। उनके समुदाय पर अत्याचार करने वाले नाज़ी अधिकारी की भर्त्सना करने के बजाय हाना उसे 'समझने' का प्रयास करती हैं, लिखती हैं कि "वह सोचने की शक्ति खो बैठा था।" मुक़दमे के दौरान कोई भी यहूदी भावनाओं में बह जाता लेकिन हाना अपने शब्द के प्रति समर्पित रही आयीं, अपने लिखे को लगातार संशोधित करती नये ड्राफ़्ट तैयार करती रहीं। उन्हें डेडलाइन लगातार चूकते *देख द न्यूयॉर्कर* में किसी ने कहा, "तोलस्तोय ने *वॉर एंड पीस* कम समय में लिख दी थी।"

इन लेखों के प्रकाशन के बाद नफ़रत भरे ख़त उनके पास आने लगे। एक ख़त में लिखा था : "जिन साठ लाख शहीदों की आत्मा को तुमने अपमानित किया है, वह अब तुम्हारे ऊपर दिन-रात मँडराया करेंगे।" जब यह लेख किताब रूप में प्रकाशित हो रहे थे, इज़रायल सरकार ने हाना पर इसे न छपवाने के लिए दबाव डाला। लेकिन वह नहीं मानीं—क्योंकि वह जानती थीं कि किसी को समझने का अर्थ उसे माफ़ करना नहीं होता।

बस्तर और कश्मीर की भौगोलिक और जैविक काया में ग़ज़ब साम्य है—बेइन्तहा हसीन दरख़्त, झरने, पहाड़ियाँ, और भारत व हथियारबन्द लड़ाकों के बीच चलता संग्राम। इन संघर्षों के स्वभाव में गहरा फ़र्क़ है, लेकिन दोनों ही भूगोल और समाज भारतीय सत्ता को चुनौती देते हैं, भारत के प्रत्यय पर प्रश्न करते हैं।

लेकिन कुछ महत्त्वपूर्ण फ़र्क़ भी हैं। कश्मीर की काया बड़ी निखरी है—करीने से बिछे पेड़, तहों में लिपटे बादल, समर्थ और अभिव्यक्ति-सम्पन्न नागरिक। बस्तर बेतरतीब और बेफ़िक्र है—उलझे हुए जंगल और नदियों की भूलभुलैया, खोये-मुरझाये वनवासी। कश्मीर अपनी अस्मिता को ले बड़ा सजग है, बस्तर अपनी पहचान से अमूमन अनजान रहा आया है। दोनों आन्दोलन अपनी ज़मीन और अस्मिता बचाने के लिए लड़ रहे हैं, लेकिन नक्सलवाद मूलतः धर्मनिरपेक्ष विचार है, जबकि कश्मीरी हिंसा इस्लाम का कवच पहने है। यह धार्मिक स्वर इस संघर्ष की वैधता तो कम नहीं करता, लेकिन इसका सांस्कृतिक भूगोल सीमित कर इसे ग़ैर-मुस्लिम समुदाय के अधिकारों के प्रति उदासीन कर देता है। सबसे महत्त्वपूर्ण अन्तर यह कि कश्मीरी उग्रवाद के समूचे इतिहास में घाटी के तमाम उग्रवादी संगठन शायद किसी भी स्त्री को बन्दूक़ थमा अपने दल में शामिल नहीं कर पाये हैं, जबकि दण्डकारण्य में बन्दूक़धारी स्त्री माओवादी सेना का तक़रीबन चालीस प्रतिशत हैं। ग़ौर करें, किसी जन आन्दोलन का चरित्र-निर्धारण उसकी सामरिक शक्ति के साथ उसके संविधान और सांगठनिक संरचना से भी होता है।

कश्मीर सैलानियों के अलावा लेखक, फ़िल्मकार और पत्रकारों को भी खींचता रहा है, जबकि बाहरी लोग तो दूर छत्तीसगढ़ के निवासी भी बस्तर के अन्दरूनी इलाक़ों में नहीं जाते।

दो दशक पहले तक बस्तर और छत्तीसगढ़ मध्य प्रदेश का अंग थे। भोपाल कला और साहित्य की विख्यात राजधानी था। मध्य प्रदेश के अन्य शहरों में भी हिन्दी के बड़े लेखक रहा करते थे, लेकिन बस्तर इस राज्य के रचनात्मक भूगोल का अंग नहीं बना। भोपाल के लेखक-चित्रकार दुनिया घूम आये, अपने ही प्रान्त के दक्षिणी इलाक़े को टटोलने की सुध नहीं हुई।

जगदीश स्वामीनाथन ने पाटन के निवासी जनगढ़ सिंह श्याम को खोज निकाला, मध्य प्रदेश के कई स्थलों की आदिवासी कला भोपाल ले आये, लेकिन अबुझमाड़ अनछुआ रहा आया।*

---

* अस्सी के दशक में भोपाल में रहे निर्मल वर्मा एक विरले अपवाद हैं। उनके उपन्यास *रात का रिपोर्टर* का पत्रकार नायक रिशी बस्तर में कुछ समय बिता कर आया है। हालाँकि उपन्यास इस इलाक़े का विस्तार से ज़िक्र नहीं करता, रिशी और उसके सम्पादक राय साहब के बीच का एक संवाद बस्तर और पत्रकारिता कर्म दोनों को आलोकित करता है—

अस्सी के दशक की शुरुआत यानी भारत भवन के जन्म से ही मध्य प्रदेश में नक्सली क़दम गिरने लगते हैं, बस्तर में तैनात आशंकित पुलिस अधिकारी भोपाल में बैठे राजनीतिक आकाओं को सन्देसे भेजते हैं। गुरिल्ला लड़ाके बीच राज्य में हमला कर दिसम्बर 1999 की एक रात परिवहन मन्त्री लिखीराम कावरे को बालाघाट ज़िले में उनके घर से खींच टुकड़ों में काट डालते हैं। लेकिन मध्य प्रदेश के रचनात्मक पाठ्यक्रम में बस्तर और नक्सलवाद कोई जगह नहीं पाते।

शायद यह उपेक्षा अनायास हो, लेकिन सन्देह का लाभ देना मुश्किल है। बस्तर की शिकायत एकदम जायज़ है कि सत्ता-प्रशासन के साथ लेखक-कलाकारों ने भी उसकी अनदेखी की। अगर आन्ध्र से नक्सली नहीं आये होते, पुलिस की गाड़ियाँ लैंडमाइन विस्फोट से ध्वस्त नहीं हुई होतीं, शायद किसी की निगाह यहाँ नहीं जाती।

इसके बरअक़्स आन्ध्र प्रदेश और पश्चिम बंगाल को देखिये। ये दो राज्य भी नक्सलवाद के गढ़ रहे हैं, और इन दोनों ही राज्यों के लेखक-कलाकारों ने इस विषय के साथ बड़ा सार्थक संवाद किया है।

आज चालीस बरस हुए, छत्तीसगढ़ देश की नक्सल राजधानी बना हुआ है। लेकिन किसी प्रमुख अँग्रेज़ी टीवी चैनल का कोई स्थायी रिपोर्टर-कैमरामैन समूचे प्रदेश में नहीं। किसी बड़े हमले के बाद चैनल के लोग कुछेक प्राइम-टाइम कार्यक्रम कर चले जाते हैं। पुलिस पर हमले के अलावा कॉमरेड कभी हैडलाइन नहीं बनते। किसी भी मीडिया संस्थान, प्रिंट या इलेक्ट्रॉनिक, में नक्सल बीट नहीं है, कश्मीर में दुनिया भर का मीडिया ठहरा हुआ है।

वह पूरे दो महीने बस्तर में बिताकर लौटा था। राय साहब उसके नोट्स का बंडल देखकर आतंकित-से हो गये थे, "यह तुम्हारा रिपोर्ताज़ है या आत्मकथा?" उन्होंने जो बात अपनी सिनिकल हँसी में कही थी, वह शायद हर अख़बारी रिपोर्टर का स्वप्न रहती होगी...एक जर्नलिस्ट की प्राइवेट आकांक्षा कि वह अपने व्यक्तिगत जीवन में होने वाली घटनाओं का सम्बन्ध अख़बार में छपी घटनाओं के बीच ढूँढ़ सके...

वह उन्हें खिड़की से देखता रहता और बस्तर की फटी-उधड़ी डायरियों से अपना रिपोर्ताज़ निकालकर साफ़-सुथरे पन्नों पर उतारता जाता। राय साहब कहा करते कि अच्छा रिपोर्टर वह है जो अपने ऊपर से सारा का सारा पानी बह जाने दे, ऊपर आये तो सूखा का सूखा, एक कपड़ा, देह का एक अंग, काग़ज़ पर लिखा हुआ एक भी शब्द उसमें न भीग पाये, वरना वह...स्याही की तरह फैलता हुआ अनुभव के सारे सत्य को दूषित कर देगा।

अच्छा रिपोर्टर वह है, जो कर्म के सम्मोहन से बच सके...

माओवादियों के प्रति जनधारणा चतुष्कोणीय संरचना में सिमट गयी है—भूमिहीन गुरिल्ला, इतिहास की सुधारवादी शक्तियाँ, भटके युवक और हफ़्ता-वसूली में लिप्त गुण्डे। जैसा चाहिए, माओवादी चुन लीजिए। चूँकि गुरिल्ला आन्दोलन का असली चेहरा बहुत कम लोग जानते हैं, उसका सार्वजनिक स्वरूप समाज द्वारा रचे मिथकों से निर्मित होता है। हमारी सामूहिक अज्ञानता के साये में जीते माओवादी मिथकीय प्रतीत होते हैं। व्याख्या के अभाव में मिथक विराट रूप ले लेता है, यह मिथकीय आभा नक्सली को अजेय बना देती है।

माओवादी के समूचे पाठ्यक्रम में हिंसा सिर्फ़ एक अध्याय है जो अपनी न्यूज़ वैल्यू और बहते लहू के प्रति समाज की दमित हवस की वजह से विमर्श का केन्द्र बन जाती है। नक्सली हिंसा से सम्मोहित रहिए, और आप उनकी जटिल कार्य-प्रणाली अनदेखी कर जायेंगे—शत्रु पर हमला, जन जागरण, बुद्धिजीवी का आह्वान।

देश के नामी पत्रकारों का इस विषय पर अज्ञान अचम्भित करता है। सुकमा में अप्रैल 2017 के माओवादी हमले में सीआरपीएफ के 25 सैनिक मारे गये थे। इसके तुरन्त बाद एक वरिष्ठ टीवी पत्रकार ने ट्वीट किया, "हरेक सीआरपीएफ दस्ते को बख़्तरबन्द गाड़ी" मिलनी चाहिए, और जोड़ा—"क्या ऐसी माँग राष्ट्र-विरोधी है?" क़तई नहीं महोदय, हालाँकि यह विकट मूर्खता होगी। अव्वल तो ऐसे वाहन बस्तर के दुर्गम भूगोल में कारगर साबित नहीं हुए हैं। दूसरे, इन गाड़ियों के परखच्चे बारूदी विस्फोट में उड़ते रहे हैं। क्योंकि ऐसी गाड़ियाँ दूर से ही निगाह में आ जाती हैं, सुरक्षा बल अमूमन नागरिक वाहन पसन्द करते हैं जिन पर पुलिस का कोई निशान नहीं होता।

कभी यह अज्ञान हास्यास्पद हो जाता है। मैंने एक माओवादी नेता का 2012 में इंटरव्यू किया था। तुरन्त बाद एक बड़े अँग्रेज़ी चैनल ने मुझे दिल्ली से फ़ोन किया कि मैं उनका उस लड़ाके के साथ 'लाइव' करवा दूँ। जब मैं हँसने लगा, तो आग्रह हुआ कि कॉमरेड भाई के थोड़े 'विजुअल्स' मिल जायें, नहीं तो एक 'फ़ोनो' ही हो जाये। सम्पादकीय कक्ष को धेला भर नक्सलवाद नहीं मालूम, लेकिन सम्पादक महोदय पूरे दम से ट्वीट करते हैं।

बस्तर में पत्रकारिता के सच्चे ध्वजवाहक स्थानीय पत्रकार हैं। वे छत्तीसगढ़ के हिन्दी चैनल और अख़बारों के लिए बहुत कम वेतन पर काम करते हैं, रोज़ ख़तरा उठाते हैं, पुलिस, माओवादी और रायपुर में बैठे अपने सम्पादक के बीच कठिन सन्तुलन साधते हैं, लेकिन फिर भी उनका 'स्ट्रिंगर' कह मज़ाक़ उड़ाया जाता है।

बहादुरी, निष्ठा और करुणा, बस्तर का पत्रकार उन सभी गुणों को धारण करता है जो रणभूमि से रिपोर्टिंग के लिए अनिवार्य हैं। मसलन, 16 अप्रैल 2013 की यह घटना। आन्ध्र प्रदेश की ग्रेहाउंड फ़ोर्स और माओवादियों की सुकमा के जंगल में मुठभेड़ होती है। ग्रेहाउंड का कमांडो जीवी प्रसाद ग़ायब हो जाता है। तीन दिन बाद बीजापुर के पत्रकार गणेश मिश्रा मोटरसाइकिल पर एक अन्य पत्रकार के साथ घटनास्थल के लिए निकलते हैं। घने जंगल के बीच कावरगट्टा गाँव में एक तालाब के पास उन्हें प्रसाद का सड़ता हुआ शव मिला, बीजापुर ज़िला मुख्यालय से क़रीब नब्बे किलोमीटर दूर। गणेश बीजापुर लौट सकते थे, लेकिन वह बाइक चलाते हुए आन्ध्र प्रदेश जाते हैं, भद्राचलम में पुलिस को सूचित करते हैं। आन्ध्र पुलिस उनसे कमांडो का शव लाने का आग्रह करती है। अगली सुबह गणेश जंगल के लिए बाइक पर फिर निकले, दूसरा पत्रकार इस बार साथ नहीं था। गणेश कावरगट्टा पहुँचे, पुलिस द्वारा मुहैया कराये ट्रैक्टर में शव रखा और उसे सुरक्षित भद्राचलम ले आये। "आन्ध्र पुलिस ने मुझसे विनती की थी। उन्हें लगा कि वे दुबारा अन्दर जायेंगे, तो माओवादी उन पर हमला कर देंगे। प्रसाद के रिश्तेदारों ने भी मुझसे विनती की थी," गणेश ने मुझे बतलाया।

वह अकेले नहीं हैं। राजा राठौड़, बप्पी रे, रानू तिवारी जैसे बस्तर के अनेक पत्रकार सरकार और माओवादियों के बीच सेतु का काम करते हैं। जब माओवादी किसी पुलिसवाले को बन्धक बना लेते हैं, वे उसकी रिहाई में मदद करते हैं। वे अक्सर पहली ख़बरें ब्रेक करते हैं, दुर्गम जगहों से फ़ोटो और वीडियो लेकर आते हैं जिनका दिल्ली के पत्रकार भरपूर फ़ायदा उठाते हैं। राजधानियों और महानगरों के पत्रकार बस्तर की जो तस्वीर और वीडियो ट्वीट कर नाम कमाते हैं, उन्हें यही अनाम 'स्ट्रिंगर' उपलब्ध कराता है, लेकिन उसका कोई ज़िक्र नहीं होता। बस्तर की जंग में फ़रेब का एक अध्याय और जुड़ जाता है।

इस तरह बस्तर जी रहा है—उपेक्षा, अज्ञान और फ़रेब की खाई पर टिका। क्या अभी भी इस युद्ध का सारा ज़िम्मा लालधारियों के मत्थे मढ़ देना चाहिए? मढ़ दीजिए लेकिन जो मढ़ेगा, कैसे गढ़ेगा?

तीन

मृगया

रायपुर की इस रात का अन्त नहीं।

तक़रीबन पाँच हज़ार लोग बूढ़ा तालाब के किनारे महीने भर से पैंतालिस डिग्री गर्मी में तिरपाल ताने ठहरे थे। अपना सामान बटोरते आज रात वापस लौट रहे हैं। इस प्रान्त के आदिवासी इलाक़ों से आये ये सभी मिड डे मील योजना के तहत सरकारी स्कूलों में खाना बनाते हैं।

सौ विद्यार्थियों पर एक रसोइया। तनख़्वाह हज़ार रुपया महीना। तैंतीस रुपया रोज़। सरकार द्वारा निर्धारित न्यूनतम वेतन से एक तिहाई से भी कम। जबकि सरकार हमेशा रोती रहती है कि दूर गाँव के स्कूलों में कोई काम करने को तैयार नहीं, लगभग निरक्षर ये आदमी-औरत क़रीब दसेक सालों से बस्तर और सरगुजा के सुदूर स्कूलों में खाना बना रहे हैं। इन्होंने एक अनौपचारिक रसोइया संघ का गठन किया, इस माँग के साथ राजधानी रायपुर आये कि कम-से-कम मनरेगा के मज़दूर जितना वेतन उन्हें मिलना चाहिए। गर्मियों की छुट्टियाँ थीं, स्कूल बन्द, इसलिए तिरपाल ताने महीना भर घर से दूर रहे आये। अपनी सारी जमा पूँजी इस आस में फूँक दी कि वेतन में बढ़ोतरी हो जायेगी।

क्या मिला इन्हें?

दो सौ रुपये की मासिक बढ़ोतरी यानी कुल चौबीस सौ साल।

इतना-सा? रोज़ का सिर्फ़ सात रुपये अधिक? न्यूनतम वेतन से बहुत कम?

क्या करते फिर। वे कहते हैं और एक कथा सुनाते हैं।

उनके यहाँ आने के दूसरे दिन किसी वामपन्थी ट्रेड यूनियन के नेता की निगाह तम्बू डाले बैठे ग्रामीणों पर पड़ी। वह उनसे बोला इस तरह बैठे रहने से कुछ नहीं होगा, हमारे बैनर तले धरना दोगे तो सरकार पर दबाव पड़ेगा, सरकार बात मान जायेगी।

दूर गाँव से आये रसोइयों को पढ़ा-लिखा शहरी बाबू अपना शुभचिन्तक लगा। वे राज़ी हो गये। उसने अपनी यूनियन के लाल पोस्टर और लाल झण्डे उनके तिरपाल पर टाँग दिये। वे मुख्यमन्त्री निवास, मन्त्रालय जैसी प्रमुख जगहों पर धरना देने को कहते तो वामपन्थी नेता उन्हें आश्वासन देता कि वह अधिकारियों से लगातार इस मसले पर बातचीत कर रहा है। सभी रसोइये जनता और मीडिया की निगाह से दूर बूढ़ा तालाब के सामने बैठे रहे।

आज दुपहर वह अचानक उनके पास आया। आपकी माँग मान ली गयी है, सरकार के साथ समझौता हो गया है। सरकार ने दो सौ की बढ़ोतरी कर दी है। आप लोग चले जायें अब।

आपने कहा नहीं, यह तो बहुत छोटी रक़म है। रोज़ की सात रुपये बढ़त भी नहीं है?

कहा था, लेकिन वह बोला इस बार के लिए इतना काफ़ी है। अगली बार देखते हैं।

अगली बार? चौबीस घण्टा दूर गाँव से फिर इस तरह आ पाओगे? वह भी एक साथ, पूरे राज्य से इकट्ठा होकर?

पता नहीं। बोला, चले जाओ, अभी इतना ही हो पायेगा।

उसका कोई फ़ोन नम्बर?

नहीं, सिर्फ़ ये पर्चियाँ हैं।

यूनियन के पोस्टर पर कोई फ़ोन नम्बर नहीं था।

बेइन्तहा उमस भरी रात। भीड़ में से कोई कहता है कि रसोइया संघ के पदाधिकारी दो दिन पहले वापस बस्तर अपने गाँव लौट चुके हैं।

वे कैसे पहले चले गये? समझौता तो आज हुआ? क्या है यह समझौता? कहाँ हैं समझौते के काग़ज़? रसोइया संघ की तरफ़ से किसने हस्ताक्षर किये? सरकार की ओर से कौन था?

किसी के पास कोई जवाब नहीं। इनके पास संघ के अध्यक्ष-उपाध्यक्ष के फ़ोन नम्बर हैं। दो बज चुके हैं, लेकिन धड़ से नम्बर मिला देता हूँ।

कोई भी इतनी रात फ़ोन की उम्मीद नहीं करेगा, कम-अज़-कम वे दो तो नहीं जो हाल ही अपने गाँव लौटे हैं। वे हड़बड़ा जाते हैं, समझ नहीं पाते किसने उन्हें फ़ोन किया है, और क्यों।

उनसे बात करते में मुझे समझ आता है कि 'समझौता' दरअसल परसों ही हो गया था, यूनियन के नेता और किसी सरकारी अधिकारी के बीच। इस प्रक्रिया में रसोइया संघ और उसके पदाधिकारियों की कोई भूमिका न थी।

वामपन्थी नेता ने सुझाया था पदाधिकारी पहले चले जायें। बाक़ी सब को एकदम आख़िर में इसलिए बतलाया गया कि जब कोई पदाधिकारी यहाँ नहीं होगा, वापस लौटना ही एकमात्र विकल्प बचेगा।

ढाई बज चुके हैं। कुछ लोग स्ट्रीट लैम्प पर झुके खड़े हैं। टूटे हुए बिखरे हुए। बूढ़ी औरतें पोटलियाँ सँभाल रही हैं। कुछ अपने गाँव लौटने की लम्बी यात्रा शुरू करते बस अड्डे की तरफ़ लुढ़कते चल रहे हैं। तालाब के पानी में उनके अक्स किसी परास्त और बदहवास प्रेत की तरह टिमटिमाते हैं। तालाब के बीच पानी में विवेकानन्द की महाकाय मूर्ति खड़ी है। दिन में यहाँ बोटिंग होती है, लेकिन इस वक़्त रस्सी से बँधी नाव पंख कटे परिन्दों की तरह पानी में चुप खड़ी हैं। बस अड्डा यहाँ से काफ़ी दूर है। गाँव के लिए सीधी बस नहीं है। पता नहीं अगली बस कब मिलेगी। शुक्रवार की यह रात न जाने कितनी उम्मीदें अपने साथ लिए दफ़न होगी।

पाँच हज़ार इन्सान राजधानी की धूप में महीना भर जीते रहे। चावल साथ लाये थे, पकाकर खाते थे। किसी नल के नीचे नहा लिया करते थे। किसी राजनेता या पत्रकार की निगाह उन पर नहीं पड़ी या शायद किसी षड्यन्त्र के तहत उन्हें दृष्टि से ओझल कर दिया गया। उनमें से अधिकांश पहली बार रायपुर आये थे। लौटते वक़्त इनके पास राजधानी और राजसत्ता की क्या स्मृति होगी? किस तरह याद रखेंगे यह इस मई को? मज़दूर दिवस की मई? उबलता तालाब...लाल झण्डियाँ और लाल पोस्टर।

इस बार के लिए इतना काफ़ी है। अगली बार देखते हैं।

यही कहा था उस यूनियनवाले ने बस्तर और सरगुजा के इन आदिवासियों से।

(25 मई 2012, रायपुर, रात ढाई)

मृत्यु-कथा

शहर का आदिवासी जीवन के प्रति बर्ताव लेव तोलस्तोय की कहानी *द थ्री हर्मिट्स* की याद दिलाता है।

एक ईसाई पादरी पानी के जहाज़ में यात्रा कर रहा है। वह कुछ लोगों को बात करते सुनता है कि दूर किसी टापू पर तीन साधु रहते हैं, 'अपनी मुक्ति' के लिए प्रार्थना करते हैं। उत्सुक पादरी नाविक से जहाज़ को टापू की तरफ़ ले चलने के लिए कहता है। जब जहाज़ टापू पर पहुँच जाता है, वह नीचे उतर उन तीनों के पास जा पूछता है—"आप ईश्वर की सेवा कैसे करते हैं?"

"हमें नहीं मालूम ईश्वर की सेवा कैसे की जाये। हम तो सिर्फ़ एक-दूसरे का ख़याल रखते हैं," एक साधु कहता है।

"लेकिन आप कौन-सी प्रार्थना करते हैं?"

"हे ईश्वर, तुम तीन हो, हम भी तीन हैं। हमारे ऊपर दया करो," दूसरा साधु कहता है।

पादरी आश्वस्त हो जाता है कि वे तीनों ईसाइयत की पवित्र त्रिमूर्ति को क़तई नहीं समझ पा रहे हैं। वह उन्हें दिन भर प्रार्थना रटाता है, शाम को सन्तुष्ट हो लौट जाता है।

रात हो चुकी है। जहाज़ अँधेरे में आगे बढ़ रहा है। पादरी सहसा कोई चमकीली रोशनी दूर पानियों से अपनी तरफ़ आते देखता है। कौंध जहाज़ के क़रीब आती जाती है। वह चौंक जाता है कि अलौकिक आभा में दीप्त तीनों साधु एक-दूसरे का हाथ थामे पानी पर फिसलते आ रहे हैं।

जहाज़ के पास पहुँच तीनों एक स्वर में कहते हैं—"हम आपकी शिक्षा एकदम भूल गये हैं। हमें फिर से बताओ न।"

पादरी तुरन्त शर्मिन्दा हो जाता है। "आपकी ख़ुद की प्रार्थना ईश्वर तक पहुँचेगी," वह याचना की मुद्रा में हाथ जोड़ देता है। "मैं इस योग्य नहीं

हूँ कि आपको कुछ भी सिखाऊँ। आप मुझ जैसे पापियों के लिए प्रार्थना करें।"*

शहर भी इसी तरह अपनी भाषा आदिवासी समुदाय पर थोपता है। तोलस्तोय के पादरी को अपनी ग़लती का एहसास हो गया था, शहर को अपने कृत्यों पर क़तई अफ़सोस नहीं होता।

'अनुसूचित जनजाति' और 'आदिवासी' अमूमन पर्याय की तरह प्रयुक्त होते हैं। लेकिन दोनों में थोड़ा फ़र्क़ है। 'आदिवासी' यानी किसी भूगोल का आदि निवासी जिसका जंगल और उसकी खनिज सम्पदा पर पहला अधिकार है। जबकि 'अनुसूचित जनजाति' एक प्रशासनिक-विधिक प्रत्यय है, वे समुदाय जिन्हें विशिष्ट संवैधानिक अधिकार प्राप्त हैं। दूसरे, आदिवासी समाज अमूमन जंगल या अपेक्षाकृत दुर्गम भूगोल में रहता है, जनजातियाँ शहरी क्षेत्रों में भी रहती आयी हैं।

लेकिन ये दोनों ही—अनुसूचित जनजाति या आदिवासी—महज़ समाजशास्त्रीय-नृतत्वशास्त्रीय श्रेणियाँ नहीं हैं। इन शब्दों के गहन राजनीतिक और सामाजिक निहितार्थ हैं। अँग्रेज़ी राज के दौरान गढ़े गये ये प्रत्यय देश भर में बिखरे विविध समुदायों को एक विशिष्ट अर्थ-व्यवस्था के पिंजरे में बन्द कर देते हैं और चूँकि राष्ट्रीय विकास दर में योगदान किसी समुदाय के मूल्यांकन का सबसे बड़ा मानदण्ड बन चुका है, न्यूनतम उत्पादन और उपभोग की व्यवस्था में जीते आदिवासी समाज पर 'पिछड़ा' और 'ग़ैर-आधुनिक' जैसे अश्लील विशेषण चिपका दिये जाते हैं।

अबुझमाड़ के जंगल में तमाम गाय और भैंस बेहिसाब डोलती हैं। लेकिन आदिवासी की दूध बेचने में कोई दिलचस्पी नहीं। वह अपने लिए भी दूध नहीं दुहते। सातवीं-आठवीं तक पढ़-लिख गये लोग जो हफ़्ते भर में दो-तीन बार शहर हो आते हैं, घरों में बाइक हैं, वे भी गाय-भैंस नहीं पालते। माओवादियों ने खेती के लिए उन्हें बैल का प्रयोग सिखाया, लेकिन कोई फ़ायदा नहीं हुआ। लोहा शायद एकमात्र धातु है जिसके लिए गोंडी भाषा में शब्द है। प्रकृति के साथ बस्तर के आदिवासी का सम्बन्ध शहर के दृष्टिकोण का विलोम है। आर्थिक उत्पादन कभी

* लुडविग विटगेंस्टाइन को गल्प साहित्य में कोई ख़ास दिलचस्पी नहीं थी, लेकिन यह कहानी इसके आध्यात्मिक अर्थों की वजह से उन्हें बहुत पसन्द आती थी। कई दशक बाद एक अन्य विलक्षण दार्शनिक रामचन्द्र गाँधी ने तोलस्तोय के तीन साधुओं का उल्लेख एक व्याख्यान में किया जो उन्होंने अपने प्रिय मित्र निर्मल वर्मा की स्मृति में 3 अप्रैल 2007 को दिल्ली में दिया था। उन्होंने इस कहानी के अन्त की तुलना निर्मल की *क़व्वे और काला पानी* से की थी। यह उनके आख़िरी व्याख्यानों में से एक था। दो महीने बाद उनकी मृत्यु हो गयी।

उनका प्रमुख सरोकार नहीं रहा। ऐसे समुदाय का मूल्य जीडीपी दर से निर्धारित करना मूर्खता और क्रूरता है।

आधुनिक दर्शन सिखाता है कि हमें किसी समाज को उनके मानदण्डों पर परखना होगा। उससे संवाद उसकी भाषा में करना होगा। अपनी समझ उस पर थोपना भयानक असहिष्णुता, पिछड़ापन है। जंगल और गाँव के प्रति तिरस्कार भाषा और संविधान में भी समा गया है। किसी देश के निवासी को नागरिक (सिटिज़न) कहते हैं, ग्रामीण नहीं। संवैधानिक अधिकार उस देश के नागरिक यानी नगर (सिटी) के निवासी के लिए उपलब्ध हैं। ग्राम और ग्रामीण, भाषा के निचले पायदान पर आ जाते हैं।

जीडीपी दर का चश्मा उतरते ही महुए का जादू प्रकट हो जाता है। आप जंगल में गूँजती निर्लिप्त बाँसुरी और मायावी मौन को सुन सकते हैं। कोई परिवार पूरा दिन बहुत कम शब्दों में गुज़ार देता है। बाक़ी दुनिया तो दूर, निकटतम रिश्तेदारों से भी संवाद की बहुत कम ज़रूरत होती है।

जंगल में बाइक से गुज़रते हुए मैं स्थानीय आदिवासियों से रास्ता पूछता हूँ। वे अक्सर मुझे गन्तव्य तक पहुँचाने चल पड़ते हैं। उनकी आकस्मिक यात्रा यहीं ख़त्म नहीं होती। वे इस गाँव में ठहर जाते हैं, यह फ़िक्र किये बग़ैर कि वे बिना बताये चले आये हैं, उनका परिवार इन्तज़ार या चिन्ता कर रहा होगा। वे इस गाँव के किसी भी आँगन में सो जाते हैं। कोई इस आगन्तुक को चावल और महुआ दे देगा, वह अपने मेज़बान की लकड़ी काटने या सल्फ़ी लाने में मदद कर देगा, आराम से एकाध दिन यहाँ रह वापस अपने घर लौट जायेगा। बस्तर मद्धिम लय में सरकता महाकाव्य है, संवैधानिक मानकों से परे अपना गीत गाता है।

मुझे पहले लगता था कि वी.एस. नायपॉल आदिवासी को 'जड़ प्रजाति' ठीक ही कहते हैं, लेकिन बस्तर की यात्राओं ने इस मान्यता को ध्वस्त कर दिया, अपने ऊपर शर्म भी आयी। अबुझमाड़ वैज्ञानिक स्वभाव व तार्किकता के जुड़वाँ आदर्शों की फ़िक्र और आधुनिकता के समक्ष समर्पण नहीं करता, इतिहास का प्रत्युत्तर मिथक से देता है।*

---

* यह शायद सिर्फ़ बस्तर की विशेषता नहीं है। मुझे किसी जापानी फ़िल्म में एक यात्री और एक सौ तीन वर्षीय वृद्ध के बीच का संवाद याद आता है :

यात्री : इस गाँव का क्या नाम है?

वृद्ध : इसका कोई नाम नहीं है। हम इसे 'गाँव' बुलाते हैं। लेकिन बाहरी लोग इसे 'पनचक्कियों का गाँव' बुलाते हैं।

यात्री : यहाँ बिजली नहीं है?

वृद्ध : हमें ऐसी चीज़ों की कोई ज़रूरत नहीं।

संहिताबद्ध क़ानून से संचालित होते किसी आधुनिक राज्य की भाषा और कार्य-प्रणाली के लिए अपरिवर्तनीयता और असन्दिग्धता अनिवार्य गुण हैं। इसका संविधान किसी अनेकार्थी व्यवस्था में पल्लवित नहीं हो सकता। लेकिन भारत की बहुत बड़ी जनसंख्या इस संवैधानिक आदर्श के विलोम में जीती है। राहगीर को रास्ता बताना हो, शपथ लेकर अदालत में वक्तव्य देना हो या प्रेम-पत्र ही लिखना हो, लोगों को वक्रोक्तियाँ सुहाती हैं। ज़रूरी नहीं कि इसका मक़सद दूसरे को गुमराह करना या धोखा देना हो, हमें ऐसे जवाब पसन्द हैं जो प्रश्न को नहीं सुलझाते बल्कि कहीं विराट प्रश्न खड़े कर देते हैं। यक्ष-प्रश्न की कथा शायद इसी सभ्यता में सम्भव थी। यह सभ्यता अन्तिम निर्णय सुनाने से परहेज़ करती है, असमाप्य, असंभाव्य और अधूरेपन का उत्सव मनाती है। आधुनिक राज्य के प्रवक्ता इस स्वभाव का सत् और सौन्दर्य आसानी से नहीं समझ पायेंगे जो बस्तर का आदि गुण है और जंगल में विचारधारा के आक्रमण से भी कुम्हलाया नहीं है।

आधुनिक पदावली में जंगल को लिखते तमाम शहरी लेखकों का अत्यन्त ईमानदार लेखन भी बस्तर का कच्चा अनुवाद हो जाने की कगार पर टिका रहता है। उनके रूपक और उपमाएँ इस बीहड़ की आत्मा के प्रति अन्यायी हो सकती हैं। वे बस्तर को उन संकेतों और क्रियाओं में परिभाषित, उन तर्क और प्रस्तावनाओं से विश्लेषित करते हैं जिनसे यह जंगल एकदम अनजान है। मसलन, शहरी वर्णमाला में 'अन्दरूनी गाँव' अक्सर प्रयुक्त होता है। लेकिन बस्तर के निवासी की चेतना में किसी 'अन्दरूनी' इलाक़े में रहने का भाव नहीं है। वे अपने जंगल को 'दुर्गम' या 'दूरस्थ' नहीं कहते—ये श्रेणियाँ शहर ने अपनी ज़रूरत और सुविधा के लिए बना ली हैं।

यदि आप किसी समुदाय से एक परायी भाषा में संवाद करते हैं, उनकी भाषा को हीनतर मान उससे जानबूझ कर अनजान रह उनका जीवन किसी अजनबी व्याकरण में लिखते हैं, तो आपका आख्यान अधूरा और शायद विकृत रहने की आशंका से मुक्त नहीं हो पायेगा। मुझे आदिवासियों के साथ अक्सर भीषण शाब्दिक अलगाव महसूस होता था। मेरे प्रत्येक प्रश्न पर वह उस प्रश्न का जवाब देते थे

यात्री : आप रोशनी के लिए क्या करते हो?

वृद्ध : हमारे पास मोमबत्तियाँ और सफ़ेद सरसों का तेल है।

यात्री : क्या रात को अँधेरा नहीं हो जाता?

वृद्ध : रात अँधेरी होने के लिए ही बनी है। अगर रात भी दिन की तरह चमकीली हो गयी तो बड़ी समस्या आ जायेगी। मैं ऐसी उजली रात नहीं चाहता कि तारों को न देख सकूँ।

जो मैंने नहीं पूछा था। मैं अपना प्रश्न दोहराता, अलग तरह से पूछता, समझाता, लेकिन फिर भी हमारा संवाद तिरछा और बिखरा रहा आता। यह आदिवासी जीवन की विशिष्ट ज्ञानमीमांसा को भी इंगित करता था। बस्तर को बहुत अधिक प्रश्नों की दरकार कभी न थी, उत्तर की आकांक्षा तो और भी कम। प्रत्येक क्षण अपने में सम्पूर्ण है, जबकि शहर की नींव ही प्रश्न और प्रश्नाकुलता पर टिकी है।

जब भी मैं बस्तर के निवासी से मिलता, मेरे पास ढेर सारे प्रश्न होते थे। मैं छोटी-छोटी चीज़ों से लेकर उनके व्यक्तिगत जीवन, मसलन प्रेम और सेक्स पर भी सवाल पूछता था। लेकिन शायद ही किसी ने मुझसे मेरे काम या जीवन के बारे में कुछ पूछा हो। यहाँ तक कि गुरिल्ला लड़ाके जिनके साथ मैं कई बार रहा था, मुझसे क्रान्ति और विचारधारा, भारतीय समाज और राजनीति के अलावा कोई अन्य चर्चा नहीं करते थे। मैं उनके जीवन के तमाम पहलुओं को जान लेना चाहता था, लेकिन किसी भी आदिवासी या माओवादी की दिलचस्पी मेरे जीवन, मेरे गृहनगर या शिक्षा में नहीं थी।

शहर से अनेक लोग बस्तर आये हैं जिन्होंने अपनी आत्मा का बड़ा हिस्सा इस बीहड़ पर न्योछावर किया है, बस्तर के निष्ठावान नागरिक बने हैं। लेकिन उनका लेखन और आख्यान अन्ततः शहर को ही सम्बोधित होता है। इसी शहरी समुदाय से वे वैधता और प्रशस्ति-पत्र चाहते हैं।

लेकिन क्या मेरे शब्द भी इसी सम्भावना को लिए नहीं जी रहे? किसी दिन कोई गोंड लड़की इन पृष्ठों को पढ़ेगी, मुझे सन्देह से देखेगी, मेरी निगाह पर प्रश्न करेगी, शायद मेरे हरेक शब्द को नकार देगी, अपनी डायरी में लिखेगी—"*मृत्यु-कथा* मिटाये जाने के लिए ही लिखी गयी थी।"*

---

* लेखन के शुरुआती दिनों में लगता था कि जो चीज़ें कहीं अभिव्यक्त या दर्ज नहीं हो पायीं, उन्हें शब्द देना हमारा दायित्व है। कहीं यह मासूम आस्था भी धड़कती थी कि शब्द हमें उन गुनाहों से मुक्ति दिला देगा जिन्हें हम दुनिया से छुपाते आये हैं। लेकिन अगर कोई अपने अतीत से उबरने के लिए कथा कहता है, तो यह कथा किसी आगामी कथा के भीतर मुक्ति पाने की आस लिए भविष्य के आकाश में अनन्त तक लटकी रहेगी। मुझे अपनी एक पुरानी डायरी याद आती है—

> 19 अगस्त 2011, रायपुर। कल मुझे लगा कि मेरी क़लम से अब तक जन्मा प्रत्येक शब्द उस अवैध सम्बन्ध या अनचाही सन्तान की तरह है जिन्हें हम एक उम्र के बाद ख़ारिज कर देते हैं, जिन्हें अपना कहने में गुनाहग्रस्त ग्लानि महसूस करते हैं, जिनसे गुज़र चीरता हुआ अफ़सोस होता है कि आख़िर क्यों लिखा उन्हें।

ये शब्द इस राज्य में आने के दो दिन बाद और बस्तर में नक्सल हमले पर रिपोर्टिंग के लिए अपनी पहली यात्रा शुरू करने से कुछ घण्टे पहले लिखे गये थे। मेरा सामान होटल में बन्द पड़ा था।

छह

सात

मरीचिका

"अगर मैं कहूँ कि मैं आज ख़ुश हूँ तो यह अपने को धोखा देना होगा...मैं अपनी पहचान खो चुका हूँ।"

मैं भौचक रह गया। "आपको पता है आप क्या कह रहे हैं? मैं इसे लिखने वाला हूँ।"

मैं आश्वस्त होना चाहता था कि वह जान लें कि हम 'ऑन रिकॉर्ड' बात कर रहे हैं। वैसे मालूम न होने का सवाल ही न था—हम पहले ही तय कर चुके थे कि यह 'रिकॉर्डेड' साक्षात्कार था। हम दोनों तेलंगाना पुलिस के इंटेलीजेंस विभाग के दफ़्तर में बैठे थे। हैदराबाद एसआईबी (स्पेशल इंटेलीजेंस ब्यूरो) का एक अधिकारी हमारे सामने था। यह अगस्त 2014 का महीना था। उमस भरा।

जी.वी.के. प्रसाद कुछ महीने पहले तक गुड़सा उसेंडी उर्फ़ सुखदेव के नाम से जाने जाते थे। सीपीआई (माओवादी) की दण्डकारण्य स्पेशल ज़ोनल कमेटी के प्रवक्ता। उनकी प्रेस रिलीज, ईमेल पत्रकारों तक पहुँचा करते थे। पैंतालीस साल के प्रसाद कई भाषाएँ जानते थे, काफ़ी पढ़े-लिखे थे। अपने कई अन्य कॉमरेड साथियों की तरह वारंगल ज़िले से थे।

लेकिन अब वह समर्पण कर चुके थे। इसी साल जनवरी में तेलंगाना पुलिस ने उनकी भव्य प्रेस कॉन्फ्रेंस करवायी थी जब उन्होंने कमांडर ललिता, जिसे उन्होंने अपनी पत्नी बतलाया था, के साथ समर्पण किया था। उन्होंने कहा था कि अपनी गिरती सेहत की वजह से पार्टी की अनुमति से समर्पण कर रहे हैं। पुलिस ने उन दोनों को घर दिया था, इलाज के लिए पैसा भी। पुलिस ने यह भी गुपचुप प्रचारित किया था कि इस समर्पण के पीछे ललिता ही थीं।

कुछ दिन बाद सुखदेव के 'चारित्रिक दोष' रेखांकित करते हुए उनके बॉस यानी दण्डकारण्य स्पेशल ज़ोनल कमेटी के सचिव रामन्ना का बयान आया था। रामन्ना बोले कि ललिता सुखदेव की पत्नी नहीं थी बल्कि उनके साथ पार्टी के प्रेस विभाग में काम करती थीं। "अपनी पत्नी को छोड़ एक स्त्री के साथ भाग जाना उसके चरित्र को दर्शाता है।"

रामन्ना के अनुसार सुखदेव 1980 के दशक में पार्टी से जुड़े थे, लेकिन 1993 में उस वक़्त पार्टी छोड़ दी "जब पार्टी सामरिक और संगठनात्मक स्तर पर कई समस्याओं से जूझ रही थी"। वह 1997 तक बाहर रहे और जब "पार्टी ने उनका व्यवहार अच्छे से परख लिया", वापस आ गये। इसके बाद भी "उनकी कई कमज़ोरियाँ पार्टी के संज्ञान में आती रहीं और पार्टी ने उन्हें सुधारने का बहुत प्रयास किया"। "अहम्, नौकरशाहों जैसा व्यवहार और पितृसत्ता" उनकी कमज़ोरियों में शुमार थे। पार्टी ने उन्हें 1999 में किसी स्त्री कैडर के साथ अफ़ेयर के लिए सज़ा भी दी। जब उनकी पत्नी मुठभेड़ में मारी गयीं, उन्होंने 2003 में एक अन्य कैडर राजी से शादी की जिसे छोड़ कर अब वह ललिता के साथ बाहर चले गये हैं।

जब मैं उनसे मिलने हैदराबाद पहुँचा तो उनके अतीत से थोड़ा-बहुत परिचित था। कुछ महीने पहले मैं बस्तर में उन लड़ाकों से मिला था जिन्हें कभी वह माओवादी विचार और दीर्घकालीन लड़ाई का महत्त्व पढ़ाया करते थे, कभी हिम्मत न हारने की सीख दिया करते थे, लेकिन अब वे युवक गुरिल्ला अपने भूतपूर्व बॉस को 'गन्दी मछली' कहते थे। "कुछ लोग ऐसा करते हैं, पूरी पार्टी बदनाम हो जाती है," रजनू मण्डावी बोला, जो सुखदेव से उम्र में आधे से भी कम था।

लेकिन अगर पार्टी सुखदेव के 'चारित्रिक दोष' से परिचित थी, तो इतने बरस क्यों वह संगठन में बने रहे, क्यों उन्हें इतनी महत्त्वपूर्ण ज़िम्मेदारियाँ दी गयीं? पार्टी छोड़ने के बाद किसी साथी को इस तरह बदनाम करना क्या पार्टी की अवसरवादिता को नहीं दर्शाता था? क्या कोई इन्सान सिर्फ़ इस वजह से बुरा हो जायेगा कि वह आपके साथ नहीं रहना चाहता? पार्टी के पास कोई उत्तर न था। वैसे यह कोई नयी बात न थी। पार्टी अक्सर आत्म-समर्पित क्रान्तिकारियों को ऐसे ही विशेषण देती आयी है।*

मझोले क़द के दुबले सुखदेव जानते थे कि उनके भूतपूर्व साथियों ने उन्हें पतित घोषित कर दिया है। मैं यह जानने को उत्सुक था कि आज वह किस तरह अपने दोस्तों को याद करते हैं जिनके साथ उन्होंने अस्सी के दशक में क्रान्ति का सपना लिए बस्तर में प्रवेश किया था।

---

* 2020 में प्रकाशित हुए इस किताब के अँग्रेज़ी संस्करण, *द डेथ स्क्रिप्ट*, में यह अध्याय पढ़ने के बाद सुखदेव ने मुझे लम्बा ख़त लिखा था। वह ख़त अगले अध्याय में प्रस्तुत है—ज्यों का त्यों।

मैं भौचक रह गया। सुखदेव सरेंडर के बाद की अपनी ज़िन्दगी एक पुलिस अधिकारी के सामने सिरे से नकार रहे थे। “सम्पूर्ण सुख जैसा कुछ भी नहीं होता। मेरे जैसा कोई इन्सान...यहाँ तक कि अम्बानी भी पूरी तरह ख़ुश नहीं होंगे। मैं जंगल में बहुत सुखी था। अगर मैं कहूँ कि मैं आज ख़ुश हूँ, तो यह अपने को धोखा देना होगा। मेरे पास घर है, तीन वक़्त का खाना है, लेकिन यह सिर्फ़ मेरे लिए है। जब भी मैं अपने इर्द-गिर्द देखता हूँ (बेइन्तहा ग़रीबी और असमानता), मेरी दुनियावी सुख-सुविधाएँ मुझे कचोटती हैं...,” उनकी आवाज़ लड़खड़ाने लगी। चश्मे के पीछे उनकी आँखें चमकती थीं। “मैं बतौर मनुष्य अपनी पहचान खो चुका हूँ...मेरे लिए शहर की ज़िन्दगी आसान नहीं होगी।”

जब मैं इस साक्षात्कार की तैयारी कर रहा था, हैदराबाद एसआईबी चाहता था कि मैं सुखदेव से उनके किसी अधिकारी की उपस्थिति में मिलूँ। मैं राज़ी हो गया था, लेकिन मुझे शक था कि पुलिस की उपस्थिति में सुखदेव से कितनी बात हो पायेगी। लेकिन वह मानो तय करके आये थे कि उन्हें क्या कहना है। कुछ देर हमारी बात उनकी पार्टी के बारे में होती रही, फिर वह खुलने लगे। उन्हें इस बात की फ़िक्र नहीं रही कि ख़ुफ़िया विभाग का अधिकारी उनके सामने बैठा है, उनमें से एक जिसने उनका सरेंडर करवाया था।

उन्होंने साक्षात्कार का अन्त इस वाक्य से किया : “मैं उस वक़्त ख़ुश हूँगा जब समाज से असमानता ख़त्म हो जायेगी।”

हफ़्ता भर बाद ठीक यही बात लंका पापी रेड्डी ने मुझसे कही। रेड्डी अस्सी के दशक में दण्डकारण्य में आन्ध्र से प्रवेश करने वाले पहले दस्ते के गुरिल्ला थे। 2008 में उन्होंने सरेंडर कर दिया।

अगस्त की इस दुपहर वह वारंगल के अपने घर में थे, अपनी बेटी की पहली विदेश-यात्रा की तैयारी कर रहे थे। खम्मम, वारंगल और करीमनगर ज़िले कभी नक्सली आन्दोलन के गढ़ हुआ करते थे। कई होनहार और गोल्ड मेडलिस्ट विद्यार्थी अपना करियर छोड़ क्रान्ति की लड़ाई में आ गये थे। 1980 के बाद का माओवादी आन्दोलन इन तीन ज़िलों के युवक-युवतियों के इर्द-गिर्द घूमता दिखायी देता है—आन्ध्र प्रदेश का इस क़दर प्रभुत्व रहा है कि 2014 में दण्डकारण्य स्पेशल ज़ोनल कमेटी के चौबीस में से बीस और सीपीआई (माओवादी) की सेंट्रल कमेटी के बीस में से ग्यारह सदस्य इस राज्य से थे।

लेकिन आज स्थिति बदल गयी है। इस इलाक़े के कई विद्यार्थी अब विदेश पढ़ने जाते हैं, उनमें एक लड़की उस क्रान्तिकारी की थी जो अब तक के इतिहास

में सरेंडर करने वाला सबसे बड़ा माओवादी है। वह सोफ़े पर बैठी अपने पिता को ग़ौर से सुन रही थी।

बावन वर्षीय रेड्डी को बाहर आये, पारिवारिक जीवन जीते हुए छह साल हो चुके थे लेकिन उन्हें अपने क्रान्तिकारी दिन अभी भी तड़पाते थे। "मैं अन्दर कहीं बेहतर ज़िन्दगी जी रहा था। बेहतर समाज के निर्माण के लिए लड़ रहा था। मुझे बड़ी सन्तुष्टि मिलती थी...मैं अब कहीं अधिक कमा रहा हूँ लेकिन चारों तरफ़ ग़लत चीज़ें होती देखता हूँ। पहले जो लोग रिश्वत लेते थे मैं उन्हें पीट दिया करता था, अब मुझे खुद रिश्वत देनी पड़ती है," रेड्डी बोले।

जब मैंने उन्हें बताया कि यही बात मुझे सुखदेव ने भी कही थी, तो उन्हें आश्चर्य नहीं हुआ। "मैंने कभी पार्टी के ख़िलाफ़ कुछ नहीं कहा।" जब सुखदेव बाहर आये तो रेड्डी ने उन्हें फ़ोन भी किया था। दोनों दृढ़ थे कि पार्टी के ख़िलाफ़ नहीं बोलेंगे।

रेड्डी का क्रान्तिकारी जीवन पूरी तरह निर्दोष नहीं था। एक बार उन्हें पार्टी के प्रसार के लिए हरियाणा भेजा गया था। वहाँ उन्हें किसी स्त्री कैडर के साथ अभद्र व्यवहार करने के ज़ुर्म में निलम्बित कर दिया गया। वह तब सीपीआई (माओवादी) के सेंट्रल कमेटी के सदस्य थे, पार्टी के सबसे ऊँचे पायदान पर बैठे गिनती के नेताओं में शुमार। लेकिन पार्टी ने इतने वरिष्ठ पदाधिकारी को सज़ा देकर छोड़ा था। किसी माओवादी नेता ने मुझे यह भी कहा था कि अरसे तक तिरस्कार की डोर पर लटके रहने के बाद लंका रेड्डी टूट गये, आख़िर में अनचाहा समर्पण ही उन्हें एकमात्र रास्ता दिखायी दिया।

मैं अनेक आत्म-समर्पित गुरिल्ला लड़ाकों से मिला हूँ। समर्पण करने की कई वजह होती हैं। क्रान्ति की असम्भाव्यता जान हिम्मत टूट जाती है। सुरक्षित जीवन और परिवार की चाह हावी हो जाती है। जंगल में भूखे रह हिंसक मौत को हथेली पर लिए चलते जाना सबके बस का नहीं। लहू और लाश की विभीषिका देह और रूह को चकनाचूर कर देती है। रोज़ सुबह इस एहसास के साथ सूरज देखना कि यह जीवन की आख़िरी धूप हो सकती है। क्रान्ति का स्वप्न कितना भी विराट हो, जंगल में भटकते हुए तमाम बीमारियाँ देह को घेर लेती हैं। शहर जा इलाज करवाने में पकड़े जाने का डर है।

किसी देश की सेना को तमाम सुविधाएँ और चिकित्सा सेवाएँ उपलब्ध होती हैं। तब जाकर सैनिक ख़ुद को देर तलक मोर्चे पर रख पाते हैं। मोर्चे पर तैनात सैनिकों का तबादला भी जल्द होता रहता है। लेकिन माओवादी

गुरिल्ला अपना पूरा जीवन जंगल में छुपते-छिपाते, भूख और मलेरिया से लड़ते, एक भुरभुरे स्वप्न के पीछे चलते बिता देता है। कहीं गहरे उसे मालूम है कि विकराल भारतीय राज्य के समक्ष उसकी कोई हस्ती नहीं। हर साल वह घात लगा कुछ पुलिसवाले मार ले, लेकिन 'लाल क़िले पर लाल झण्डा' उसके जीवन में सम्भव नहीं। 'दीर्घकालीन लड़ाई' की वेदी पर कब तक वह अपनी बलि देता रहेगा? यह रूहानी थकान उसे आख़िरकार तोड़ देती है और वह जंगल को छोड़ने का मन बनाता है, यह जानते हुए भी कि बाहर परिस्थितियाँ कहीं भीषण और त्रासद होंगी, उसे वह सब करना पड़ेगा जिसे वह घृणित मानता आया था।

लेकिन लंका रेड्डी? वह समर्पण करना क़तई नहीं चाहते थे, लेकिन अपने क्रान्तिकारी जीवन के उत्कर्ष पर हुई एक ग़लती की वजह से उन्हें उस रास्ते को छोड़ बाहर आना पड़ा जिसने उनके जीवन को उद्‌देश्य दिया था और उन्हें पूर्णता व आत्म-सम्मान।

चार

मृगया

प्रिय आशुतोष,

मैंने आपकी किताब पढ़ी।* एक बार फिर अपने ख़िलाफ़ पार्टी के आरोपों को पढ़ने के बाद मैं यह ख़त लिखने को बाध्य हो गया। सच कहूँ तो मैं इस विषय पर अरसे से सोचता रहा हूँ। हालाँकि मुझे यह भी लगता रहा है कि मुझे इस बारे में नहीं बोलना चाहिए, लेकिन फिर मुझे लगा कि मैं अपना पक्ष क्यों न बताऊँ। अपने प्रेम और विवाह पर बात करने से मुझे क्यों बचना चाहिए?

राजी

राजी के साथ मेरी शादी के ग्यारह बरस एक मार्क्सवादी प्रस्तावना से समझे जा सकते हैं—किसी रूप का कोई अर्थ नहीं अगर यह इसकी विषय-वस्तु का मूल रूप न हो।

यह सही है कि हमारे बीच औपचारिक रूप से तलाक़ नहीं हुआ था, लेकिन 2001 में हमारी शादी के तुरन्त बाद हमारे बीच समस्याएँ आने लगी थीं। लंका पापी रेड्डी उन दिनों दण्डकारण्य स्पेशल ज़ोनल कमेटी के सचिव हुआ करते थे। उन्होंने एक बार हमारे साथ बैठ समस्याओं को सुलझाने की कोशिश की, लेकिन हम दोनों के बीच ग़लतफ़हमियाँ और मतभेद बढ़ते गये। मैं राजी से शुरू से अलग हो जाने के लिए कहता था लेकिन वह अनिच्छुक थीं। सामन्ती मूल्यों के प्रभाव में जीती वह तलाक़ को पाप समझती थीं (कमोबेश यही मानसिकता पार्टी में भी बनी हुई है)।

मैंने 2003 में कोसा से इस बारे में बात की, वह उन दिनों दण्डकारण्य स्पेशल ज़ोनल कमेटी के सचिव और सेंट्रल कमेटी सदस्य थे। 2008 में भी मैंने उन्हें हमारे बीच बढ़ती समस्याओं के बारे में बताया। उन्होंने मुझे ग़ौर से सुना लेकिन कोई ठोस सुझाव नहीं दिया। 2011 में मैंने अपनी समस्या रामन्ना

* इस किताब के अँग्रेज़ी संस्करण को पढ़ने के बाद सुखदेव ने मुझे यह ख़त लिखा था।

(उनकी मृत्यु 2019 में हो गयी) को भी बतायी जब वह कोसा की जगह सचिव बने थे। मैंने कहा कि मैं इस शादी को ख़त्म करना चाहता हूँ लेकिन इसे कमेटी के सामने रखने से हिचक रहा हूँ। उन्होंने भी मुझे सुना, लेकिन कोई सुझाव नहीं दिया। आख़िरकार मैं दिसम्बर 2012 में पार्टी महासचिव गणपति के पास गया : "मैं इस शादी से तंग आ चुका हूँ, तलाक़ चाहता हूँ। मैं ग्यारह बरसों से सहता आ रहा हूँ, लेकिन मुझे हमारे सम्बन्ध में कोई सुधार नहीं दिखायी देता।" उन्होंने मुझे ध्यान से सुना और कहा कि उन्हें इस विषय पर सोचने और सेंट्रल कमेटी के अन्य सदस्यों से बात करने के लिए समय चाहिए।

कुछ दिन बाद उन्होंने मुझे बुलाया और कहा कि उन्होंने सेंट्रल कमेटी के सदस्यों से चर्चा की है, और सभी एकमत हैं कि चूँकि मैं बड़े पद पर हूँ, मुझे तलाक़ नहीं लेना चाहिए। इससे पूरी पार्टी में ग़लत सन्देश जायेगा। उन्होंने आगे कहा—"लेकिन अगर तुमने दृढ़ निश्चय कर लिया है, तो तुम्हें कम-से-कम तीन साल इन्तज़ार करना होगा। उसके बाद तुम्हें औपचारिक तौर पर अलग होने की अनुमति मिलेगी।"

"ठीक है। मैं इन्तज़ार करूँगा, भले इसमें कितना समय लगे।"

इसके कुछ दिन बाद एक औपचारिक मीटिंग के दौरान मैंने यह बात अपनी कमेटी के सदस्यों को बतायी, यह भी बताया कि मैं तलाक़ लेने के बारे में सोच रहा हूँ। क़रीब बीसेक सदस्य वहाँ उपस्थित थे। यह सही नहीं है कि मैंने कमेटी को सिर्फ़ "राजी के साथ तनावपूर्ण सम्बन्धों" के बारे में बताया था जैसा कि मेरे ख़िलाफ़ पार्टी का दूसरा बयान कहता है। मैंने उन्हें साफ़-साफ़ कहा था कि "मैं अपनी शादी को ख़त्म करना चाह रहा हूँ" और "इसके बारे में बाक़ी सूचना उससे (राजी) मिलने के बाद दूँगा"। हालाँकि मैंने उससे काफ़ी पहले ही राजी के साथ तलाक़ के बारे में चर्चा की थी और बताया था कि अब मैं सेंट्रल कमेटी के सामने यह बात रखूँगा। विडम्बना है कि जिस इन्सान ने मेरे ख़िलाफ़ दूसरा वक्तव्य जारी किया था, वह किसी अन्य सदस्य के मुक़ाबले इस पूरे घटनाक्रम को कहीं बेहतर जानता था। मैं लगभग हरेक चीज़ उनसे साझा किया करता था।

तकनीकी तौर पर तलाक़ की प्रक्रिया शुरू हो चुकी थी, लेकिन किन्हीं वजहों से अपनी परिणति तक नहीं पहुँच सकी। मैंने सेंट्रल कमेटी द्वारा निर्धारित तीन वर्ष की अवधि को स्वीकार कर लिया था लेकिन साल भर के भीतर मेरे विचार, मेरे कर्म और व्यक्तिगत जीवन में गहरा परिवर्तन आ गया जिसकी वजह से मैं अन्ततः पार्टी से बाहर आ गया।

मेरी शादी का औपचारिक अन्त भले न हुआ हो, लेकिन असलियत में यह बहुत पहले ही टूट गयी थी। यह सही है कि मैं अपने इर्द-गिर्द के लगभग सभी लोगों—निचले स्तर के कैडर, कार्यकर्ता और इलाक़े की जनता—की निगाह में एक विवाहित पुरुष था। हम दोनों के बीच खुले-आम झगड़े तो होते नहीं थे, फिर किसी को कैसे पता चलता कि हमारे बीच कुछ समस्याएँ हैं! इसलिए उन्हें पार्टी के इस वक्तव्य में कोई समस्या नहीं दिखी होगी कि "सुखदेव उसे छोड़ कर किसी दूसरी औरत के साथ भाग गया"। वे कैसे जान पाते कि उन लम्बे ग्यारह वर्षों में मैंने किस क़दर संघर्ष किया था। सिर्फ़ मेरे क़रीबी कुछ कॉमरेड ही मेरे व्यक्तिगत जीवन से परिचित थे। सम्भवतः उन्होंने पार्टी के वक्तव्यों का खोखलापन भी महसूस किया होगा।

ललिता

अपने राजनीतिक जीवन के आख़िरी पड़ाव यानी 2012 के आख़िरी महीनों में ललिता और मैं क़रीब आ गये। मैं उन्हें 2000 से जानता था। हम बहुत अच्छे दोस्त थे, 2001 से 2004 के बीच एक साथ काम किये थे। वह तब बहुत छोटी थीं। उन्हें मालूम था कि मैं एक कड़वे सम्बन्ध से गुज़र रहा हूँ, लेकिन हम कभी व्यक्तिगत विषयों पर बात नहीं करते थे। जब हमें 2004 में अलग कमेटी में भेज दिया गया, हमारा संवाद लगभग ख़त्म हो गया। कहीं गुज़रते वक़्त हमारी कभी-कभार मुलाक़ात हो जाती, लेकिन व्यक्तिगत मसलों पर कभी बात न होती।

तक़रीबन एक दशक बाद, 2011-12, पार्टी ने हमें फिर एक इकाई में भेज दिया। हम दोनों पार्टी के भीतर चल रही कुछ नकारात्मक चीज़ों और विफल रणनीति के बारे में फ़िक्र साझा करते थे। हम कुछ शीर्षस्थ नेताओं के दृष्टिकोण से असहमत थे, और ख़राब नेतृत्व की वजह से पार्टी के सिमटते जनाधार और कार्य-प्रणाली को लेकर भी चिन्तित थे। इसी दौरान हमें प्रेम हो गया। धीरे-धीरे हम पार्टी छोड़ने का सोचने लगे। क़रीब सात-आठ साल बाद आज उन दिनों को कुछ पंक्तियों में समेटना शायद आसान लगे, लेकिन अपनी पार्टी छोड़ने का ख़याल जिसके लिए हमने जीवन दाँव पर लगा दिया था, कड़ी मेहनत की थी, प्रतिपल मृत्यु की आशंका के साथ जीते थे, उस समय वह ख़याल बहुत कठिन था। हम अनेक रातों तक नहीं सो पाये। हमने गहन चर्चा की, कई चिट्ठियाँ एक-दूसरे को लिखीं—हमें अन्तिम निर्णय लेने में एक साल लग गया। मुझे अपनी पिछली शादी से बाहर आ ललिता के साथ पार्टी के अन्दर नया जीवन शुरू करने की कोई उम्मीद न थी। हम अपने नेताओं की मानसिकता जानते थे,

उनकी प्रतिक्रिया का अनुमान लगा सकते थे। वह भी जानती थीं कि पार्टी के वरिष्ठ नेता बहुत नाराज़ होंगे। हमारे भीतर अनेक संशय और डर बैठे हुए थे। आख़िर में हमने पार्टी छोड़ने का निर्णय लिया।

पार्टी का मेरे बारे में जारी दूसरा वक्तव्य मेरी भर्त्सना करता है कि हम दोनों 'लिव-इन' सम्बन्ध में थे। यह शायद कुछ झूठी मीडिया रिपोर्ट के आधार पर लगाया उनका अनुमान है, जो एकदम असत्य है। हमने ऐसा कभी नहीं कहा था। हम 'लिव-इन' में पार्टी से बाहर आने के बाद आये थे।

1999

जब मैं पार्टी में बतौर फुल-टाइमर शामिल हुआ, मैं सिर्फ़ सत्रह साल का लड़का था। मेरे सभी आकर्षण, प्रेम, उन्माद, संवेदनाएँ, प्रेरणाएँ...मेरी हरेक अनुभूति का जन्म और विकास पार्टी में हुआ था, कुछ वहीं ख़त्म भी हो गयीं। किसी युवा कॉमरेड की तरह मैंने भी बचकानी ग़लतियाँ कीं, जल्दबाज़ी में कुछ निर्णय लिए, अपने राजनीतिक जीवन के दौरान ग़लत चुनाव किये और कभी संवेदनाओं में बह भी गया।

वह जनवरी 1999 का महीना था। मैं क़रीब तीस बरस का था। कई बरस पहले मेरी 'एम' के साथ शादी हो चुकी थी। वह मेरे जीवन का पहला प्रेम थीं। यह घटना उनकी मृत्यु से क़रीब छह महीने पहले हुई थी।

जनवरी 1999 में मैं 'एस' की तरफ़ आकर्षित हो गया। वह मुझे अच्छा दोस्त मानती थीं। बहुत क़ाबिल थीं, अच्छा गाती थीं, लिखती थीं, उन्होंने मुझे थोड़ी अँग्रेज़ी भी सिखायी थी। उन दिनों हम दोनों एक कैम्प में कई अन्य कॉमरेड के साथ कुछ हफ़्ते साथ रहे थे। वह किसी अन्य राज्य कमेटी में काम करती थीं, वहाँ किसी विशेष अभियान पर आयी थीं। उन्हें दण्डकारण्य में कुछ महीने रह लौट जाना था। मैं यह तो नहीं कह सकता कि हमें प्रेम हो गया था, लेकिन हम एक-दूसरे के प्रति निश्चित ही आकर्षित हो गये थे। साथ बैठते थे, बतियाते थे, खाते थे। हमें एक-दूसरे का साथ सुहाने लगा था। बस इतना ही था।

लेकिन मैं फिर भी कहूँगा कि हमने कहीं-न-कहीं पार्टी द्वारा निर्धारित अनुशासन की रेखा लाँघ दी थी। लेकिन जब तक कोई मुझ पर उँगली उठा पाता, मैंने ख़ुद पार्टी के एक नेता के सामने कन्फैस कर दिया कि यह मेरी तरफ़ से हुआ भावनात्मक विचलन था। मैंने यह अपनी पत्नी 'एम' को भी बताया और उनसे माफ़ी माँगी। वह क्रोधित हुईं, लेकिन उन्होंने मुझे माफ़ कर दिया और कहा कि इसे भुलाकर हमें आगे बढ़ना चाहिए—मुझे अभी भी उनके ख़त का

हरेक लफ़्ज़ याद है जो उन्होंने मुझे अपनी त्रासद मृत्यु से कुछ दिन पहले लिखा था और जो उनकी मृत्यु के कई दिन बाद मुझ तक पहुँचा था।

उस घटना के बाद पार्टी ने मुझे एरिया कमेटी से छह महीने के लिए निलम्बित कर दिया, जबकि पार्टी को अच्छे से मालूम था कि हमने 'सीमाओं का उल्लंघन' नहीं किया था, ख़ुद ही पार्टी को सूचित और कन्फैस किया था। छह महीने बाद, 2000 के शुरू में, मेरी कमेटी सदस्यता बहाल हो गयी, मुझे पदोन्नत कर एरिया कमेटी का सचिव भी बना दिया गया। मैं 2001 में डिवीज़नल कमेटी सदस्य बना दिया गया, 2006 में दण्डकारण्य स्पेशल ज़ोनल कमेटी में चुन लिया गया, और उसी वर्ष प्रवक्ता बन गया। 2011 में कमेटी का सचिवालय सदस्य बन गया। मैं अपने कड़े परिश्रम और अध्ययन की वजह से संगठन के भीतर साल-दर-साल उन्नति कर रहा था। मेरी योग्यता और वैचारिक स्पष्टता की वजह से मुझ पर समूची पार्टी भरोसा करने लगी थी। 1999 के मेरे 'अफ़ेयर' और 'सज़ा' को पार्टी (इसके नेतृत्व और आम कैडर) ने कभी किसी समस्या की तरह नहीं देखा था, यह मेरी पदोन्नति और उच्चतर कमेटियों में सदस्यता के फ़ैसलों में कभी आड़े नहीं आया था।

सच यह है कि ऐसे विचलन पार्टी में असामान्य नहीं हैं। अनेक शहीद और पार्टी के भूतपूर्व और वर्तमान नेता (जिनमें कुछ स्त्रियाँ भी शामिल हैं) दशकों तक फैले अपने क्रान्तिकारी जीवन के किसी-न-किसी मोड़ पर इस तरह की घटनाओं से गुज़रते रहे हैं। जब तक यह अफ़ेयर रज़ामन्दी से और कैडर छोटे स्तर के होते हैं, पार्टी भले अनुशासनात्मक कार्रवाई करे, इन पर अमूमन सकारात्मक रुख़ अपनाती है। पार्टी इन घटनाओं को दूसरी कमेटियों में भी नहीं बताती, प्रेस वक्तव्य तो दूर की बात है। अगर किसी अफ़ेयर में पद का दुरुपयोग या ज़बरदस्ती हुई है या वह इन्सान बड़ा नेता है या ऐसा व्यवहार बार-बार देखा गया है, तब पार्टी उसके ख़िलाफ़ कड़ा क़दम उठाती है और उसे पदोन्नत करने से पहले कई बार सोचती है।

मेरे और 'एस' के बीच भी जो कुछ हुआ, आपसी रज़ामन्दी से था। उस वक़्त हम दोनों छोटी कमेटी में थे और मेरा यह पहला विचलन था। लेकिन मेरे जाने के बाद पार्टी ने पन्द्रह साल पुरानी घटना क़ब्र से निकाल सार्वजनिक कर मुझे 'पतित' मनुष्य घोषित कर दिया।

उस 'अफ़ेयर' के बाद की घटनाओं का उल्लेख भी ज़रूरी है। मुझे सज़ा मिलने के एक हफ़्ते के अन्दर मेरी पत्नी 'एम' 25-26 जुलाई 1999 की रात पुलिस मुठभेड़ में मारी गयीं। उन दिनों हम अलग इलाक़ों में कार्यरत थे, संगठन में भिन्न ज़िम्मेदारियाँ निभा रहे थे। मेरे लिए यह बहुत बड़ा आघात था। मैं बुरी तरह टूट गया।

जिस समय मैं अपने राजनीतिक जीवन में ग्लानि भरे दुर्दिन से गुज़र रहा था, यह दुःख भी मुझ पर आ गिरा। मैं कई महीनों के लिए डिप्रेशन में चला गया। मेरे जीवन के सबसे बुरे दिनों के दौरान किसी बड़े नेता ने मुझसे बात करने, सहारा देने की कोशिश नहीं की, जबकि कनिष्ठ कॉमरेड साथी, अमूमन आदिवासी स्त्री और पुरुष, मेरे साथ खड़े रहे। उन्होंने मुझे बहुत सहारा दिया। डिप्रेशन से उबरने के लिए मैंने ख़ुद को काम में डुबो दिया। मैं रोज़ बारह-चौदह घण्टे काम किया करता, पाँच-छह घण्टे से ज़्यादा न सोता।

'एम' की मृत्यु के बाद 'एस' ने मुझ तक पहुँचने और मुझे शादी का प्रस्ताव भेजने की बहुत कोशिश की। वह अपने राज्य वापस जा चुकीं थीं लेकिन उनके ख़त बड़े नेताओं ने मुझ तक पहुँचने नहीं दिये। कुछ साल बाद मुझे सेंट्रल कमेटी के कुछ सदस्यों ने बताया कि 'एस' ने उन्हें भी कुछ ख़त लिखे थे यह विनती करते हुए कि वे उन्हें मुझसे मिलने दें। लेकिन कमेटी ने वे ख़त मुझ तक नहीं पहुँचने दिये। मेरे ख़त को भी सेंट्रल कमेटी ने 'एस' तक नहीं पहुँचने दिया। सबसे विकट यह कि उन्होंने मेरी अनुमति के बग़ैर उसे सेंट्रल कमेटी और दण्डकारण्य स्पेशल ज़ोनल कमेटी सदस्यों के बीच प्रसारित कर दिया।

इस तरह मेरा पहला प्रेम और विवाह, और दूसरी 'प्रेम-कथा' का लगभग एक साथ अन्त हो गया। धीरे-धीरे मैं 'एस' को भूलता गया और वह 'प्रेम' मेरे भीतर कहीं दफ़न हो गया।

1993-96

संगठन में लम्बे अवकाश, निष्क्रियता, आत्मचिन्तन इत्यादि सामान्य हैं। ऐसे अनेक उदाहरण हैं जब सदस्य पार्टी छोड़ देते हैं, बाहर जाते हैं, कुछ समय बाद आन्दोलन से फिर जुड़ जाते हैं। कई लोगों को पार्टी ख़ुद ही समझा-बुझा कर वापस ले आती है। ख़ासकर, अस्सी और नब्बे के दशक में यह आम चलन था। यही मेरे साथ भी हुआ था।

मैंने 1993 के अन्त में पार्टी छोड़ी थी। मैं उस वक़्त क़रीब पच्चीस का था, कुछ राजनीतिक और सांगठनिक वजहों से पार्टी में असहज महसूस कर रहा था। उस समय मेरे बहुत ही प्रिय नेता पुलि अंजन्ना की फ़र्ज़ी मुठभेड़ में मृत्यु हो गयी थी। वह बचपन से ही मेरे आदर्श थे। उनकी मृत्यु के बाद मैं तमाम संशयों से घिर गया। मैं संगठन की कार्य-प्रणाली को लेकर बहुत आश्वस्त नहीं था। जहाँ मैं उन दिनों तैनात था, कमेटियों का कार्य बहुत आश्वस्तिदायक नहीं था।

अनेक सवालों और संशयों के साथ मैंने 'एम' के साथ पार्टी छोड़ दी–हमारी हाल ही शादी हुई थी। मैंने किसी शहर में जा काम करने का तय किया। सरेंडर का विकल्प भी था, लेकिन मैं ज़मीनी स्तर पर रहना और कामगार वर्ग की ज़िन्दगी जीना चाहता था।

कुछ क़रीबी रिश्तेदारों की मदद से हम किसी दूसरे शहर में जाकर नाम और पहचान बदल कर बस गये। मुझे एक फ़ैक्टरी में काम मिल गया, हम प्रवासी मज़दूरों की बस्ती में रहने लगे। 'एम' ने भी घर पर कुछ काम खोज लिया। उन दिनों हम क़रीब 1500 रुपया महीना कमा लिया करते थे, और अगस्त 1996 में वह शहर छोड़ते वक़्त 2500 रुपया कमाने लगे थे। उस ढाई साल की अवधि में मैंने पहली बार जाना था कि ग़रीबी आख़िर क्या होती है। चूँकि मैं एक निचले मध्यवर्गीय परिवार से था, ग़रीबी का प्रत्यक्ष अनुभव पहले नहीं रहा था।

मैं उस शहर में पार्टी के एक संगठनकर्ता के सम्पर्क में आ गया। उनकी सलाह से मज़दूरों के संघर्ष और अन्य कार्यक्रमों में भाग लेना शुरू कर दिया। यानी कुछ महीनों के सिवाय मेरा पार्टी से सम्पर्क हमेशा बना रहा था। मैंने बोनस की माँग को लेकर अपनी फ़ैक्टरी में एक हड़ताल का नेतृत्व भी किया। हड़ताल सफल हुई, लेकिन मुझे फ़ैक्टरी से निकाल दिया गया। मुझे किसी और फ़ैक्टरी में काम मिल गया।

उन दिनों मैं मज़दूरों के लिए पर्चे और पेंफलेट लिखा करता था, पार्टी की स्थानीय इकाई के लिए अनुवाद करता था। उनके सांस्कृतिक मंच के लिए कुछ नुक्कड़ नाटकों के भी अनुवाद किये थे। मैं दण्डकारण्य में चलते सशस्त्र आन्दोलन से दूर था, लेकिन पार्टी के उन संगठनकर्ता के साथ शहरी आन्दोलन में भाग लिया करता था।

बाद में पार्टी ने मुझे फिर फुल-टाइमर बन जाने को कहा। मेरे पास दो विकल्प थे–किसी नये ग्रामीण इलाक़े में जाकर काम करूँ या दण्डकारण्य वापस जाकर उनकी प्रेस इकाई से जुड़ जाऊँ। तब तक मुझे एहसास हो गया था कि मैं अच्छा लिख और अनुवाद कर लेता हूँ। मैं हिन्दी भी अच्छी सीख गया था। मैं 1996 में दण्डकारण्य लौट आया। मुझे जंगल के अन्दर छपने वाले हमारे प्रकाशनों की देखरेख का काम दिया गया।

आने से पहले मैंने और 'एम' ने जो कुछ अपनी मामूली तनख़्वाह से ख़रीदा था–एक साइकिल, टेबिल फैन, अलमारी, चारपाई, बर्तन, कलाई घड़ी, कुछ कपड़े इत्यादि–हम पार्टी की स्थानीय इकाई को दे आये। मैं उन संगठनकर्ता के लिए बहुत शुक्रगुज़ार हूँ जिन्होंने मेरी योग्यता को पहचान मुझे आत्मविश्वास दिया

कि मैं फिर से जंगल में पार्टी से जुड़ सकता हूँ। उनकी मदद से ही मैं अपनी कमियों को पहचान उनसे उबर सका।

इतनी लम्बी कहानी मैंने सिर्फ़ इसलिए सुनायी कि पार्टी के नेतृत्व ने पुलिस के सामने समर्पण न करने के लिए मेरी प्रशंसा की थी। वह ख़ुश थे कि मैं जहाँ भी रहा, मज़दूर आन्दोलन में भाग लिया, आन्दोलन में बेहतर योगदान देने के लिए नयी चीज़ें सीखीं। मैं भी पार्टी नेतृत्व के प्रति आभारी था कि उन्होंने मुझे फिसलने से रोक लिया, क्रान्तिकारियों की क़तार में बनाये रखा।

उसके बाद से नदी में न मालूम कितना पानी बह चुका है। मैंने लगभग दो दशक तक पार्टी के लिए लगन से काम किया, लेकिन पार्टी छोड़ने के बाद अतीत के उन पन्नों को निकाल कर मेरी आलोचना कर दी गयी जो अब तक बेहतरीन उदाहरण की तरह देखे गये थे। तुमने बीस साल पहले यह किया था, पन्द्रह साल पहले यह किया था—इसलिए तुम हमेशा बुरे इन्सान रहे हो!

पितृसत्ता

हम एक पितृसत्तात्मक समाज हैं। पार्टी भी पितृसत्ता के प्रभाव तले जी रही है। सभी सदस्य, स्त्री और पुरुष, छोटे कैडर और बड़े नेता, की मान्यताओं और कार्य-शैली में पितृसत्ता की भिन्न प्रवृत्तियाँ दिखाई दे जाती हैं। यह हम सबके लिए दैनिक संघर्ष है—किस तरह इन प्रवृत्तियों को पहचान कर इनसे उबरा जाये। मैं भी अपवाद नहीं हूँ। लेकिन मैंने किसी स्त्री के साथ कोई दुर्व्यवहार या ज़बरदस्ती कभी नहीं की—पार्टी के भीतर या बाहर समाज में। मैं जहाँ भी रहा हूँ, प्रत्येक मनुष्य, ख़ासतौर पर स्त्री का सम्मान किया है। मुझे आज भी बस्तर के गाँवों में बच्चों, लड़के-लड़कियों, स्त्री-पुरुषों और बुज़ुर्गों के साथ बिताये अनेक लम्हे याद हैं। मैंने हमेशा स्त्री कॉमरेड का सम्मान किया है, भले वह किसी भी उम्र की या सांस्कृतिक-सामाजिक परिवेश से हों। मैं गर्व से कह सकता हूँ कि मुझे पार्टी के हरेक स्तर पर और ग्रामीण जनता का ढेर सारा स्नेह मिला है। मैं यह अपनी मृत्यु तक नहीं भूल पाऊँगा।

मैं जानता हूँ कि मेरे जाने पर पार्टी को बहुत बुरा लगा होगा। उन्होंने इसे धोखे की तरह लिया होगा। मैं पार्टी द्वारा की गयी अपनी भर्त्सना भी समझ सकता हूँ। लेकिन जिस तरह पार्टी ने मुझे 'पतित' घोषित किया और इसे साबित करने के लिए बग़ैर सन्दर्भ कुछ चुनिन्दा तथ्यों को सबके सामने पेश किया, इतने दशकों तक किये मेरे काम और समर्पण को नज़रअन्दाज़ कर दिया—इस विषय पर पार्टी को गहरे आत्मचिन्तन की ज़रूरत है।

आपका,
सुखदेव

सात

महुआ

उसका जन्म भी बग़ावत का रूपक था। उसके माता-पिता की पार्टी सन्तान का जन्म क्रान्ति के ख़िलाफ़ मानती थी। यह बस्तर में नक्सली दस्तक के शुरुआती साल थे। आन्ध्र से आये सीपीआई (मार्क्सवादी-लेनिनवादी) पीपुल्स वॉर उर्फ़ पीडब्ल्यू के गुरिल्ला मध्य भारत के इस बीहड़ को अपना केन्द्र बना एक विकराल छापामार सेना तैयार करना चाहते थे। स्थानीय आदिवासी इस सेना के सेनानी होने वाले थे, जिसमें स्त्री की बराबर भागीदारी होनी थी। किसी स्त्री के पेट में सन्तान उसे और बच्चे के पिता को अपने लक्ष्य से भटका सकती थी। उसका पिता शीर्षस्थ गुरिल्ला लड़ाका था, लेकिन अपनी गोद में सन्तान भी चाहता था।

लंका पापी रेड्डी की इस मसले पर अपने कॉमरेड साथियों से घनघोर बहस हुई। उन्होंने रेड्डी को बेहिसाब समझाया, लेकिन वह नहीं माने और अक्टूबर 1996 में अबुझमाड़ की एक नदी किनारे कई स्त्रियों ने अपने कन्धों पर टँगी बन्दूक़ें उतारे बग़ैर महुए के दरख़्त तले ओट बनायी और उसकी छाँव में उनकी पत्नी ने एक बच्ची को जन्म दिया।

अबुझमाड़ के किसी माओवादी कैम्प में जन्म लेने वाली वह सिर्फ़ दूसरी सन्तान थी।* अपनी बिटिया को रेड्डी ने नाम दिया—तेजस्वी। क्या उन्हें रत्ती भर इल्म रहा होगा कि जन्म से ही हथियारों के पालने में झूलती आयी उनकी बच्ची दो दशक बाद चीन जायेगी? इस पिता और उसकी बिटिया की कथा माओवादी इतिहास का शायद सबसे विलक्षण मिथक है।

मेरा इस कथा में एकदम आकस्मिक प्रवेश होता है क़रीब बीस साल बाद, 26 अगस्त 2014, वारंगल ज़िले के हनमकोंडा क़स्बे की एक दुपहर—मिथक में एक

---

* इससे कुछ साल पहले एक बच्ची का जन्म हुआ था। वह भी वारंगल ज़िले के किसी तेलुगु क्रान्तिकारी की सन्तान थी। कुछ समय बाद पिता बच्ची को ले बाहर आ गया, लेकिन उसकी जल्द मृत्यु हो गयी। पिछले चालीस बरसों में बस्तर के माओवादी कैम्प में कुल पाँच-छह बच्चों का ही जन्म हुआ है, लेकिन वे अन्दर ही रहे आये, बड़े होकर पार्टी से जुड़ गये। तेजस्वी अकेली थी, जिसकी पढ़ाई बाहर हुई।

और अध्याय जुड़ जाता है। भूतपूर्व क्रान्तिकारियों को खोजता हुआ मैं रेड्डी के घर आ पहुँचा हूँ। वह अपने रईस ज़मींदार परिवार के बारे में बतला रहे हैं जिसकी राजनीति में गहरी दख़ल थी। उनके पिता पुराने कांग्रेसी और स्वतन्त्रता-सेनानी थे, ताऊजी कम्युनिस्ट नेता। परिवार के पास क़रीब दो सौ एकड़ ज़मीन थी। विनोबा भावे के भूदान आन्दोलन के दौरान उनके पिता ने काफ़ी ज़मीन मज़दूर और किसानों को दे दी थी।

1970 के दशक में रेड्डी नक्सल आन्दोलन में शामिल हो गये। कुछ साल बाद इमरजेंसी के दौरान उनके भाई मुरली मोहन रेड्डी को पुलिस ने फ़र्ज़ी एनकाउंटर में तीन अन्य युवकों के साथ मार डाला जिनमें से एक वारंगल के रीजनल इंजीनियरिंग कॉलेज का विद्यार्थी था—आगामी वर्षों में यह कॉलेज कई प्रमुख माओवादी नेताओं की जन्मभूमि बनने वाला था।

भाई की हत्या के तुरन्त बाद रेड्डी मई 1976 में भूमिगत हो गये, नवम्बर में गिरफ़्तार हुए, इमरजेंसी के दौरान आठ महीने जेल में रहे। कुछ साल बाद आन्ध्र प्रदेश में पीडब्ल्यू का गठन होता है और रेड्डी अपना परिवार छोड़ बन्दूक़ की नाल से फूटने वाली क्रान्ति का ख़्वाब लिए बस्तर चले आते हैं।

हम दोनों उनके ड्रॉइंग रूम में बैठे बात कर रहे हैं कि एक लड़की आती है। दोनों तेलुगु बोल रहे हैं। मैं उनकी भाषा नहीं जानता, लेकिन इतना समझ आ जाता है कि वह उनकी बिटिया है। मुझे कौतूहल होता है—2008 में समर्पण करने से पहले रेड्डी पिछले तीसेक साल से भूमिगत थे। इसका जन्म कब हुआ होगा? इसकी माँ कौन होगी? क्या उनकी पत्नी प्लाटून कमांडर सरोजा जिन्होंने उनके समर्पण के कुछ महीने बाद खुद भी हथियार डाल दिये थे या कोई और स्त्री? क्या यह लड़की इतने साल जंगल में रही थी, हथियार और हमलों के बीच? लेकिन वह पढ़ी-लिखी शहरी लड़की लग रही थी। इसकी पढ़ाई कब और कहाँ हुई? क्या यह हरियाणा में अपने पिता के साथ थी?

मेरे भीतर काफ़ी कुछ उमड़ रहा है लेकिन निजी प्रश्न पूछने की हिम्मत नहीं होती। मैं जैसे-तैसे उनके समर्पण के बारे में पूछता हूँ, तो वह 'व्यक्तिगत वजह' कह टाल देते हैं, मुझसे आग्रह करते हुए कि मैं ऐसे सवाल न उठाऊँ।

लेकिन इस कथा को वहाँ ख़त्म नहीं होना था। वह लड़की अभी वहीं बैठी है। मैं उसकी पढ़ाई के बारे में पूछता हूँ, वह बतलाते हैं कि उसने बारहवीं कर ली है और अब मेडिकल की पढ़ाई करने चीन जा रही है।

मेरे भीतर कीड़ा कुलबुलाने लगता है—क्या चीनी सरकार हिन्दुस्तानी माओवादियों के बच्चों को किसी गोपनीय सांस्कृतिक विनिमय के तहत पढ़ाई के लिए बुला रही है?

"यहाँ एमबीबीएस में दाख़िला मुश्किल से मिलता है...वारंगल के कई बच्चे चीन पढ़ने जाते हैं," वह बतलाते हैं।

अब मुझे समझ आने लगा है कि जब रेड्डी जंगल में थे, यह बाहर रहकर पढ़ रही थी। लेकिन कहाँ? कैसे? तभी एक धागा मिलता है जहाँ से कथा खुलने लगती है।

"आप मेडिकल की प्रैक्टिस वहीं करेंगी या भारत लौट आयेंगी?"

जवाब फिर पिता देते हैं। "मैं चाहता हूँ कि यह लौट कर आये, लोगों की सेवा करे। एक बार उस जगह ज़रूर जाये जहाँ इसका जन्म हुआ था।"

पिता बेटी की तरफ़ देखता है जो सोफ़े से उठ पिता के बग़ल आ बैठ गयी है।

"किस जगह?"

"अबुझमाड़।"

"अबुझमाड़? इनका जन्म वहाँ हुआ है? वहाँ कहाँ?"

"आपको नहीं मालूम होगा। जंगल में बहुत अन्दर एक नदी बहती है नयी बेरड़। वहाँ...उसके किनारे...पता नहीं कब जा पायेगी यह वहाँ।" पिता-बेटी एक-दूसरे को देखते रहते हैं। उनकी आँख की नमी कह रही है कि यह कथा पिता ने न मालूम कितनी बार बेटी को सुनायी है, हर बार अधूरी रही आयी है, किसी को नहीं पता कि कभी यह पूरी हो भी पायेगी। बेटी कभी उस जंगल में नहीं लौट पायेगी जहाँ उसका जन्म हुआ था, जहाँ पिता कभी रायफ़ल लिए घूमा करता था, जहाँ पिता के भूतपूर्व साथी आज भी लड़ाई लड़ रहे हैं।

"नयी बेरड़! वह नदी जो बालिबेड़ा गाँव के पास बहती है?"

"हाँ...बालिबेड़ा! आपको कैसे मालूम?"

"मैं वहाँ जा चुका हूँ। दो-तीन दिन उस गाँव में रहा हूँ। नदी में नहाने जाया करता था। दूर से सीधी बहती आती नदी उस गाँव के क़रीब एक घुमावदार मोड़ लेती है। ढेर सारी चट्टानों से घिरी हुई। उससे थोड़ा आगे सल्फ़ी के पेड़ों का झुरमुट है। वही गाँव है न?"

"हाँ, वही नयी बेरड़ है। गोल चक्कर लेती है!"

"मेरे पास उस नदी और गाँव की तस्वीरें हैं...देखेंगे आप?"

"तस्वीरें? यहाँ? इस वक़्त?"

"हाँ..."

इसके बाद का दृश्य बेइन्तहा आवेग में डूबा हुआ है। एक लम्हा दूसरे के ऊपर गिरता बिखरता हुआ। मैं बाहर भाग कर आता हूँ। सफ़ेद इंडिका नज़दीक खड़ी है। पिछले दरवाज़े का हैंडल घुमाता हूँ। बन्द है। चारों दरवाज़े बन्द हैं। ड्राइवर कहीं नहीं है। अक्सर जब मैं किसी से मिलने जाता हूँ ड्राइवर गाड़ी बन्द कर नज़दीक निकल जाता है। मैं उसे फ़ोन कर बुलाता हूँ और अगर फ़ोन बन्द जाता है या वह दूर होता है तो मैं इन्तज़ार कर लेता हूँ लेकिन आज झुँझला रहा हूँ कि ड्राइवर का फ़ोन नहीं मिल रहा। गाड़ी की छत और बोनट पीटता हूँ यह परवाह किये बग़ैर कि लोग क्या सोचेंगे। कुछ देर बाद ड्राइवर आता है मैं लैपटॉप उठा कर अन्दर भागता हूँ। दोनों अभी भी बाहर वाले कमरे में बैठे हैं। मेरा इन्तज़ार कर रहे हैं। मैं लैपटॉप चालू करता हूँ। जल्दी से फ़ोटो वाले फोल्डर पर क्लिक करता हूँ। उसके अन्दर 'अबुझमाड़' का एक फोल्डर है इसमें क़रीब ढाई सौ तस्वीरें हैं जिनमें दर्जन भर नयी बेरड़ की होंगी। मैं उसी तस्वीर को खोज रहा हूँ स्लाइड शो नहीं चलाना चाहता क्योंकि कई तस्वीर पिता के कॉमरेड साथियों की हो सकती हैं। मैं सीधे नदी पर आ जाना चाहता हूँ। तस्वीरों के थम्बनेल को टटोलते हुए सहसा एक तस्वीर पर रुकता हूँ। उसे पूरी स्क्रीन पर फैलाता हूँ। यही है वो नदी हाँ यही है वो नदी। पिता की आँखें चमक रही हैं। अठारह साल हुए लेकिन यह नदी नहीं बदली है। कौन-सी जगह रही होगी कौन-से दरख़्त होंगे जिसकी ओट में बेटी की पहली मुस्कान दर्ज हुई होगी। पिता उन तस्वीरों को टटोल रहा है। बेटी अपनी पहली पुकार को खोज रही है। यही जगह थी शायद दरख़्तों से घिरी यही धरती थी। कुछ तस्वीरें बालिबेड़ा गाँव की भी हैं गाँव का चेहरा थोड़ा बदल चुका है लेकिन नदी वही है जैसी इतिहास के अबुझमाड़ में आने से पहले थी। दोनों स्क्रीन छूते सहलाते हैं कौन-सी पृथ्वी रही होगी जहाँ उसकी माँ लेटी होगी। पिता नदी को अँजुरी में भर बेटी के भीतर उड़ेल देना चाहता है।

बेटी पहले दो साल अबुझमाड़ में रही। स्त्री गुरिल्ला लड़ाकों की लाड़ली वह हथियार और हमले के खटोले में डोल रही थी। लेकिन जल्द ही पिता को एहसास हो गया कि उसका बचपन यहाँ महफ़ूज़ नहीं है और 1998 की एक रात पिता ने बच्ची को गोद में लिया, चुपचाप गोदावरी पार की, वारंगल अपनी माँ के घर छोड़ आया। बेटी दादी के घर पलती रही, बेख़बर कि उसका पिता जंगल में क्रान्ति की लड़ाई लड़ रहा है।

2008 में पिता की घर वापसी बड़ी घटना थी। माओवादी इतिहास में समर्पण करने वाला वह सेंट्रल कमेटी का पहला सदस्य था (कई साल बाद 2017

दिसम्बर में एक अन्य सेंट्रल कमेटी सदस्य जिनुगू नरसिंह रेड्डी उर्फ़ जम्पन्ना ने समर्पण किया)। गृह मन्त्री कुंडरु जना रेड्डी के समक्ष समर्पण हुआ था। आन्ध्र प्रदेश सरकार ने इसे पेट भर प्रचारित करवाया। "मुझे याद है, मैंने न्यूज़ में देखा था...दादी ने बताया कि पापा आ रहे हैं," बेटी ने बाद में मुझसे कहा।

कथा का दूसरा अध्याय अब शुरू होना था। पिता को अपनी बेटी को "वापस पाना" था जिसे उसे बारह बरस पहले छोड़ना पड़ा था। पिता को अभी भी "अपनी बेटी को वापस पाने का संघर्ष" याद है। वह तस्वीरें अच्छी खींचता था, कम्प्यूटर भी अच्छा जानता था। जंगल के दिनों में माओवादियों के तकनीकी विभाग को सँभालता था। वह बेटी की ढेर सारी तस्वीरें लेता, उन्हें फ़ेसबुक पर पोस्ट कर देता।

पिता बेटी को क्रान्तिकारी दिनों की कथाएँ सुनाता, अपने जिए आदर्शों को बतलाता। लेकिन बड़े संकोच से मुझे यह मेल भी लिखता था : "मैं एक आत्मसमर्पण किया क्रान्तिकारी हूँ। मैं मेरा जीवन में न कोई बड़ा काम किया न कोई बड़ा सफलता मिली। बस विश्वास किये हुए आदर्शों के लिए काम किये थे।"

पिता की चिन्ताएँ और भी थीं। "जब वह हैदराबाद के हॉस्टल में रह मेडिकल की तैयारी कर रही थी, मैं हर इतवार बस से कई घण्टे दूर उसके लिए चिकिन लेकर जाया करता था...चीन कैसे जा पाऊँगा।"

बेटी को अपने पिता पर गर्व था जिसने "दूसरों के लिए जीवन जिया था।" कई महीने बाद वह चीन से मुझे यह व्हाट्सएप मेसेज भेजने वाली थी : "I lve my dad sooo muchhh."

कई बरस पहले और कई समन्दर दूर चे गेवारा की बेटी अलिदा ने ऐसा ही अपने पिता के बारे में लिखा था—"जितना मैं (उनके जीवन को) पढ़ती हूँ, उतनी ही उनके प्रेम में डूबती जाती हूँ...मैं उन्हें पढ़ती, मुझे साफ़ दिखाई देने लगता कि यह इन्सान क्या था और मुझे बहुत ख़ुशी होती कि मैं उनकी बेटी थी...कितने साहस और कोमलता से उन्होंने अपना जीवन जिया था। मुझे उनसे गहन प्रेम हो गया।"

लंका रेड्डी शायद पुलिस के समक्ष समर्पण की कसक आजीवन अपने भीतर लिए जिएँगे। शहर की ज़िन्दगी उन्हें कभी नहीं सुहायेगी। लेकिन अगस्त की उस शाम हनमकोंडा से लौटते वक़्त मुझे लगा कि अपनी बेटी का प्रेम और आस्था अर्जित कर पाना शायद हरेक पिता के बस और नसीब में नहीं होता।

आठ

मरीचिका

यह सर्वविदित है कि अपने जन्म से ही नक्सली चीनी क्रान्ति और माओ से प्रभावित रहे हैं। देश के सबसे प्रमुख नक्सली दल पीडब्ल्यू उर्फ़ पीपल्स वॉर ने अपनी छापामार सेना पीएलजीए (पीपल्स लिबरेशन गुरिल्ला आर्मी) चीन की पीएलए (पीपल्स लिबरेशन आर्मी) की तर्ज़ पर बनायी, 2004 में पीडब्ल्यू और एमसीसी ने विलय के बाद अपने नये संगठन को सीपीआई (माओवादी) का नाम दिया। लेकिन बहुत कम लोग जानते हैं कि पिछले वर्षों में माओवादियों ने वर्तमान चीन को 'नव साम्राज्यवादी' देश घोषित कर दिया है।

डॉक्टर तुलसी राम की आत्मकथा *मणिकर्णिका* में नक्सली और चीन के सम्बन्धों पर एक रोचक अध्याय है। मई 1967 के नक्सलबाड़ी विद्रोह के बाद यह बात उड़ने लगी थी कि क्रान्तिकारियों को चीन से हथियार मिलते हैं। सत्ता को बन्दूक़ की सन्तान घोषित करती माओ की 'रेड बुक' नक्सली का धर्म-ग्रन्थ हुआ करती थी। तुलसी राम उन दिनों बनारस हिन्दू विश्वविद्यालय में पढ़ते थे। उनके किसी मित्र ने सुझाव दिया कि दिल्ली में स्थित चीनी दूतावास से 'रेड बुक' मिल सकती है। तुलसी राम ने दूतावास को एक अन्तर्देशीय पत्र लिखा, साथ ही एक पिस्तौल भी माँग ली और आवेश में आकर अन्त में लिख दिया—"मैं क्रान्ति के लिए अपनी जान देने को तैयार हूँ।"

कुछ दिन बाद दूतावास से रजिस्ट्री आयी। तुलसी राम ने कँपकँपाते हाथों से उसे खोला—'रेड बुक' और चीन की सांस्कृतिक क्रान्ति पर दस्तावेज़ थे, लेकिन पिस्तौल न थी।

"रेड बुक पाकर जहाँ मुझे अत्यन्त ख़ुशी हुई, वहीं पिस्तौल न पाकर बहुत निराश हुआ...उन दिनों कन्धे वाले झोले का प्रचलन था। अतः मैं उस झोले में रेड बुक हमेशा रखकर चला करता था।"

कुछ दिन बाद भेलूपुर थाने से तीन सिपाही उनके कमरे पर आ गये और पूछा—क्या तुम्हें पिस्तौल मिल गयी? सिपाहियों के पास तुलसी राम की चिट्ठी की हस्तलिखित प्रतिलिपि थी। वे उनके कमरे की तलाशी लेने लगे—मरियल-सी खाट, दो-चार बर्तन। जैसे ही 'रेड बुक' सिपाहियों के हाथ लगी, तुलसी राम काँपने लगे। लेकिन सिपाहियों ने उस पर कोई ध्यान दिये बग़ैर नीचे पटक दिया। तुलसी राम ने 'रेड बुक' पर सफ़ेद कवर चढ़ा उस पर 'भगवत् गीता' लिख दिया था। "तुम तो धार्मिक व्यक्ति लगते हो," एक सिपाही ने कहा, और वे तीनों चले गये।

इन्हीं दिनों नक्सल आन्दोलन के नेता कनु सान्याल अपने तीन कॉमरेड साथियों—खोकन मजूमदार, ख़ुदन मलिक और दीपक बिस्वास—के साथ चीन भी गये थे। चीन नक्सलियों का पुरजोर समर्थन करता था। 5 जुलाई 1967 को चीन के सरकारी अख़बार *पीपुल्स डेली* ने सम्पादकीय लिखा था—'स्प्रिंग थंडर ब्रेक्स ओवर इंडिया'। उन दिनों कलकत्ते की दीवारों पर लिखा रहता था—*चीनेर चैयरमैन आमार चैयरमैन।**

क़रीब चार दशक बाद स्थितियाँ बदलने लगीं, दोनों पक्षों ने एक-दूसरे को नकार दिया। 2012 में माओत्से तुंग के पोते और चीनी सेना में मेजर जनरल माओ जिन्यू ने सार्वजनिक रूप से कहा कि उत्तर-औपनिवेशिक दौर में 'जन युद्ध' यानी सशस्त्र संघर्ष की प्रासंगिकता कम हुई है। भारतीय माओवादी और उनके दादा के सिद्धान्तों के बीच कोई सम्बन्ध नहीं है। इन सिद्धान्तों का एशिया, अफ्रीका और लातिन अमरीका में महत्त्व था, जब वे औपनिवेशिक फन्दे में क़ैद थे।

भारतीय क्रान्तिकारियों ने भी चीन की मुख़ालफ़त शुरू कर दी। 2017 में सीपीआई (माओवादी) की सेंट्रल कमेटी ने एक किताब प्रकाशित की—*चीन : एक आधुनिक सामाजिक साम्राज्यवादी शक्ति*। उन्होंने लिखा कि चीन "पूँजीवादी-साम्राज्यवादी शक्ति" बन गया है और चीन की कम्युनिस्ट पार्टी दुनिया भर के क्रान्तिकारियों को धोखा दे रही है। चीन समाजवाद की आड़ में बुर्जुआ तानाशाही को वैधता और बढ़ावा दे रहा है।

---

* मेरी जानकारी में सिर्फ़ दो लोग, नोबल पुरस्कार से सम्मानित स्वीडिश अर्थशास्त्री गुन्नार मिर्डल के बेटे यान मिर्डल और भारतीय चिन्तक सुरेश शर्मा, माओत्से तुंग के चीन और भारतीय माओवादियों के अबुझमाड़ में रहे हैं। यान एकमात्र इन्सान थे जिन्होंने माओ और गणपति का साक्षात्कार लिया था।

इस किताब में चीन की वर्तमान सामाजिक-आर्थिक स्थिति, अन्तरराष्ट्रीय सम्बन्ध और सामरिक नीति का गहरा विश्लेषण है। जल्द ही यह दस्तावेज़ माओवादी लड़ाकों के लिए निर्धारित पाठ्यक्रम में शामिल हो गया। सितम्बर 2019 में सेंट्रल कमेटी ने निर्देश दिया कि “चीन-एक नव साम्राज्यवादी देश” विषय पर पार्टी सदस्यों के लिए अध्ययन शिविर आयोजित किये जायें।

इस महत्त्वपूर्ण किताब से यह साबित होता है कि आदिवासी लड़ाके को अमेरिका की पृथ्वी पर स्थिति नहीं पता, लेकिन शीर्षस्थ कॉमरेड दुनिया भर पर पैनी निगाह रखे हुए हैं। बड़ा प्रश्न लेकिन यह है—नक्सलियों का सबसे बड़ा और कई बरसों से एकमात्र आदर्श भी ‘पूँजीवादी’ बन गया है। उन्होंने एक के बाद एक तमाम साम्यवादी देशों को पूँजीवाद की तरफ़ मुड़ते देखा है। वे अब अपनी नयी पौध को कौन-सा उदाहरण देकर इस भीषण संग्राम का निर्वाह करेंगे? कविता अमूर्त हो सकती है, कला का निराकार स्वरूप सम्मोहित कर सकता है, लेकिन क्रान्ति का संघर्ष अमूर्तन का आख्यान कब तक रच और सह पायेगा?

ग्यारह

मृत्यु-कथा

"मैं एक बार एक बड़े पुलिसवाले से मिलने उसके दफ़्तर गया, वह जूते उतार कर बैठा हुआ था।"

वह खिलकर, खुलकर और खिलखिलाकर हँसने लगे। "कई पुलिसवाले तो अपने दफ़्तर में घुसते ही बेल्ट ढीली कर लेते हैं। इतना पेट निकल आया है। बन्दूक़ क्या ख़ाक पकड़ेंगे।"

उनकी हँसी निर्दोष और गुनगुनी थी। ख़ुद पर अभिमान, लेकिन दूसरे को हीन दिखाने के अहंकार से मुक्त।

पहले मैं उन्हें चुप सुन रहा था। मुझे इस राज्य में आये चार महीने ही हुए थे। वरिष्ठ पुलिस अधिकारियों पर वह हँस सकते थे, मैं नहीं। लेकिन अब मैं भी हँसने लगा।

यह रायपुर के होटल बेबीलॉन में दिसम्बर दो हज़ार ग्यारह की एक शाम थी। रिटायर्ड ब्रिगेडियर बी के पोनवार के साथ मेरी पहली शाम। लेकिन मुझे किंगफिशर बीयर की ज़रूरत नहीं थी यह महसूस करने के लिए कि रणभूमि में जीवन बिता आये सिपाही की कथाएँ जादुई यथार्थवाद के किसी सूरमा को भी अपदस्थ कर सकती हैं। 1971 के भारत-पाकिस्तान युद्ध में वह युवा कमांडो थे। कश्मीर, असम, त्रिपुरा से लेकर बांग्लादेश तक की रणभूमि का अनुभव था।

पिछले कुछ सालों से वह नक्सल मोर्चे पर जा रहे सिपाहियों को छापामार लड़ाई के पैंतरे सिखलाते हैं। बस्तर में भीषण युद्ध शुरू होने पर सरकार ने 2005 में 'काउंटर टेररिज़्म एंड जंगल वॉरफेयर कॉलेज' की कांकेर में स्थापना की। पोनवार इसके पहले निदेशक बने। आज तक वही हैं।

बासठ की उम्र, कसी टी-शर्ट और काउ ब्वॉय हैट। बार में भी देर तक हैट पहने रहे। पहली बीयर के बाद हैट उतार बग़ल की कुर्सी पर रख दी। वह जंगल में कोबरा को पकड़, भून कर खा जाते थे। ''बचपन से तुम्हें घर में सिखाया जाता है, साँप से डरो। जब कोबरा पेट में पहुँच गया, काहे का डर। इट टेस्ट्स लाइक फिश। दैट्स इट।"

पाँच सौ से अधिक साँप अब तक टेंटुआ पकड़ दबोचे हैं उन्होंने। ''मुझे साँप काट नहीं सकता, गोली छू नहीं सकती।" उन्हें नक्सली हमले का ख़ौफ़ न फ़िक्र। उनकी सफ़ेद अम्बेसडर सवा सौ किलोमीटर से अधिक गति पर दौड़ती है। "इतनी तेज़ भागती गाड़ी पर गोली चलाने के लिए ख़ास ट्रेनिंग चाहिए। नक्सली मेरा कुछ नहीं बिगाड़ पायेंगे।"

"सैनिक का एकमात्र साथी उसका हथियार। वह उँगलियाँ ट्रिगर पर लिए सोता है। उसका रेस्पोंस टाइम सिर्फ़ आधा सेकिंड।"

उनके हरेक शब्द पर एक आदिम अनुभव क़ुर्बान हुआ दिखाई देता था और उनके हरेक अनुभव पर कोई कुँआरा शब्द न्योछावर होने को व्याकुल था।

मेरी पोनवार साहब से वैचारिक असहमतियाँ रहीं, लेकिन जब भी उनसे मिला, लगा कि इस सैनिक ने बड़ी बेख़ौफ़ ज़िन्दगी जी है।

उन्हें सुनते हुए मुझे यह भी लगा कि कितने गल्पकार होंगे जिनकी कायनात से गुज़रते वक़्त यह कौंधता रहे कि यह लफ़्ज़ क़ुर्बानी की रात उतरा है, इसके जिस्म पर लहू के निशां अभी गीले हैं, इसकी गर्भनाल से सुर्ख़ महावर फूट रहा है। इसके तिलिस्मी लाल सरोवर में एक बार उँगलियाँ छुलायीं, समूचा शरीर इसमें डूबता जायेगा।

कृष्ण बलदेव वैद की डायरी इस तड़प को स्वर देती है—सिर्फ़ वही लिखा जाये जिसके बग़ैर रहा न जा सके, जिस पर क़ुर्बान हो सकूँ।

फर्नांदो पेसोआ लिखते हैं—अनुभूति का आतंक। अनुभूत करने की बाध्यता का आतंक।*

---

* न जाने क्यों यह मुझे एक नक्सली द्वारा लिखे ख़त की याद दिलाता है। सीपीआई (मार्क्सवादी-लेनिनवादी) के संस्थापक नागभूषण पटनायक को दिसम्बर 1970 में अदालत ने मृत्यु-दण्ड दिया था। फाँसी का इन्तज़ार करते वक़्त उन्होंने अपनी वसीयत एक ख़त में जेल अधीक्षक को लिखी थी। यह उस लम्बे ख़त का किंचित् सम्पादित अंश है :

सेवा में,
अधीक्षक,
सेंट्रल जेल, राजमुन्द्री।
मैं अपने शरीर का सदुपयोग करना चाहता हूँ। आपकी सरकार तो बस इतना चाहती है कि मेरी ज़िन्दगी को ख़त्म कर दिया जाये। मैं अपने शरीर को ऐसे उपयोग के लिए समर्पित करता हूँ जिससे मेरी भीतरी और बाहरी काया के सभी अंग और अवयव, सारा ख़ून, सारा चमड़ा, खोपड़ी और सारी हड्डियाँ, सभी कुछ मेरे जीवित शरीर से निकाल लिया जाये। मैं समझता हूँ कि इस प्रकार मेरी ज़िन्दगी के ख़त्म होते-होते यह सब कुछ पूरा कर लिया जा सकेगा। मैं कुछ और स्पष्ट होकर यह कहूँगा कि समय रहते ही मेरे बदन का ख़ून निकाल लिया जाये, मेरी आँखें और शरीर के हिस्से काट कर निकाल लिए जायें और फिर आख़िर में मेरा फेफड़ा, मेरा गुर्दा और मेरा दिल भी अलग कर लिया जाये, इससे पहले कि मेरे मर जाने की घोषणा हो।

अनुभूत होने का भी आतंक होता होगा, फ्रांत्स काफ़्का के मकां में शायद। वह लेखक जो रोशनी से डरता था, ख़ुद को सबसे छुपा किसी डिबिया में मूँद कर रख लेना चाहता था।

मेरे सभी अंग सुरक्षित ढंग से रख लिए जायें, ताकि जिन लोगों को अवयव-प्रतिरोपण की ज़रूरत हो उन्हें आवश्यक समय और स्थान पर मेरा शरीर आसानी से मिल सके।

अगर उपरोक्त सुझाव अधिकारियों को नहीं समझ आता और वे फाँसी के हुक्म का सतही अर्थ पकड़े रहना चाहते हों तो उनके लिए एक दूसरा सुझाव भी मैं लिख रहा हूँ।

मेरे शरीर का ख़ून उस हद तक निकाल लिया जाये जिससे मुझमें सिर्फ़ जान बची रहे, ज़िन्दा अवस्था में ही मेरे अन्दर के अवयवों को निकाला जा सके, मैं फाँसी के तख़्ते पर खड़ा किया जा सकूँ ताकि मेरी मौत के हुक्म की शाब्दिक तामील हो सके।

मैं ऐसे लोगों की सूची भी दे रहा हूँ जिनका मेरे अवयव, ख़ून और चमड़ी पर अधिकार है—मज़दूर, भूमिहीन किसान, मिस्त्री, विद्यार्थी, स्कूल शिक्षक, क्रान्तिकारी बुद्धिजीवी, खोमचे वाले, शोषित सर्वहारा वर्ग, भिखारी।

नागभूषण पटनायक,
क़ैदी संख्या 2760
सेंट्रल जेल, राजमुन्दरी
पूर्वी गोदावरी ज़िला

(हालाँकि जे.पी. नारायण समेत अनेक नेताओं ने उनकी रिहाई की माँग की थी, पटनायक ने दया-याचिका लिखने से मना कर दिया। सरकार ने बाद में उनका मृत्यु-दण्ड आजीवन कारावास में तब्दील कर दिया, और 1981 में उनकी रिहाई हो गयी।)

महुआ

माओवादी पति-पत्नी अमूमन एक दस्ते में नहीं रहते। लेकिन जब मैं अबुझमाड़ में तीन हफ़्ते रहा था, पायके और रजनू कुछ दिन एक साथ थे। दोनों ही बीजापुर के गंगालूर इलाक़े से थे। उनके बीच बहुत कम संवाद होता था। अगर किसी ने बताया नहीं होता तो मुझे क़तई पता न चल पाता कि दोनों विवाहित हैं। शादी से पहले दोनों एक प्लाटून में थे। प्रेम हुआ, उन्होंने अपने नेता किरण को बतलाया और उसने उनकी शादी 2010 में, एक माओवादी स्मारक के सामने कॉमरेड साथियों की उपस्थिति में, करवा दी।

मैं एक दिन हिम्मत कर रजनू से पूछता हूँ कि इतने पहरे में रहते हुए गुरिल्ला पति-पत्नी के बीच चीज़ें आख़िर किस तरह सम्भव होती हैं। मुझे लगा था रजनू नाराज़ हो जायेगा लेकिन उसने बहुत सहज ढंग से बताया–आपस में इशारा करते हैं, फिर जंगल में चले जाते हैं। बाक़ी लोग समझ जाते हैं, कोई ध्यान नहीं देता।

जिस आदिवासी समाज में इन लड़ाकों का जन्म हुआ था, वह एकदम विपरीत व्यवस्था में जीता है। सत्रह-अठारह साल की अविवाहित लड़कियों के पेट में सन्तान आ जाती है। गाँव के बुज़ुर्ग चौपाल लगाते हैं, लड़का-लड़की से कुछ सवाल पूछते हैं, और लड़की कुदकती हुई लड़के के घर आ जाती है। औपचारिक शादी की कोई ज़रूरत नहीं।

जो समुदाय अब तक प्रेम और देह के उन्माद में बहुत सहज ढंग से डूबता-डुबोता आया है, वह आख़िर कैसे अपने पर इस क़दर अंकुश लगा पाता है? यह अंकुश भी नहीं, चारित्रिक परिवर्तन है। जीवन-शैली और हसरतों में कैसे रातों-रात बुनियादी परिवर्तन सम्भव है? हालाँकि विचलन भी हैं। कई बड़े माओवादी नेता 'लिव-इन' सम्बन्धों में रहते आये हैं। पार्टी कभी इसे नज़रअन्दाज़ कर देती है, तो लंका पापी रेड्डी जैसे सेंट्रल कमेटी के सदस्य को अनुशासनहीनता के लिए सज़ा भी मिली है।

यह भी याद आता है कि सिमोन द बोउवार ने *द सेकिंड सेक्स* में परिवार को स्त्री के लिए बेड़ी बतलाते हुए और समाज में व्याप्त पुरुष सत्ता को उघाड़ते

हुए किताब का अन्त मार्क्स के उद्धरण से किया था—"मनुष्य जाति का सबसे प्रत्यक्ष, प्राकृतिक और अनिवार्य सम्बन्ध स्त्री और पुरुष का सम्बन्ध है।"

अनेक कॉमरेड दम्पति शहरी नेटवर्क तैयार करने के लिए महानगरों में अंडरग्राउंड जीवन बिताते हैं। सीपीआई (माओवादी) के प्रवक्ता चेरुकुरि राजकुमार उर्फ़ आज़ाद कई बरस केन्द्रीय दिल्ली के एक रिहायशी इलाक़े में अपनी कॉमरेड पत्नी पद्मा के साथ रहते आये थे। किसी को रत्ती भर ख़बर नहीं हुई, जब तक आज़ाद 2010 में पुलिस की गोली से नहीं मारे गये। अस्सी के दशक के मध्य से वे दोनों हिन्दुस्तान के तमाम शहरों में घर, नाम और पहचान बदलते, पुलिस और समाज से छुपते-बचते जी रहे थे।

"वह अपने इंजीनियरिंग बैच के सबसे होनहार विद्यार्थी थे। लेकिन हमने गुरिल्ला जीवन को चुना, मृत्यु के भय में जीते रहे। क्यों? हम समतावादी समाज का सपना देख रहे थे," पद्मा कहती हैं। वह दिल्ली में थीं जब उन्हें अपने पति की मृत्यु की ख़बर मिली थी। उन्होंने तुरन्त उनकी हार्ड ड्राइव और दूसरी खुफ़िया चीज़ें नष्ट कर दीं।

वह पति की मृत्यु के बाद ओवरग्राउंड हो गयी थीं, जेल में कुछ समय बिताने के बाद ज़मानत पर छूट गयीं। हैदराबाद में रहती हैं। उनके मकान मालिक का कॉमरेड बेटा झारखण्ड की जेल में था, पुत्रवधू ज़मानत पर बाहर।

उनके प्रश्न अनुत्तरित हैं। क्या राजनीति बग़ैर पैसे और ताक़त से सम्भव है? समूची सत्ता चन्द हाथों में क्यों केन्द्रित है? आदिवासी की ज़मीन हथियाने के लिए सत्ता और व्यापार क्यों एक साथ आ गये हैं? शक्तिशाली सत्ता भले नक्सलियों को मिटा दे, लेकिन इन प्रश्नों का जवाब दिये बग़ैर नैतिक विजय कभी हासिल नहीं कर पायेगी।

लेकिन युद्ध में विजय कभी नैतिक होती भी है?

पुलिसवालों को नक्सल-इलाक़ों में तैनाती के लिए अतिरिक्त भत्ते दिये जाते हैं, लेकिन फिर भी वे लौटने की जल्दी में जीते हैं कि कब उनका कार्यकाल ख़त्म हो। माओवादी बग़ैर किसी तनख़्वाह के इस जंगल में दशकों से रह रहे हैं। गुरिल्ला का जीवन मृत्यु और प्रेम के बीच तने धागे पर बीतता है। छापामार लड़ाई लड़ाके के प्रेम और धैर्य की परीक्षा है। जंगल में मचान बाँधे बैठे गुरिल्ला को मारक अस्त्र से कहीं अधिक अपनी ज़मीन पर टिके रहने का जज़्बा चाहिए। "क्रान्ति होने तक माओ ने हरेक क़िस्म के प्रलोभन पर प्रतिबन्ध लगा दिया था,"

एक लड़ाका कहता है। लेकिन क्या इस जंगल के निवासी को माओवाद समझ आया है, या माओवाद भी उन्हें समझ पाया है?

हर साल जुलाई में माओवादी मुठभेड़ में मारे गये साथियों की याद में शहीद दिवस मनाते हैं, शहीद स्मारक के सामने गाँववालों की सभा बुलाते हैं। जुलाई 2012 के शहीद दिवस पर दक्षिण बस्तर के एक गाँव में मेरी मुलाक़ात सीपीआई (माओवादी) की केरलापाल एरिया कमेटी के सेक्रेटरी आकाश उर्फ़ मडकाम भीमा से हुई थी।

"पुलिस और सीआरपीएफ की सेना वेतन की सेना है। वेतन की सेना दृढ़ संकल्प और सिद्धान्त की सेना का कभी मुक़ाबला नहीं कर सकती। ये सेना रुई की तरह है, सिर्फ़ जगह घेरती है, इसमें वज़न नहीं होता। हवा से उड़ जाती है। सिद्धान्त की सेना हिमालय को भी हिला सकती है," आकाश बोलते हैं। उनकी बग़ल में रायफ़ल रखी है। कमर पर गोलियों की मैगज़ीन बँधी है। आकाश उस प्लाटून के नेता थे जिसने अप्रैल 2012 में सुकमा कलक्टर का अपहरण किया था।

आकाश से मेरी पहली मुलाक़ात अपहरण के कुछ दिन बाद हुई थी, इसी जंगल के किसी दूसरे छोर पर। एक युवा कलक्टर को अगवा कर लेने की वजह उन्होंने बतलाई थी—क्या हमारे पास कोई और विकल्प है?

"लेकिन अपहरण भी तो कोई विकल्प नहीं है?" मैंने कहा था।

जुलाई की उस शाम वह उसी तर्क को दोहरा रहे हैं। थोड़ी दूर हथियारबन्द लड़ाकों का एक दस्ता गाँववालों को दाहिनी बाँह उठा नारे लगाने का निर्देश दे रहा है—*कॉमरेड चारु मजुमदार अमर रहें, कॉमरेड किशनजी अमर रहें।*

गमछे और धोती पहने आदमी और औरत, युवा और बूढ़े, जिनको नज़दीक के कई गाँवों से यहाँ बुलाया गया है, कोरे चेहरे और ख़ाली निगाहों के साथ उनके निर्देशों का पालन करते हैं। लेकिन जो ध्वनियाँ इन जंगल के निवासियों के मुँह से जैसे-तैसे निकल पाती हैं, उनका नारों से कोई सम्बन्ध नहीं। आकाश स्याह है। बारिश हो कर चुकी है, कभी भी फिर बरस सकता है। किसी की काँख में टूटा हुआ छाता दबा है, किसी की पीठ पर कमीज़ से छाता अटका हुआ है। सभी बाँह एक लय में नहीं उठतीं। कोई देर से उठती है, कोई पूरी ऊपर तक नहीं जाती। कोई बाँह उठती ही नहीं, छतरी को सँभालती रहती है। गुरिल्ला कमांडर उन्हें बाँह उठाना सिखाता है, नारा फिर से दोहराने को कहता है। स्पष्ट और ज़ोर से। गोंड आदिवासी इन शब्दों को अभी भी नहीं पकड़ पाते। बाँह अभी भी एक साथ लय में ऊपर नहीं जा पाती। एक बुज़ुर्ग अपने सिर पर बचे हुए दो-चार बाल खींचते हैं।

जब काफ़ी मशक़्क़त के बाद भी पटकथा ठीक से मंचित नहीं होती, पस्त कमांडर ऊलजुलूल ध्वनियों और अलसाती हुई बाँह से समझौता कर लेता है, लेकिन मैदान नहीं छोड़ता। अब वह बच्चों को बुलाता है। वे दूर नदी पार कर हफ़्ते में एकाध बार स्कूल जाते हैं। पता नहीं आख़िरी बार कब गये थे, लेकिन अभी भी यूनिफ़ॉर्म पहने हुए हैं। सरकारी स्कूल से मुफ़्त में मिली नीली कमीज़ जिस पर कई हफ़्तों की धूल पसरी हुई है। बस्तर के जंगलों के अनेक बच्चे इसी कमीज़ को बारह महीने, सुबह से रात और फिर रात से सुबह तक पहने दिखायी देते हैं।

कमांडर बच्चों से कहता है कि शहीद हुए साथियों का गोंडी में नाम काग़ज़ पर लिखो, गाँववालों को पढ़कर सुनाओ। बच्चों ने ये नाम कभी नहीं सुने, वे ग़लत हिज्जे लिखते हैं।

जब तक बच्चे काग़ज़ पर भिड़े हैं, नारे लगा चुके ग्रामीण सुस्ताने लगे हैं। उनका नाटक में रोल थोड़ी देर बाद आयेगा। एक बूढ़ी औरत अपनी धोती की गाँठ खोल तम्बाकू की पुड़िया निकालती है। दो हथेलियाँ चुपके से उसके सामने खुल जाती हैं।

लेकिन मुहब्बत? जिस आकाश ने मुझे उस शाम घण्टा भर बिठा हथियारबन्द क्रान्ति और माओवाद का उपदेश दिया था कि क्रान्ति से पहले हरेक क़िस्म के प्रलोभन से दूर रहना है, छब्बीस साल का वह लड़ाका अगले साल यानी 2013 की गर्मियों में अपनी गुरिल्ला प्रेमिका हेमला हुंगी के साथ चुपके से पार्टी छोड़ कर चला गया। हुंगी माओवादियों की चिकित्सा टीम में काम करती थी। उनके ग़ायब होने की सूचना मिलने पर मैंने उन दोनों की तलाश में दण्डकारण्य के कई सुदूर गाँव टटोले, फिर बोदारास गाँव पहुँचा, जहाँ वे आख़िरी बार देखे गये थे। मालूम पड़ा कि वे पार्टी छोड़ने के बाद क़रीब डेढ़ महीने तक इसी गाँव के बाहर एक झोंपड़ी में चोरी-छुपे रहे थे। एक रात न मालूम कहाँ ग़ायब हो गये।

उन्हें उनके कॉमरेड साथियों ने तो नहीं मारा होगा न?

नहीं, नहीं...ऐसी तो कोई ख़बर नहीं। शायद दोनों ने गोदावरी पार की, दक्षिण की तरफ़ चले गये।

बोदारास की उस दुपहर को कई बरस हो गये। मैं उनके बारे में अरसे तक कोई सुराग़ हासिल नहीं कर पाया, इस ख़ुश-ख़याली में जीता रहा कि दोनों पुलिस और अपने नक्सली दोस्तों की पहुँच से दूर जा चुके हैं, शायद उनकी गोद में अब एक सन्तान भी होगी। मुझे बहुत बाद में मालूम हुआ कि आकाश 26 अगस्त 2016 को गिरफ़्तार हो गया था। हेमला मार्च 2018 में पकड़ी गयी।

दोनों इस वक़्त जेल में हैं।

नौ

मरीचिका

फ़िरोज़ाबाद को सुहाग नगरी कहते हैं। उत्तर प्रदेश के इस छोटे-से शहर पर कृष्ण कुमार ने बेहतरीन किताब लिखी है, *चूड़ी बाज़ार में लड़की*। यह शहर देश भर में शादी की चूड़ियाँ भेजता है। काँच की इन चूड़ियों की खनक मुझे अप्रैल 2015 की एक दुपहर दन्तेवाड़ा के एक पुलिस कैम्प में सुनायी दी। कल इस कैम्प के पाँच पुलिसवाले बख़्तरबन्द गाड़ी में जा रहे थे, जब उनकी गाड़ी के परखच्चे बारूदी विस्फोट में उड़ गये। मैं कुछ ही दूरी पर पुलिस की दूसरी गाड़ी में था।

छत्तीसगढ़ सशस्त्र बल की सत्रहवीं बटालियन के कांस्टेबल नम्बर 352 शैलेन्द्र कुमार आज अपने मित्रों को याद करते हैं, बीच-बीच में जेब से फ़ोन निकाल कर देखते हैं, वापस रख देते हैं। शायद समय देखने या स्क्रीन पर किसी तस्वीर को चुपके से निहारने। शायद किसी फ़ोन का इन्तज़ार है। वह कैम्प के गेट पर बने केबिन में तैनात हैं। केबिन के झरोखे से उनकी एसएलआर रायफ़ल बाहर निशाना साधे रहती है।

तेईस साल के शैलेन्द्र फ़िरोज़ाबाद के निवासी हैं। जून 2013 में छत्तीसगढ़ पुलिस में भर्ती हुए और दो महीने पहले बग़ैर किसी प्रशिक्षण के नक्सल मोर्चे पर दन्तेवाड़ा भेज दिये गये। "मैंने सुना है कि ट्रेनिंग के दौरान वे हमें कच्चे साँप खिलाते हैं...मुझे नहीं पता नक्सली कौन होते हैं, यह भी नहीं पता मुझे यहाँ क्यों भेज दिया है," शैलेन्द्र कहते हैं। एक साथी पुलिसवाला कहता है, "देश की सुरक्षा के लिए।" शैलेन्द्र इसे दुहरा देते हैं, फिर अपने फ़ोन को देखते हैं और फ़िरोज़ाबाद की कथाएँ सुनाते हैं।

वह घर से क़रीब 1000 किलोमीटर दूर छत्तीसगढ़ क्यों आ गये? नक्सल के ख़िलाफ़ लड़ाई में इस राज्य को सिपाहियों की ज़रूरत थी। जैसे ही भर्ती के विज्ञापन निकले, सरकारी नौकरी की आस में कई बेरोज़गार लड़के दौड़े आये। शैलेन्द्र ने फिर अपने मोबाइल फ़ोन को चुपके से देखा और मुझे लगा क्या वह

किसी को पीछे छोड़ आये हैं? सहसा बहुत पहले पढ़ी एक सैनिक की कथा मुझे याद हो आयी।

एक बार एक ग्रामीण को सेना में भर्ती कर युद्धभूमि में भेज दिया जाता है। कुछ महीने बाद उसकी पत्नी एक बच्ची को जन्म देती है। परिवार उसे ताने देता है कि उसने अवैध सन्तान को जन्म दिया है, घर से बाहर निकाल देता है। वह गाँव से बाहर एक छोटी-सी झोंपड़ी में रहने लगती है। लड़की चार-पाँच साल की हो जाती है, लेकिन सैनिक वापस नहीं आया है। लोग बच्ची को ताने देते हैं। स्कूल में दोस्त उसे चिढ़ाते हैं। जब वह माँ से पूछती है, माँ आश्वासन देती है कि पिता परदेस गये हैं, जल्द लौट आयेंगे। लेकिन बच्ची शान्त नहीं होती। धीरे-धीरे बच्ची उदास रहने लगती है।

एक रात गाँव में भयंकर तूफ़ान आता है, बिजली चली जाती है। चारों तरफ़ अँधेरा। बच्ची चीख़ने लगती है। "मेरे पिता कहाँ हैं? मुझे छोड़ कर क्यों चले गये?"

माँ मोमबत्ती जलाती है। उसकी परछाईं दीवार पर उभर आती है। जब वह बेटी को समझा नहीं पाती, परछाईं की तरफ़ इशारा कर कहती है— "यह तुम्हारे पिता हैं।"

"यही मेरे पिता हैं?" बच्ची धीमे-से पूछती है।

माँ सिर हिला देती है।

बच्ची उस रात चैन से सोती है। माँ को अब पता चल गया है कि बेटी को कैसे सँभाला जाये। जब भी वह रोती हुई घर लौटती, पिता के बारे में पूछती, माँ बत्तियाँ बुझा, पर्दे गिरा मोमबत्ती जलाती और परछाईं-पिता चला आता।

कुछ महीने बाद युद्ध ख़त्म हो गया, सैनिक वापस लौट आया। उसे अपनी पत्नी के बारे में पता चला। लेकिन उसे अपनी स्त्री पर अखण्ड विश्वास था। उसे मालूम था कि बच्ची उसकी है। वह उसके घर गया। बच्ची बाहर खेल रही थी। स्त्री काम पर गयी हुई थी। उसने बच्ची से उसकी माँ का नाम पूछा, और जब उसने उसकी पत्नी का नाम लिया, सैनिक ने ख़ुशी से बच्ची को गोद में उठा लिया।

"तुम्हें पता है कि तुम्हारे पिता कौन हैं?"

"मेरे पिता? वह तो रोज़ रात मुझसे मिलने आते हैं।"

सैनिक पर पर्वत टूट कर गिर पड़ा। उसने एक ख़त लिखा, मेज़ पर रख अपने माता-पिता के घर चला आया। स्त्री को सैनिक की वापसी का पता चल

चुका था। वह दौड़ी घर आयी, लेकिन उसे वहाँ सिर्फ़ एक ख़त मिला—*मुझे तुमसे यह उम्मीद न थी।*

वह अनगिनत टुकड़ों में बिखर गयी। वह बरसों से अपने आदमी का इन्तज़ार कर रही थी, एकदम आश्वस्त कि वह लौटेगा और वे तीनों नयी ज़िन्दगी शुरू कर सकेंगे। वह नज़दीक बहती नदी में कूद गयी।

सैनिक बच्ची को अनाथ भटकते नहीं देख सका। उसे लगा कि यह है तो उस स्त्री की सन्तान जिसे उसने कभी डूब कर प्रेम किया था। उसने तय किया कि वह बच्ची को पालेगा। उसे अपने घर ले आया।

कुछ दिन बाद गाँव में तूफ़ान आया। बिजली चली गयी। घनघोर अँधेरा। सैनिक ने मोमबत्ती जलायी और उसकी परछाईं दीवार पर उभर आयी।

"पापा!" बच्ची चिल्लाई।

"पापा?"

"हाँ। यह मेरे पिता हैं। मुझसे नियमित मिलने आते थे...इतने दिन आप कहाँ थे पापा?"

अगले दिन सैनिक की लाश भी उसी नदी में पायी गयी।

मुमूर्षा

तू कर पायेगी?

उसने शायद पूछा होगा, या शायद न भी पूछा होगा।

तू अपनी फ़िक्र कर।

उसने पलट कर जवाब दिया होगा, या शायद न भी जवाब दिया होगा।

लेकिन इतना तय है कि दोनों उस वक़्त जंगल के पश्चिम की तरफ़ चल रहे थे, जहाँ एक युवा डॉक्टर उनसे कहने वाला था—इस ऑपरेशन में यह मर सकती है।

जिसे सुनकर वह बोला था—इसे क्रान्ति के रास्ते पर पहली शहीद बन जाने दो।

वह उन्नीस सौ अस्सी का दशक था। कुछ साल पहले गोदावरी के दक्षिण से छापामार गुरिल्ला अबुझमाड़ आये थे। वह उस छापामार सेना के पहले दस्ते का लड़ाका था, कुछ समय बाद वह भी आ गयी थी। वे यहाँ आने से पहले आन्ध्र में कुछ धमाके कर आये थे, लेकिन यह क्रान्ति के लिए पर्याप्त न था। उसके लिए सेना चाहिए थी, सेना खड़ी करने के लिए ख़ुफ़िया जंगल। लेकिन अचानक उन दोनों के सामने एक समस्या आ खड़ी थी जिसका इस जंगल में कोई समाधान नहीं था।

उन्हें मालूम हुआ था कि अबुझमाड़ के पश्चिमी किनारे पर गढ़चिरोली ज़िले के हेमलकसा गाँव में शहर से एक डॉक्टर रहने आया है। एक झोंपड़ी में जंगल के निवासियों का इलाज करता है। वे दोनों जंगल पार कर पूरा दिन चल देर शाम हेमलकसा आ पहुँचे। अँधेरे में इन्सान को देख पाना मुश्किल था, असम्भव नहीं।

मुझे इस चीज़ का कोई अनुभव नहीं है। मैंने कभी यह ऑपरेशन नहीं किया।

डॉक्टर बोला।

कोई बात नहीं। आप पहला प्रयोग इस पर कर सकते हो।

लड़ाका बोला। उसके वाक्य में निहित था कि ऐसे ऑपरेशन डॉक्टर को आगे भी करने पड़ सकते हैं।

औरत उस झोंपड़ी में लकड़ी की अधटूटी मेज़ पर लेट गयी। उसने अपने आदमी को आख़िरी निगाह भर देखा। वह अपनी स्त्री को मृत्यु की सेज पर लेटते हुए देखता रहा।

तीस से भी अधिक साल बाद शायद आज उन तीनों में से किसी को याद नहीं होगा कि वह दिन का कौन-सा वक़्त था, साल का कौन-सा महीना या मौसम था, जब उस डॉक्टर ने अपना पहला प्रयोग किया था, लेकिन डॉक्टर को अच्छे से याद है कि उन दोनों के चेहरे पर रत्ती भर डर या घबराहट नहीं थी।

वह पहली शहीद नहीं, पहली मिसाल बनी। उसके बाद डॉक्टर ने ऐसे अनेक ऑपरेशन नक्सली औरतों पर किये। क्रान्ति के लिए यह ऑपरेशन ज़रूरी था। जंगल में बन्दूक़ लेकर चलती, सिपाहियों पर धावा बोलती औरत के लिए माँ बन पाना आसान नहीं था, क्रान्ति-विरोधी भी था। इसलिए उनके सेनापतियों ने स्त्री-पुरुष मिलन के सख़्त नियम तय कर दिये थे। इसके बावजूद जीव को स्त्री के भीतर आने से रोकना सम्भव न था। यह तय नहीं है कि वह पहली स्त्री गुरिल्ला थी जिसके भीतर जीव आ ठहरा था, लेकिन यह शायद पहला वाक़या ज़रूर था जब दण्डकारण्य में किसी डॉक्टर ने माओवादी स्त्री का गर्भपात किया था। यह शुरुआत थी। इसके बाद उस डॉक्टर ने ऐसे कई और ऑपरेशन किये थे।

उस औरत का प्रेमी जो उस शाम एक नवयुवक लड़ाका था, आज सीपीआई (माओवादी) की पोलितब्यूरो का सदस्य है। माओवादी बग़ावत का शीर्षस्थ नेता, देश के विकराल क्रान्तिकारियों में शुमार है—मल्लोजुला वेणुगोपाल राव उर्फ़ भूपति।

उसका भाई मल्लोजुला कोटेश्वरा राव उर्फ़ किशनजी नवम्बर 2011 में सीआरपीएफ के साथ मुठभेड़ में पश्चिम बंगाल में मारा गया था।

और डॉक्टर साब? वह जल्द पूरे अबुझमाड़ में चर्चित हो गये। आदिवासी और माओवादी तो क्या, जंगली जानवर भी उनके मुरीद हो गये। वह घायल जानवरों की देखभाल करते, उनके दुधमुँहे बच्चों को पालते। अनेक जानवर उनके पालतू हो गये—अजगर, मगरमच्छ और एक बाघिन भी जो रोज़ सुबह उनके साथ किसी पॉमेरियन कुतिया की तरह पूँछ हिलाती घूमने जाया करती थी। तेंदुए, हिरण और बाघ के बच्चों के जन्म पर माँ उनकी गुदा चाटती है, उसके बाद वे आँखें खोलते हैं, पेशाब और टट्टी करना शुरू करते हैं, माँ के स्तन खोजते हैं। डॉक्टर साब इन अनाथ नवजात बच्चों की गुदा सहलाते, उन्हें दूध की बोतल देते। इस तरह जानवरों से उनकी दोस्ती शुरू हुई।

बीसेक साल बाद वे अपनी पत्नी के साथ रेमन मैग्सेसे सम्मान लेने मनीला गये। मैग्सेसे विजेता बाबा आमटे के बेटे प्रकाश आमटे और उनकी पत्नी

मन्दाकिनी आमटे। दुनिया का एकमात्र परिवार जिसके तीन सदस्यों को यह प्रतिष्ठित सम्मान मिला है।

"माओवादी मेरे पास नसबन्दी और अपनी पत्नियों के गर्भपात के लिए आया करते थे। गर्भपात से औरत की जान को ख़तरा रहता था...यह भी सम्भावना थी कि वे दुबारा फिर उसी औरत के गर्भपात के लिए आ जायेंगे। इसलिए मैंने लैसर ईविल चुना–नसबन्दी। मुझे यह भी मालूम था कि नसबन्दी को उलटाया जा सकता है," 2012 की शुरुआती सर्दियों में हेमलकसा के अपने घर में बैठे प्रकाश आमटे ने मुझे बतलाया।

कुछ महीने पहले, 2012 की गर्मियों में, कुछ डॉक्टरों से मेरी मुलाक़ात हुई थी जिन्होंने छत्तीसगढ़ की अनेक ग्रामीण स्त्रियों के गर्भाशय निकाल दिये थे। सरकार की राष्ट्रीय स्वास्थ्य बीमा योजना के तहत ग़रीबी रेखा से नीचे वाले परिवार को सालाना 30,000 रुपये का बीमा मिलता था। एक गर्भाशय निकालने के लिए डॉक्टर 12,500 रुपये तक ले सकता था। डॉक्टर के एजेंट ग्रामीण स्त्रियों को 'मुफ़्त' में गर्भाशय निकलवाने का कह फुसलाकर क्लीनिक ले आते थे। स्त्रियाँ तुरन्त राज़ी हो जाती थीं। "इस अंग की वजह से हम हर महीने तकलीफ़ झेलती थीं। तालाब जाने में भी दिक़्क़त होती थी," वे बोलीं। अनचाहे गर्भ का ख़तरा अलग था क्योंकि नसबन्दी तो दूर उनके आदमी कंडोम तक के लिए राज़ी नहीं होते थे। "हमें मालूम था इसे निकलवाने के बाद शरीर में कई समस्याएँ आ सकती हैं, लेकिन हमें लगा करवा ही लिया जाये," वे बोलीं।

ये तीसेक साल की युवा स्त्रियाँ थीं, उन महाकाव्यात्मक रूपकों से अनभिज्ञ जो कवियों ने इस अंग के इर्द-गिर्द बुने हैं। उनके लिए यह सिर्फ़ एक 'बच्चेदानी' थी। वे कहती थीं, "परिवार पूरा हो गया, अब इस चीज़ से पीछा छुड़ा लो।"

रायपुर के अस्पतालों में उन दिनों एक क्रूर चुटकुला चला करता था–बहुत जल्दी सूचना के अधिकार तहत यह जानने के लिए आवेदन करना पड़ेगा कि छत्तीसगढ़ में कितने गर्भाशय बचे हैं।*

---

* यह रूपक नवम्बर 2014 में मेरे पास लौट कर आया जब मैं उन आदिवासी स्त्रियों के बारे में लिख रहा था जिनकी ज़बरन नसबन्दी करते वक़्त मृत्यु हो गयी थी। सरकारी चिकित्सकों को स्त्रियों की नसबन्दी करने का सरकारी टारगेट पूरा करना था। नयी माताएँ, डायबिटिक और एनीमिक स्त्रियाँ ढो कर लायी गयीं, अमूमन बग़ैर उनकी सहमति के, और एक ढहती हुई इमारत में लदर-पदर करते ऑपरेशन कर दिये गये। सभी तेरह मृतक युवा माँ थीं, तीस से भी कम उम्र की स्त्रियाँ जो अपने पीछे दुधमुँहे बच्चे छोड़ गयी थीं।

बस्तर में यह रूपक नया मोड़ लेता है। अबुझमाड़ सीमा पर रहते प्रकाश माओवादियों की कथा में कई बार आते हैं। स्त्री गुरिल्ला का गर्भपात और पुरुष की नसबन्दी करते हैं। कभी उनकी बीमारी या घाव का उपचार करते हैं।

हेमलकसा में बिजली 1993 और सड़क 1998 में आयी। सड़क आने से पहले यह इलाक़ा भीषण बरसात में पाँच महीनों के लिए गढ़चिरोली से कटकर टापू बन जाता था। लोग चावल और दाल इकट्ठा कर रख लेते थे। जब आमटे परिवार ने यहाँ काम शुरू किया, उनके पास सिर्फ़ दो झोंपड़ियाँ थीं। एक रहने के लिए, दूसरी क्लीनिक।

गढ़चिरोली से हेमलकसा आते में लहरी थाना पड़ता है। अक्टूबर 2009 में लहरी के मल्लमपोदुर गाँव में महाराष्ट्र का सबसे भीषण नक्सल हमला हुआ था। थाने के अहाते में मारे गये सत्रह सिपाहियों की धुँधलाती तस्वीरें टँगी हैं। माओवादियों ने हमले का घण्टे भर लम्बा वीडियो बनाया था—वे जवानों की कीचड़ में पड़ी क्षत-विक्षत लाशों को उलट-पलट रहे हैं। उनके शरीर से अटकी रायफ़लें और मैगज़ीन खींच कर निकाल रहे हैं। कैमरा देर तक लाश के वीभत्स हो चुके चेहरे पर टिका रहता है। हरेक लाश समूची दहशत के साथ कैमरे पर दर्ज होती है।

प्रकाश को नक्सल विचार से कोई लगाव नहीं। "नसबन्दी कर मैंने कभी माओवादियों या उनके आन्दोलन की मदद नहीं की। मैंने बतौर डॉक्टर मानवीय आधार पर सिर्फ़ अपना फ़र्ज़ निभाया। मैंने इस इलाक़े के हज़ारों आदिवासियों को दवाएँ दी हैं।"

वे महज़ अपना चिकित्सकीय दायित्व निभाते रहे, लेकिन उनके या ऐसे किसी अन्य डॉक्टर के बग़ैर दण्डकारण्य में सशस्त्र क्रान्ति का स्वप्न शायद इस उत्कर्ष पर नहीं पहुँच पाता। माओवादी कथा अधूरी रही आती। हाँ, कई क्रान्तिकारी ऐसे भी थे जो उनके पास नहीं आये, जिनके लिए सन्तान को जन्म देना भी विद्रोह का रूपक था।

आज मुझे लगता है कि यह रूपक शायद अरसे से मेरा पीछा कर रहा था। बस्तर आने से कई बरस पहले मैंने एक लम्बी कहानी लिखी थी जिसकी चौबीस वर्षीय नायिका को कम अन्तराल में दो गर्भपात से हुए संक्रमण की वजह से अपना गर्भाशय निकलवाना पड़ता है। उसे बोध है कि इस उम्र में शायद वह इस अभाव की तीव्रता को समझ नहीं सकती। वह गर्भाशय घर ले आती है, उसे फॉर्मलडिहायड में डुबो काँच के जार में रख अपने बिस्तर के सामने शोकेस में रख देती है।

मरीचिका

मैं पार्टी में कितने साल रहा? ग्यारह? बारह? शायद पन्द्रह। क्या मेरे जीवन में जंगल के अलावा भी कुछ था? याद नहीं मुझे। बाहर आये छब्बीस महीने हो चुके हैं। तब से राजनाँदगाँव पुलिस के साथ हूँ। इतने दिन हो गये लेकिन अभी भी लोग पूछते हैं—क्या फ़र्क़ है अन्दर और बाहर में?

कुछ दिन पहले एक पतरकार मिलने आया था। उसने भी यही पूछा।

क्या फ़र्क़ है? जब लोग ऐसे सवाल पूछते हैं तो मैं उस औरत से भी पूछता हूँ जो मेरे साथ अन्दर थी, हथियार चलाती थी और अब मेरे साथ बाहर आ गयी है। वो मुझे देखने लग जाती है।

एसपी साहब मुझे बोले थे कोई पतरकार मिलने आयेगा। क्या पूछेगा, यह भी बता दिया था। उस कमरे में उस पतरकार के साथ मैं था, मेरी औरत, मेरा एक और साथी और उसकी औरत। वो दोनों भी पहले नक्सली कमांडर थे लेकिन अब राजनाँदगाँव पुलिस में थे।

उसने सब कुछ तो वो नहीं पूछा जो एसपी साहब बताये थे, लेकिन सबसे पहले वही पूछा जो वो बताये थे। मैंने उसे बताया मेरी नसबन्दी हुई थी। मेरे साथ जो कमांडर था उसकी भी हुई थी। अन्दर सभी की नसबन्दी हो जाती है, जो भी शादी करता है या किसी औरत के साथ दीखता है।

उस पतरकार ने पूछा, बार-बार पूछा। ज़बरदस्ती होती है नसबन्दी या कैसे होती है?

मैं बोला पता नहीं, हमसे कहते हैं तो हम करवा लेते हैं।

कौन कहता है, वो पूछा।

बड़ा कमांडर लोग कहता है।

बड़े कमांडर की भी होती है नसबन्दी? किस उमर में हुई नसबन्दी?

मैं बीस का हूँगा, मेरा साथी कमांडर बोला वो अठारह का रहा होगा।

इतनी कम उमर में नसबन्दी? बुरा नहीं लगा? सब लोग मान जाते हैं, कोई मना नहीं करता?

वो बार-बार नसबन्दी का पूछ रहा था। मेरी औरत से भी पूछा तेरे आदमी की नसबन्दी थी, तुझे कैसा लगता था। क्या बोलती मेरी औरत। क्या बोलता मैं। इसमें लगने का क्या था। सबकी होती थी, मेरी भी हुई थी। पता नहीं वो क्यों पूछ रहा था।

मेरी औरत को हिन्दी ज़्यादा नहीं आती। सिर्फ़ गोंडी समझती है। हम दोनों गोंडी हैं। दूसरा कमांडर और उसकी औरत गढ़चिरोली से हैं। उसकी औरत को थोड़ी हिन्दी आती है। गढ़चिरोली बड़ी जगह है, नागपुर से लेकिन छोटी है। मैं जगदलपुर कभी नहीं गया, नागपुर गया हूँ। मेरे साथी कमांडर भी जगदलपुर कम जाते थे, नागपुर चले जाते थे।

मेरी नसबन्दी शादी के बाद हुई थी, गढ़चिरोली वाले कमांडर की पहले।

फिर वो पतरकार बोला अब नस जुड़वा रहे हो। क्यों कर रहे हो। मैं बोला अब बाप होना है मुझको। मेरे साथी कमांडर से भी पतरकार पूछा नस क्यों जुड़वा रहे हो। वो भी बोला उसे भी बाप होना है।* मेरी औरत से भी पूछा। वो कुछ नहीं बोली।

पतरकार बार-बार बोलता था नस जुड़वाना बहुत बड़ी चीज़ है, पूछता था किसी और नक्सली ने अपनी नस जुड़वाई थी क्या, हम लोग पहले ही हैं न। बोलता था हमारी फोटू दिल्ली में आयेगी।

फिर वो अचानक कुछ और पूछने लगा। मैं बोला था मेरी नसबन्दी हेमलकसा में एक डोक्टर ने की थी। तभी वो पतरकार वहीं अटक गया। बार-बार उस डोक्टर का पूछने लगा। पक्का उसने की थी नसबन्दी? मैं बोला मेरे साथ हुआ था मेरे को नहीं मालूम होगा। किसी और नक्सली की भी उस डोक्टर ने की थी नसबन्दी? मैं बोला हाँ, वो तो सब नक्सलियों की करता है। सब उसके पास जाते हैं, कोई कोई नागपुर भी जाता है।

वो ही डोक्टर है? पतरकार ने फिर पूछा।

पहले वो नसबन्दी का पूछ रहा था, अब उस डोक्टर का पूछने लगा। फिर बोला क्या वो ये लिख सकता है मैंने उसको बताया हेमलकसा वाले उस डोक्टर ने मेरी नसबन्दी की। मेरे को और मेरी औरत को समझ नहीं आ रहा था वो पतरकार क्या पूछ रहा है। एसपी साहब बोले थे जो पूछे बता देना। लेकिन एसपी साहब ये नहीं बोले थे ये सब पूछेगा।

---

* लेकिन हर नक्सली की यह आकांक्षा पूरी नहीं होती। कोरसा जोगा भी सन्तान की इच्छा लिए वरलक्ष्मी के साथ बाहर आया था। उसने भी अपनी नस जुड़वाई थी, लेकिन पिता बनने से पहले ही कॉमरेड दोस्तों ने उसकी हत्या कर दी।

वो अपनी कॉपी पर भी लिख रहा था। इंग्लिस में। मेरे को समझ नहीं आ रहा था। कुछ बड़े कमांडर अन्दर हैं वो इंग्लिस लिखते हैं।

हफ़्ते भर बाद उस पतरकार का फ़ोन आया। बोला मेरी और मेरे साथी कमांडर की फोटू उसके अख़बार में आयी है। दिल्ली में छपी है। फोटू उसी ने अपने मोबाइल से ली थी। वो बोला एसपी साहब से कहना अख़बार की फोटू मेरे को दिखाएँ। ये भी बोला दिल्ली में सरकार अब नस जुड़वाने वाले नक्सलियों को पैसे देगी।

पैसा? रात को मैंने अपनी औरत से पूछा। नस जुड़वाने से पैसा मिलता है?

वो खाट पर लेटी थी। हम दोनों राजनाँदगाँव पुलिस लाइन के एक कमरे में थे। वो बोली उसको पता नहीं। मैंने अपने हथियार की मैगज़ीन निकाल कर गोली गिनी—एकदम पूरी थीं। हथेली के धक्के से वापस मैगज़ीन अन्दर घुसेड़ दी। रात को सोने से पहले हमेशा गोली गिनता हूँ। जब अन्दर था, तबसे आदत पड़ी है। पहले हथियार पुलिस से लूटा हुआ होता था। ये वाला पुलिस ने दिया है। मैं बल्ब बन्द करने से पहले हथियार को देर तक देखता रहा। इस पर लगी पुलिस की सफ़ेद मोहर देख मेरे को याद आया, अन्दर एक एरिया कमेटी कमांडर के पास ऐसा ही हथियार था। एकदम यही मोहर। कहाँ होगा इस वक़्त वो कमांडर?

मैंने हथियार की नाल अपनी कमर से नीचे से लगा दी। चमड़ी को नाल से टटोलने लगा। कौन-सी नस बन्द हुई थी? कौन-सी खुल गयी?

मेरी औरत रात के भीतर जा चुकी थी।

(अक्टूबर 2012, राजनाँदगाँव)

पाँच

मृगया

जनवरी 2021, बीजापुर।

कुछ दिन पहले सुकमा-बीजापुर सीमा के जंगल में एक पुलिस गश्ती दल से मेरा सामना हुआ। बीसेक मिनट पहले पुलिसवालों ने वहाँ एक आईईडी विस्फोटक बरामद किया था, सबसे ख़तरनाक क़िस्म का भूमिगत बारूद जिसके लिए किसी ट्रिगर की ज़रूरत नहीं होती। मेरा अनजान क़दम वहाँ गिरता, विस्फोटक मेरे परखच्चे उड़ा देता।

जब मैं उन पुलिसवालों से ऐसे विस्फोटकों को बिछाने और उन्हें निष्क्रिय करने के बारे में बतिया रहा था, मुझे सहसा लगा कि एक पुलिसवाले से मैं पहले मिल चुका था।

वह एक पूर्व नक्सली था। मैं उससे साढ़े आठ साल पहले अक्टूबर 2012 में मिला था, वहाँ से लगभग 600 किलोमीटर उत्तर में स्थित राजनाँदगाँव में। उसने पिता बनने की उत्कट इच्छा के साथ अपनी प्रेमिका के साथ आत्मसमर्पण किया था। बीजापुर के गंगालूर क्षेत्र के इस आदिवासी को नक्सली दस्ते में शामिल होने के बाद सिर्फ़ बीस की उम्र में नसबन्दी करानी पड़ी थी। लेकिन आत्मसमर्पण के बाद अब वह नसबन्दी को उलटाना चाहता था। अक्टूबर 2012 में मैंने उसके और उसके एक अन्य साथी के ऊपर ख़बर लिखी थी—“पूर्व नक्सली जो नसबन्दी को उलटाना और पिता बनना चाहते हैं”। उसके बाद आत्मसमर्पण कर चुके कई अन्य नक्सलियों ने भी छत्तीसगढ़ पुलिस की मदद से नसबन्दी को उलटाने के लिए ऑपरेशन करवाया था।

लेकिन इस जनवरी की सुबह मुझे पता चला कि वह पिता नहीं बन पाया था। शायद नसबन्दी या उसे उलटाने के दौरान कोई समस्या आ गयी थी। थोड़ी पड़ताल करने पर मैंने पाया कि वह अकेला नहीं था। नसबन्दी उलटाने वाले कई पूर्व नक्सली पिता नहीं बन पाये थे। जिस ख़्वाब को लिए वे अपनी प्रेमिकाओं के साथ माओवादियों को छोड़कर आये थे, वह अधूरा रहा आया था।

लेकिन क्यों? और तब एक डॉक्टर मित्र ने मुझे बताया कि नसबन्दी उलटाने का ऑपरेशन जितनी देर बाद होगा, उसकी सफलता की सम्भावना उतनी कम हो जायेगी। लेकिन चूँकि न नसबन्दी करने वाले और न इसे उलटाने वाले डॉक्टरों ने इन आदिवासियों को यह बताया था, उन्हें अभी तक ये नहीं पता था कि बहुत पहले ही उनका पितृत्व उनसे छीन लिया गया था। उनमें से कुछ अभी भी पिता बनने के लिए विभिन्न विकल्पों को आज़मा रहे थे, अपनी असमर्थता की वजह समझने की भी कोशिश कर रहे थे।

इस क्रूर विडम्बना का ज़िम्मेदार कौन था—वह विचारधारा जिसने अपनी देह और यौनिकता पर नक्सली के अधिकार को छीन लिया या वे डॉक्टर जिन्होंने उन्हें इसके परिणामों के बारे में नहीं बताया, नहीं तो शायद उनमें से कुछ अपने वरिष्ठ नेताओं के हुक्म का प्रतिरोध कर सकते थे?

खोयी सम्भावनाएँ गिनते रहिए। जिस इन्सान से मैं उस सुबह मिला, उसके भीतर आत्मसमर्पण के एक दशक बाद सिर्फ़ एक परिवर्तन आया था—पहले वह बतौर क्रान्तिकारी एके-47 लिए चलता था, अब वह भारतीय सत्ता के सिपाही बतौर उसी हथियार को लिए घूमता है। जिस जंगल में वह पहले भूमिगत बारूद बिछाता था, अब उसे बरामद कर निष्क्रिय करता है।

और जंगल?

वह इन पिताओं की बिखरती परछाइयाँ गिनता रहता है।

महुआ

जाबिली।

कोई शब्द कितने रास्ते पार कर किसी के पास आता होगा।

अगस्त 2014 की एक दुपहर हैदराबाद में स्नेहलता के घर बैठा हूँ। वह पत्रकार हैं, पति कासिम ओस्मानिया विश्वविद्यालय में तेलुगु के अध्यापक। दोनों साहित्य और राजनीति पर केन्द्रित *नदुसतुन्ना तेलंगाना* नामक पत्रिका भी सम्पादित करते हैं। कासिम दलित हैं, उनके नाम की दिलचस्प कहानी है। आन्ध्र प्रदेश के कुछ समुदायों, ख़ासकर दलित समाज में, अगर बच्चा बचपन में मर जाता है, माता-पिता अगली सन्तान को दरगाह ले जाते हैं, उसकी सलामती के लिए मन्नत माँगते हैं। उसे मुस्लिम नाम दे दिया जाता है, हालाँकि इसका अर्थ इस्लाम धर्म क़ुबूल करना नहीं होता।

स्नेहा के पिता मल्ला राजा रेड्डी उर्फ़ सत्यन्ना अस्सी के दशक में आन्ध्र से बस्तर जाने वाले पहले दस्ते के गुरिल्ला लड़ाकों में थे। 1985 में उनकी माँ रथक्का उर्फ़ निर्मलक्का भी अपनी पाँच साल की बच्ची रिश्तेदारों को सौंप दण्डकारण्य चली गयीं।

"मैं माँ की गोद में थी जब नाना (पिता) जंगल चले गये। उनसे पहली बार उनकी गिरफ़्तारी के बाद 2007 में अदालत में मिली। माँ से तो मिल भी नहीं पायी... उनके मरने के दो महीने बाद मुझे पता चला वे जा चुकी हैं...मुझे शिकायत रहती थी कि वे मुझे छोड़ कर क्यों चले गये। मेरी दादी भी शिकायत करती थीं कि उनके बेटे ने उनका ख़याल नहीं रखा...लेकिन हम लोग जानते थे वह बहुत बड़ा काम करने गये हैं ...बहुत लोग उनका सम्मान करते थे," स्नेहा बोलती जाती हैं। वह लाल सलवार और नीली कमीज़ पहने हैं। "मैं आज भी जब करीमनगर (गृह ज़िला) जाती हूँ, लोग मेरा बहुत सम्मान करते हैं कि मैं ऐसे इन्सान की बेटी हूँ।"

बूढ़ी दादी 2013 में चली गयीं, माँ 1998 में बस्तर में पुलिस मुठभेड़ में मारी गयीं। तेरह अगस्त। स्नेहा को अभी भी याद था..."सिर्फ़ तीन लाइन की ख़बर थी किसी अख़बार में—*महिला नक्सली एनकाउंटर में मारी गयी।"* स्नेहा को क़तई नहीं सूझा कि यह महिला उनकी माँ हो सकती है। ख़बर पुरानी हो गयी। "मुझे पता चला जब आठ अक्तूबर को वरवरा राव ने मुझे अपने घर बुलाया और बताया।"

उससे कुछ दिन पहले किसी ने स्नेहा के दादा को उनके शास्त्रुलापल्ली गाँव में बताया था कि उनकी बहू मारी गयी लेकिन उन्हें भरोसा नहीं हुआ था।

और स्नेहा के पिता?

"पिता की स्मृति सिर्फ़ वही थी जो लोग मुझे बताया करते थे—वह बहुत लम्बे हैं, ताक़तवर, बड़ी-बड़ी मूँछें। इतने से ही मैं उनकी कल्पना करती थी। लेकिन जब वह 2007 में गिरफ़्तार हुए और मैंने उन्हें करीमनगर की अदालत में देखा, वह एकदम बदल चुके थे, बूढ़े हो गये थे।"

उस दिन स्नेहा को पिता से सिर्फ़ पाँच मिनट मिलने दिया गया था। जब वह हैदराबाद की चेरलापल्ली जेल में आ गये, स्नेहा उनसे अक्सर मिलने जाती थीं। जब स्नेहा की दादी अपने बेटे से जेल में मिलीं, तो बोलीं—"अब बहुत हो गया, लौट आओ। मैं बूढ़ी हो गयी हूँ, मेरे साथ रहो।" लेकिन वह नहीं माने। जेल की मुलाक़ातों के दौरान वह बेटी और माँ को अपने गुरिल्ला जीवन के बारे में बताते थे, कहते परिवर्तन सिर्फ़ क्रान्ति से आयेगा।

माँ-पिता जंगल में थे, स्नेहा को बचपन से ही संघर्ष करना पड़ा। पढ़ाई पूरी करने के लिए छोटे-मोटे काम किये। माँ-पिता की ख़बर लेने का सिर्फ़ एक तरीक़ा था। जब आन्ध्र का कोई माओवादी गिरफ़्तार होता, स्नेहा जेल में जा उससे माँ-पिता का हाल पूछतीं। अक्सर वे लड़ाके उनसे मुस्कुराते हुए कहते—"मैंने तुम्हें बहुत पहले देखा था, जब तुम छोटी थीं।"

स्नेहा अपने पिता से आख़िरी बार 2009 में मिली थीं, जब जेल से रिहा होने के तुरन्त बाद वह वापस जंगल जा रहे थे। कुछ साल बाद स्नेहा ने एक बेटे को जन्म दिया, नाम रखा वसन्त। परिवार के बुज़ुर्ग बोले कि उनका बेटा अपने थथा (नानाजी) पर गया है, सत्यन्ना बचपन में ऐसे ही दिखते थे। अब वह इस हसरत को लिए जी रही हैं कि एक बार थथा अपने धेवते को देख लें।

यह होगी लेकिन 2014 की कथा। इसमें पूर्णिमा यानी जाबिली का प्रवेश कब होगा? ठीक चार साल बाद जब मैं इस कथा को लिखूँगा, तीस अक्टूबर 2018,

और मुझे लगेगा कि स्नेहा से बात करनी चाहिए। शायद मेरी स्मृति कहीं भटक गयी हो या कोई नया अध्याय जुड़ गया हो। वह मुझे तुरन्त पहचान जायेंगी। मेरी किताब के अंश पढ़ना चाहेंगी। अपना ईमेल बताइए, अभी भेजता हूँ।

उनका एसएमएस आयेगा। ईमेल में एक शब्द होगा—jaabili.

जाबिली? गूगल करूँगा। तेलुगु में इसका अर्थ होगा पूर्णिमा। तेलुगु के कई चर्चित गाने इसी शब्द से शुरू होते होंगे। हिन्दी की पूर्णिमा, तेलुगु की जाबिली। उनके ईमेल में इतना प्यारा नाम किसका होगा? मैं एसएमएस करूँगा।

यह उनकी बेटी है, जो उनके पेट में थी, जब वह अपने पिता से मिलने जाती थीं।

एक माँ अपनी अजन्मी सन्तान के साथ अपने पिता से मिलने जेल जायेगी, इस उम्मीद में कि जंग कभी ख़त्म होगी या पिता कभी बाहर आयेगा, अपनी बेटी की सन्तान गोद में लेगा।

सात

छह

मृत्यु

हमारी चीख़ जंगल को बींध रही हैं। हम अपनी धोतियाँ चीरती हैं, सूखी छातियाँ पीटती हैं—दण्डकारण्य बिफर उठता है। हमारे आदमी हमें शान्त करते हैं, हमारी बाँह पकड़ पीछे खींचते हैं। लेकिन 19 मई 2013 के इस इतवार की शाम हम लौटना नहीं चाहतीं। हम सिर्फ़ गोंडी बोलती हैं, लेकिन हिन्दी की कुछ गालियाँ भी सीख ली हैं—पुलिसवालों से ही सीखी हैं। हम गालियाँ बकती हैं, गंगालूर थाने और सीआरपीएफ कैम्प पर पत्थर फेंकती हैं।

वापस जाओ। वापस जाओ।

एहड़समेटा गाँव की रहने वाली हम कई पहाड़ियाँ पार कर गंगालूर आयी हैं। वापस लौटते वक़्त हम खाट पर लाश ढोकर ले जायेंगी, हमारे आदमियों और बेटों की लाश जो पुलिस ने पोस्टमार्टम के बाद हमें दी हैं। कुछ घायल आदमी भी खाट पर लेटे हुए हैं। हमें नहीं याद कि हरे और लाल कपड़ों में लिपटी कितनी लाश हम खाट पर ढो जलाने ले गयी हैं।

शुक्रवार सत्रह मई की रात फ़ोर्स वालों ने बीज पण्डुम करते लोगों पर गोली चलायी थी। हमारे गाँव एहड़समेटा में। आठ लोग मारे गये। करम जोगा और उसका तेरह साल का लड़का बदरु, करम पंडू और उसका चौदह साल का लड़का गुड्डू। पन्द्रह साल का पूनेम लक्खू भी।

हम लाशें थाने के गेट पर रख थाने का ताला खड़खड़ाती हैं। पुलिसवाले अन्दर दुबक गये हैं। कुछ चहारदीवारी के पीछे खड़े हैं। हम ताला तोड़ अन्दर घुस जाना चाहती हैं। हमारी दो डोकरी सीआरपीएफ कैम्प के कँटीले तार झकझोरती हैं। हम बर्तन भी लायी हैं, गंजी और कलछी। उन्हें तार के उस तरफ़ खड़े सीआरपीएफ वालों पर फेंकती हैं। वे बचकर भागते हैं।

आदिवासियों को मारना बन्द करो। हम पर गोली चलाओ हिम्मत है तो।

हमारे आदमी ऐसा पहले कर चुके हैं—पुलिस कैम्प पर पत्थर मारे हैं। आज हमारी बारी है।

पहले वे हमारी हत्या करते हैं, फिर हमारी लाश भी उठा ले जाते हैं। आप जानना चाहते हो हमारे बच्चों और हमारे आदमी की लाश के साथ उन्होंने क्या किया? नहीं, हम नहीं बता पायेंगी। हमारी भाषा में इसके लिए शब्द नहीं हैं।

सूखी लकड़ी-सी ये औरतें थाने के सामने चौबीस घण्टे से खड़ी हैं। क्या इन्हें मालूम भी है चार घण्टे पहले इन लाशों के साथ क्या हुआ था? हरेक ज़िन्दगी मौत के साथ ख़त्म नहीं होती। ये लाशें मई की निर्दयी धूप में पड़ी हुई थीं। जंगल में खाट पर। उनके रिश्तेदार नज़दीक खड़े थे। सिर्फ़ आदमी, औरत नहीं। इन्हें गोली लगे छत्तीस घण्टे से अधिक हो गये थे। शरीर फूल गये थे, पूरे जंगल में असहनीय बदबू समा गयी थी। लेकिन सीआरपीएफ के वर्दीधारी अभी भी मुस्तैद थे। लाशों के पहरेदार। चेहरे पर कपड़ा बाँधे, एक्स-95 और एके-47 रायफ़ल लिए चारों तरफ़ खड़े थे। रायफ़ल में अंडर बैरल ग्रेनेड लॉन्चर भी लगे थे।

"ज़रा पेट पर चीरा लगा," एक आदमी ने कहा। उसके मुँह पर कपड़ा था, हाथ में रजिस्टर। सिविल सर्जन डॉक्टर बी आर पुजारी। एक ग्रामीण सुकलू आगे आया। खाट पर लेटी एक लाश उसके परिजन की थी। उसने हरा कपड़ा हटा दिया—भयानक सूजी हुई बैंगनी देह उघड़ गयी। कमर के नीचे के अंग अष्टावक्र बन चुके थे। गोलियों के घाव सूख चुके थे। सुकलू ने ब्लेड से उसका पेट फाड़ दिया। विचित्र-सी हवा के साथ ज़ोर की आवाज़ आयी। अन्तड़ियों के लाल केंचुए बाहर निकल आये।

"मुर्दा शरीर गुब्बारे की तरह हो जाता है। उसे चीरने पर पादने जैसी हवा और आवाज़ निकलती है," सीआरपीएफ के सिपाही ने समझाया। मुर्दों के रिश्तेदार लाशों को उलट-पलट रहे थे। डॉक्टर किसी पेड़ से तोड़ी लकड़ी से नंगी लाशें टटोलता, अपने रजिस्टर में कुछ लिख रहा था। बस्तर में शिकार इन्सान नहीं लाश का होता था।

ठीक एक साल पहले तुम ऐसी ही लाशों से रू-ब-रू थे। इसी ज़िले का दूसरा गाँव। 28 जून 2012 की रात गश्त पर निकली सीआरपीएफ की टुकड़ी ने बीज पण्डुम का उत्सव मनाते जंगल के निवासियों पर गोलियाँ चलायी थीं। कइयों को चाकू से भी गोद दिया था। तीन गाँवों के कुल उन्नीस लोग मारे गये थे। तुम पोस्टमार्टम के बाद, लेकिन लाशों को दफ़नाये जाने से पहले पहुँच गये थे। एहड़समेटा में शव तुम्हारे सामने चीरे जा रहे थे।

सुरक्षा बलों के साथ मुठभेड़ में मारे गये इन्सान की लाश का चिकित्सकीय परीक्षण क़ानूनन अनिवार्य है। सुप्रीम कोर्ट के निर्देशानुसार पोस्टमार्टम दो डॉक्टरों

द्वारा ज़िला अस्पताल में होना चाहिए, इसकी बाक़ायदा वीडियो रिकॉर्डिंग हो और तस्वीरें ली जायें। अगर पुलिस फ़र्ज़ी मुठभेड़ करे तो पोस्टमार्टम के दौरान पकड़ी जाये। मसलन, पुलिस दावा कर सकती है कि कोई इन्सान मुठभेड़ यानी दोनों तरफ़ से चली गोलियों में मारा गया, लेकिन पोस्टमार्टम बतला देगा कि उसे बहुत नज़दीक से एकदम कनपटी पर बन्दूक़ रख मारा गया था। क़ातिल झूठ बोलेगा, मुर्दा चुप रहा आयेगा, लेकिन गोली का घाव बता देगा कि गोली किस कोण और कितनी दूरी से और क्या हसरत लिए आयी थी।

एहड़समेटा में क्या हुआ था?

"कोई और ब्लेड नहीं है?" पुजारी ने अपने सहयोगियों से पूछा। डॉक्टर ने अब तक किसी लाश को छुआ तक न था। फटी हरी बनियान और नीला नेकर पहने सुकलू दो ब्लेड से पाँच लाशों को कई जगह काट और फाड़ चुका था। डॉक्टर को अचानक लगा ब्लेड बदल लिया जाये, लेकिन सरकारी दल के पास कोई और ब्लेड नहीं था, बाक़ी उपकरण तो दूर। सुकलू को सिर्फ़ एक जोड़ा सर्जिकल दस्ताने दिये गये थे। दस्तानों को बदले बिना वह लाशों को चीर रहा था। उनके भीतर हाथ डालता, अन्तड़ियों को टटोलता बाहर लाता, डॉक्टर को दिखा वापस अन्दर ठूँस देता। लाश आकाश की तरफ़ मुँह फाड़े पड़ी थीं। दाँत स्याह हो गये थे।

लोग अपने मुर्दों का सार्वजनिक मर्दन देख रहे थे।

डॉक्टर ने माना कि खुले में पोस्टमार्टम क़ानून के विरुद्ध है, स्वीकारा कि पोस्टमार्टम पुलिस की उपस्थिति में नहीं होना चाहिए, लेकिन जोड़ दिया–"किन्हीं ख़ास परिस्थितियों में एसडीएम या उससे बड़े रैंक के अधिकारी की अनुमति से यह दूसरे तरीक़े से भी हो सकता है।"

एसडीएम वीरेन्द्र बहादुर पंचभई बोले–"पोस्टमार्टम की एकमात्र अनिवार्य शर्त समुचित रोशनी की उपलब्धता है, बाक़ी चीज़ों में विशेष परिस्थितियों में ढील दी जा सकती है।"

एकदम झूठ।

यानी ज़रूरी नहीं कि बस्तर का डॉक्टर किसी शव का छूकर ही निरीक्षण करेगा। एक आदमी अपने बच्चे की लाश उलटेगा-पलटेगा, सुकलू चीरा लगायेगा, डॉक्टर दूर से ही गोली का निशान समझ जायेगा। बहुत तेज़ निगाह होगी डॉक्टर की। न मालूम कितने मुर्दों को फाड़े जाते हुए देखा होगा उसने। चारों तरफ़ सिपहिये ख़तरनाक हथियार लिए खड़े होंगे। एक लाश नीले रंग का नेकर पहने होगी। बाक़ी बदन नंगा। कोई कहेगा नेकर उतारो। उसका भाई नेकर खींच देगा–अलिफ़ नंगा आदमी। काले गुब्बारे की तरह फूल गये अंग।

घण्टे भर बाद इन लाशों को खाट पर लाद गंगालूर थाने लाते हैं। स्त्रियाँ शनिवार से थाने के सामने चीख़ रही हैं। आख़िरकार उनके आदमी उन्हें लौट चलने के लिए राज़ी कर लेते हैं। जो चला गया उसे विदाई भी देनी है। प्रशासन ने कहीं से एक ट्रैक्टर की व्यवस्था कर दी है, लेकिन जंगल बीहड़ है, पहाड़ी रास्ता चार चक्के वाली गाड़ी के बस का नहीं। ट्रैक्टर उन्हें आधे रास्ते में छोड़ देता है। इसके बाद शुरू होती है दो घण्टे की यात्रा एहड़समेटा गाँव की। खाट पर बँधे शवों के साथ।

एहड़समेटा की सीमा पर गाँव के लोगों ने पहले ही लकड़ियाँ तैयार कर रखी हैं। पिता और पुत्र, जोगा और बदरू, को एक चिता पर लिटा दिया जाता है। "अगर कोई किसी को बहुत चाहता था, तो अक्सर हम दोनों को एक साथ विदाई देते हैं," किसी ने कहा।

पिछले छह घण्टों से तुम इन लाशों के साथ थे। एक साल पहले ऐसे ही किसी क्षण जिस हिचक ने तुम्हें अपनी गिरफ़्त में ले लिया था, आज वह मिट गयी थी—तुम उनकी तस्वीरें ले रहे थे, वीडियो बना रहे थे, खुद को लाश समझने लगे थे। उन्हें लकड़ियों पर लेटा देख तुम्हें लगा कि इस दिन का अन्त तभी होगा जब तुम्हें भी इनके साथ लिटा दिया जायेगा। जंगल में पेड़ों के बीच लकड़ियाँ भड़कने लगीं। लोग घर चले गये। दहकती आग तुम्हें झुलसाने लगी। उस आँच की रोशनी में तुम्हें साल भर पहले की चिताएँ याद आयीं—एहड़समेटा का रास्ता सारकेगुड़ा से शुरू होता था।

लेकिन स्मृतियों को टटोलने का अब वक़्त नहीं था। अँधेरा होने वाला था, दिल्ली ख़बर भेजनी थी। सबसे नज़दीकी इंटरनेट ज़िला मुख्यालय पर यानी तीन-चार घण्टे दूर था। अगर कल सुबह के अख़बार में इस मृत्यु को दर्ज होना था तो आग और स्मृति को जंगल के हवाले छोड़ तुरन्त वापस लौटना ज़रूरी था। वह क्षण आ चुका था, जब प्रत्येक अनुभव ख़बर में तब्दील हो जाता था। मृत्यु के जिस बुलबुले के भीतर तुम पूरा दिन रहे थे, उसे अब आठ सौ बदहवास शब्दों में कँपकँपाती उँगलियों से लैपटॉप पर टाइप कर, तस्वीरों के कैप्शन देकर 'सेंड' बटन दबाना था।

मृत्यु

बाईस फ़रवरी 2012—आज सीरिया में पत्रकार मैरी कोलविन की हत्या। वह लगातार असद सरकार के ख़िलाफ़ लिख रही थीं।

बस्तर में भटकते वक़्त तुम्हें मृत्यु के अनेक चेहरे याद आते हैं। किसी रात चिन्तलनार की अँधेरी सड़क से गुज़रती तुम्हारी मोटरसाइकिल के सामने कुछ लोग आ खड़े होते हैं। हैडलाइट की रोशनी में उनकी नुकीली हँसिया चमकती हैं। शायद वे धान काटने निकले किसान हों, लेकिन तुम्हें मृत्यु के डाकिये दिखलाई देते हैं जिनकी उँगलियों में यमराज का सन्देसा अटका है।

महीने भर बाद मार्च के आख़िरी दिनों में बस्तर के पेड़ जब पत्तियाँ झरा चुकते हैं, सूखी पत्तियों का तालाब ज़रा-सी चिंगारी से जल उठता है। आग की महीन कौंधती लकीर पेड़ों के दरमियाँ साँप-सी सरकती है। क्या किसी ने बारूद बिछाया है? ज़मीन के नीचे छुपी बारूदी खन्दक सुलगी है? शुरुआत में यही लगता है। बस्तर में आग मौत की अँगड़ाई है। बाँस की सूखी पत्तियों से फूटती जंगल में फैलती चिंगारी कारतूस का शुबहा देती है। बस्तर में सवेरा मृत्यु की बाँग से होता है।

भूमिगत खन्दक दो क़िस्म की हुईं। बारूद बिछा दूर ट्रिगर से विस्फोट किया या वह जो वज़न या दबाव से अपने आप फूटती है। इस जंगल की पगडण्डियों पर दूसरे क़िस्म का बारूद धूनी रमाये लेटा है—कौन जाने कबसे। जंगल को लेकिन बूझना हो तो इन्हीं रास्तों पर चलना होता है, जहाँ इन्सान और लाश का फ़र्क़ फ़क़त संयोग है।

कोई छापामार हमला ही तुम्हें ध्वस्त नहीं करेगा। ज़मीन के नीचे दुबका, भूला-भुलाया बारूद भी मोटरसाइकिल के चक्के की धमक से फूट पड़ेगा। बन्दूक़ी हमले से बचने की सम्भावना बनती है, लेकिन इस बिन्दास बारूद का क्या जो अरसे से तुम्हारा मुन्तज़िर है। बारूद रंग देख कर नहीं फटता। लाल, ख़ाकी या सफ़ेद—बारूद के विधान में रंगभेद नहीं।

बस्तर में लाश सोते वक़्त पलकें नहीं बुझाती, चमकती पुतलियों से अपनी कथा कहती है।

या, वह सुबह जब जंगल में जॉगिंग करने निकले तुम किसी तालाब के किनारे दम भरने खड़े होते हो, अचानक तीन दिशाओं से जवानों की एक टुकड़ी अपनी तरफ़ बढ़ती पाते हो। तक़रीबन पाँच सौ मीटर दूर। उनके पास क़िस्म की रायफ़लें, बम दागने के 51 मिमी मोर्टार। रायफ़लें हवा में लहराती हैं, उनमें ग्रेनेड लॉन्चर और टेलीलैंस जुड़े हैं जिनके पीछे भिंची निगाह तुम्हारा अक्स साफ़ देख सकती है।

क्या ये किसी ऑपरेशन को निकले हैं, तुम्हें अपना शत्रु समझ बैठे हैं?

पहनावा तुम्हारा भले इस जंगल में अजनबी हो, शत्रु तुम किसी कोण से नहीं दिखाई देते। इतनी सुबह इस जंगल में तुम्हारी उपस्थिति शक का सबब भले बने, लेकिन इसके लिए सौ बन्दूक़धारी ग्रेनेड लॉन्चर लिए तो नहीं आयेंगे। महज़ शक पर तो कोई गोली चलायेगा नहीं, लेकिन चला भी सकता है। सबसे भयभीत इन्सान बन्दूक़धारी होता है। निहत्था बचने के सौ तरीक़े खोजेगा–हथियारबन्द को सिर्फ़ गोली पर भरोसा। नुकीले पीतल की चमक उसकी समझ को गूँगा, स्मृति को अन्धा, बुद्धि को बहरा बना देती है।

दूरी अब दो सौ मीटर। आगे कमांडर पीछे फ़ौज। वे पूरे मैदान को घेरते आ रहे हैं। कोई जवान बीच में रुक, घुटने मोड़ बैठ, निशाना साधता है, बन्दूक़ तान देता है।

क्या उन्हें लग रहा है तुम भाग सकते हो? एकदम जड़ तो खड़े हो अपनी जगह। भागोगे कहाँ? तीन दिशाओं से वे बढ़ते आ रहे हैं, तुम्हारे पीछे तालाब। लेकिन शायद यह पलटन तुम्हारे लिए न हो? नक्सली हों कहीं? लेकिन कहाँ? दूर तक खुला मैदान, कोई दिखाई नहीं देता। तालाब के उस पार? पेड़ों की मचान पर? पलटन एकदम नज़दीक अब, कई जवान तालाब के परे निशाना साध रहे हैं।

क्या यहाँ मुठभेड़ होने वाली है और तुम दोनों ओर से चलती गोलियों के बीच फँस किसी बिफरती आती गोली से फूट जाने वाले हो? तुम अरसे से कोई 'लाइव मुठभेड़' कवर करना चाह रहे हो, लेकिन अब मौक़ा आया है तो न तुम्हारे पास नोटबुक है न कैमरा, उलटे तुम दहशत में डूब गये हो।

कितने ही नागरिक पुलिस-गुरिल्ला मुठभेड़ में फँस मर जाते हैं। आसपास कोई खन्दक, चट्टान, पहाड़ी भी नहीं जिसके पीछे या नीचे दुबक जाओ। इससे पहले कि फायरिंग शुरू हो, क्या ज़मीन पर लेट जाना चाहिए? या हाथ खड़े कर देने चाहिए?

बस्तर से कई सौ मील दूर रायपुर की एक कॉलोनी में पचास क़रीब के मेजर साब रहते हैं। पूरा दिन पार्क में बेंच पर या गेट पर चौकीदार के पास बैठे रहेंगे।

कभी उसी कॉलोनी में रहते एक लड़के से बतियाते हैं। सिर्फ़ दो बातें कहते हैं—उनकी तबियत इन दिनों बहुत ख़राब चल रही है। अड़बंगी ध्वनियों में अनसुनी बीमारियों का ज़िक्र करेंगे। पेट उघाड़ कर दिखायेंगे। दूसरी, हाल ही उनके घर में किसी की मृत्यु हो गयी। किसकी? बाबा या शायद अम्मा... अस्पष्ट से कुछ सर्वनाम गिनाते हैं।

कुछ दिन लड़के से मुलाक़ात न हो पाये तो उसके घर की चहारदीवारी पर आ उचक कर झाँकते हैं। कभी गेट नहीं खटखटाते। गेट खोल अन्दर आना उनकी फ़ितरत नहीं। उचक कर देखेंगे—चहारदीवारी से परे पोर्च, दरवाज़ा और उसके घर का हॉल। कोई बच्चा जिसकी गेंद पड़ोसी के घर चली गयी है, लेकिन वह अन्दर जाने की हिम्मत नहीं कर पा रहा, गेट पर खड़ा इन्तज़ार करता है कि कब कोई बाहर आये और वह उससे बॉल उठाने को कहे।

अगर दरवाज़ा खुला हो तो वह लड़का उन्हें हॉल में दिख जाता है। तुरन्त धुँधली-सी आवाज़ में पुकारेंगे—कल बाबा मर गया...पेट के नीचे बहुत दर्द है, डॉक्टर के पास जाना है।

बाबा कौन थे, क्यूँ मरे? उन्हें किसी 'भैया' ने दवाई नहीं दी।

उनके घर के सामने पुलिस की एक ठुल्लड़ जीप खड़ी दिखाई देती है। किसी थानेदार-टाइप छुटभैये पुलिसिये का घर है। उनका बड़ा भाई शायद। लड़के के घर से उनकी छत दिखती है। कभी वह छत पर टहलते दिखते हैं, हँसते हुए उसे हाथ हिलाते हैं।

मेजर साब को बिस्कुट बहुत पसन्द हैं। अक्सर लड़के की चहारदीवारी पर माँगने आते हैं। बिस्कुट की शुरुआत दिलचस्प है। एक बार लड़के की कार के डैशबोर्ड पर पारले-जी का एक पैकिट रखा था। कुछ दिन तक रखा रहा, वह उठाना भूल गया। एक दिन वह आये—बिस्कुट खाना है। वह रसोई में गया। घर में बिस्कुट नहीं है, उसने लौट कर बतलाया।

है तो।

कहाँ?

वहाँ—उन्होंने पोर्च में खड़ी कार पर इशारा किया।

उनसे मिलने के कुछ दिन बाद लड़के को लगा वह पहले कभी मेजर रहे होंगे, नहीं तो उन्हें अब मेजर साब हो जाना चाहिए। जल्द ही उनका नाम किसी अन्य नाम की तरह बिगड़ गया। चौकीदार ने मेजर को मैगनेटो बना दिया, वह हो गये—मैगनेटो साब। रायपुर में मैगनेटो एक मॉल है।

मेजर साब का गुर्दा कमज़ोर है। उनका इलाज भी नहीं हो पा रहा है। डेथ रिपोर्टर जब भी जंगल जाता है, उसकी साँस अटकी रहती है।

बारह

मृत्यु-कथा

बस्तर की इस यात्रा-कथा और कथा-यात्रा का कोई साथी नहीं। बस्तर में कोई साथी हो ही नहीं सकता। यहाँ आप अकेले हैं। चमकते पीतल के कारतूस के सामने कोई राग-सम्बन्ध शेष नहीं रहता। दन्तेवाड़ा या सुकमा में कितने घर होंगे जिन्होंने कारतूस न देखा हो। ज़िन्दा गोली नहीं—मांस में फँसी, गुर्दे में धँसी मुर्दा गोली।

शहर में क्राइम रिपोर्टर, बस्तर में डेथ रिपोर्टर। क्राइम रिपोर्टर लहू के धब्बों में क़त्ल का निशां खोजता है। डेथ रिपोर्टर जिग्सॉ पज़ल-सी बिखरी लाश के तन्तु समेटता है।

किसी ने कहा था कि एक अच्छा उपन्यासकार अपने किरदारों को सहानुभूति बराबर मात्रा में बाँटता है, जबकि एक महान उपन्यासकार सहानुभूति के प्रति संघर्ष करता है। डेथ रिपोर्टर को मालूम है कि सहानुभूति उसकी कथा को नष्ट कर देगी। वह बस्तर के अज्ञातवास में उपन्यास रचता है। उसके झोले में थाने की फ़ाइल से उड़ाई कुछ पोस्टमार्टम रिपोर्ट हैं, ताज़े लहू की तस्वीरें, मुर्दा गोलियों के खोल और कुछ ख़ुफ़िया दस्तावेज़। उसकी नोटबुक ज़िन्दा क़ब्रों की वसीयत।

किसी शब्द पर गल्पकार हफ़्तों, महीनों ठहरा रहता है, उपन्यास रच मृत्यु के ख़ौफ़ से उबरता है। उपन्यास गल्प और गल्पकार की आख़िरी मंज़िल। बस्तर मृत्यु और मृत्यु कथाकार का अन्तिम तीर्थ। फाउंटेन पेन की निब सलीब बन जाती है जिस पर लाश थामे वह जंगल में भटकता है। मुर्दे उसके एकमात्र सहयात्री।

ख़बरनवीसी ने लगभग अदृश्य लेकिन बहुत गहराई से तुम्हें स्वाहा किया है। तुम बदहवास-सी हड़बड़ी में जीने लगे हो। इर्द-गिर्द घटित होती हरेक घटना से

तुम्हें डर लगा रहता है कि कहीं कोई ख़बर तो नहीं, तुम्हारी निगाह उस ख़बर को अनदेखा तो नहीं कर रही। किसी अनुभव को जीने के बजाय, उसकी ऊष्मा में खुद को डुबोने के बजाय तुम उसके पीछे खोजी कुत्ते की तरह भागने लगते हो कि कोई सुराग़-सबूत, कोई ख़ुफ़िया काग़ज़ खोज निकालो। इन्द्रियों की इस अति-जागृति से उपजता अबोला भय तुम्हारी काया पर रिसता रहता है।

पिछले वर्षों में तुम्हारे पास विलक्षण अनुभवों का अम्बार जमा हुआ है जो बग़ैर ख़बरनवीस हुए सम्भव न था। लेकिन इन अनुभूतियों को सहेजने-सींचने का तुम्हारे पास ज़रा भी मानसिक या भौतिक अवकाश नहीं। तुम एक ख़बर से दूसरी तक भागते हो, फिर तीसरी और चौथी। उस इन्सान की तरह जिसके जीवन में अनेक प्रेम आते हैं, कई बार कई एक साथ। वह अपना समूचा अस्तित्व प्रेम पर न्योछावर कर देना चाहता है, लेकिन सिर्फ़ ऊपरी सतह यानी देह तक ही सिमटे रहने के लिए अभिशप्त है।

किसी भी चीज़ पर तुम्हारी पहली दृष्टि एक ख़बरनवीस की होती है। यह तिलिस्मी और सम्मोहक सृष्टि तुम्हारे लिए सिर्फ़ एक ख़बर बन गयी है जिसे हैडलाइन देकर चार कॉलम में समेट देना है।

पिछले वर्षों के तुम्हारे लगभग सभी मानवीय सम्बन्ध 'ख़बर' की कूची से रँगे हैं। किसी के साथ डिनर पर भी यही ख़याल रहता है इससे क्या ख़बर निकलवाई जा सकती है। अक्सर दोस्तों से मिलकर लौटते हुए तुम ख़ुद से पूछते हो—हैडलाइन क्या मिली? एक व्यापारी ताजमहल देखने गया, पहला ख़याल आया इसे कैसे बेचा जाये।

कहानी-लेखन के दौरान भी ऐसा अनुभव हुआ था। हर इन्सान कहानी का किरदार लगा करता था। हर शै में कहानी दिखा करती थी। हालाँकि तुम उस फ़िल्म के उपन्यासकार पिता से अनजान नहीं थे जो अपनी बेटी की बीमारी की चुपचाप कामना करता है जिससे उसे अपने आख्यान के कुछ तन्तु मिल सकें। लेकिन गल्प कहीं गहरी और ठहरी हुई प्रक्रिया थी। मनुष्यों को बतौर किरदार बरतते हुए भी मूल आकांक्षा उनसे आन्तरिक संवाद कर अपने को मिटा उनके भीतर उतरने की होती थी।

दैनिक डेडलाइन को हथेली पर लिए जीते ख़बरनवीस के पास इतनी मोहलत नहीं। यह त्रासद लेकिन शायद अपरिहार्य है कि अँग्रेज़ी भाषा में रिपोर्टर के दोस्तों के लिए शब्द है—'सोर्स'।

इस ख़ूबसूरत दुनिया का अधिकांश हिस्सा तुम्हारे लिए महज़ एक 'सोर्स' है।

ख़बरनवीस और उपन्यासकार में शायद यही फ़र्क़ है। एक के हिस्से अक्सर कोरा शरीर आता है, दूसरा आत्मा का उपासक है। क्या कोई रास्ता है जहाँ देह के साथ आत्मा का भी साक्षात् हो जाये?*

---

* वह जादुई शक्ति जो विविध किरदार और उनकी आन्तरिकता का तिलिस्म रचती है, उस रचनाधर्मिता का बीज कहाँ है? अपने कथा-लेखन के आरम्भिक वर्षों से ही यह प्रश्न मुझे कुरेदता रहा है।

इस अनसुलझे सवाल के साथ कई साल जीने के बाद जब मैं पत्रकारिता की दुनिया में आया तो एक अन्य प्रश्न से रू-ब-रू हुआ। क्या कथा और पत्रकारिता दो विपरीत विधाएँ हैं? क्या पत्रकारिता सिर्फ़ तथ्यों पर आधारित होने के लिए बाध्य है, या इस विधा के किसी कोटर में कोई कथा बसी हुई है? ऐसी कथा जिसकी फुसफुसाहट सिर्फ़ पत्रकार को सुनायी देती है। क्या एक पत्रकार अपने खुफ़िया लम्हों में उपन्यासकार हो जाना चाहता है? ऐसी चाहना जिसे वह खुलकर व्यक्त नहीं कर सकता, शायद खुद से भी नहीं कह सकता।

बतौर गल्पकार मैं वैकल्पिक सृष्टि की तलाश में जीता था। क्या बतौर पत्रकार भी मैं किसी वैकल्पिक संसार को रच रहा था? बतौर पत्रकार मैंने निश्चित ही तथ्यों को निर्मित नहीं किया, लेकिन तथ्यों का चुनाव और व्याख्या मेरी थी। मैं अब इस विध्वंसक प्रश्न के समक्ष था—क्या वह पत्रकारिता थी या औपन्यासिक आख्यान?

मुझे एहसास हुआ कि मेरे अनुभव जगत का वह अंश जो खुद को कथा की भूमि पर पल्लवित नहीं कर पाता था, चुपके से मेरी ख़बरों में उतर आता था और इसका विलोम भी सत्य था। स्टीफ़न ज्वेग का नायक जिस तरह शतरंज के काले और सफ़ेद मोहरों के बीच विभाजित हो गया था, मेरी आत्मा के दो हिस्से हो चुके थे—पत्रकार और कथाकार। मैं इन दोनों के बीच चलते द्वन्द्व का साक्षी था।

एक रचनाकार अपने अनुभव अपनी रचनाओं के लिए समेटता चलता है। लेकिन अगर किसी के भीतर एक नहीं बल्कि दो रचनाकार निवास करते हों, दोनों ही प्रतिद्वन्द्वी? दोनों के बीच सतत् संघर्ष चल रहा हो कि कौन इन अनुभवों को अपने लिए इस्तेमाल करेगा? कई मर्तबा यह संघर्ष हिंसक हो जाता था, वे एक-दूसरे पर घातक प्रहार करने, लहूलुहान करने से नहीं चूकते थे।

मुमूर्षा

मुझे बस्तर के अपने आरम्भिक दिन अक्सर याद आते हैं। 13 सितम्बर 2011, मेरी पहली दन्तेवाड़ा यात्रा। इस राज्य में आये महीना भर नहीं हुआ था।

रूह पर नक़्क़ाशी की मानिंद खुदी दो स्मृतियाँ—बम्बई की बरसात और मोंटेना का लैंडस्केप—यहाँ आने के पन्द्रह दिन में ही धुल गयी हैं। बेफ़िक्र, आत्म-तृप्त बरसात। धूप में भी बूँदों को चैन नहीं। कई मर्तबा बूँद इतनी बारीक़ अगर देर तक कहीं ठहरे न रहो तो मालूम भी न चले, घर लौट देह गीली देख चौंक जाओ कि आख़िर भीगे कहाँ थे।

और भूगोल? जंगल, जलप्रपात, हरी पहाड़ियाँ। मीलों चलते जाओ, कोई आहट नहीं बस्तर के बीहड़ में। हरेक क़दम को टोकती-टटोलती टोह लेती नदियाँ, धाराएँ।

दन्तेवाड़ा दो हसीन नदियों के बीच ठहरा है—शंखिनी और डंकिनी। बड़े ज़बरदस्त नाम यहाँ की नदियों के—डंकिनी, शंखिनी, उदन्ती, तालपेरू। गंगा, यमुना, नर्मदा गैया ही हो सकती थीं। उनके नाम में ही आदर डूबा है। गंगा में आप डुबकी लगा पाप धोने जाओगे, डंकिनी लेकिन कमबख़्त प्रेमिका ही होगी। डंकिनी डसेगी, ललचायेगी, व्याकुल, तृषाकुल बनायेगी। शंखिनी शंख बजा बुलायेगी। यहाँ के निवासियों ने अपनी नदियों को यह नाम इसलिए दिये होंगे। इस भूगोल की देह संग सिर्फ़ इश्क़ और जुनून सम्भव। सबसे कँटीली-क़ातिल नदी—जोंक। एक बार डुबकी लगायी, बदन पर बैठ गयी। किसी दूसरे ठौर जायेगी, न जाने और जीने देगी। डटकर ख़ून चूसेगी। बर्रैया और ततैया भी नदी होंगी यहाँ।

दस दिन पहले बलरामपुर के रास्ते में मटमैली इरिया नदी तीन बार मिली। बरसात के बाद बहती आती बेहिसाब रेत नदी में मिल गयी है, पानी का रंग मटमैला कर गयी है। एक नदी लौट-लौट कर क़दमों में लिपटती है, आपका रास्ता रोकती है।

महीना भर बाद दन्तेवाड़ा में शरद पूर्णिमा की आधी रात। जगदलपुर से दन्तेवाड़ा आती सड़क के किनारे ख़ाली मैदान में मुर्ग़ा-बाज़ार सजा है। दशहरे पर आदिवासी मेला जोड़ते हैं, हफ़्तों तक चलता है। तक़रीबन दो-ढाई हज़ार लोग जुटे होंगे आज यहाँ। लड़के-लड़कियाँ, आदमी-औरत घेरा बना नाच रहे हैं। धोती सँभाले एक बुज़ुर्ग औरत थिरकती आती है। महुआ पिये धुत्त एक आदमी बीच में लुटपुटा रहा है। सम्मिलित स्वर में आकाश फोड़ती कोई तान उठती है, ढोल बजता है, क़दम बिफरने-बौराने लगते हैं।

पूरी रात और कल रात भी हुड़दंग होगा। चाट-पकौड़ी, कपड़े, दुनिया भर की अटरम-सटरम दुकानें। रोशनी के लिए रेणु वाली पंचलैट और सोलर लैम्प। ताश पर जुआ, किसी चीज़ पर रिंग फेंक उसे उठा लेने का खेल भी।

सबसे दिलचस्प चीज़ कसीनो में खेले जाने वाले रूसी रूले का देसी स्वरूप। गोल नहीं, चौकोर। लेकिन यह विलायती खेल दन्तेवाड़ा कैसे आया? कुछ लड़के नागपुर गये थे, इसे अपने साथ ले आये। यहाँ हीरो बन बैठे।

कुछ जाँबाज़ लड़के लाल कलंगीदार मुर्ग़ों को भड़का रहे हैं। उनके पंजों में नुकीली छुरियाँ बाँध रहे हैं। मुर्ग़ा-लड़ाई बड़ा शूरवीर खेल। मांसल, बलिष्ठ मुर्ग़े उछल-उछल कर एक-दूसरे पर हमला करते हैं। पंजों में बँधी छुरी दुश्मन को बींध देती है। ज़िन्दा रह गये मुर्ग़े का मालिक मुर्दे को ले जाता है।

सड़क पर पुलिस तैनात है कि कहीं उपद्रव न हो जाये। ख़ाकीवाले शरारती युवकों को हड़काते हैं, नाम भर को लेकिन। यह इन आदिवासियों की रात है। खिला चाँद नाचते हुए लड़के-लड़कियों के बीच उतर आया है। इस रात कोई ख़ौफ़ नहीं—औरतें महुए और चावल का लंदा तम्हेढ़ी भर बना लायी हैं, मुफ़्त में सबको बाँट रही हैं। पत्ते के दोने में लड़कियाँ महुआ सुड़कती हैं।

सड़क पर बैरीकेड लगे हैं, बन्दूक़धारी पुलिसवाले चौकन्ने हैं। इस आदिम उत्सव को देख कह पाना असम्भव कि इसी सड़क पर आगे चल कुछ दिन बाद कोई पुलिस की गाड़ी उड़ने वाली है, थोड़ी दूर जंगल में किसी तिरपाल के नीचे इस वक़्त अगले हमले की तैयारी हो रही होगी।

यही इस भूमि का जादू है—ख़ुमार और ख़ून हमज़ाद हैं यहाँ। इसी उन्मादे जंगल को बन्दूक़ और क़त्ल की कथाएँ लिखनी थी। इन्हीं आदिम वृक्षों पर मोर्चे और मचान बाँधी जानी थीं।

यह ग्यारह अक्टूबर की रात है।

उजड़े स्कूल और झोंपड़ियाँ। सूने घोटुल। ढहती दीवारों पर धुँधलाती क्रान्ति की इबारतें। झुलसी हुई झाड़ियाँ। दरख़्तों में धँसे कारतूस के खोखल।

ज़मीन पर सूखे और स्याह पड़ चुके लहू के धब्बे। बस्तर किसी बिसरी संस्कृति के अवशेष समेटे जी रहा है। सलवा जुडुम के दौरान ग्रामीण पलायन कर गये। जंगली जानवर हवाओं में ग़ायब हो गये। मीलों दूर चलते जाओ—कोई कौवा भी दिखायी नहीं देता।

ऐसी ही एक शाम दिन भर चलते रहने के बाद भी जब मेरी निगाह ने किसी परिन्दे को दर्ज नहीं किया था, मुझे सहसा लगा कि अरसा पहले कोई ज़हरीला बीज इस पृथ्वी के भीतर समा गया था। कई बरस बीत गये हैं। वह बीज सतह पर नहीं फूटता, लेकिन उसकी जड़ें पृथ्वी के नीचे पूरे जंगल में फैल गयी हैं। अमर-बेल की तरह यह अपना आहार पेड़, पहाड़ और नदियों से खींचता रहता है, जो अनचाहे-अनजाने उस बीज को शरण और अपना सत् देते, ख़ुद ख़ाली होते जाते हैं।

मुझे एक अन्य दृश्य याद आता है। अप्रैल 2012—दो परिन्दे उसकी नाज़ुक जकड़ में हैं। उसने उनके पंजे और पंख बाँध दिये हैं। अपनी हथेली वह हौले से भींचता है। परिन्दे की महीन कराहट। थोड़ा दबाव बढ़ता है, परिन्दा चिंचियाता है। परिन्दे की गरदन खच्च से ढुलकती है। उसके साथी ताली बजाते हैं। अब दूसरे परिन्दे की बारी। यह फड़फड़ाता है, चीख़ता है, लेकिन प्रतिरोध ज़्यादा देर नहीं खिंचता।

पाँच साल का है वह बच्चा। उसके दोस्त भी क़रीब इसी उम्र के। दण्डकारण्य के खेल और खिलौने—परिन्दे की चोंच, साँप की खाल, भैंस का सींग।

थोड़ी दूर सड़ते हुए पानी के गड्ढे पर औरतें और बच्चे बर्तन लिए आ रहे हैं। भरी गर्मी में तालाब सूख गये हैं। आस-पास के कई गाँवों के लिए यही गड्ढा बचा है। चारों तरफ़ पशुओं को रोकने के लिए लकड़ी की बाढ़ बना दी है, लेकिन फिर भी वे घुसकर पानी पी आते हैं। आज एक मरा साँप भी गड्ढे के पास पड़ा है। ग्रामीण साँप को देख नहीं ठिठकते, बदबू उन्हें तंग नहीं करती, गड्ढे से पानी लेने का ख़याल पल भर नहीं ठहरता। कुछ देर बाद एक स्त्री इशारा करती है—दो बच्चे एक लम्बी-सी लकड़ी से साँप को उठा दूर फेंक आते हैं।

बस्तर के निवासी को मृत्यु की कभी परवाह न थी। वह इसके सनातन आलिंगन में जीता आया था। वह न मृत्यु से बचना चाहता था, न इसे परास्त करने की हसरत थी। कुछ आदिवासी समुदायों में प्रचलित एक प्रथा मृत्यु के साथ उनके सम्बन्ध की कथा सुनाती है। किसी सम्मानित बुज़ुर्ग की मृत्यु के बाद नये कपड़े में उनकी देह लपेट कर ज़मीन पर लिटा देते हैं। ढेर सारी स्त्रियाँ हँसते हुए शव

के ऊपर कलाबाज़ी मारती हैं। कुछ उनकी देह पर आ गिरती हैं, कुछ बग़ल में लुढ़क जाती हैं। मान्यता है कि जो स्त्रियाँ अच्छी कलाबाज़ी लगायेंगी, वे मृतक के परिवार में बहू बनकर पुनर्जन्म ले सकती हैं।

मृत्यु के साथ इतना आत्मीय और स्नेहिल सम्बन्ध पिछले चार दशकों में धुँधलाता गया है। आदिवासी के भीतर मृत्यु-आकांक्षा ने जन्म ले लिया है। बस्तर का मनुष्य अतीत के बोझ और भविष्य के दायित्वों से मुक्त जीवन जीता आया था। लेकिन अब उसे विध्वंस से परहेज़ नहीं। उसकी मुमूर्षा अनन्त आकाश में डोलती है।

लेकिन यह आदिवासी अकेला नहीं है।

इस जंगल में विराट मृत्यु का ख़्वाब लिए क्रान्तिकारी रहते हैं और किसी महान कथा को रचने की आकांक्षा में स्वाहा हुए जाते कथाकार भी।

कथा की तरह क्रान्ति की शरण में मनुष्य मृत्यु से उबरने जाता है और उसकी आग में डूब जाने को भी। ये स्वप्न मनुष्य को मृत्यु से परे ले जाते हैं, उसे अपनी लपट में स्वाहा भी करते हैं। मनुष्य को सींचते हैं, उसकी आत्मा कुतरते भी चलते हैं।

इसलिए बस्तर शोक-गाथा नहीं, प्रबल कामना की कथा है। मृत्यु-स्मारक फुसफुसाकर कहते हैं कि कुछ कामनाएँ विध्वंस की तरफ़ ले जायेंगी। लेकिन यह कोरी और ठण्डी मौत नहीं, अदम्य आकांक्षा से सिक्त मृत्यु है। इसलिए यह मुमूर्षा कभी मुमुक्षा का रूप ले लेती है—मृत्यु ही मुक्ति की तरफ़ ले जायेगी।

बस्तर आसन्न मृत्यु का आलाप है, मायावी प्रेम की पुकार भी। अबोध-अदृश्य प्रेम, जिसकी तिलिस्मी छाया महुए के बीच कौंधती-फिसलती है।*

* हालाँकि कई बार हम प्रेम के बहाने ऐसा ठौर खोजते हैं जिसकी आश्वस्त छाँह तले अपने उन व्यसनों को वैधता दे सकें जो प्रेम के अनिवार्य विलोम हैं।

महुआ

छह दिसम्बर 2015, बालिबेड़ा गाँव, अबुझमाड़। सुबह नौ। इतनी चमकीली धूप नदी पर नाच रही है कि अचम्भा होता है कि थोड़ी देर पहले तक जंगल पर असम्भव कोहरा छाया हुआ था। सुबह छह बजे नयी बेरड़ नदी और बाँस के झुरमुट पार कर सल्फ़ी लेने गये थे। घना सफ़ेद कोहरा। नदी दिखायी नहीं देती थी। पाँच गाँववाले और मैं। एक आदमी पेड़ से टिकी लम्बी सीढ़ी पर ऊपर चढ़ा, चढ़ता गया। लग रहा था आकाश तक पहुँच जायेगा। ऊपर हँडिया में रात भर सल्फ़ी टपकी थी, नीचे उतार लाया।

महुआ और सल्फ़ी बस्तर के राष्ट्रीय पेय हैं। शादी, प्रेम या दस साल के बच्चे समेत परिवार के चार लोगों की हत्या—आदिवासी प्रत्येक क्षण को महुए में विसर्जित कर देते हैं। महुआ मृत्यु को गरिमा से जीना सिखलाता है। पिछले तीसेक वर्षों में इस जंगल की अनेक निधियाँ स्वाहा हुईं, महुआ लेकिन अक्षय रहा आया। महुए के बग़ैर बस्तर का मनुष्य शायद कब का मिट जाता।

साल में महुआ सिर्फ़ महीना भर मार्च-अप्रैल में टपकता है, पूरे साल महकता है।

हम गाँव वापस आ गये हैं। सल्फ़ी पी आदमी सुस्ता रहे हैं। रेडियो पर 'मेरी देसी लुक' बज रहा है। यह गाना इस जंगल में किसी दूसरे ग्रह से आया प्रतीत होता है।

कल रात सिमरी ने अपने परिवार के बारे में बतलाया। वह शादी से पहले पेट से आ गयी थी, सोलह-सत्रह की उम्र में। गाँववालों ने 'मीटिंग' बुलायी (यह शब्द बस्तर की शब्दावली में नक्सलियों के ज़रिये आया है। वे जब भी गाँववालों को बात करने के लिए बुलाते हैं, उसे 'मीटिंग' कहते हैं)।

"कौन है?" गाँववालों ने सिमरी से पूछा।

जल्द ही वह मंगल के घर रहने आ गयी। एक और बच्चा हो गया। औपचारिक शादी की कोई ज़रूरत नहीं।

गाँववाले कहते हैं कि कई सारे बच्चे इसलिए पैदा करते हैं क्योंकि कई बच्चे अक्सर मर जाते हैं। सात-आठ होंगे तो दो-तीन बच ही जायेंगे। मंगल के बड़े भाई सनकू की एक सन्तान पिछले साल चली गयी। लगभग हरेक परिवार में सालाना मौत असामान्य नहीं है।

मंगल के पिता वेट्टी मण्डावी को कुछ साल पहले लकवा मार गया था। वह बन्द पोटली की तरह दिखायी देते हैं। उधड़ते जाते धूल भरे कम्बल पर धीमी सुलगती आग के नज़दीक दिन भर लेटे रहते हैं। लँगोट, लुंगीनुमा कपड़ा और पतली नीली कमीज़। कपड़े उनके वज़न से अक्सर भारी नज़र आते हैं। आग के धुएँ से बुरी तरह खाँसते हैं, लेकिन अपनी जगह से रत्ती भर नहीं हिलते। एक कुत्ता उनके क़रीब लोटता रहता है, मुर्ग़ी के चूजे फुदकते हैं। उनके ऊपर तने फूँस के छप्पर पर कालिख की अनगिनत स्याह परतें चढ़ चुकी हैं।

वह भयंकर दर्द में हैं, लेकिन उन्हें कभी शिकायत करते नहीं देखा। एकदम शान्त बैठे रहते हैं। सिर्फ़ थूकते हैं कभी-कभी। इस जंगल की भाषा में शायद ऐसे दर्द के लिए कोई शब्द नहीं। मुझे याद नहीं कब किसी आदिवासी को चीख़ते-कराहते या शिकायत करते सुना था। पुलिस द्वारा मारे या सताये गये लोगों के रिश्तेदार ज़रूर अपनी तकलीफ़ बताते हैं, वह भी कई बार पूछे जाने पर।

अन्य जगहों पर मैं अक्सर लोगों को अपनी शिकायतें उगलने का बहाना खोजते पाता हूँ—जीवन से कितने परेशान हैं, भाग्य ख़राब है, दुनिया ने उन्हें कितना सताया है, अपनों ने ही धोखा दिया है, इत्यादि इत्यादि।

अबुझमाड़ के इस गाँव में तीसरी बार आया हूँ। बस्तर के अनेक गाँवों में रहा हूँ, लेकिन याद नहीं आता कब किसी ने अपनी पीड़ा साझा की हो। शायद इस जंगल के निवासी एक-दूसरे से भी अपना दुःख नहीं कहते। मुझे पहले लगता था कि उनकी असम्भव परिस्थिति ने अभाव से जुड़ी संवेदना को मौन कर दिया है। लेकिन नहीं। यह शून्य का सहज और आडम्बरहीन स्वीकार है।

कुछ बरस बाद मैं फिर से बालिबेड़ा में था। दिसम्बर 2019 में बालिबेड़ा और पड़ोसी गाँव उजड़े दिखायी देते थे। मंगल और सिमरी छह महीने पहले नारायणपुर पलायन कर चुके थे। इस परिवार की दहलीज़ से मैं अबुझमाड़ के पिछले चार दशक देख सकता था।

कई बरस पहले सिमरी के बड़े भाई, जिनका नाम भी मंगल था, माओवादी कमांडर हुआ करते थे। वह पुलिस मुठभेड़ में गढ़चिरोली में मारे गये। माओवादियों ने उनकी याद में बालिबेड़ा गाँव के बीच एक लाल स्मारक बना दिया।

जब मैं इस गाँव पहली बार आया था, फ़रवरी 2014, सिमरी ने बड़े भाई के बारे में बताया और स्मारक के पास ले गयी। भाई का नाम स्मारक से खुरच दिया गया था। सिमरी ने बताया कि गाँववालों को डर था कि अगर पुलिस यहाँ आयी तो इसे देख उन्हें नक्सली मुख़बिर समझने लगेगी, इसलिए उन्होंने नाम मिटा दिया। लेकिन सिमरी और मंगल नहीं डरे, जंगल में रहते रहे।

कुछ बरस बाद इस परिवार पर त्रासदियाँ टूट कर पड़ीं। छत्तीसगढ़ पुलिस 2018 में गश्त पर आयी, मंगल के बड़े भाई राजू समेत कई ग्रामीणों को पकड़ कर ले गयी, जगदलपुर जेल में डाल दिया। एक साल बाद, 26 जून 2019, माओवादियों ने सिमरी के छोटे भाई रामजी वड्डे को पुलिस मुख़बिर बताते हुए जन अदालत में मार डाला। गाँववाले कहते रहे कि उसका पुलिस से कोई सम्बन्ध न था, लेकिन माओवादियों ने पड़ोसी गाँव ओरछापार में जन अदालत बुलायी और गाँववालों को इस लड़के पर पत्थर बरसाने और डण्डों से पीट कर हत्या करने का हुक्म दिया।

दिसम्बर 2019 की उस शाम बालिबेड़ा में सिर्फ़ बूढ़े लोग बचे रह गये थे जिन्हें युवा अपने साथ नारायणपुर न ले जा सके थे। शायद यही जीवन का नियम था—किसी डूबते जहाज़ से बूढ़े और बीमार सबसे पहले नीचे फेंक दिये जाते थे। लकवाग्रस्त वेट्टी को जंगल में अकेला मरने के लिए छोड़ दिया गया था। पास की झोंपड़ी में सिमरी के पिता लालू वड्डे और माँ कारी वड्डे रहते थे जो वेट्टी को खाना दे दिया करते थे। कुत्ते, सूअर और मुर्ग़ियाँ अभी भी चारों तरफ़ डोलते थे। एक नया सदस्य जुड़ गया था—बन्दर का बच्चा। किसी ने इसके गर्दन में लोहे का पट्टा बाँध दिया था, उसकी ज़ंजीर झोंपड़ी के आँगन में उगे अमरूद के पेड़ से बाँध दी थी। वेट्टी पेड़ के नीचे बिछी खाट पर पड़े रहते थे, बन्दर उनके इर्द-गिर्द फुदकता रहता था।

एक अन्य महत्त्वपूर्ण परिवर्तन हुआ था—मृतक कमांडर मंगल का नाम स्मारक पर फिर से आ गया था।

नारायणपुर पहुँच कर मैं सिमरी और उसके पति मंगल की खोज में निकल पड़ा। अपने जंगल और नदी को मजबूरी में पीछे छोड़ आये वे एक स्याह झुग्गी में रहते थे, दैनिक मज़दूरी करते थे। देह सूख गयी थी, चेहरा बुझ गया था। सिमरी जो कुछ महीने पहले तक जंगल की रानी हुआ करती थी, जिसने मुझे अपने घर में बड़े स्नेह से रुकने की जगह दी थी, चावल और सब्ज़ी खिलायी थी, महुए से असमय टूटी डाल नज़र आती थी।

तेरह

मृत्यु-कथा

क़रीब दस साल के दरमियाँ—अगस्त 2011 से जनवरी 2021—न मालूम कितनी बार बस्तर आया हूँ। हर बार लगता है कि यह मेरी आख़िरी यात्रा होगी। इस बार वापस नहीं लौट पाऊँगा। सारी ख़बरें, कथाएँ लिखी जा चुकीं। हो गया, अब बस।

जब भी इस जंगल आता हूँ, मुझे वह जादूगर याद आता है जिससे मैं कुछ साल पहले मिला था। वह जादूगर अनेक ख़तरनाक करतब दिखाया करता था (जान की बाज़ी को वह 'करतब' कहा करता था)। उसके हाथ-पैर लोहे की बेड़ियों में बाँध उसे भूसे के विशाल ढेर में फेंक दिया जाता, भूसे में आग लगा दी जाती, लेकिन वह बच निकलता। कभी उसे इसी तरह बाँध बक्से में बन्द कर दिया जाता, बक्से को तेज़ गति से आता ट्रक चकनाचूर कर देता, लेकिन ट्रक के बक्से से टकराने से सेकिंड भर पहले वह बाहर कूद जाता।

क्या था यह? भ्रम? माया? क्या उसके हाथ-पैर ढंग से बँधे नहीं थे? आख़िरी क्षण ही बाहर क्यों आ रहा है? ज़रा भी देर हुई तो?

"मैं पहले भी बाहर आ सकता हूँ," वह बोला, "लेकिन मेरी कला इस आख़िरी क्षण पर टिकी है। ख़तरा है, लेकिन मौत को पछाड़ने का सम्मोहन कहीं बड़ा है।"

अपनी नियति लिख देने का व्यसन उसे इस खेल की तरफ़ ले जाता था। मुझे याद आया किसी अँग्रेज़ कवि ने लिखा था—"ओ मृत्यु, तुम गर्वित मत होना.. मृत्यु, तुम्हें मरना ही होगा।"

जब भी इस जंगल में आता हूँ वह जादूगर याद आता है। हर बार लगता है शायद इस बार लौट नहीं पाऊँगा। बिना कोई सुराग़ छोड़े ग़ायब हो जाऊँगा। मेरी ख़बर भी बाहर नहीं आ पायेगी। लेकिन न मालूम कौन-सी हसरत है जो यहाँ खींच लाती है।

अपनी आख़िरी अबुझमाड़ यात्रा के दौरान, दिसम्बर 2019, मैं जंगल में खो चुका था। वापस लौट पाने की कोई उम्मीद न थी। एक नदी के बीच मेरी

मोटरसाइकिल फँस गयी थी। न मालूम कौन-सा पगलाया जुनून था कि मैंने इस शैतानी मशीन को कमर तक गहरे पानी में धकेल दिया था। मोटरसाइकिल कोरा लोहा बन गयी थी। मुझे लगने लगा था इस कमबख़्त कबाड़ को जंगल में छोड़ना पड़ेगा और जिस इन्सान से माँगकर आया था, उसे क़ीमत चुकानी पड़ेगी—अगर वापस लौट सका तो। इस बीच मेरा एक दाँत भी टूट गया था। भीषण दाँत दर्द सहते हुए, मोटरसाइकिल के नुक़सान की आशंका लिए, शहर लौट पाने की बुझती उम्मीद के बीच मैंने कुछ दिन किसी गाँव में एक अद्‌भुत किताब पढ़ते हुए बिताये थे, जोसेफ़ काप्स्की की *लॉस्ट टाइम—लेक्चर्स ऑन प्रूस्त इन अ सोवियत प्रिज़न कैम्प*।

प्रूस्त के शैदाई काप्स्की उन पोलिश अफ़सरों में थे जिन्हें सोवियत सेना ने द्वितीय विश्व युद्ध के दौरान बन्दी बना एक कैम्प में भेज दिया था। अपने बन्दी जीवन में थोड़ा रंग भरने के लिए इन पोलिश बन्धकों ने तय किया कि वे हर शाम गोष्ठी करेंगे, रोज़ कोई व्यक्ति किसी विषय पर बोलेगा। काप्स्की को आधुनिक फ्रेंच चित्रकला पर बोलना था, लेकिन उन्हें लगा कि शुरुआत प्रूस्त और उनके महाकाय उपन्यास से की जाये। किसी भी वक्ता के पास कोई किताब या सामग्री न थी, उन्हें सिर्फ़ अपनी स्मृति से वक्तव्य देना था। इस तरह उन विलक्षण व्याख्यानों का आगाज़ हुआ जब एक क़ैदी अपनी स्मृति को कुरेदता उस उपन्यास पर बोलता था जो ख़ुद स्मृति के चमत्कारों का विरला आख्यान था।

सोवियत कैम्प में अपने साथी बन्दियों को सम्बोधित करने के बाद काप्स्की ने लिखा—"मुझे एहसास हुआ कि अन्तराल—किताब, अख़बार और दैनिक जीवन की लाखों अनुभूतियों से अन्तराल—किस तरह स्मृति को नयी ऊर्जा देता है।"

दुनिया से दूर, बिजली, फ़ोन और इंटरनेट से बहुत दूर, जंगल में खो चुकने के भय के साथ जीते हुए मैं उन रातों को वह किताब पढ़ता, पिछले आठ वर्षों की जंगल की अपनी स्मृतियाँ टटोलता। और सहसा मेरी निगाह एक पैराग्राफ़ पर पड़ी।

काप्स्की लिखते थे—"किसी जुनूनी और किंचित अहंकारी इन्सान का ऐसे मनुष्य के रूप में धीमा और धधकता कायान्तरण जो ख़ुद को किसी महान स्वप्न के लिए समूचा समर्पित कर देता है, स्वप्न जो उसके लहू में दौड़ता है, उसे लील जाता है, स्वाहा करता है, इस अग्नि-परीक्षा से प्रत्येक रचनाकार को गुज़रना पड़ता है।"

काफ्की ने गोएथे को भी उद्धृत किया था–"किसी रचनाकार की जीवनी उसके पैंतीसवें वर्ष में पूरी हो ज़ाती है। उसके बाद यह उसकी जीवन-कथा नहीं रहती। उसका अपनी कला के साथ संघर्ष केन्द्रीय हो जाता है, उसे अपनी गिरफ़्त में ले लेता है।"

उस ठण्डी रात खुले आकाश के नीचे मैं इन शब्दों को पढ़ रहा था। मेरी देह काँप रही थी।

मुझे वह योद्धा भी याद आता है जो अपना जीवन दाँव पर लगा मृत्यु के साथ शतरंज खेलता है कि उसे मृत्यु से थोड़ी मोहलत मिल सके और उसके राज्य को प्लेग से मुक्ति; और सर पर लटकी तलवार लिए जीती वह रानी जो अगला सूरज देखने के लिए रोज़ रात एक कथा सुनाती है, एक हज़ार एक रातों तक रोज़ एक नयी कथा रच मृत्यु को परास्त कर देती है।

लेकिन कुछ कथाएँ ऐसी भी होती हैं जो मृत्यु से बचाने के बजाय मनुष्य को उसके क़रीब ले जाती हैं। चूँकि यह एक अभिशप्त लिपि में दर्ज होती हैं, कथावाचक इनका पहला शिकार बनता है। मसलन वह राजकुमारी जो अमर हो जाने की आकांक्षा लिए सोने से पहले एक शापग्रस्त लिपि के अक्षर अपनी पलकों पर पहन लेती थी। उस लिपि को शाप मिला था कि जैसे ही कोई उसके अक्षर पढ़ेगा उसकी मृत्यु हो जायेगी। राजकुमारी के अन्धे सेवक इन अक्षरों को रोज़ रात लिखते, उसकी पलकों के ऊपर ठहरा देते। उसकी सेविकाएँ अगली सुबह आँख बन्द कर आतीं, अक्षर उसकी पलकों से हटा देतीं। चूँकि राजकुमारी वध्य सिर्फ़ सोते समय थी, इस युक्ति से कोई उस पर हमला नहीं कर सकता था।

एक सुबह उसकी सेविकाएँ दो आईने लेकर आयीं–एक भविष्यदर्शी जो कुछ क्षण बाद का दृश्य दिखाता था, दूसरा अतीत में ले जा कुछ क्षण पहले की तस्वीर दिखाता था। उस सुबह जब वह बिस्तर में थी, अक्षर पलकों से हटाये नहीं गये थे, सेविकाओं ने आईने उसके सामने लाकर रख दिये, यह सोचकर कि वह दुर्लभ भेंट पाकर खुश हो जायेगी। सहसा राजकुमारी को उन दोनों आईनों में वे अक्षर दिखायी दे गये जो उसके अतीत और भविष्य में क़ैद रहे आने थे, कभी उसके वर्तमान का हिस्सा नहीं होने थे। भले उसका वर्तमान अभेद्य था, लेकिन भविष्य और अतीत निष्कवच थे। उस सुबह यह दोनों काल सहसा उसके सामने आ गये और वह उन अक्षरों यानी अपने भविष्य और अतीत पर मँडराती मृत्यु के बीच पिस कर तुरन्त ख़त्म हो गयी।

आग में छलाँग लगाता जादूगर। शतरंज खेलता योद्धा। अपनी जीवनी त्याग चुका कलाकार। कथा सुनाती रानी और मृत्यु को ओढ़ कर सोती राजकुमारी...बस्तर की कथा कहाँ दर्ज होती है?

एक दावेदार और भी है। यह पुरानी डायरी।

14 अक्टूबर 2014, रायपुर।

पड़ोस में किसी की मृत्यु हो गयी है। कुछ दिन पहले चौकीदार ने मुझे उठावनी का कार्ड दिया था। इस पर एक नाम लिखा था। मैं यहाँ तीन साल से रह रहा हूँ, लेकिन इस नाम को नहीं पहचानता। इन दिनों मैं कुछ सिर मुँड़ाये लोग कॉलोनी में देखता हूँ। मैं उन्हें तो पहचानता हूँ, लेकिन मृतक का चेहरा क़तई ध्यान नहीं पड़ता।

कल पड़ोसी और चौकीदार ने मुझे तेरहवीं के भोज में आने के लिए ज़ोर देकर कहा। मैं हिचक रहा था, लेकिन शाम को काम से लौटने के बाद उनके घर चला गया। मृतक के रिश्तेदारों ने मेरा स्वागत किया, मुझे अन्दर हॉल में ले गये जहाँ खाना परोसा जा रहा था। मैं मृतक की माला-टँगी तस्वीर खोज रहा था, लेकिन दिखायी नहीं दी। ज़मीन पर चटाई और दरियों की तीन पंक्तियाँ बिछी हुई थीं। उन्होंने मुझे पंगत में बिठा दिया। मैं अपने इर्द-गिर्द बैठे किसी इन्सान को नहीं जानता था। उन्होंने मुझे पूड़ी, सब्ज़ी और रायता परोस दिया। मुझे भूख लगी थी। मेरी हिचक मिट चुकी थी। मैं एक ऐसे इन्सान के मृत्यु-भोज में शामिल हुआ जो मेरे लिए एकदम अजनबी था।

पश्चात्

उत्तर-कथा

जब मैं पहली बार बस्तर आया था, अगस्त 2011, बीजापुर ज़िला मुख्यालय से थोड़ा आगे जा सड़कें ग़ायब होने लगती थीं, जंगल शुरू हो जाता था। मैं भद्रकाली के जंगल में हुए नक्सल हमले पर रिपोर्टिंग करने आया था। भद्रकाली पहुँचने के लिए मैंने चिन्तावागू नदी नाव से पार की थी। उन दिनों नदियाँ नाव से या तैर कर पार की जाती थीं। अपनी आख़िरी बस्तर यात्रा, जनवरी 2021, के दौरान मैं चिन्तावागू पर बने बढ़िया पुल पर धड़धड़ाती हुई कार चलाकर गया था। बस्तर के कई जंगल जो कभी अभेद्य हुआ करते थे, वहाँ अब पेड़ उखाड़े जा चुके थे, सड़कें बिछ चुकी थीं, पुलिस कैम्प आ गये थे। शायद सबसे महत्त्वाकांक्षी प्रोजेक्ट था इन्द्रावती नदी पर 650 मीटर लम्बा पुल जो बीजापुर के फुंडरी गाँव को अबुझमाड़ से जोड़ता था। अबुझमाड़ की तरफ़ खुलने वाला यह पहला पुल था। पुल निर्माण को सुरक्षा देने के लिए सीआरपीएफ की एक टुकड़ी ने नदी के इस तरफ़ अपना बड़ा-सा कैम्प बना लिया था।

अबुझमाड़ में दूसरी तरफ़ यानी नारायणपुर ज़िले से प्रवेश करने पर कभी सोनपुर गाँव भारतीय सत्ता का अन्तिम निशान हुआ करता था और कुरुसनार आख़िरी पुलिस चौकी। कुरुसनार से सोनपुर तक जहाँ कभी नदियाँ और महाकाय चट्टानें हुआ करती थीं, अठारह किलोमीटर की पक्की सड़क आ चुकी थी। सोनपुर में हैलीपैड बन गया था, अबुझमाड़ की पश्चिमी धुरी पर आख़िरी हैलीपैड। सत्ता ने इस अबूझे जंगल के बीच सड़क भी बिछानी शुरू कर दी थी जिसे अन्ततः महाराष्ट्र में गढ़चिरोली से मिलना था। अगर अन्तिम लड़ाई अबुझमाड़ में होनी थी, जैसा पुलिस अक्सर कहा करती है, इसकी भूमि तैयार हो रही थी। नक्सल इलाक़ा काफ़ी सिकुड़ गया था।

लेकिन मैंने यह भी पाया कि अबुझमाड़ का जंगल कहीं असम्भव और अविजित दिख रहा था। कई अन्दरुनी गाँव वीरान नज़र आते थे। सोनपुर पोस्ट बन जाने के बाद पुलिस ने इलाक़े में गश्त बढ़ा दी थी, युवकों को पकड़ जेल

में डाल देती थी। अनेक भयभीत ग्रामीण गाँव छोड़ नारायणपुर चले गये थे—इस दुर्गम इलाक़े से शायद पहला पलायन जहाँ पुलिस और नक्सली अभी तक सीधी लड़ाई से बचते रहे हैं, दोनों प्रतिद्वन्द्वी शायद यह जंगल आख़िरी बाजी के लिए छोड़ देना चाहते हैं। जिन पगडंडियों पर चल ग्रामीण कभी सोनपुर के साप्ताहिक बाज़ार जाया करते थे, उन्हें गहरे गड्ढों और उखड़े हुए वृक्षों ने अवरुद्ध कर दिया था। पूरा इलाक़ा क्रान्तिकारियों के लिए कहीं महफ़ूज़ हो गया था।

इसलिए अपने छठे दशक में चल रहे माओवादी आन्दोलन के भविष्य का अनुमान लगाना आसान नहीं है। इस क्रान्ति का औपचारिक आगाज़ 25 मई 1967 को दार्जिलिंग के नक्सलबाड़ी गाँव में हुआ था, जब चारु मजूमदार के नेतृत्व में किसानों ने ज़मींदारों पर आक्रमण किया था। संयोग देखें कि सीपीआई (मार्क्सवादी) के क़द्दावर नेता ज्योति बसु पश्चिम बंगाल के उप-मुख्यमन्त्री थे, लेकिन सरकार ने इस वाम बग़ावत को सिर्फ़ तीन दिन में कुचल दिया था।

लेकिन तब तक 'नक्सली' या 'नक्सलाइट' जनता और बुद्धिजीवी, दोनों को आकर्षित कर चुके थे। शुरुआती वर्षों में अनेक शिक्षित युवक-युवतियाँ इस क्रान्ति से सम्मोहित थे—'आमार बाड़ी तोमार बाड़ी नक्सलबाड़ी' का नारा दिल्ली के बड़े महाविद्यालयों में गूँजता था। विख्यात रचनाकार-कलाकार इस आन्दोलन से संवाद कर रहे थे, सत्यजित रे और मृणाल सेन इस विषय पर फ़िल्में बनाते थे।

पहली बग़ावत के कुछ ही महीने बाद पश्चिम बंगाल, बिहार और आन्ध्र प्रदेश के कई इलाक़े गुरिल्ला लड़ाकों के क़ब्ज़े में आ जाते हैं। इसके साथ ऑल इंडिया कॉर्डिनेशन कमेटी ऑफ़ कम्युनिस्ट रेवलूशनरी की स्थापना होती है। कुछ समय बाद इसके नेता इस संगठन को भंग कर, 22 अप्रैल 1969 लेनिन के जन्मदिन पर, चारु मजूमदार के नेतृत्व में सीपीआई (मार्क्सवादी-लेनिनवादी) का गठन कर देते हैं।

जैसा कि इस किताब में पहले दर्ज है यह क्रान्तिकारी आन्दोलन अपने जन्म से ही अन्य वाम दलों के साथ जूझता आया है। सीपीआई (मार्क्सवादी-लेनिनवादी) के गठन के तुरन्त बाद इसका अपने पितृ संगठन सीपीआई (मार्क्सवादी) से हिंसक संघर्ष शुरू हो गया था। हिंसक क्रान्ति के पक्षधर नेताओं के बीच भी रणनीति को लेकर कोई सहमति न थी। पार्टी टूटती रही, नेता अपने अलग दलों का गठन करते रहे। कनाई चटर्जी ने माओवादी कम्युनिस्ट सेंटर (एमसीसी) की अक्टूबर 1969 में स्थापना की। इस संगठन के लड़ाके कई दशकों तक बिहार और झारखण्ड में सशस्त्र क्रान्ति की मशाल लिए घूमते रहे।

एन. प्रसाद ने सीपीआई (एमएल) यूनिटी ऑर्गनाइज़ेशन की स्थापना बिहार में 1978 में की, और कोंडापल्ली सीतारमैया ने आन्ध्र प्रदेश में सीपीआई (एमएल) पीपल्स वॉर उर्फ़ पीडब्ल्यू का गठन 1980 में किया। पीडब्ल्यू के साथ नामी शिक्षण संस्थानों के अनेक होनहार विद्यार्थी जुड़ गये, बहुत जल्द यह संगठन समूचे भारत का सबसे अनुशासित और मेधा-सम्पन्न क्रान्तिकारी संगठन बन गया जिसने दण्डकारण्य को अपना आधार बना निर्णायक युद्ध की घोषणा कर दी।

इसी दौरान सीपीआई (एमएल) यूनिटी ऑर्गनाइज़ेशन का कायान्तरण सीपीआई (एमएल) पार्टी यूनिटी में हुआ, और 1988 में इसका विलय पीडब्ल्यू में हो गया।

इस बीच वाम आन्दोलन की चौतरफ़ा फैलती समान्तर शाखाओं से एक महत्त्वपूर्ण टहनी फूट रही थी। सीपीआई (एमएल) से अलग हो कुछ नेताओं ने सीपीआई (एमएल) लिबरेशन का गठन कर लिया। इस संगठन ने 'चुनाव बहिष्कार' की पुरानी रणनीति को त्याग चुनावों में भाग लेना शुरू कर दिया और 1989 में आरा से चुने गये रामेश्वर प्रसाद लोकसभा सांसद बनने वाले पहले भूतपूर्व नक्सली थे। यह सिलसिला आगामी दशकों तक चलता रहा, बिहार और झारखण्ड के कई क्रान्तिकारी हथियार छोड़ चुनावी राजनीति में आ गये। इसका एक ज़बरदस्त उदाहरण थे सीपीआई (माओवादी) के भूतपूर्व कमांडर कामेश्वर बैठा जो झारखण्ड मुक्ति मोर्चा में शामिल हुए, जेल में रहकर 2009 का लोकसभा चुनाव लड़ा और पलामू के सांसद बन गये। क्रान्तिकारी आदर्श छोड़ चुके ये नेता अपने भूतपूर्व कॉमरेड साथियों की घनघोर आलोचना सहते थे।

इस दौरान नये क्रान्तिकारी दलों का गठन मध्य और दक्षिण भारत में होता रहा, पीडब्ल्यू का साम्राज्य दण्डकारण्य में स्थापित हो गया, बड़ी संख्या में आदिवासी इससे जुड़ गये, इसके लड़ाकों ने 2000 में भारतीय सत्ता पर सीधा आक्रमण करने के लिए पीपल्स लिबरेशन आर्मी (बाद में इसका नाम बदल पीपल्स लिबरेशन गुरिल्ला आर्मी हो गया) का गठन कर दिया।

इतने दशकों के बिखराव और आपसी लड़ाई के बाद क्रान्तिकारियों को लगने लगा था कि बग़ैर एक संयुक्त मोर्चा बनाये उनकी शक्ति स्खलित होती रहेगी। देश भर में फैले इन संगठनों ने एकत्र होना शुरू किया और 2003 में पंजाब में शमसेर सिंह सेरी के नेतृत्व में चल रहे रेवलूशनरी कम्यूनिस्ट सेंटर ऑफ़ इंडिया (माओवादी) और एमसीसी ने आपस में विलय कर माओवादी कम्युनिस्ट सेंटर ऑफ़ इंडिया का गठन कर लिया। अगले साल इस संगठन और पीडब्ल्यू का विलय हुआ और सीपीआई (माओवादी) का गठन हो गया। 2014 में दक्षिण भारत

में कार्यरत सीपीआई (एमएल) नक्सलबाड़ी सीपीआई (माओवादी) में समाहित हो गया। आज भी झारखण्ड और बिहार में कई छोटे सशस्त्र संगठन हैं, लेकिन सीपीआई (माओवादी) देश की शीर्षस्थ क्रान्तिकारी पार्टी है।

हालाँकि कनाई चटर्जी ने 1969 में माओवादी कम्युनिस्ट सेंटर की स्थापना कर दी थी, 2004 में सीपीआई (माओवादी) के गठन तक यह बाग़ी अमूमन नक्सली कहलाये जाते रहे। पिछले पन्द्रह वर्षों में माओवादी शब्द चलन में आया है, लेकिन गुरिल्ला भूमि, सरकारी दस्तावेज़ और सार्वजनिक विमर्श में नक्सली और माओवादी दोनों ही पर्याय बतौर प्रयुक्त होते हैं।

2004 के बाद भारतीय सत्ता और माओवादी के सबसे भीषण संघर्ष का दशक शुरू हुआ जो फ़रवरी 2020 तक सिर्फ़ छत्तीसगढ़ में 4337 इन्सान निगल गया—1046 नक्सली, 1164 सिपाही, 42 पुलिस मुख़बिर, 56 सरकारी कर्मचारी और 1669 आम नागरिक। इसी दौरान दिसम्बर 2019 तक पूरे देश में 8197 जानें चली गयी थीं।

हिंसा में इस आकस्मिक उछाल की तीन प्रमुख वजहें थीं—दो बड़े क्रान्तिकारी संगठनों का 2004 में विलय हुआ, 2005 में सलवा जुडुम शुरू हुआ, और प्रधानमन्त्री मनमोहन सिंह ने माओवादियों को "आन्तरिक सुरक्षा के लिए सबसे बड़ी चुनौती" घोषित कर दिया। ठीक इसी समय उद्योग जगत मध्य भारत के जंगलों में खनिज लाइसेंस के लिए जुगत लगा रहा था। चूँकि इस वनभूमि से, जो देश को बड़ी मात्रा में ऑक्सीजन की भी पूर्ति करती है, माओवादियों को हटाये बग़ैर उद्योग का प्रवेश असम्भव था, केन्द्र सरकार ने अपनी बटालियन मध्य भारत में उतार दी। छत्तीसगढ़ में सीआरपीएफ की पहली बटालियन 2003 में उतरी थी, आज राज्य में केन्द्रीय सुरक्षा बलों की पचास से अधिक बटालियन हैं। इसके अलावा राज्य पुलिस ने अपनी कई बटालियन खड़ी कर ली हैं। कुछ बटालियन में तो सिर्फ़ बस्तर के आदिवासियों की भर्ती हुई है।

2004 के विलय के क़रीब एक दशक तक माओवादी अविजित नज़र आते थे। उनके पास मेधावी कॉमरेड और जाँबाज़ लड़ाके थे, भरपूर असलहा भी था। वे सिपाहियों पर जब और जहाँ चाहे हमला कर देते थे, जेल पर हल्ला बोल अपने बन्दी साथी छुड़ा ले जाते थे, भरी सभा से कलक्टर और विधायक का अपहरण कर सकते थे, मन्त्री को उनके घर घुस चीर सकते थे। दण्डकारण्य अब बारूदी ख़न्दकों से सुलग रहा था जिन्हें खोजना मुश्किल था, जिनके शिकार सुरक्षा बल आये दिन बनते थे।

लेकिन भारतीय सत्ता अपार शक्तिशाली है। इसका संवैधानिक और सांस्कृतिक ढाँचा समस्याग्रस्त तो है, लेकिन इसकी सम्प्रभुता और एकता अभेद्य और असन्दिग्ध है। छापामार लड़ाके कुछेक चोट पहुँचा सकते हैं, इस सरकार का हिंसक तख़्तापलट नहीं कर सकते। शुरुआती झटकों के बाद सरकारों ने तेज़ी से अपने सिपाही जंगल में उतार दिये। आज सौ से अधिक केन्द्रीय बलों की बटालियन और कई राज्यों की अन्य बटालियन नक्सल मोर्चे पर तैनात हैं। माओवादियों से निबटने की रणनीति को लेकर विभिन्न राजनीतिक दलों में मतभेद रहे हैं। कुछ राज्य सरकारें कभी उनके प्रति थोड़ी उदार हुई हैं, बस्तर जैसी जगहों पर तात्कालिक लाभ के लिए भाजपा ने माओवादियों के साथ हाथ और गले भी मिलाये हैं। लेकिन समूची राजनीति लगभग एकमत है कि नक्सली को कुचल कर रख दिया जाये, इस लड़ाई में अगर आदिवासी और उसका जंगल तबाह होता है तो हुआ करे।

जुलाई 2010 में भारत सरकार और माओवादियों के बीच वार्ता चल रही थी। मनमोहन सिंह प्रधानमन्त्री और पी. चिदम्बरम गृहमन्त्री थे। लेकिन उनकी आँख तले पुलिस माओवादी वार्ताकार यानी उनकी सेंट्रल कमेटी के प्रवक्ता चेरुकुरी राजकुमार उर्फ़ आज़ाद को फ़र्ज़ी मुठभेड़ में उड़ा देती है। किसी वरिष्ठ माओवादी को धोखे से मार डालने का सबसे बड़ा उदाहरण।

तीन साल बाद, नवम्बर 2013, मनमोहन सिंह की सरकार उच्चतम न्यायालय को स्पष्ट शब्दों में बतलाती है : "सीपीआई (माओवादी) के समर्थक और विचारक शहरों में सरकार को बदनाम करने के लिए संगठित हो सुव्यवस्थित दुष्प्रचार कर रहे हैं, सरकार के ख़िलाफ़ झूठ फैला रहे हैं...दरअसल इन्हीं विचारकों ने माओवादी आन्दोलन को जीवित रखा है और ये पीपल्स लिबरेशन गुरिल्ला आर्मी के सदस्यों से कई गुना ख़तरनाक हैं।"

इसी नीति के तहत पिछले वर्षों में नरेन्द्र मोदी सरकार ने लेखकों और कार्यकर्ताओं को बदनाम करने के लिए 'अर्बन नक्सल' विशेषण गढ़ दिया है, कइयों को जेल में बन्द कर दिया है।

छत्तीसगढ़ की भाजपा सरकार ने सलवा जुडुम की शुरुआत की थी। जब 2011 में उच्चतम न्यायालय ने जुडुम लड़ाकों यानी स्पेशल पुलिस ऑफ़िसर को असंवैधानिक घोषित किया, भाजपा सरकार ने नया क़ानून बना उन्हें सहायक आरक्षक बना फिर से भर्ती कर लिया। 2020 में छत्तीसगढ़ की कांग्रेस सरकार ने बस्तर स्पेशल फ़ोर्स बनाने की घोषणा की है। इसके सिपाही अन्दरूनी इलाक़ों की पंचायत से भर्ती किये जायेंगे, यानी अशिक्षित आदिवासी को हथियार दे

नक्सली के ख़िलाफ़ लड़ने भेजना ही सत्ता को एकमात्र विकल्प दिखता है। पश्चिम बंगाल की वाम सरकार, आन्ध्र प्रदेश की कांग्रेस या छत्तीसगढ़ की भाजपा, पिछले पाँच दशकों के दौरान अनेक राज्य सरकारों का रवैया बतलाता है कि भारतीय राजनीति इस मसले की जटिलता को नहीं समझ पायी। सत्ता माओवादियों से वार्ता को लेकर ख़ास इच्छुक नहीं है, न ही नागरिक समाज को शान्ति-प्रक्रिया में शामिल करना चाहती है। सत्ता नहीं समझना चाहती कि नागरिक समाज राज्य और क्रान्तिकारियों के बीच प्रतिरोधक भूगोल का निर्माण कर दोनों पक्षों को अपनी जड़ता त्याग वार्ता कक्ष में आने को मजबूर करता है।

आज सीपीआई (माओवादी) और इसके सभी सहयोगी संगठन ग़ैर-क़ानूनी गतिविधियाँ (रोकथाम) अधिनियम 1967 के तहत प्रतिबन्धित हैं। केरल से लेकर उत्तर प्रदेश तक देश भर के नब्बे ज़िले केन्द्रीय गृह मन्त्रालय के अनुसार नक्सल-प्रभावित हैं। इन ज़िलों को केन्द्र वित्त और सुरक्षा सम्बन्धी विशेष सहायता उपलब्ध कराता है।

पिछले कुछ वर्षों में माओवादी आन्दोलन कमज़ोर होता गया है। इसकी तीन प्रमुख वजहें हैं—माओवादी नया नेतृत्व तैयार नहीं कर पाये हैं; इंटरनेट और बाज़ार आदिवासी को अपनी तरफ़ खींच रहे हैं; गुरिल्ला आन्दोलन के लिए अनिवार्य शहरी मध्यवर्ग का समर्थन कम होता जा रहा है।

लेकिन हिंसा भले कम हुई हो, माओवादी मिटे नहीं हैं। वे महाराष्ट्र-मध्य प्रदेश-छत्तीसगढ़ के सीमावर्ती जंगलों में नयी ज़मीन तैयार कर रहे हैं। बस्तर का आदिवासी अब दक्षिण भारत भी पहुँच गया है। चार दशक पहले आन्ध्र से शिक्षित नक्सली बस्तर आये थे, आदिवासियों को अपना सैनिक बना जंगल को रणक्षेत्र में बदल दिया था। अक्टूबर 2019 में बस्तर के रमलू कोरसा की तमिलनाडु से हुई गिरफ़्तारी बतलाती है कि विचारधारा को आत्मसात कर चुका और सामरिक तकनीक में दक्ष मध्य भारत का आदिवासी भारत के एक अन्य आदिवासी इलाक़े को जीतने की आकांक्षा लिए दक्षिण पहुँच चुका है।

पिछले दशकों में भारत के दक्षिणी पठार ने छिटपुट नक्सल घटनाएँ देखी हैं, जो अमूमन कर्नाटक-केरल-तमिलनाडु की त्रिकोणीय सीमा पर दर्ज हुई हैं। माना जाता था कि इस आदिवासी वन भूमि में सक्रिय क्रान्तिकारी इन तीन राज्यों के उग्र वामपन्थी युवक थे।

लेकिन रमलू कोरसा छत्तीसगढ़ के बीजापुर ज़िले का निवासी था। क़रीब दस बरस दण्डकारण्य में कठिन गुरिल्ला जीवन जीने के बाद उसे दक्षिण भेजा गया था। एक विरला आदिवासी जो तमिल, मलयालम और कन्नड़ समेत छह भाषाएँ जानता था। माओवादी दस्तावेज़ बतलाते हैं कि 2012 से उन्होंने अपने कैडर इस त्रिकोणीय

सीमा पर भेजना शुरू कर दिये थे। दस्तावेज़ कहते हैं–"इस क्षेत्र में 50 क़िस्म की आदिवासी जातियों के लोग रहते हैं...पन्नियार, अडियार, बेट्टा, कुरबा जैसे बहुत क़िस्म के आदिवासी" यहाँ हज़ारों सालों से रह रहे हैं। बाहरी लोगों ने यहाँ आ आदिवासी को "पुश्तैनी ज़मीन से बेदख़ल कर दिया है"। माओवादी मानते हैं कि इस इलाक़े की भौतिक परिस्थितियाँ उनके विस्तार के एकदम अनुकूल हैं। यहाँ बड़े माओवादी नेता भी फेरे लगाते हैं। नवम्बर 2016 में सेंट्रल कमेटी सदस्य कुप्पूस्वामी देवराज केरल के मलाप्पुरम ज़िले में 'मुठभेड़' में मारे गये थे।

2020 की गर्मियों में कोरोना वायरस के चलते हुए लॉकडाउन की वजह से माओवादियों को बस्तर में अपने को संगठित करने का अवसर भी मिला था। वे उन गाँवों में जा कर मीटिंग ले सके जहाँ पुलिस गश्त की वजह से उन्हें क़दम पीछे खींचने पड़े थे। मई 2021 में सुकमा ज़िले के सिलगेर गाँव में एक हालिया बने पुलिस कैम्प का विरोध करते आदिवासियों पर चली गोलियों में चार आदिवासियों की मृत्यु के बाद जिस तरह का प्रतिरोध उस इलाक़े में हुआ, उसे देख कर लगा कि बड़ी संख्या में आदिवासी माओवादियों के पाले में जा सकते हैं।

आज भी दण्डकारण्य का बहुत बड़ा क्षेत्र माओवादियों के क़ब्ज़े में है। उनके पास इतने लड़ाके और असलहा है कि वे कुछ साल और लड़ाई जारी रख सकते हैं। अगर भौतिक परिस्थितियाँ बदलती हैं, जैसा कि माओवादी उम्मीद कर रहे हैं, तो लड़ाई लम्बी खिंच सकती है। सत्ता अगर रातोंरात बम बरसा कर इस जंगल और इसके निवासियों को ख़त्म करना चाहे तो बात अलग है–वैसे क़रीब दस बरस पहले देश के कुछ सर्वोच्च पदाधिकारी बस्तर में हवाई हमले का विचार कर रहे थे, लेकिन कुछ सयाने लोगों की सलाह पर इस सुझाव को निरस्त कर दिया गया था।

लेकिन भौतिक परिस्थितियाँ आख़िर कैसे बदलेंगी? जब दुनिया के मोबाइल फ़ोन पर सिमट आने से मनुष्य की ज्वाला ठण्डी पड़ती जा रही है, क्रान्ति कहाँ से आयेगी? मैंने यह प्रश्न एक प्रमुख माओवादी विचारक से पूछा था। उन्होंने पलटकर मुझसे पूछा–"नेहरू आपके सर्वप्रिय नेता हुआ करते थे। क्या आपने कभी सोचा था कि आपका पहला प्रधानमन्त्री, जिसने स्वतन्त्र भारत की नींव रखी थी, रातोंरात देश की हर समस्या की वजह बना दिया जायेगा?"

मैं जानता था उनका प्रश्न सिर्फ़ मुझे उकसाने के लिए है, लेकिन मेरे पास कोई जवाब न था। मुझे केवल इतना मालूम था–अगर राष्ट्रीय सेना युद्ध नहीं जीत पाती तो यह उसकी हार होती है, और अगर गुरिल्ला सेना युद्ध नहीं हारती तो वह विजयी मानी जाती है।

अन्ततः

मृत्यु-कथा एक

द *ब्रुकलिन फ़ॉलीज़* पॉल ऑस्टर का उपन्यास है।

मृत्यु-कथा दो

- व्लादिमीर नबाकोव तितलियों को पकड़ने निकल जाया करते थे, *लोलिता* ऐसी ही यात्रा से जन्मा था।
- यहाँ जर्मन लेखक वॉल्टर बेन्यामिन और उनके निबन्ध *बर्लिन क्रॉनिकल* का ज़िक्र हुआ है।
- जे.एम. कोएट्ज़ी के उपन्यास *डिसग्रेस* का नायक बूढ़े और बीमार कुत्तों को मारने में मदद करता है।
- इंग्मार बर्गमैन की फ़िल्म द *सेवेंथ सील* का नायक मृत्यु के साथ शतरंज खेलता है।

मृत्यु-कथा पाँच

अर्नेस्ट हेमिंग्वे का यह उद्धरण उनकी किताब *बाय-लाइनः सलेक्टिव जर्नलिज़्म* में संकलित निबन्ध 'ऑन द ब्लू वॉटर : अ गल्फ़ स्ट्रीम लेटर' से लिया गया है।

मृत्यु चार

इस अध्याय में आयी कथा श्रीलंका की फ़िल्म *पुराहंडा कलुवारा* (डेथ ऑन अ फ़ुल मून डे, 1997) से ली गयी है।

मुमूर्षा दो

रामचन्द्र गुहा का उद्धरण उनकी किताब *इंडिया आफ़्टर गाँधी : द हिस्ट्री ऑफ़ द वर्ल्ड लार्जेस्ट डेमोक्रेसी* से लिया गया है।

मध्यान्तर एक

यह रूसी उपन्यास *वॉर एंड पीस* है।

महुआ चार

कश्मीरी पत्रकार बशारत पीर की किताब *कर्फ़्यूड नाइट* से यह उद्धरण लिया गया है।

मध्यान्तर दो

- *वॉर एंड पीस इन जंगलमहल : पीपल, स्टेट एंड माओइस्ट* कार्यकर्ताओं और अध्येताओं द्वारा नक्सलवाद पर लिखे गये निबन्धों का संकलन है। इसे विश्वजीत रॉय ने सम्पादित किया है।
- सहारा इंडिया परिवार के अध्यक्ष सुब्रत रॉय सुप्रीम कोर्ट के आदेश पर 28 फ़रवरी 2014 को गिरफ़्तार हुए थे। उन पर निवेशकों को बीस हज़ार करोड़ रुपये नहीं लौटाने के मुद्दे पर केस चला था।

मृत्यु-कथा आठ

- वेरियर एल्विन और जवाहरलाल नेहरू के बीच हुआ संवाद और नेहरू का असम के मुख्यमन्त्री को ख़त रामचन्द्र गुहा की किताब *सेवेजिंग द सिविलायज़्ड : वेरियर एल्विन, हिज ट्राइबल्स, एंड इंडिया* से लिए गये हैं।
- यह उद्धरण *योगवासिष्ठ* (तारा बुक एजेंसी, वाराणसी, 1994) से लिया गया है।

मृत्यु-कथा नौ

- 'ढ नहीं ट' रघुवीर सहाय की कविता पंक्तियाँ हैं।
- अर्नेस्ट हेमिंग्वे साहित्य के नोबल पुरस्कार से सम्मानित पहले ऐसे लेखक थे जो क़द्दावर पत्रकार भी थे। उन्होंने दुनिया भर के युद्धों पर पत्रकारिता की थी। कई दशक बाद स्वेतलाना अलेक्सिएविच को सिर्फ़ उनकी पत्रकारिता के लिए नोबल से सम्मानित किया गया था। गाब्रिएल गार्सिया मार्खेज़ ने भी काफ़ी पत्रकारिता की थी, लेकिन वे अमूमन अपने उपन्यासों और कहानियों के लिए जाने जाते हैं।

मृत्यु-कथा दस

यहाँ दी गयी पाद-टिप्पणी में उल्लिखित फ़िल्म अकीरा कुरोसावा की *यूमे* (ड्रीम्स, 1990) है।

महुआ सात

अलिदा गेवारा का अपने पिता चे गेवारा के बारे में यह उद्धरण चे की किताब *मोटरसाइकल डायरीज़* की भूमिका से लिया गया है।

मृत्यु-कथा ग्यारह

नागभूषण पटनायक का ख़त वीर भारत तलवार द्वारा सम्पादित *नक्सलबाड़ी के दौर में* (अनामिका प्रकाशन, नयी दिल्ली, 2007 पृष्ठ, 465-470) से लिया गया है।

मरीचिका नौ

मैंने यह कहानी शायद अमरीका के पुलित्ज़र पुरस्कार से सम्मानित किसी लेखक की किताब में पढ़ी थी। दुर्भाग्य से मैं इस कहानी और इसके लेखक का नाम भूल गया हूँ।

मृत्यु-कथा बारह

इंग्मार बर्गमेन की फ़िल्म *थ्रू अ ग्लास डार्कली* का उपन्यासकार नायक अपनी बेटी की ख़राब तबियत की कामना करता है।

मृत्यु-कथा तेरह

- 'मृत्यु तुम गर्वित न होना' जॉन डन की कविता है।
- रानी और शापग्रस्त लिपि की कथा मिलोराद पाविच के उपन्यास *डिक्शनरी ऑफ़ द ख़ज़ार्स* से ली गयी है।

सम्मतियाँ

मृत्यु-कथा एक विलक्षण कथेतर किताब है—बारीक निगाह और गहरी अन्तर्दृष्टि से लिखी गयी अत्यन्त पठनीय किताब। यह संवेदनशील, मर्मस्पर्शी, साहसी और कभी भयभीत करती किताब बस्तर में हो रहे गृह-युद्ध के भूगोल, उसके प्रमुख किरदार और उसके विध्वंसक परिणामों को विविध स्वरों में दर्ज करती है। इसका लेखक कथा में कभी हस्तक्षेप नहीं करता लेकिन हमेशा एक आश्वस्ति की तरह उपस्थित रहता है—आप उसकी नैतिक दृष्टि पर विश्वास और उसके साहित्यिक गुण की सराहना करते हैं।

—रामचन्द्र गुहा

आशुतोष भारद्वाज ने कई वर्षों तक मध्य भारत के 'लाल गलियारे' में रह कर पत्रकारिता की है, उस आदिवासी ज़मीन पर गश्त लगाकर जहाँ नक्सली और सुरक्षा बल कई दशकों से भीषण युद्ध लड़ रहे हैं। इस किताब में वे उस लम्बे व अन्तरंग अनुभव को तो याद करते ही हैं, गहरी संवेदना व साफ़गोई के साथ इस अन्तहीन लगते संग्राम की निरर्थकता पर भी विचार करते हैं। बस आशुतोष ही यह मर्मस्पर्शी, आलोड़ित करती और निहायत ज़रूरी किताब लिख सकते थे।

—हरीश त्रिवेदी

कहा जाता है कि सदियों पूर्व राम को राज्याभिषेक से ठीक पहले वनवास पर दण्डकारण्य भेज दिया गया था। यह भूमि जहाँ अब नक्सलियों का क़ब्ज़ा है, आज भी आदिम नज़र आती है—स्याह फुसफुसाहटें, अनकहे षड्यन्त्र, जन-आक्रोश, और न्याय की आकांक्षा। इस युवा और अत्यन्त प्रतिभाशाली लेखक ने वहाँ कई वर्ष बिताये, उस जंगल को छान मारा, त्याज्य और पीड़ित लोगों से आत्मीय संवाद किया, और मध्य भारत में चल रहे इस भीषण आन्दोलन को लिखा।

तमाम वृत्तान्तों और ठोस साक्ष्यों से भरी यह किताब पाठक को अपराध और दण्ड के प्रत्यय पर पुनर्विचार को बाध्य करती है।

—मृणाल पाण्डे

यह किताब धोखादेह और स्याह जंगलों में आशुतोष भारद्वाज की यात्राओं का उफनता हुआ दस्तावेज़ है। उन्हें निर्णय सुनाने का कोई लालच नहीं, वे पूरी तरह निष्पक्ष हैं। उनके भीतर का पत्रकार और कथाकार मिलकर इस लम्बी लड़ाई का प्रामाणिक दस्तावेज़ लिखते हैं, जिसके गरिमामयी और मानवीय समाधान की प्रतीक्षा बनी हुई है।

—अडूर गोपालकृष्णन

उफनता हुआ, हतप्रभ करती रचनात्मकता में डूबा आख्यान।

—कमलादेवी चट्टोपाध्याय पुरस्कार समिति की संस्तुति

सम्मोहक गद्य और तमाम साहित्यिक युक्तियों के ज़रिये आशुतोष हिंसा के भीषण अनुभव को बयान करते हैं।

—अट्टा गलट्टा पुरस्कार समिति की संस्तुति

पिछले वर्षों की सबसे मौलिक कथेतर किताबों में शुमार...विधाओं को तोड़ती ज़बरदस्त किताब...तथ्य और गल्प, पत्रकारिता और आत्म-कथ्य का रचनात्मक प्रयोग।

—द हिन्दू बिज़नेसलाइन

नक्सल देश का त्रासद और त्रासद कर देने वाला चित्रण। इस किताब के कई धागे जुड़कर फ़रेब और प्रतिकार, अन्याय और आक्रोश की गिरह बनाते चलते हैं। किताब के अन्त तक पहुँच आप महसूस करते हैं कि ये गिरह आपकी श्वास नली में ठहर गयी हैं, आप उन्हें निगल नहीं पायेंगे।

—द वायर

इस किताब के प्रत्येक वाक्य का प्रत्येक शब्द लेखक की दृढ़ता और कड़े परिश्रम को साबित करता है। इस किताब में कुछ भी ऐसा नहीं जो असाधारण न हो।

—मातृभूमि

मृत्यु-कथा प्रेत-मुक्ति की आकांक्षा में डूबी किताब है। इस किताब का शीर्षक उस असम्भव खाई को इंगित करता है जहाँ एक लेखक मृत्यु और मृतक के प्रति अपने ऋण को स्वीकारता है...अपने जीवन को किताब के केन्द्र में रख और अपने कर्म को पत्रकारिता के बजाय उपन्यास मानकर आशुतोष ने इस कमबख़्त मुहब्बत को व्यक्तिगत बना दिया है—अपने लिए, उस अख़बार के लिए जिसने उन्हें यह ज़िम्मेदारी दी, और हमारे लिए भी।

—मुम्बई मिरर

नक्सल आन्दोलन और बस्तर पर कई किताबें मौजूद हैं, लेकिन अपनी गहराई, निष्ठा और संवेदना में यह किताब अपने पूर्ववर्तियों से बहुत आगे निकल चली जाती है। *मृत्यु-कथा* एक शान्त विस्फोट है, ग़रीबी और मृत्यु का संवेदनशील चित्रण है, बीहड़ अबुझमाड़ के ख़तरनाक सौन्दर्य का गीत है; लेकिन इन सबसे ऊपर यह शायद लेखक के आन्तरिक संघर्ष का घोषणापत्र है कि किस तरह वह अपने आन्तरिक द्वैध, अपने भीतर द्वन्द्वरत पत्रकार और कथाकार की दो लगभग विपरीत दुनियाओं के बीच सन्तुलन साधता है। यह किताब समकालीन भारतीय कथेतर लेखन का पैमाना ऊँचा करती है।

—जर्नल ऑफ़ कम्पैरेटिव लिटरेचर एंड एस्थेटिक्स

❑❑